Claus Schulte-Uebbing
Umweltbedingte Frauenkrankheiten

„Man muß gegen den Strom schwimmen, um zur Quelle zu gelangen“.

Dieses Buch widme ich meinem verehrten
Lehrer und Vorbild, dem Umweltmediziner
und Frauenarzt, Professor Dr. med.
Volker Zahn

Umweltbedingte Frauenkrankheiten

Moderne Diagnostik – bewährte Naturheilweisen

Dr. med. Claus Schulte-Uebbing
Frauenarzt
Umweltmedizin, Naturheilverfahren

23 Abbildungen, 13 Tabellen

Sonntag Verlag Stuttgart

Die Deutsche Bibliothek – CIP-Einheitsaufnahme
Schulte-Uebbing, Claus E. E.:
Umweltbedingte Frauenkrankheiten : moderne Diagnostik – bewährte Naturheilverfahren ; 13 Tabellen / Claus Schulte-Uebbing. –Stuttgart : Sonntag, 1995
(Umweltmedizin)
ISBN 3-87758-094-7

Anschrift des Verfassers:
Dr. med. Claus Schulte-Uebbing
Frauenarzt
Umweltmedizin, Naturheilverfahren
Praxis: Weinstr. 7 (am Marienplatz)
80333 München

Wichtiger Hinweis
Wie jede Wissenschaft ist die Medizin ständigen Entwicklungen unterworfen. Forschung und klinische Erfahrung erweitern unsere Erkenntnisse, insbesondere was Behandlung und medikamentöse Therapie anbelangt. Soweit in diesem Werk eine Dosierung oder eine Applikation erwähnt wird, darf der Leser darauf vertrauen, daß Autoren, Herausgeber und Verlag große Sorgfalt darauf verwandt haben, daß diese Angabe dem Wissensstand bei Fertigstellung des Werkes entspricht.
Für Angaben über Dosierungsanweisungen und Applikationsformen kann vom Verlag jedoch keine Gewähr übernommen werden. Jeder Benutzer ist angehalten, durch sorgfältige Prüfung der Beipackzettel der verwendeten Präparate und gegebenenfalls nach Konsultation eines Spezialisten, festzustellen, ob die dort gegebene Empfehlung für Dosierungen oder die Beachtung von Kontraindikationen gegenüber der Angabe in diesem Buch abweicht. Eine solche Prüfung ist besonders wichtig bei selten verwendeten Präparaten oder solchen, die neu auf den Markt gebracht worden sind. Jede Dosierung oder Applikation erfolgt auf eigene Gefahr des Benutzers. Autoren und Verlag appellieren an jeden Benutzer, ihm etwa auffallende Ungenauigkeiten dem Verlag mitzuteilen.
Geschützte Warennamen (Warenzeichen) werden nicht besonders kenntlich gemacht. Aus dem Fehlen eines solchen Hinweises kann also nicht geschlossen werden, daß es sich um einen freien Warennamen handelt.

ISBN 3-87758-094-7

Printed in Germany 1995
Satz und Druck: Druckerei P. Schäuble, Stuttgart-Botnang
Grundschrift: 9,5/10,5 Times

III. Schnellkurs in Diagnostik und Therapie umweltbedingter Frauenkrankheiten

IV. Anhang

Vorwort

Warum Umweltmedizin?

In jüngster Zeit nehmen die sogenannten »Umweltkrankheiten« erschreckend zu. Etwa jeder dritte bis vierte von uns leidet an Allergien, jeder zweite hat eine oder mehrere sogenannte **»Unverträglichkeiten«** von Nahrungsmitteln oder Umweltschadstoffen. Etwa zehn bis fünfzehn Prozent der Bevölkerung leiden heute an Heuschnupfen, vor zwanzig Jahren waren es noch etwa ein bis zwei Prozent. Bis zu fünfzehn Prozent der Großstadtkinder leiden unter Bronchialasthma, etwa genauso viele Kinder haben immer wieder sogenannte Ekzeme (= Hautausschläge), die durch Umweltgifte verursacht oder mitverursacht sind.
Immer wieder wird darüber diskutiert, ob denn überhaupt Umweltschadstoffe die Ursache für solche Allergien sein können. Daß dies so ist, zeigt folgendes kurze Beispiel: Es ist eine Tatsache, daß die Allergien gegenüber Pollen, Milben, Haustieren und Schimmelpilzen rapide zugenommen haben. Heute weiß man, daß dies mit einer *Störung des* **Immunsystems** einhergeht. Die Zahl der Pollen, Milben, Haustiere und Schimmelpilze hat aber nicht zugenommen, sondern eher abgenommen. Auch das häufig für solche Allergien verantwortlich gemachte Zigarettenrauchen hat nicht zugenommen, sondern eher abgenommen. Was aber in erheblichem Umfang produziert und in die Umwelt abgegeben wurde und wird, sind die Umweltschadstoffe: Jährlich lagern sich dreißigtausend Tonnen Chemikalien, meist Stäube und kleinste Partikel (= Teilchen) aus Abgasen auf unseren mitteleuropäischen Äckern an der Oberfläche der Pollen, Milben und Schimmelpilze beziehungsweise auf Fell und Haaren der Haustiere an. So kommt es zu einer sogenannten Potenzierung (= *Mehrfachverstärkung*) der allergenen Wirkung.
Noch ein weiteres Beispiel: Wir beobachten in den letzten zwei Jahrzehnten eine ständige Zunahme von Krebserkrankungen. Während noch vor dreißig Jahren die Krebserkrankungen in weniger als fünfzehn Prozent für die Todesfälle verantwortlich gemacht werden konnten, stellen sie heute bereits knapp fünfundzwanzig Prozent der Todesursachen dar. Besonders erschreckend ist die Zunahme der Leukämien bei Kindern.

Warum steigen diese Erkrankungen an?

Eine eindeutige einzelne Ursache ist nicht zu finden. Aber exakt innerhalb dieses Zeitraumes, in dem die oben genannten Krankheiten zugenommen haben, hat sich die Belastung mit Pflanzen- und Holzschutzmitteln, mit sogenannten Organochlorverbindungen, insbesondere mit Dioxinen und Furanen, aber auch mit Schwermetallen vervielfacht. So kommt es, daß die Dioxin- und Furanwerte, die man aus Blut- oder Fettgewebsproben ermittelt, vor allem auch in der Muttermilch, oft weit über den Richtwerten liegen. Tagtäglich belasten zwanzig bis fünfzig völlig neuartige chemische Verbindungen zusätzlich unsere Umwelt (Luft, Boden, Wasser), die dann über die Nahrungskette zu hochgiftigen Nervengiften werden.

Pestizide, Hormone, schwer abbaubare Organochlorverbindungen und vieles mehr belasten unser Trinkwasser. Viele Brunnen dürfen nur noch mit Ausnahmegenehmigungen betrieben werden, weil sie so nitratverseucht sind. Dazu kommt erschwerend, daß unsere Nahrung inzwischen weitgehend »industriell kaputtgemacht« ist. Jeder Bundesbürger nimmt pro Jahr mit der Nahrung sechs bis acht Pfund *reine Chemie* zu sich.

Umweltbedingte Frauenerkrankungen

Viele Frauenerkrankungen werden durch Umwelteinflüsse verursacht oder zumindest mitverursacht. Insbesondere alte und kranke Frauen, aber auch zunehmend junge Frauen, Schwangere und Wöchnerinnen sind betroffen.

Besonders schlimm ist die Entwicklung auf dem Gebiet der *weiblichen* **Krebserkrankungen**. Immer mehr *jüngere* Frauen erkranken an Brustkrebs. Seit 1970 hat sich die Inzidenz (= Anzahl der registrierten Brustkrebsfälle) bei Frauen im Alter unter fünfzig Jahren mehr als verdoppelt. Dies ist besonders bedenklich, zumal wir heute aus mehreren Studien wissen, daß zwischen Entstehung und Entdeckung von Brustkrebs etwa ein Zeitraum von zehn bis zwanzig Jahren liegt. Wie in späteren Kapiteln gezeigt werden wird, weiß man aufgrund neuester Untersuchungen, daß sich das Brustkrebs-Gewebe durch eine deutlich höhere Schadstoffkonzentration von normalem Brustdrüsengewebe unterscheidet.

Aber auch die Entstehung von Gebärmutterhalskrebs wird in jüngster Zeit mit Umwelteinflüssen in Verbindung gebracht, die durch Veränderung des Scheiden- und Gebärmutterhals-Milieus das Wachstum bestimmter (sogenannter HPV-)Viren fördern, die wiederum zu einem Vorstadium des Gebärmutterhalskrebses führen können.

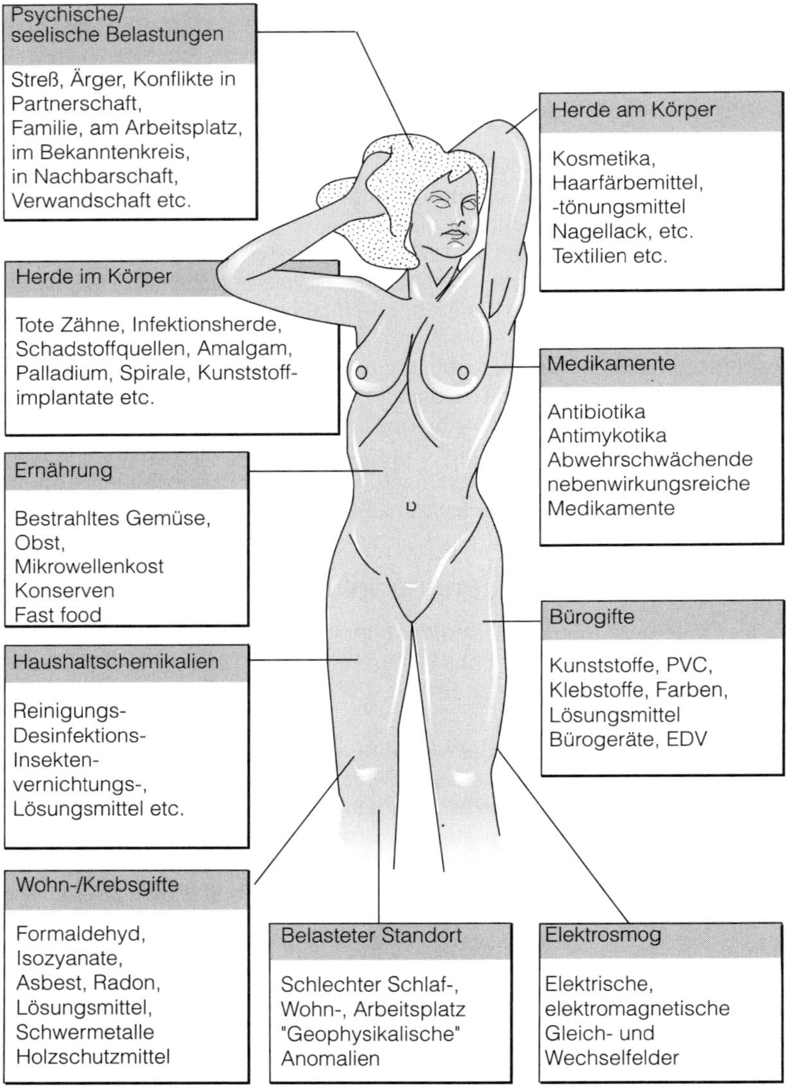

Abb. 1: Frau und Umwelt. Seelische, psychische und körperliche Belastungen, denen die heutige Frau durch die belebte und unbelebte Umwelt ausgesetzt ist.

Die folgende Abbildung zeigt das breite Spektrum der Frauenkrankheiten, die durch Umwelteinflüsse verursacht (oder zumindest mitverursacht) werden können:

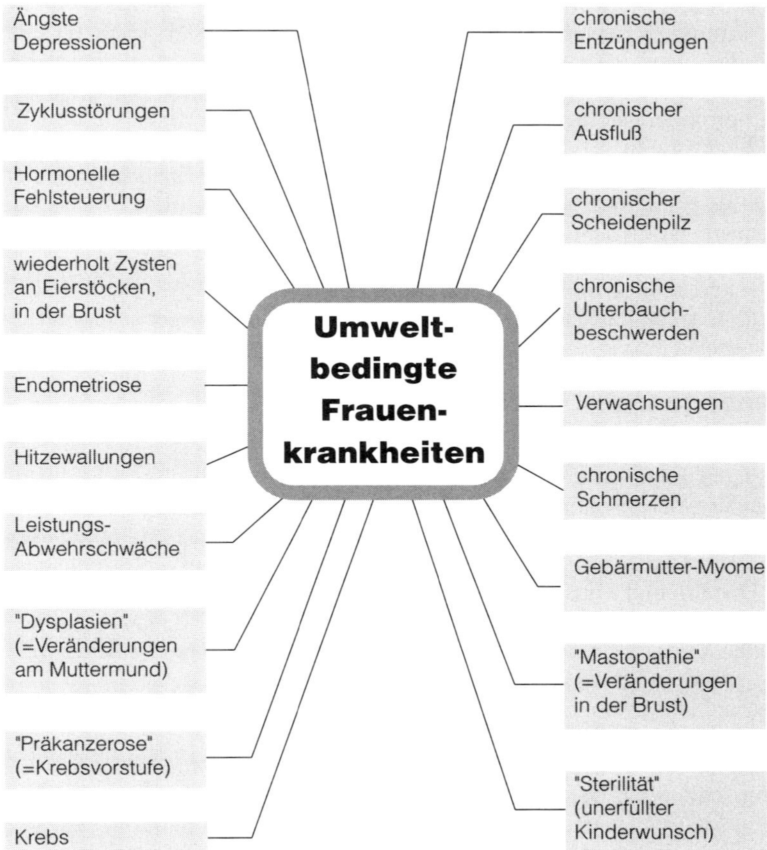

Abb. 2: Frau und Umwelt. Umweltbedingte Frauenkrankheiten

Auch diskutiert man heute zunehmend Umwelteinflüsse als Ursachen von weit verbreiteten Frauenleiden wie chronischer Fluor vaginalis (= Ausfluß), Dysmenorrhoe (= schmerzhafte Periode), chronisch wiederkehrende Candida- (= Scheidenpilz-)Infektionen und endokrine Dysregulationen (= hormonelle Störungen).
Sogar bei der in den letzten Jahren stark zunehmenden Endometriose (= Gebärmutterschleimhaut, die außerhalb der Gebärmutter wuchert) und bei den weit verbreiteten Gebärmuttermyomen sind möglicherweise Umweltschadstoffe ursächlich beteiligt, indem sie über Störeinflüsse der hormonellen Regelkreise das Wachstum dieser gutartigen Geschwülste begünstigen.
Besonders schwer treffen Umweltschadstoffe viele Ehepaare, denen dadurch ihr Kinderwunsch versagt bleibt. Etwa jedes fünfte bis siebte Ehepaar ist heute ungewollt *kinderlos.* Entweder kommt es durch verschiedene Schädigungsmechanismen zu gar keiner Schwangerschaft (= sogenannte primäre Sterilität) oder zu gestörten Schwangerschaftsverläufen, die dann nicht selten mit Abgängen oder Totgeburten enden.

Konsequenzen

In der Frauenheilkunde nehmen umweltbedingte Erkrankungen deutlich zu. Jeder Frauenarzt muß sich deshalb umweltmedizinisch weiterbilden, und die Universitäten müssen diese Zusammenhänge lehren.
Aufklärung über umweltbedingte Frauenerkrankungen ist *vorbeugende Medizin:* Durch Schadstoffvermeidung können der Frau viele seelische, psychische und körperliche Leiden erspart werden. Liegt eine umweltbedingte Frauenerkrankung vor, sind herkömmliche Behandlungsmethoden häufig nicht in der Lage, meist langjährig bestehende Beschwerden zu vermindern oder gar zu beseitigen.
Erst die aufgrund einer umfassenden umweltmedizinischen Untersuchung durchgeführte gezielte *Schadstoffausleitung,* kombiniert mit *ganzheitlicher Entgiftung* und *abwehrsteigernden Maßnahmen* kann dann schließlich den gewünschen Behandlungserfolg bringen.
Da es sich bei der Entstehung umweltbedingter Frauenkrankheiten um sehr komplizierte Mechanismen handelt, ist es zum heutigen Zeitpunkt nicht möglich, sämtliche Zusammenhänge vollständig zu beweisen. Es wäre jedoch aus ganzheitlicher Sicht, gerade in Hinblick auf die vielen hilfesuchenden, oft schwer umweltkranken Frauen unverantwortbar, nichts zu tun und abzuwarten, bis die letzten wissenschaftlichen Daten vorliegen.

So manche Bauchspiegelung und so mancher Bauchschnitt aufgrund immer wiederkehrender Eierstockszysten, Gebärmuttermyome, chronischer Unterbauchbeschwerden und -schmerzen (»unbekannter Ursache«) wäre durch eine ganzheitliche umweltmedizinisch orientierte Untersuchung und Behandlung vermeidbar. Damit könnten nicht nur erhebliche Kosten im Gesundheitswesen eingespart werden, sondern vor allem würden Millionen Frauen operative Risiken und insbesondere äußerst belastende Schmerzen, Ängste, Sorgen und Nöte erspart bleiben. Bereits bei Vorliegen eines begründeten Verdachtes auf krankmachende Umweltnoxen muß unverzüglich und konsequent gehandelt und vor allem behandelt werden.

Das Buch wurde so abgefaßt, daß sich auch die Kranke und Betroffene schnell orientieren kann. Zu allen Themenkomplexen gibt es den sogenannten Abschnitt **»Hilfe zur Selbsthilfe«,** wo sich die hilfesuchende Frau schnell Rat holen kann. Am Schluß sind zwei Fragebögen über Umweltbelastungen aufgeführt und Tips für eine giftarme Ernährung angegeben. Am Ende finden Sie auch eine ausführliche weiterführende Literatur.

München, Januar 1995 Dr. med. Claus Schulte-Uebbing

I.

Allgemeiner Teil

1. Grundlagen der Umweltmedizin

1.1 Was heißt »Umweltmedizin« ?

Der Begriff »Umweltmedizin« wurde im 1991 erschienenen ersten deutschsprachigen Lehrbuch der Umweltmedizin so definiert:
»Umweltmedizin ist die Lehre von der Erkennung, Erforschung, Beschreibung, Vermeidung und Behandlung umweltbedingter Erkrankungen« (ZAHN, SCHULTE-UEBBING, 1991)
Philosophisch betrachtet, ist Umweltmedizin natürlich viel mehr als eine Lehre. Umweltmedizin ist letztlich die logische Konsequenz einer ehrlichen und aufrichtigen Dankbarkeit und Ehrfurcht des Menschen gegenüber Schöpfer und Schöpfung. (SCHULTE-UEBBING, 1992)
Übrigens ist die Umweltmedizin keine neue Wissenschaft. Bereits die heilige HILDEGARD VON BINGEN schrieb vor einem knappen Jahrtausend: »... Die ganze Natur soll dem Menschen dienen, so daß er mit ihr wirke, weil der Mensch ohne Natur weder leben noch bestehen kann ...« Und mit dem folgenden Satz von Hildegard ist alles gesagt: »... animae curarum cura animarum ...« (»... Die Seele der Therapie ist die Therapie der Seele ...«).

1.2 Gesundheit als Zielorientierung

Der berühmte Medizinhistoriker SCHIPPERGES beschreibt treffend:
»... Im Mittelpunkt der älteren Heilkunde stand nicht nur der Kranke, sondern vor allem der genesende, wiederhergestellte und sein Zielbild, der Gesunde ...«. In der Tat müssen wir wieder die Gesundheit und nicht die Krankheit in den Vordergrund des ärztlichen Bemühens stellen. Schipperges findet dabei noch deutlichere Worte, wenn er behauptet: »... Die meisten Ärzte verstehen von Gesundheit nichts mehr, nur noch von 60 000 Krankheiten ...«
Noch krasser drückt GROSSE-RUYKEN die Zusammenhänge aus:
»... Etwa 96% aller Menschen kommen gesund zur Welt. Erstes Ziel muß sein, diese Gesundheit zu erhalten. Tatsächlich betreffen 80% des Ausbildungspensums und der Kosten die diagnostische Technik. 70% der klinischen Kosten wenden wir für Kranke auf, die ein Jahr später nicht mehr leben. Wir investieren in den Tod ...«
Nach DAS sind dabei »Ganzheitlichkeit und Ökologie wesentliche Elemente einer Strategie der Gesundheitsförderung«.

1.3 Umweltmedizin: Erste ärztliche Pflicht

Jeder praktizierende Arzt sieht tagtäglich Patientinnen und Patienten, die wegen der Folgen von Umweltschadstoffen auf Körper, Seele und Geist krank geworden sind. Doch nicht jeder Arzt ist sich dieser Zusammenhänge bewußt. Dabei sollte gerade der praktizierende Arzt ein **»Seismograph«** *zur Früherkennung* umweltbedingter Erkrankungen sein. Schließlich sieht er als empirischer Beobachter tagtäglich neurotoxische Effekte durch Lösungsmittel, Schwermetalle, Alkohol etc., Effekte durch Pestizidbelastungen, Holzschutzmittel im Haus, Fußböden aus phenolharzverleimten Spanplatten und vieles mehr.
Der niedergelassene Arzt ist meist die erste »Anlaufstelle« des Patienten, außerdem die Vertrauensperson des Patienten und er kennt darüber hinaus die sozialen, beruflichen und familiären Verhältnisse. Er sollte Bescheid wissen über regionale Umweltbelastungen, z. B. die Existenz von Müllverbrennungsanlagen, Chemiefabriken, Pestizideinträge in die Böden, Nitratbelastungen und vieles mehr.

1.4 »Gesundheit« aus umweltmedizinischer Sicht

Es gibt viele Möglichkeiten, den Begriff **»Gesundheit«** zu definieren. Nach Hildegard von Bingen ist Gesundheit »Einklang mit Schöpfer und Schöpfung«. Nach Hildegard ist nur so eine »absolute Harmonie zwischen Körper, Seele und Geist« möglich.

> Aus umweltmedizinischer Sicht ist Gesundheit kein Zustand, sondern ein Prozeß. Sie muß täglich neu errungen werden und ist letztlich die Folge eines sinnvollen und ausgewogenen Umgangs mit den elementaren Grundbedürfnissen des menschlichen Lebens unter Berücksichtigung lebenswichtiger ökologischer Zusammenhänge.

Gesundheit ist immer abhängig von der individuellen Lebensführung, vom persönlichen Verhalten in Familie, Freundschaft, Arbeit und Freizeit und setzt Eigeninitiative und Selbstvertrauen voraus.
Die Gesundheit des Einzelnen und der Bevölkerung ist abhängig von gesellschaftspolitischen Bedingungen. Sie kann nur erhalten werden, wenn die Einheit von Körper, Seele und Geist im Mittelpunkt aller Bemühungen steht.

2. Umwelt als Krankheitsursache

2.1 Wissenschaftliche Grundlagen

2.1.1 Umwelteinflüsse auf das Immunsystem

Zwei Systeme im menschlichen Körper stehen in ständiger Wechselbeziehung zwischen der Umwelt und dem inneren Körpermilieu, das **Immunsystem** und das **Zentrale Nervensystem.** Beide Systeme können verantwortlich sein für die Entstehung umweltbedingter Erkrankungen (Solomon et al., 1981).
Störungen des Immunsystems sind für die Entstehung vieler Erkrankungen verantwortlich, so z. B. für die Entwicklung von **Allergien.** Nach Baenkler handelt es sich im Grunde bei allen Formen der Allergie um »Immunreaktionen gegen nicht pathogene Faktoren mit schädlichen Rückwirkungen«.

Untersuchungen haben gezeigt, daß Umweltfaktoren in beide Systeme eingreifen können, so daß äußerer Streß auf biochemischem Weg Krankheiten hervorruft.

Beispielsweise weist das Immunsystem eines 15jährigen Menschen acht Billionen immunkompetente Zellen auf und wiegt 1,5 kg (Runow, 1986). Während früher vor allem entzündliche Prozesse bei Umweltkrankheiten untersucht wurden, sind die Abnormitäten des Immunsystems, die bei Patienten mit Umweltkrankheiten nachweisbar sind, erst in den letzten Jahren Gegenstand der Forschung geworden; insofern wird dieses Feld auch durch besonders viele widerstreitende wissenschaftliche Meinungen geprägt.
Bei *entzündlichen Prozessen,* die durch Umweltkrankheiten ausgelöst werden, handelt es sich zwar um Reaktionen des Immunsystems, nicht aber um biochemische Prozesse, die einen immunologischen Charakter aufweisen; denn wie auch immer die entzündlichen Vorgänge verursacht werden, das Ergebnis ist immer eine Beeinträchtigung der Funktion des betreffenden Gewebes.

2.1.2 Umwelteinflüsse auf T-Lymphozyten

Am häufigsten wird bei Umweltkrankheiten eine Veränderung der T-Lymphozyten in Funktion und Anzahl gefunden. Aufgrund der engen Wechselwirkung zwischen den *T-Lymphozyten* und dem humoralen Zweig des Immunsystems *(B-Lymphozyten)* wurden neben der häufigen Fehlfunktion der zellgebundenen Abwehr auch gelegentlich Abnormitäten bei den Antikörpern und im Komplement-System festgestellt, die vor allem bei Allergikern gehäuft vorkommen.

> Die T-Lymphozyten können u. a. durch Nahrungsmittelgifte, Chemikalien und psychosozialen Streß in ihrer Funktion beeinträchtigt werden. Bei den meisten klinisch-ökologischen Patienten ist die absolute Anzahl der T-Lymphozyten erniedrigt (REA et al., 1978).

Wahrscheinlich handelt es sich hierbei meist um Suppressor-T-Zellen; diese Hypothese kann allerdings z. Z. noch nicht wissenschaftlich bestätigt werden.

2.1.3 Umweltschadstoffe als Stressoren

Experimentelle Versuche haben gezeigt, daß Streß-Phänomene die Funktion der T-Lymphozyten beeinträchtigen. So wird z.B. die mitogene Aktivität der T-Lymphozyten erheblich reduziert, wenn man die Zellen mit Ozon in einer Konzentration von 0,4 ppm konfrontiert; diese Ozon-Konzentration wird z. B. in der Luft in Los Angeles während eines Smog-Alarms gemessen (PETERSON et al., 1978). Der menschliche Organismus benötigt etwa 2 Wochen, um sich nach einer derartigen Ozon-Reaktion wieder zu erholen.

2.1.4 Wirkung der Umweltschadstoffe über Mediatoren

Auch muß angenommen werden, daß Umweltschadstoffe sogenannte *endogene Mediatorsubstanzen* erzeugen, die durch das Immunsystem aktiviert wurden, und dann wiederum Störungen in verschiedenen Zielorganen hervorrufen können. Es konnte gezeigt werden, daß Mediatorsubstanzen – z.B. Prostaglandine, Kinine, Serotonin, Histamin, Acetylcholin – untereinander zu einer potenzierenden Wirkung oder zu einem Synergismus führen können.
Derartige Effekte von Schadstoffen sind bereits in relativ niedrigen Konzentrationen – ab 10 ng/l – nachweisbar (RUNOW, 1986); so löst z. B. Phenol und Formaldehyd in niedrigen Dosen eine konzentrationsabhängige **Histaminausschüttung** aus Rattenmastzellen aus. Gamma-HCH kann beispielsweise eine LTC-4-Freisetzung aus Peritonealzellen der Maus bewirken.
Aufgrund neuerer Forschungsergebnisse wird angenommen, daß Umwelterkrankungen auch als Überempfindlichkeitsreaktionen auf Umweltfaktoren aufzufassen sind, die über ein Netzwerk von verschiedenen

biochemischen Wegen im Körper wirken; dabei kommt den endogenen Mediatoren eine große Bedeutung zu.
Unter Streß scheidet die Nebenniere **Encephalin** aus (Plotnikoff, 1981). Bei Patienten mit Chemikalien- oder Nahrungsmittel-Überempfindlichkeiten wird über ungewöhnlich niedrige IgA-Werte berichtet.
Die Schutzfunktion des **Immunglobulins A** in Leber, Darm und Schleimhäuten vor dem Eindringen fremder Stoffe ist dann nicht mehr gegeben, so daß Antigene bzw. Allergene leichter in die Blutbahn eindringen können und so eine verstärkte Reaktion des Immunsystems im Sinne einer Sensibilisierung erfolgen kann.

2.1.5 Umweltbedingte Immunkomplexkrankheiten

Bei Arbeitern in einer Kunststoffabrik, die Vinylchlorid ausgesetzt waren, wurden Immunkomplex-Krankheiten beobachtet (Ward, 1976). Bei organischen Lösungsmitteln wurde vereinzelt als Immunkomplex-Krankheit eine akute Glomerulonephritis festgestellt. Ratten wiesen unter experimentell erzeugter Immunkomplex-Krankheit signifikant häufiger Immunkomplex-Depots im Plexus chorioideus mit zugehörigen typischen Verhaltensänderungen auf (Hoffman et al., 1978).
Diese Beobachtung erklärt möglicherweise die psychischen Veränderungen, die bei einigen Patienten mit Lupus erythematodes oder anderen **Autoimmunkrankheiten** sowie auch bei Umweltkrankheiten festgestellt werden.

2.1.6 Psychoimmunologie

Aufgrund der Erfahrungen der modernen »Psychoimmunologie«, einer relativ jungen Wissenschaft, die sich mit den Wechselwirkungen zwischen Psyche und Immunsystem befaßt, wissen wir heute, daß viele Schädigungen des Immunsystems über psychische und psychovegetative Mechanismen ablaufen. Viele neue Untersuchungen deuten darauf hin, daß die Entstehung umweltbedingter Erkrankungen ebenfalls »mehrdimensional« abläuft, das heißt, nicht nur über rein körperliche, sondern auch und insbesondere über seelische und geistige Mechanismen.

2.1.7 Neurotoxische Wirkung von Umweltschadstoffen

Zur Zeit wird an verschiedenen Universitäten untersucht, wie und über welche Mechanismen das Zentralnervensystem (ZNS) bei Überempfindlichkeiten gegenüber Nahrungsmitteln und Umweltschadstoffen reagiert. Bisher weiß man, daß zwischen dem ZNS und dem Immunsystem Interaktionen bestehen und daß das Immunsystem auf schädliche Umwelteinwirkungen empfindlich reagiert.

> Umweltmedizinische Untersuchungen haben ergeben, daß Patienten mit Umwelterkrankungen signifikant häufiger **neuropsychiatrische Symptome** aufweisen (HALL, 1976).

Bei der Verdauung von Nahrungsmitteln gelangen Hormone in die Blutbahn, die nach dem Passieren der Blut-Hirn-Schranke unmittelbar auf das Gehirn einwirken und das menschliche Verhalten beeinflussen können. Man hat festgestellt, daß Umweltschadstoffe in Nahrungsmitteln – insbesondere Schwermetalle und Pestizide – auf das ZNS und das periphere Nervensystem direkt toxisch wirken (DAMSTRA, 1978).
Wenn Nahrungsmittel Immunkomplexe induzieren, können sie die Funktion der Blut-Hirn-Schranke schwer schädigen, so daß Verhaltensabnormitäten auftreten können (HARBECK et al., 1979).
Neurophysiologische Untersuchungen lassen vermuten, daß mittels des olfaktorisch-limbischen Systems *Nahrungsmittel* und deren *chemische Verunreinigungen* deutliche Veränderungen des menschlichen Verhaltens auslösen können.
Häufig werden beeinträchtigt:

- Eßverhalten
- Trinken
- Lernen
- Motorische Aktivität
- Gemütslage
- Gedächtnis.

Es gibt Patienten, die *bereits beim Anblick* einer Pestizidpackung schwere neurophysiologische Symptome zeigen. In diesem Zusammenhang wird die Hypothese der klassischen Konditionierung bei Umweltkrankheiten diskutiert (RUNOW, 1986). Auch die Suppression des Immunsystems durch klassische Konditionierung konnte beobachtet werden.
Umweltbedingte körperliche oder psychische Krankheiten weisen nach RANDOLPH (1978) ein *typisches* **Verlaufsmuster** auf. Dabei kommt es zu »Anregungs- und Entzugsphasen«, die während einer akuten Reaktion auf schädliche Umweltreize auftreten, die Stunden, aber auch mehrere Tage dauern kann.

2.1.8 Hirnschäden durch organische Lösungsmittel

Viele Wissenschaftler nehmen heute an, daß organische Lösungsmittel die Entstehung neurotischer Störungen bis hin zu schweren hirnorganischen Defekten entscheidend fördern können. Im Extremfall kann dies bei betroffenen Patienten sogar zur Demenz führen. In der Zeitschrift Psychiatrische Praxis 1/1991 wurde als Beispiel eine 51jährige Patientin vorgestellt, die 11 Jahre in einem Raum eines Kopier- und Druckereibetriebes arbeitete.

In der psychiatrischen Klinik des Max-Planck-Instituts für Psychiatrie (München) wurde bei dieser Patientin die Diagnose »Beginnendes lösungsmittelbedingtes dementielles Syndrom und depressive Störungen« gestellt. Nach Angabe der Patientin traten die größten Beschwerden fast immer am Freitag auf, der Wochentag, an dem die Kopier- und Druckmaschinen mit einem Gemisch aus Benzol, Toluol, Xylol und Äthylbenzol gesäubert wurden.

In diesem Fallbeispiel wird deutlich, wie schwer es ist, umweltmedizinische Symptome eindeutig auf die Wirkung von Industriechemikalien – in diesem Beispiel organische Lösungsmittel – zurückzuführen.

2.2 Der »U M W E L T – Test«

Den von der Psychoimmunologie gefundenen Zusammenhängen trägt der sogenannte »U M W E L T – Test« Rechnung, ein Test, den der Autor gemeinsam mit Zahn zur Abschätzung des individuellen Risikos gegenüber Umweltbelastungen 1990 entwickelt hat.

Der »U M W E L T – Test« hat sich inzwischen in der Praxis sehr bewährt. Er ist sehr gut geeignet, um schnell und effektiv die Belastung von Patienten gegenüber Umwelteinflüssen abschätzen zu können.

Der »U M W E L T – Test« überprüft stichpunktartig die sechs wichtigsten Schwerpunkte, die aufgrund modernster psychoimmunologischer Untersuchungen zur Entstehung umweltbedingter Krankheiten beitragen können. Diese sind in der folgenden Tabelle aufgeführt:

U	=	**Umfeld, soziales** (Partnerschaft, Familie, soziale Bindungen, Beziehungen etc.)
M	=	**Mahlzeiten, Medikamente** (Ernährung, Zusammensetzung, Schadstoffbelastung, Zubereitungsart, Häufigkeit und Regelmäßigkeit der Nahrungsaufnahme)
W	=	**Wohnen** (Wohnort, -lage, Baumaterialien, Möbel, Teppiche, Tapeten, Schadstoffexposition im Wohn- , Schlaf- und Kinderzimmer)
E	=	**Erwerb** (Arbeitsbereich, Standort des Arbeitsplatzes, Arbeitsbedingungen unter umweltmedizinischen Aspekten, Streß, Exposition gegenüber Schadstoffen)
L	=	**Leistung** (objektiv: Herz-, Kreislaufparameter, Leber-, Nierenfunktion etc.; subjektiv: persönliche Einschätzung der Patientin der eigenen Leistungsfähigkeit)
T	=	**Typus** (psychisch-seelische Situation, psychische Belastbarkeit, Verhalten bei Streß: stabil oder labil, Neigung zu Depressionen, Aggressionen, Fremd- und Eigenbeurteilung)

Tabelle zu 2.2.1. Die sechs Schwerpunkte des »U M W E LT – Tests« (Zahn und Schulte-Uebbing, 1990):

Nach einer umfassenden Umweltanamnese und einem ausführlichen Gespräch mit der Patientin fällt die Auswertung des UMWELT-Tests nicht schwer. Anhand der Gesamtpunktzahl zeigt sich, ob ein Patient stark (0–4 Punkte), mäßig (5–8 Punkte) oder gering (9–12 Punkte) belastet ist. Starke Umweltbelastung ist eine absolute, mäßige Belastung eine relative Behandlungsindikation.

Der »U M W E L T – Test«

Ein Test zur Abschätzung des individuellen Risikos gegenüber Umweltbelastungen.

Punkte	0	1	2
U »UMFELD« (soziales U., Konflikte, Streß)	starke Konflikte, viel Streß	mäßig viele Konflikte, wenig Streß	wenig Konflikte, kaum Streß
M »MAHLZEITEN« (Ernährung)	schadstoff-belastet	schadstoff-behaftet	schadstoffarm
W »WOHNUNG« (Zuhause)	schadstoff-belastet	schadstoff-behaftet	schadstoffarm
E »ERWERB« (Arbeitsplatz)	schadstoff-belastet	schadstoff-behaftet	schadstoffarm
L »LEISTUNGS-FÄHIGKEIT« (Vitalität)	kränklich, müde, träge, schwach	nicht sehr ausdauernd, mäßig aktiv	vital, aktiv, ausdauernd, belastbar
T »TYPUS« (Verhalten, Psyche)	aggressiv, depressiv, cholerisch	gelegentlich unausgeglichen, reizbar	innerlich ausgeglichen, stabil

Auswertung:

Summe	0–4	5–8	9–12
Umweltbelastung	stark belastet	mäßig belastet	gering belastet
Therapeutische Konsequenz	absolute Behandlungs-Indikation	relative Behandlungs-Indikation	keine Behandlungs-Indikation

Wie die sechs Schwerpunktbereiche zur Entstehung umweltbedingter Krankheiten beitragen können, ist in der folgenden Abbildung schematisch dargestellt:

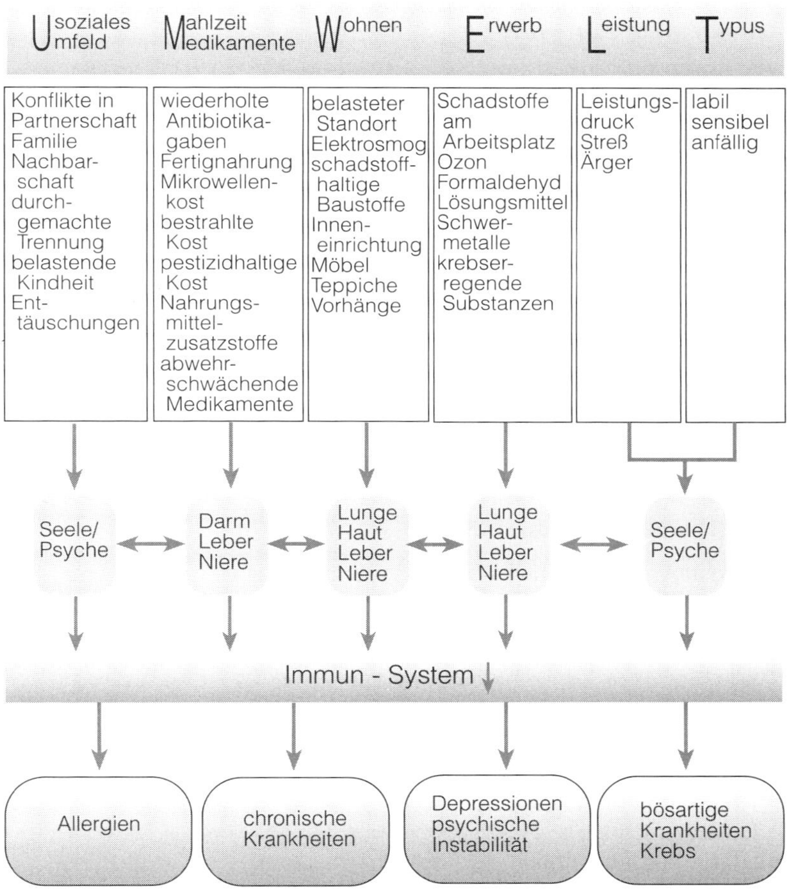

Abb. 3: Die Entstehung umweltbedingter Krankheiten (SCHULTE-UEBBING 1992)

In der Frauenarztpraxis des Autors gehört der »U M W E L T – Test« inzwischen zur Routine. Bei jeder Patientin kann dadurch schnell und effektiv die umweltmedizinische Gesamtsituation abgeschätzt werden. Gegebenenfalls wird nun mit gezielten weiterführenden Untersuchungen zur Abklärung der Erkrankung begonnen.

2.3 Schadstoffquellen im Wohn-, Arbeits-, Freizeitbereich

2.3.1 Beispiel: Sick-Building-Syndrom

Am Beispiel des sogenannten »Sick Building Syndrom« (auf deutsch: »Häuserkrankheit«) soll gezeigt werden, wie die *»bebaute Umwelt«,* das heißt der bebaute Wohn-, Arbeits- und/oder Freizeitbereich zur Entstehung von Krankheiten mit sogenannten »unspezifischen Frühsymptomen« (= Beschwerden im Frühstadium) führen kann.
Immer wieder kommt es vor, daß sich Menschen, die in ein neues Gebäude eingezogen sind, plötzlich krank fühlen. Die Leistungsfähigkeit ist vermindert, sie sind unkonzentriert, müde, schlapp und auch psychisch völlig verändert. Das kann unter Umständen an Umwelt-Schadstoffen liegen, die in dieser neuen bebauten Umgebung angereichert sind und nun verstärkt auf die Menschen einwirken. Alle Beschwerden und Krankheitssymptome, die dadurch entstehen, werden unter dem Begriff »Sick Building Syndrome« subsummiert.

2.3.1.1 Frühsymptome

Frühsymptome, die immer wieder im Zusammenhang mit diesem »Sick Building Syndrom« beobachtet werden können, sind beispielsweise:

- Schleimhautreizungen
- Heiserkeit
- Husten
- Atemnot
- Kopfschmerzen
- Müdigkeit
- Konzentrationsstörungen
- Leistungsschwäche
- allergische Reaktionen.

Treten alle oder mehrere dieser Beschwerden immer in einem bestimmten Haus oder in einem bestimmten Raum innerhalb dieses Hauses auf, so besteht ein begründeter Verdacht auf »Sick Building Syndrom« (»Häuserkrankheit«).

2.3.1.2 Gefährdeter Personenkreis

Hinsichtlich der Häuserkrankheit besonders gefährdet beziehungsweise häufig betroffen sind vor allem Menschen, die in »ungesunden« Gebäuden und Wohnungen wohnen und/oder arbeiten. Ungesunde Bauwerke sind solche, die den baubiologischen Kriterien nicht gerecht werden.

Aus baubiologischer Sicht gehört zu einem gesunden Bau unbedingt ein gesunder Standort. Dieser sollte nach Möglichkeit frei sein von Altlasten, ohne sogenannte »geophysikalische Anomalien«, möglichst fern von Industrie, Müllverbrennung, Hauptverkehrsstraßen, Kernkraftwerk und nicht neben einer Hochspannungsleitung liegen.

2.3.1.3 Therapieansätze

Wichtig sind vor allem *»gesunde Baustoffe«*. Diesbezüglich bedenklich sind vor allem isolierte Neubauten, in denen moderne Baustoffe wie Asbestzementplatten, Spanplatten, oberflächenbehandelte Hölzer, Isoliermaterial, Klebstoffe, Farben und Teppichböden verwendet werden. Durch solche Materialien kann die Luft in den Innenräumen oft nachweisbar mit typischen Umweltschadstoffen belastet sein, die für das genannte Beschwerdebild verantwortlich sind (Friedrichsen, 1990).

2.3.2 Grundlagen der Baubiologie

Die *Baubiologen,* meist speziell ausgebildete Architekten, Bauingenieure, Biologen oder Mediziner, weisen auf die Bedeutung von verschiedenen standortbedingten Einflüssen des Wohn-, Arbeits- und Freizeitbereiches für die Entstehung von Erkrankungen hin. Wichtige baubiologische Kriterien für die geeignete Auswahl von Baustoffen sind:

- Verhalten gegenüber Mikrowellenstrahlung
- Anteil radioaktiver Bestandteile
- Anteil chemischer Schadstoffe
- Verhalten gegenüber natürlichen und technischen Störfeldern
- Filterwirkung für chemische und physikalische Emissionen
- Biologische und medizinische Effekte
- Psychologische und mentale Effekte.

Ein **gesunder Wohn- (und Arbeits-)platz** sollte nach folgenden baubiologischen Kriterien strukturiert sein:

Gesunde Wohnlage:	• Abseits von Industriezentren • Abseits von Hauptverkehrswegen • Geringe Lärm-, Strahlungs- und Geruchsbelastung
Gesunder Bauplatz:	• Frei von geophysikalischen Anomalien • Frei von Grundwasserströmen

Gesunde Raumgestaltung:	• Evtl. Berücksichtigung der Himmelsrichtungen • Lärm- und strahlenschützende Architektur • Ästhetisch-psychologische Raumplanung
Gesundes Baumaterial:	• Holz, Lehm, Ziegel, Kalk, Stroh, Schilf u. a. • Bioglas • Wenig Beton
Gesunde Wärme- und Schallisolation:	• Teppiche, Fußböden, Gardinen: Keine Synthetics • Tapeten und Wände aus Naturstoffen • Schränke, Tische, Kommoden aus Naturholz • Bettgestell und Matratze metallfrei, Bettbezug aus Naturstoffen
Gesunde Elektroinstallation:	• Abschirmung und Verminderung elektrischer und magnetischer Felder • Netzfreischalter • Kein Elektrostreß am Schlafplatz
Gesunde Heizung:	• Atemluft trocken, kühl, staubfrei und ohne Temperaturschichtung • Keine Fußbodenheizung
Gesunde Beleuchtung:	• Möglichst natürliches Licht • Möglichst keine Leuchtstoffröhren (kein Flackern oder Brummen) • Keine elektrischen oder magnetischen Störfelder
Gesunder Anstrich:	• Keine Giftquellen in der Wohnung (Spanplatten, Holzschutzmittel, Kunststoffteppiche, Kunststofftapeten, ...)
Gesunde Wohnluft:	• Optimale Lüftungsmöglichkeiten durch gesunde Baustoffe und Isolationsstoffe • Gesundes Raumklima (Temperatur, Feuchtigkeit, ...)

2.3.3 Innenraum-Gifte

Eine Studie der USA-Umweltbehörde von 1987 hat mehrere hundert chemische Stoffe benannt, die in Häusern verwendet werden und von denen viele gesundheitsschädlich oder sogar krebserregend sind. Die sogenannte *»Superisolation«* (= Mehrfache Isolation mit Dämmstoffen) moderner Bauten führt oft zu mangelhaftem Luft- und Feuchtigkeitsaustausch in den Wohnungen. Dadurch wird die *Schimmelbildung* begünstigt – eine Ursache für gehäuft auftretende allergische Beschwerden. Die Ausdünstung von Schadstoffen führt zu einer Kumulation (Ansammlung) in der Innenraumluft, so daß bestehende Grenzwerte leicht überschritten werden können.

Unter den in der *Raumluft* vorhandenen Stoffen sind vor allem folgende Schadstoffe von großer Bedeutung:

- Formaldehyd
- PCB
- Dioxine und Furane
- Asbest
- Schwermetalle
- Vinylchlorid
- Styrol
- Benzol
- Lindan und andere Pestizide.

Aber auch die Gase *Kohlenmonoxid* und *Stickstoffdioxid,* die durch Gasflammen und andere offene Feuer entweichen, können zu einer gesundheitsgefährdenden Verschiebung in der Zusammensetzung der natürlichen Raumluft führen.

Weiterhin wird die Raumluft in den Wohnungen durch die Verwendung typischer Haushaltschemikalien und durch Chemikalien in Artikeln des täglichen Bedarfs angereichert. Hierzu gehören *Lösungsmittel* aus Reinigungsstoffen, Dioxine und Formaldehyd in *Shampoos,* Chloroform aus dem erhitzten, aufbereiteten *Trink-* und *Haushaltswasser.*

Mehrere Einzelsubstanzen, die zusammen kommen, können sogenannte **»Synergismen«** (= sich vervielfachende Wirkungen) hervorrufen. Während die Einzelbelastung vieler Stoffe unbedeutend und gering ist, kann es durch diese Synergismen, wenn sich die gesundheitsschädliche Wirkung vervielfacht, plötzlich zu akuten Gefahren für die Gesundheit kommen. Daher sollte man, wenn irgend möglich, Grenzwertüberschreitungen von Einzelsubstanzen vermeiden und gegebenenfalls auch umfangreiche Sanierungsmaßnahmen durchführen.

Nach SCHNEIDER, 1980–1994, werden im Bereich des Baugeschehens ca. 5 000 verschiedene Chemikalien verwendet. Viele Stoffe treten als toxische Gase aus Baumaterialien und anderen Produkten der Raumausstattung aus und können für viele plötzlich auftretende Beschwerden nach Baumaßnahmen verantwortlich sein. Oft kommt es beispielsweise zu Belastungen der Schleimhäute, des Bronchial- und Genitalbereiches. Solche toxischen Gase können in Spanplatten, Holzverkleidungen, Teppichböden, Klebstoffen, Kunstharzen, Farben und Tapeten stecken und von dort freigesetzt werden. Die folgende Tabelle gibt eine Übersicht über solche Gase und deren Quellen:

Spanplatten	Formaldehyd, Phenol, Isocyanat
Holzschutzmittel	PCP, Lindan, Dieldrin, Endosulfan, Dichlorfluanid, Ethylparathion, Fluorwasserstoff, Tributylzinnoxid, Furmecyclox, Carbendazim
Teppichböden	Butadien, Chloroform, Chlorbenzol, Xylol, Styrol, Perchlorethylen, Tetrachlorkohlenstoff, Vinylchlorid u. a.
Klebstoffe	Formaldehyd, Dimethylformamid, Phenol, Phthalsäureester, Acrylsäureester, Benzol, Chloroform u. a.
Kunstharze	Anilin, Acrylnitril, Butadien, Ethylbenzol, Epichlorhydrin, Styrol, Vinylacetat u. a.
Farben und Tapeten	Acrylnitril, Anilin, Benzol, Isobutanol, Isobutylacetat, Toluol, Phthalsäureester, Phthalsäureanhydrid u. a.

Tabelle zu 2.3.3. Die häufigsten Quellen für Innenraumgifte (nach Prof. Dr. A. SCHNEIDER)

In den meisten Fällen kommt es über Wochen, Monate, Jahre und Jahrzehnte zu unerkannten und ungemessenen Belastungen mit Schadstoffen, die dann irgendwann, wenn die sogenannte *»individuelle Reizschwelle«* überschritten ist, mehr und mehr zu den genannten *»unspezifischen Beschwerden«* führt, bevor es dann zu einem späteren Zeitpunkt zu schwereren Erkrankungen kommt.
Hier können vor allem vorbeugende Maßnahmen helfen in der Auswahl der verwendeten Stoffe, unter Berücksichtigung der Kenntnis ihrer chemischen und physikalischen Beschaffenheit.
Die Kenntnis und Einhaltung von Grenzwerten einzelner Stoffe muß aber nicht notwendig ein gesundes Raumklima garantieren, denn Synergismen unter den vielen vorkommenden Stoffen können nicht ausgeschlossen werden, sie sind noch weitgehend unbekannt.

2.3.4 Chemische Umweltschadstoffe

Auf den folgenden Seiten werden die *wichtigsten Umweltgifte* in alphabetischer Reihenfolge kurz genannt und skizzenhaft charakterisiert. Die Liste erhebt keinen Anspruch auf Vollständigkeit. Zu genaueren Informationen über einzelne Umweltgifte wird an dieser Stelle auf das »Lehrbuch der Umweltmedizin« (ZAHN und SCHULTE-UEBBING, Straubing, 1991) und auf die Umweltmedizinische Fibel (SCHULTE-UEBBING und ZAHN, 4. Auflage, München, 1994) sowie auf das ausführliche Literaturverzeichnis verwiesen.

2.3.4.1 Aldrin

Aldrin ist ein hochwirksames Schädlingsbekämpfungs-, Spritz- und Stäubemittel, das sich durch chemische Verwandtschaft mit Dieldrin auszeichnet und sich leicht in Dieldrin umwandeln kann.
Aldrin gehört zu den *giftigsten Kohlenwasserstoffen.* In der Leber und an den Nieren werden Entartungserscheinungen beobachtet. Bei Tierversuchen mit Jagdfasanen, Ratten und Hunden mischte man kleinste Mengen von Aldrin in die Nahrung; die Folge war Unfruchtbarkeit bzw. Lebensunfähigkeit der Nachkommenschaft.

2.3.4.2 Amalgam (siehe auch: »Schwermetalle«)

Amalgam, eine Mischung aus Quecksilber, Silber, Kupfer, Zinn und einigen weiteren Spurenelementen, ist in Deutschland ein weit verbreitetes Zahn-Füllungsmaterial. Ökologisch betrachtet, trägt Amalgam erheblich zur Gesamt-Quecksilberbelastung bei: Allein 13% des Quecksilbers im Abwasser stammt aus Zahnarztpraxen. Beispielsweise setzen in Hamburg 1100 Zahnarztpraxen jährlich 400 Kilogramm Quecksilber in die Abwässer frei.
Heute muß entferntes Amalgam gewissenhaft als Sondermüll entsorgt werden. Ab 1. 1. 90 wurden Amalgamabscheider in Zahnarztpraxen gesetzlich vorgeschrieben.
Bereits 1926 beschrieb der Chemieprofessor STOCK die Gefahren des Quecksilberdampfes. 1939 beschrieb er gemeinsam mit toxikologisch arbeitenden Ärzten die chronische Quecksilbervergiftung. 1985 kam es aufgrund der umfangreichen Literatur über die Gefahren des Amalgams in Rußland zum Amalgamverbot. 1985 erfolgte der Amalgamverzicht in Japan, 1991 das Amalgamverbot in Schweden.
Bei uns konnte sich das BGA bisher noch nicht zu einem generellen Amalgamverbot entschließen. Wie in den folgenden Kapiteln dieses Buches gezeigt werden wird, ist Amalgam in der Umweltmedizin wegen

seiner Mutagenität (Veränderung des Erbgutes hervorrufend), Teratogenität (Mißbildungen erzeugend), als möglicher Auslöser von Immunschwächen und irreversiblen Schädigungen insbesondere in der Gynäkologie und Geburtshilfe, ein äußerst *bedeutender Schadstoff.*

2.3.4.3 Arsen

Arsen ist ein chemisches Element mit halbmetallischem Charakter und wird mit seinen Verbindungen als Legierungsbestandteil, in der Glasindustrie, in Zinkhütten und als Holzschutzmittel für den Außeneinsatz verwendet. 1 000 Tonnen werden in der Bundesrepublik jährlich produziert. *Nur in seinen Verbindungen ist Arsen giftig.* Über Feuerungsanlagen und Metallhütten gelangt Arsen in die Luft, in Spuren ubiquitär verbreitet. Die durchschnittliche Tagesaufnahme wird beim Menschen auf 0,05–0,1 mg geschätzt.

2.3.4.4 Asbest

Die in letzter Zeit wohl am bekanntesten gewordene krebserregende Substanz ist Asbest. Hier wird besonders deutlich, daß der Umgang mit der Natur und ihren Stoffen einen Eingriff in ein bestehendes Gleichgewicht bedeutet.

Asbest ist ein natürlich vorkommendes faserförmiges silikatisches Mineral, das in zwei Formen als Serpentinasbest und als Amphibolasbest auftritt. Am häufigsten verwendet wird das Magnesiumsilikat Chrysotil, die langfaserige und weiche Form, der sogenannte Weißasbest. Asbest wird bergbaumäßig als Mineral gewonnen. Vor 1960 wurden in Westdeutschland etwa 70 000 t jährlich verbraucht. Zwischen 1960 und 1970 stieg der Verbrauch auf 200 000 t an.

Die durch Asbest ausgelöste *Asbestose* weist eine charakteristische Latenzzeit von 10 bis 20 Jahren auf, so daß die gesundheitlichen Schäden durch Asbest über das Jahr 2000 hinaus eines der großen Probleme im Umgang mit Gefahrstoffen aus der Umwelt bleiben werden (Bastian, 1991). Asbestfasern können sich bis zu submikroskopischer Feinheit in feinste Elementarfibrillen aufspalten, gelangen in die Alveolen und setzen sich im interstitiellen Lungengewebe fest. Die Faserdurchmesser betragen dann weniger als 0,1 µm und die Längen bis zu 250 µm. Für Asbest als kanzerogenen Arbeitsstoff kann eine arbeitsmedizinisch begründete maximale Arbeitsplatz-Konzentration (MAK) nicht genannt werden. Es gibt aber technische Richtkonzentrationen (TRK) für:

Chrysotil-Asbest:	10^6 Fasern/m^3 bzw. 0,05 mg/m^3
Krokydolith-Asbest:	0,5 10^6 Fasern/m^3 bzw. 0,025 mg/m^3
Für asbesthaltigen Feinstaub gilt:	2,0 mg/m^3

Die verschiedenen Asbestarten können beim Menschen bösartige Tumoren (Karzinome und Mesotheliome) erzeugen. Für beide Tumorarten beträgt die Latenzzeit meist mehr als 10 bis 15 Jahre seit Beginn der beruflichen Asbeststaubgefährdung. Das Bronchial-Karzinom ist die Folge sehr schwerer Exposition, während das Pleura-Mesotheliom auch bei nur leichter Exposition nach einer Verlaufszeit von 20 bis 40 Jahren nach der Exposition gehäuft auftreten kann.

Stark asbestexponierte Personen haben nach R. GROSS (1977) das sechs- bis zehnfache Risiko, an einem Bronchial-Karzinom zu erkranken, als die übrige Bevölkerung.

Epidemiologisch konnte ein erhöhtes Lungenkrebsrisiko u.a. nach einer dreimonatigen beruflichen Asbestfaserstaub-Gefährdung und Jahrzehnte betragender Latenzzeit festgestellt werden. Asbestfasern stimulieren die Zellteilung.

2.3.4.5 Benzpyren und kanzerogene Polyzyklen

3,4-Benzpyren ist ein Vertreter der Gruppe der polyzyklischen aromatischen Kohlenwasserstoffe (PAH). Bei unvollständigen Verbrennungsprozessen wird es gebildet und kann insbesondere im Tabakrauch, in Kokerei- und Kfz-Abgasen, in Kohle- und Holzfeuerungsanlagen und im Ruß nachgewiesen werden.
Benzpyrene sind **stark krebserregende Substanzen.** Bei Schornsteinfegern ist Hodenkrebs als Berufskrankheit anerkannt. In Gegenden mit starker Luftverschmutzung im Vergleich zu ländlichen Gebieten ist die erhöhte Lungenkrebsrate und Hodenkrebsrate möglicherweise auf diese aromatischen Verbindungen zurückzuführen.

2.3.4.6 Benzol

Benzol ist **eines der wichtigsten Umweltgifte.** Es ist eine farblose, aromatisch riechende, brennbare, leicht flüchtige Flüssigkeit, die als wichtiger Grundstoff für die Herstellung aromatischer Verbindungen in der organischen Chemie dient. Die Verwendung von Benzol ist aufgrund der Kanzerogenität stark eingeschränkt worden.

Seit bleifreies Benzin eingeführt wurde, hat man Benzol in Superkraftstoffen als Antiklopfmittel mit etwa 2,3–3,8% eingesetzt; auch im Normalbenzin ist es mit etwa 1,6% enthalten. Nach einer EG-Richtlinie v. 03. 04. 85 ist der Höchstgehalt auf 5% festgesetzt worden. 1988 wurden ca. 600 000 t Benzol produziert und 92 000 t in die Umwelt emittiert.
Mit Hilfe der Katalysatortechnik kann die Benzolemission des Kfz-Verkehrs um etwa 90% reduziert werden. Von der Haut und den Schleimhäuten wird Benzol leicht aufgenommen. Im menschlichen Organismus reichert es sich im Fettgewebe an. 50% des eingeatmeten Benzols werden über die Lunge wieder ausgeschieden, die andere Hälfte wird im Körper verarbeitet: Zunächst erzeugen die Monooxygenasen ein Epoxid, daraus entstehen weitere Stoffwechselprodukte, z. B. Phenole. In hohen Konzentrationen kann *Leukämie* auftreten. Bei niedrig dosierten, aber langdauernden Einwirkungen kommt es zu verschiedenen Blutbildungsstörungen – vor allem zu einer Hemmung der Erythro-, Leuko- und Thrombopoese – und auch zu Chromosomenschäden.

> Benzolbelastungen von 66 000 mg/m^3 sind für den Menschen innerhalb von 5–10 Minuten tödlich.

Als Durchschnittswerte der Benzolexposition in Schweden wurden gemessen:

- bei Tanklastwagenfahrern 0,4 ppm
- bei Tankstellenwarten 0,084 ppm
- bei Matrosen auf Tankern 6,56 ppm
- bei Kokereiarbeitern 2,72 ppm
- bei Kfz-Mechanikern 0,052 ppm
- bei Holzfällern 0,29 ppm
- bei Chemielaboranten 0,44 ppm.

In Deutschland beträgt die technische Richtkonzentration für Benzol 5 ppm, dies entspricht einer Konzentration von 5 µg/dl Blut und ca. 40 mg Phenol/l Harn.

2.3.4.7 Blei

Die Industrie in Westdeutschland verbraucht jährlich 350 000 t Blei, die Hälfte davon wird für Akkumulatoren benötigt. Die wichtigste Quelle für atmosphärische Emissionen ist der Autoverkehr (2 000 t 1989). Durch die Einführung des bleifreien Benzins nahmen die Bleiemissionen aus Kraftfahrzeugen deutlich ab.

Die durchschnittliche Bleiaufnahme in den Industriestaaten beträgt 0,1–0,4 mg/d, in industriellen Ballungsgebieten 0,3–0,5 mg/d. Die WHO hat empfohlen, daß eine Bleiaufnahme von 3,0 mg/Woche nicht überschritten werden soll.
70 bis 80% des Bleis werden in der Regel mit der Nahrung aufgenommen, wobei der Gehalt des Trinkwassers je nach Konzentration wesentlich diese Aufnahme bestimmen kann. In den USA stammt die Hochbleibelastung hauptsächlich von bleihaltigen Farben bei den vielfältigen Hand-Mund-Aktivitäten des Kleinkindes. In Großstädten spielt die Bleiinhalation eine zusätzliche Rolle. Der Trinkwassergehalt von Blei liegt in der Bundesrepublik Deutschland durchschnittlich bei 9 μg/l. Bei Zubereitung der Säuglingsnahrung mit diesem Wasser werden damit in den ersten 6 Lebensmonaten 20 μg/kg/Woche und in den folgenden 6 Lebensmonaten ca. 35 μg/kg/Woche aufgenommen. Voll gestillte Kinder erhalten während des ersten Trimenons übrigens nahezu die gleiche Bleimenge wie künstlich ernährte Flaschenkinder.
Die WHO gibt die duldbare wöchentliche Zufuhr mit 50 μg/kg/Woche für Erwachsene an, das sind 7 μg/kg und Tag; für Säuglinge und Kinder gibt es keinen vergleichbaren Standard. Die Arbeitsgruppe um Ziegler konnte jedoch zeigen, daß bei Kindern bis zu einem Alter von 2 Jahren die Aufnahme von täglich 5 μg Blei pro kg (= 35 μg/kg und Woche) bereits zu einer positiven Bleibilanz führt, auch aufgrund der hohen Absorptionsquote von 50%.

2.3.4.8 Cadmium

Cadmium wird bei der Zinkverhüttung als Koppelprodukt in großen Mengen freigesetzt. Weitere Bereiche, in denen Cadmium Verwendung findet, sind: Nickel-Cadmium-Akkumulatoren, Stabilisatoren für Hart-PVC, Pigmente für Kunststoffe, Oberflächenbeschichtung, Klärschlamm, Farbstoffe u. a. Über die Nahrungskette reichert sich Cadmium in Pflanzen, Tieren und auch im Menschen an. Hohe Konzentrationen findet man in Innereien von Schlachttieren, Gemüsen und Speisepilzen.
Ca. 85% des aufgenommenen Cadmiums gelangen mit der Nahrung und etwa 15% mit dem Trinkwasser in den menschlichen Körper. Die über die Atmung aufgenommenen Mengen sind zwar sehr gering, ihnen kommt aber dennoch eine **große toxikologische Bedeutung** zu, weil von ihnen eine **krebserzeugende Wirkung** ausgeht.
Die durchschnittliche Cadmiumaufnahme in den Industriestaaten beträgt 0,025–0,06 mg/d, in industriellen Ballungsgebieten 0,06–0,08 mg/d.

Nach der WHO-Empfehlung sollten nicht mehr als 0,057–0,071 mg/d (das sind 0,4–0,5 mg/Woche) aufgenommen werden.

2.3.4.9 Chlordan

Chlordan ist ein Pestizid, das als Kontakt- und Fraßgift gegen Heuschrecken, Ameisen, Schaben und andere Tiere eingesetzt wird. Bei Wasserorganismen ist die Schwelle der akuten Toxizität kleiner als 1 µg/l. Chlordan kann nur schwer abgebaut werden; deshalb ist das Risiko einer langfristigen Wirkung selbst kleinster Mengen groß, die durch die Luft verbreitet werden und in die Gewässer gelangen.
In Deutschland ist der Einsatz von Chlordan verboten.
In höheren Konzentrationen entstehen Leber- und Nierenschäden und Beeinträchtigungen des ZNS; ein Krebsrisiko ist nicht ausgeschlossen.

> Chlordan wird als eines der giftigsten Insektizide bezeichnet; jeder, der es anwendet, kann sich vergiften.

2.3.4.10 Desinfektionsmittel (siehe: »Trinkwasser-Schadstoffe«)

2.3.4.11 DDT = Dichlor-diphenyl-trichloräthan, (siehe auch: »Pestizide«)

DDT ist als Pestizid seit 1941 in großen Mengen weltweit als Schädlingsbekämpfungsmittel eingesetzt worden. Sein Metabolit, das DDE, hat ähnliche Wirkung. DDT wurde auch, wegen seiner angeblichen Unschädlichkeit, im Krieg als Hygienemittel in Staubform direkt am Menschen – an Soldaten, Flüchtlingen und Gefangenen eingesetzt. Die Anwendung von DDT ist seit 1. 7. 1977 **in Westdeutschland verboten.** In den folgenden 10 Jahren hat sich ein deutlicher Rückgang der Konzentration in den Humanproben abgezeichnet.
Dennoch muß wegen der langen Halbwertszeit von DDT im Organismus bei ständiger Neuaufnahme mit einer Grundbelastung im menschlichen Körper auch in Zukunft gerechnet werden.
Die *Aufnahme* von DDT erfolgt überwiegend mit der *Nahrung*. Eine Total-Diet-Analyse in den USA 1954 hat eine tägliche Aufnahmemenge von 184 µg DDT/Person bzw. von 2,5 µg/kg ergeben. Jede untersuchte Mahlzeit enthielt DDT. Daraus wurde geschlossen: Man könne sich nur bei wenigen, wenn überhaupt noch bei einem Nahrungsmittel darauf verlassen, daß es völlig frei von DDT sei.

DDT ist fettlöslich und wird in Organen gespeichert, die reich an Fettsubstanz sind: In den Nebennieren, den Hoden und in der Schilddrüse. Relativ große Mengen finden sich in Leber, Nieren und im Darmfett. Das Fettgewebe wirkt als biologischer Verstärker um den Faktor 100 (Carson, 1990). Die Konzentrationen von DDT/DDE im Fettgewebe gesunder Personen in verschiedenen Ländern werden von Forth et al. (1983) für das Gesamt-DDT 1969 mit Werten zwischen 1,8 (Australien) und 19,9 (Florida) jeweils in mg DDT/kg Fett angegeben. Bei landwirtschaftlichen Arbeitern wurden 35 mg und in der Herstellungsindustrie bei Verpackern 1 131 mg DDT/kg Fettgewebe ermittelt. Beck (1989) nennt für die USA 1951 einen durch 75 Stichproben belegten Durchschnittswert von 5,3 mg DDT/kg Fettgewebe.
In Frauenmilchproben lag der durchschnittliche Gehalt nach Beck bei 0,13 mg/kg Milch, d. h. bei rund 4 mg/kg Milchfett. Der Maximalgehalt betrug etwa 25 mg/kg Milchfett. In Westdeutschland wurden 1959 für DDT und DDE bis zu 10 mg/kg Fett gefunden (Mittelwert 2,3). Die Konzentrationen stiegen in den folgenden Jahren noch an. Noch höhere Werte ergaben sich in den ehemaligen Ostblockländern und in den Ländern der »Dritten Welt«, weil dort DDT in großen Mengen eingesetzt wurde.

2.3.4.12 Dieldrin

Dieldrin ist ein Schädlingsbekämpfungs- und Spritzmittel, das nach dem deutschen Chemiker Diels benannt wurde, und gehört zu den meist gebrauchten Insektiziden.

> Dieldrin ist 5 mal so giftig wie DDT und nach oraler Aufnahme im Magen sogar 40 mal so giftig, wenn es in einer Lösung durch die Haut absorbiert wird.

Es kann relativ schnell das ZNS schädigen und Krämpfe, Gedächtnisverlust und Schlaflosigkeit auslösen. Schwere Schädigungen der Leber wurden beobachtet.

2.3.4.13 Diesel-Schadstoffe

Unter dem Begriff Dieselruß werden die festen Stoffpartikel der Dieselmotorabgase zusammengefaßt. Polyzyklische aromatische Kohlenwasserstoffe lagern sich an den Dieselruß an. Durch den Einsatz von Rußfiltern kann der Partikelausstoß von Dieselmotoren erheblich verringert werden, bei LKWs bis zu 90%.

Ruß ist ein Rauchniederschlag, der sich bei der Verbrennung verschiedener organischer Stoffe bildet und große Mengen von feinem Kohlenstaub aufweist. Für die Produktion von Tusche, Lederpflegemitteln, Farben, Kunststoffen und Gummiartikeln ist Ruß ein wichtiger Ausgangsstoff. An den durch die Luft transportierten Ruß adsorbieren sich häufig Benzpyrene, die nach Untersuchungen von SCHLIPKÖTER in der Lunge bereits in den ersten 3 Tagen zu 80% vom Ruß getrennt und wieder abtransportiert werden.
McCLELLAN gab 1986 das **Lungenkrebsrisiko** mit 100–245 Fällen/Jahr an für eine Immissionsbelastung von 1 $\mu g/m^3$, bezogen auf die gesamte US-Bevölkerung.
In menschlichen Lungen können nur in sehr geringen Mengen 3,4-Benzpyrene nachgewiesen werden. Eine deutliche Zunahme von Bronchialkarzinomen durch Ruß wurde bisher nicht beobachtet.

2.3.4.14 Dioxine (siehe auch: »Furane«)

In der aktuellen Diskussion um Umweltschadstoffe nehmen Dioxine und Furane eine herausragende Stellung ein. Zahlreiche Wissenschaftler behaupten, diese Verbindungen gehörten nach heutigem Kenntnisstand zu den **giftigsten Stoffen,** die bei industrieller Herstellung von Produkten anfallen.
Dioxine und Furane entstehen bei natürlichen geologischen Verbrennungsprozessen (v. a. bei vulkanischen Aktivitäten), bei künstlichen Verbrennungsprozessen, insbesondere in Ottomotoren mit bleihaltigem Treibstoff, in Kohlekraftwerken, Heizungs- und Müllverbrennungsanlagen, bei der Herstellung von Pestiziden und Imprägnierstoffen, bei der Verbrennung von kunststoffummantelten Elektrokabeln in Recyclinganlagen etc.
Laborexperimente zur Bildung und Zerstörung von Dioxinen von RAPPE, BUSER, HUTZINGER und BALLSCHMITER haben ergeben, daß die Entstehung der Dioxine temperaturabhängig erfolgt:

- aus chlorierten Aromaten: bei 550 – 650 °C
- aus Chlorphenolen: bei etwa 300 °C.

Die folgende Abbildung zeigt, aus welchen organischen Verbindungen Dioxine entstehen können:

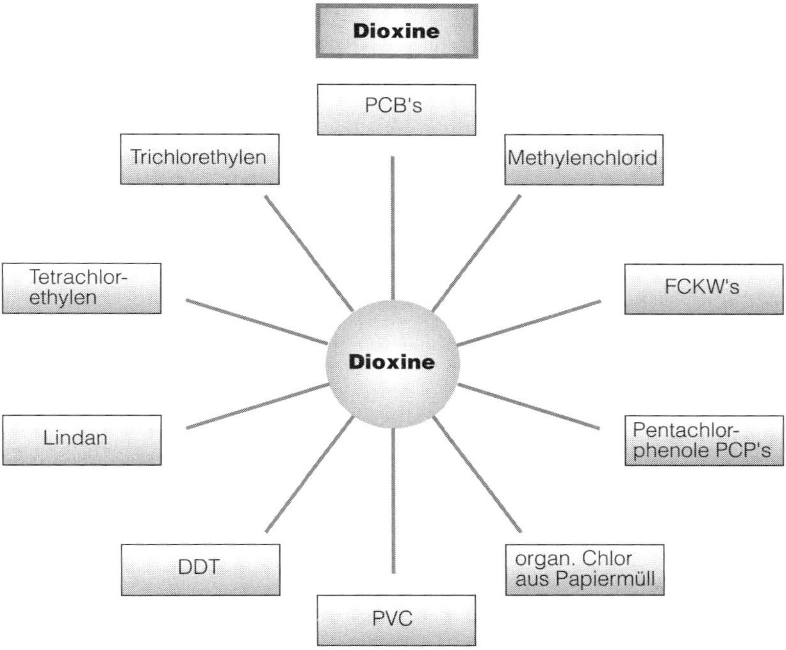

Abb. 4 zu 2.3.4.14.: Organische Verbindungen, aus denen Dioxine entstehen können

Untersuchungen zur Kontamination mit Dioxinen und Furanen in der Umgebung von Müllverbrennungsanlagen und Recyclinganlagen haben ergeben, daß Boden, Pflanzen, Tiere und Menschen in der Nähe solcher Anlagen deutlich höher belastet sind, als in ländlichen Gegenden. Hierbei ist der Mensch als Endstufe der Nahrungskette besonders gefährdet.

Ein Zerfall (Zerstörung) erfolgt dann oberhalb von 700 °C. Es handelt sich bei diesen Experimenten um reine Gasphasenreaktionen in Gegenwart von Sauerstoff (HAGENMAIER, 1987). Aufgrund von Hochrechnungen unter Inertbedingungen ergibt sich eine 99,9%ige Zerstörungs-Wahrscheinlichkeit unter folgenden Bedingungen:

- bei 220 °C: nach 2 Millionen bis 2 Milliarden Jahren
- bei 300 °C: nach 6 Monaten bis 5 Jahren
- bei 1000 °C: nach weniger als 1 Sekunde und
- bei 1200 °C: nach Millisekunden.

Diese Hochrechnungen, die letztlich auch als Grundlage für die überarbeitete T A Luft herangezogen wurden, sind jedoch nicht unumstritten. Dioxine und Furane sind ubiquitär verbreitet, ihre Toxizität wird teilweise in »toxischen Äquivalenten« (TE) angegeben. Hierbei handelt es sich um eine Verrechnungseinheit, mit der die unterschiedliche Toxizität der Isomere der Dioxine und Furane rechnerisch vereinheitlicht wird. Nach Beck (1990) liegt die ständige Belastung eines Erwachsenen der Durchschnittsbevölkerung in Westdeutschland mit Dioxinen und Furanen nach dem BGA im Bereich von 4–80 pg TE TCDD/g Fett, die sich vorwiegend im Fettgewebe anreichern.
Die direkte Aufnahme aus der Luft hat unter Normalbedingungen eine untergeordnete Bedeutung (< 5%). Der Mensch ist das Endglied der Nahrungskette. Die tatsächliche Belastung des Menschen ergibt sich aus der hohen Lipophilie bestimmter Dioxine und Furane.
Die **tägliche Aufnahme** von Dioxinen und Furanen mit der Nahrung hat das BGA nach dem Ernährungsbericht in TE je Person umgerechnet. Es ergeben sich die in folgender Tabelle zusammengestellten Werte:

Nahrungsmittel	Aufnahmemenge (g/Tag)	Aufnahmemenge TCDD (pg TE/Tag)
Fleischprodukte	38	23,5
Milchprodukte	33	28,5
Eier	3,9	4,5
Fischprodukte	1,8	33,3
Pflanzliche Öle	26	0,3
Gemüse	244	2,4
Obst	130	1,4
Mittlere Aufnahmemenge	68,1	93,5

Tabelle zu 2.3.4.14.A.: Tägliche Aufnahme von Dioxinen und Furanen mit der Nahrung (BGA, Ernährungsbericht, Angaben in TE je Person)

Mittlere Aufnahmemenge

Die mittlere Aufnahmemenge von 93,5 pg TE TCDD entspricht bei einem Körpergewicht von 70 kg ca. 1,3 pg TE TCDD/kg KG. Diese mittlere Aufnahmemenge resultiert aus der ubiquitären Verbreitung der Dioxine. SVENSSON weist darauf hin, daß alle 210 PCDD- und PCDF-Isomere, die in Rauchgasemissionen der verschiedenen Verbrennungsanlagen vorhanden sind, in nachweisbaren Mengen von Okta- und Hepta-Isomeren und 11 der 12 giftigsten Isomere in biologischen Proben – z. B. in Kuhmilch, Fisch und Robbe – wiederzufinden sind. Gleiches gilt auch für Muttermilch und humanes Fettgewebe. Die Aufnahme aus der Nahrung – der im Normalfall fast ausschließliche Eintragspfad – beträgt für einen Erwachsenen unter Normalbedingungen durchschnittlich 90 pg TE TCDD/d/Person, d. h. bei 70 kg Körpergewicht 1,3 pg TE TCDD/kg KG/d.

Die Aufnahme aus der Luft liegt unter 5% und kann unter Normalbedingungen vernachlässigt werden, es sind jedoch Fälle bekannt geworden, bei denen auch die Belastungen aus der Luft zu schädigenden Einflüssen auf die Gesundheit geführt haben. Nach I. LUKASSOWITZ (1990) haben aufgrund toxikologischer Untersuchungen demgegenüber BGA und UBA 1985 unter Risikoaspekten eine duldbare tägliche Aufnahmemenge von 1–10 pg TE TCDD/kg KG vorgeschlagen. Die Giftaufnahme bewegt sich also bereits im Grenzbereich.

Unter dem Vorsorgeaspekt setzt das BGA die duldbare tägliche Aufnahmemenge niedriger an und schlägt im Rahmen einer noch nicht abgeschlossenen Neubewertung der Dioxin- und Furanisomere jetzt vor, daß der Grenzwert von 1 pg TE TCDD/kg KG/d nicht überschritten werden sollte. Damit wird also bereits unter Normalbedingungen mit der durchschnittlichen Aufnahmemenge von 1,3 pg TE TCDD/kg KG/d die Vorsorgesicherheitsschwelle überschritten.

Dioxine in Schwangerschaft und Stillzeit

Es ist nachgewiesen worden, daß Dioxine placentagängig sind und sich schon intrauterin nennenswerte Gewebekonzentrationen ergeben (KNEBUSCH, 1990). Die Intrauterinzeit und das erste Lebensjahr sind wegen der hohen Teilungsintensität des schnell wachsenden Gewebes die empfindlichste Zeit in der gesamten Lebensspanne. Diese Empfindlichkeit gilt besonders für Substanzen, die wie Dioxine am Zellkern angreifen. Ein Säugling, der bei einer Stillmenge von 800 ml und 5 kg KG rund 89 pg TE TCDD/kg KG/d aufnimmt, überschreitet also während der Stillzeit den tolerablen Wert bereits um das Zehnfache. Wenn auch der tolerable Wert für eine lebenslange Aufnahme definiert ist, und damit auf den Säugling mit seiner zeitlich begrenzt erhöhten Aufnahmemenge nicht unmittelbar anwendbar ist, so muß andererseits doch berücksichtigt werden, daß ein Neugeborenes mit seinen noch in der Entwicklung befindlichen Organen als wesentlich empfindlicher gegenüber den Ultragiften eingestuft werden muß als ein Erwachsener. Wie stark gerade **Kinder** durch eine erhöhte Dioxinbelastung gesundheitlich beeinträchtigt werden können, läßt sich aus der *»Kindergartenstudie«* entnehmen, die der Hamburger Senat jetzt veröffentlicht hat. In Hamburger Kindergärten waren PCP-haltige Holzschutzmittel verwendet worden, die Dioxine und Furane enthielten. Diese gelangten über die Raumluft und die Atmung in den Blutkreislauf. Kopfschmerzen, Appetitlosigkeit und Brechreiz waren die Hauptsymptome. Bei den Kindern in Hamburger Kindergärten, die sich in PCP-behandelten Räumen aufhielten, lag die tägliche Aufnahmemenge an PCDD-Äquivalenten bei oder geringfügig über dem von der Gesundheitsbehörde empfohlenen Toleranzwert von 0,5 pg/m^3 Raumluft.

2.3.4.15 Endosulfan

Endosulfan ist eine gelbe bis gelbbraune Substanz und wird als Kontakt- und Fraßgift gegen beißende und saugende Insekten im Obst-, Gemüse- und Ackerbau und gegen Käfer und Raupen in der Forstwirtschaft gebraucht. Auch bei der Kartoffel- und Maikäferbekämpfung wird es gelegentlich eingesetzt.
Im Gegensatz zu anderen chlorierten Kohlenwasserstoffen baut sich Endosulfan in lebenden Organen rasch ab. Pflanzen, Haustiere, Bienen und Vögel sind von der Giftwirkung des Endosulfans nicht betroffen; Fische aber reagieren auf Endosulfan äußerst empfindlich.

2.3.4.16 Endrin

Endrin ist ein chlorierter Kohlenwasserstoff mit insektiziden und rodentiziden Wirkungen. Es ist der **giftigste chlorierte Kohlenwasserstoff.**
Trotz der engen Verwandtschaft mit Dieldrin hat Endrin aufgrund einer nur geringfügigen Abweichung in der Molekülstruktur eine 5mal so große Giftigkeit. Im Vergleich mit DDT ist es für Säugetiere 15mal, für Fische 30mal und für einige Vögel etwa 300mal so giftig wie DDT. **In Deutschland** besteht deshalb ein **Anwendungsverbot.**

2.3.4.17 Farbstoffchemikalien

Die Farbstoffe in den Textilien werden heute synthetisch hergestellt. Folgende Farbstoffchemikalien haben nach der MAK-Werte-Kommission ein **krebserzeugendes Potential** für den Menschen (Rose,1987):
- Arsen
- Benzidin
- Benzol
- Monochlordimethylether
- 2-Naphtylamin
- 4-Aminodiphenyl.

2.3.4.18 Fluor-Chlor-Kohlenwasserstoffe (FCKW)

FCKW sind Fluorchlorkohlenwasserstoffverbindungen, in denen Wasserstoffatome überwiegend durch Fluor- und Chloratome ausgetauscht sind. Die flüssigen oder gasförmigen FCKW werden als Kältemittel in Kühlaggregaten, als Reinigungsmittel in der elektronischen Industrie, zum Aufschäumen von Kunststoffen und als Treibmittel in Spraydosen verwendet.
1986 kamen in Westdeutschland 112 000 t FCKW auf den Markt, weltweit 1 140.000 t. Sie sind in der Stratosphäre entscheidend mitverantwortlich für den Abbau der Ozonschicht, die dadurch die kurzwelligen UV-Strahlen nicht mehr genügend abhalten kann. Mit einer deutlichen Zunahme von Hautkrebs muß deshalb in Zukunft gerechnet werden. Es ist geplant, daß 1995 die Verwendung von FCKWs in Deutschland *eingestellt* wird.

2.3.4.19 Formaldehyd

Formaldehyd ist ein farbloses, stechend riechendes Gas und als weltweit am häufigsten produzierte Chemikalie ein wichtiger Grundstoff für die chemische Industrie; die wäßrige Lösung von Formaldehyd ist Formalin. Formaldehyd wird als Desinfektionsmittel, besonders gegen Viren, in Kosmetika und Körperpflegemitteln und als Konservierungsstoff, z. B. in der Anatomie, gebraucht. Harnstoff-Formaldehyd-Harze werden als Bindemittel für Spanplatten und zum Verschäumen von Hohlräumen bei der Isolation von Häusern verwendet.

Wirkung von Formaldehyddämpfen

Die Ausgasungen von Formaldehyd aus Spanplatten und Schäumen können in Wohnungen und Büros starke körperliche Reaktionen hervorrufen; vor allem *Kopfschmerzen* und *Atemwegsreizungen* werden beobachtet.
Werden konzentrierte Formaldehyddämpfe eingeatmet, treten an den Schleimhäuten und Lungen schwere Reizzustände auf; bei langfristiger Exposition nimmt die Sensibilisierung der Bronchien zu bis hin zu Asthmaanfällen. Bei Hautkontakten kommt es zu allergischen Reaktionen; eine krebserzeugende Wirkung wird angenommen. Für Innenräume hat das BGA einen Grenzwert von 0,1 ppm empfohlen.

2.3.4.20 Furane
(siehe: »Dioxine«)

2.3.4.21 Halogen-Kohlenwasserstoff-Verbindungen

Unter halogenierten Kohlenwasserstoffen versteht man eine Sammelbezeichnung für Kohlenwasserstoff-Verbindungen, die Halogene beinhalten. Diese große, z.T. sehr heterogene Stoffgruppe, weist mit zunehmender Anzahl der Halogenatome einen immer stärkeren Einfluß auf die Funktionen des ZNS auf. Bei den Halogencarbonen nimmt die metabolische Stabilität in der Reihe J < Br < Cl < F zu.
Werden chlorierte cyclische Kohlenwasserstoffe über längere Zeiträume und wiederholt in großen Mengen aufgenommen, treten Appetitlosigkeit, Abmagerung und allgemeine Schwäche auf.
Zusätzlich können sich Leberparenchymschäden, polyneuropathische und zentralnervöse Symptome manifestieren. Auch Blutbildveränderungen werden beobachtet. Gelegentlich treten auch Hautveränderungen allergischer Genese auf. Eine wesentliche Quelle für die Belastung des Menschen mit Halogenkohlenwasserstoffen ist die Luft. Tri- und Tetrachlorethylen sind teilweise in großen Mengen in *Wurstwaren* enthalten (z.T. 400 µg/kg).

2.3.4.22 HCB (Hexachlorbenzol)

Das HCB ist Ausgangsprodukt für die Herstellung verschiedener Verbindungen wie Pentachlorphenol und für Farbstoffe. Es kommt herstellungsbedingt als Verunreinigung in einigen Pestiziden vor und wird in kleineren Mengen aus Verbrennungsanlagen freigesetzt.
Als Pflanzenschutzmittel ist es in Westdeutschland **seit 1981 verboten.** HCB wird in einer sehr großen Anzahl von Proben in verschiedenen Bereichen der Umwelt, vor allem in Boden, Sedimenten, Wasser, Luft, Nahrungsmitteln, nachgewiesen. Es reichert sich vorwiegend im Fettgewebe, im Blut und in der Muttermilch an und kann zu Stoffwechselstörungen und Organschäden führen.
Die Bundesanstalt für Arbeitsschutz und Unfallforschung (BAU) führt HCB in der Liste krebserregender Arbeitsstoffe. Nach dem WHO-Krebs-Forschungsinstitut haben Tierversuche die **Kanzerogenität** von HCB **belegt.** HCB wird in der Umwelt nur sehr langsam abgebaut (Valentin, 1985).

2.3.4.23 HCH (Hexachlorcyclohexan)

Lindan ist das Gamma-Isomer des Pestizids HCH (= Hexachlorcyclohexan). Es hat die stärkste insektizide Wirkung. Die restlichen Isomere werden zu anderen chemischen Verbindungen verarbeitet. HCH wird auch in 0,5%iger Lösung als antiparasitäres Kopfwasser verwendet. Lindan ist ein kumulativ wirkendes Gift, das zu Leber- und Nierenschädigungen führt und das ZNS beeinträchtigt. Noch toxischer ist das β-Isomer, es wirkt aber weniger insektizid. HCH ist toxischer als DDT, aber weniger persistent und kumulierend. HCH-Rückstände können heute in fast allen *Nahrungsmitteln* nachgewiesen werden, vor allem in fetthaltigen. Seit 1986 ist die Verwendung von Gamma-HCH gesetzlich eingeschränkt (Rose, 1987).
Alfa-HCH und Lindan werden vom Organismus relativ rasch ausgeschieden und liegen im Humanfett daher meist nur in geringen Konzentrationen vor, während das β-HCH aufgrund seiner langen Halbwertzeit stark angereichert wird (Beck, 1989). Über die Beurteilung von Gamma-HCH (Lindan) als kanzerogenen Stoff gibt es *widersprüchliche Angaben.* Die International Agency for Research on Cancer (WHO) stützt sich auf Tierversuche, bei denen Lindan Krebs auslöste.
Es wird in der Literatur auch auf eine Reihe von Fällen hingewiesen, bei denen Menschen von Leukämie und anderen Blutkrankheiten betroffen wurden (Carson, 1990). In der Regel können diese Fälle nicht einem einzigen Gift zugeordnet werden, sondern meist einem Gemisch, z. B. aus Lindan und DDT. Der Pathomechanismus der Krebsentstehung konnte bisher nicht eindeutig geklärt werden.

2.3.4.24 Holzschutzmittel

Holzschutzmittel dienen zur Vorbeugung und Bekämpfung von holzzerstörenden und holzverfärbenden Organismen. Sie sind meist Gemische und Emulsionen verschiedener Wirkstoffe, z. B. Insektizide, Fungizide, Lösemittel. Man unterteilt Holzschutzmittel in wasserlösliche und ölige. Die wasserlöslichen Holzschutzmittel bestehen z.T. aus anorganischen Salzgemischen, die folgende Komponenten enthalten können: Kupfer, Arsen, Chrom, Silizium, Fluor u. a. Zu den öligen Holzschutzmitteln werden die Steinkohlenteeröl- und Rohöl-Präparate und die lösemittelhaltigen Präparate mit organischen Insektiziden und Fungiziden gerechnet.
Holzschutzmittel sind **gesundheitsschädlich** für Mensch und Umwelt. Beim Menschen steht als Gesundheitsrisiko der direkte Hautkontakt bei der Verarbeitung von Holzschutzmitteln mit Gasgemischen biozider Holzschutzmittelbestandteile in die Innenraumluft im Vordergrund;

man sollte sie deshalb in trockenen Wohnräumen vermeiden. Ein Zulassungsverfahren für diese Stoffe gibt es bisher noch nicht. Als Alternative zu Holzschutzmitteln gibt es jedoch auch andere Verfahren, z. B. das Heißluftverfahren.

2.3.4.25 Karbamate

Karbamate sind die Ester und Salze der Karbamidsäure, die als Insektizide und Herbizide verwendet werden. Sie verhindern auch das Auskeimen gelagerter Kartoffeln.
Die Vergiftungserscheinungen der Karbamate – nach dem Einatmen oder der Aufnahme durch die Haut – beruhen auf einer kurzdauernden Hemmung der Cholinesterase und sind den Vergiftungen durch Physostigmin sehr ähnlich. Einige Karbamate haben eine **stark reizende Wirkung** auf Augen, Schleimhäute und Haut. Sie werden im Körper rasch metabolisiert und kumulieren nicht.

2.3.4.26 Lindan (HCH, Hexachlorcyclohexan) (siehe 2.3.4.23)

2.3.4.27 Lösungsmittel

Unter Lösungsmitteln versteht man Flüssigkeiten, die andere Stoffe lösen können, ohne dabei chemisch zu reagieren. Neben dem Wasser kommt vor allem organischen Verbindungen hohe Bedeutung zu.
Man benötigt Lösungsmittel für die industrielle Produktion, für Lacke, Druckfarben, Beschichtungsmittel, zum Abbeizen, Reinigen und Entfetten. In Deutschland werden jährlich etwa 2 Millionen Tonnen Lösungsmittel produziert.
Organische Lösungsmittel sind in nicht unerheblichem Maße mitverantwortlich für die Luftverschmutzung; mehrere 100 000 Tonnen entweichen in Deutschland jedes Jahr in die Luft. Dem kann entgegengewirkt werden durch Abgasreinigung und durch Verwendung lösungsmittelfreier und lösungsmittelarmer Produkte, z. B. Dispersionslacke, Pulverlacke.
Die gesundheitlichen Auswirkungen der einzelnen Lösungsmittel auf den Menschen sind sehr unterschiedlich; für Benzol und Tetrachlorkohlenstoff gelten z. B. Anwendungsbeschränkungen, während Alkohole, aliphatische Kohlenwasserstoffe und Ketone als weniger gesundheitsschädlich eingestuft werden.

2.3.4.28 Methanol

Methanol ist eine farblose Flüssigkeit, die als Verdünnungs- und Reinigungsmittel, Lösungsmittel, Frostschutzmittel, Vergällungsmittel und Treibstoff gebraucht wird und sehr giftig ist. Methanol wird über die Atmungsorgane in Dämpfen aufgenommen und durch die Haut resorbiert. Es kann vom menschlichen Organismus nur unzureichend oxidiert und abgebaut werden, wobei Formaldehyd und Ameisensäure entstehen.

Symptome der Methanolvergiftung:
- Appetitlosigkeit,
- Schwindel,
- Kopfschmerzen,
- Benommenheit,
- visuelle Störungen,
- Augenschmerzen,
- Ohrensausen,
- Leibschmerzen.

30–100 ml oral aufgenommenes Methanol sind tödlich.

2.3.4.29 Methoxychlor

4,4-Dimethoxydiphenyltrichloräthan wird als Methoxychlor bezeichnet und ist ein dem DDT chemisch verwandtes Pestizid. Methoxychlor hemmt die Enzyme des Oxydationszyklus und wird von Leberenzymen entgiftet. **Gesundheitsschädliche Wirkungen** wurden beobachtet an den Nieren, am ZNS und am Uterus.

2.3.4.30 Nitrate
(siehe: »Trinkwasser-Schadstoffe«)

2.3.4.31 Organische Phosphorverbindungen

Organische Phosphorverbindungen sind chemische Substanzen mit mindestens einer Phosphor-Sauerstoff-Kohlenstoff-Bindung. Von den etwa 200 verschiedenen hochtoxischen und umweltschädlichen Phosphorverbindungen werden die meisten als Pestizide verwendet, z. B. Parathion, Malathion.
Vergiftungen mit organischen Phosphorverbindungen, die als Insektizide Cholinesterasehemmstoffe beinhalten, haben den Charakter einer endogenen Acetylcholinvergiftung. Die anderen Organophosphorverbindun-

gen zeichnen sich bei **Vergiftungen** durch periphere motorische und zentralnervöse Störungen aus.

2.3.4.32 Organische Substanzen (siehe: »Trinkwasser-Schadstoffe«)

2.3.4.33 Organohalogenverbindungen

Eine große Gruppe von Pestiziden, die für den Menschen gefährlich werden können, leitet sich aus den schwerflüchtigen Organohalogenverbindungen ab. Im Vordergrund stehen dabei die relativ unpolaren polychlorierten bzw. polybromierten Verbindungen mit einer längeren Halbwertzeit im Organismus. Aber auch bei kurzer Halbwertzeit und ständiger Aufnahme kann es zu Anreicherungen im Organismus kommen, z. B. beim PCP, schließlich auch als Abbauprodukt anderer Organochlorverbindungen, z. B. beim HCB und anderen Pestiziden. Die Vergiftungssymptomatologie ist bei allen Organochlorverbindungen annähernd gleich. Inwieweit letztlich für die akute wie für die chronische Symptomatologie der chlorierten zyklischen Kohlenwasserstoffe Spuren von Begleitstoffen der Dioxine und Furane verantwortlich zu machen sind, kann gegenwärtig noch nicht entschieden werden (VALENTIN, 1979).

Die chronische Toxizität der Chlorkohlenwasserstoffe beruht in vielen Fällen auf den beim Abbau dieser Verbindungen – v. a. in der Leber – entstehenden Zwischenprodukten. Diese Abbauprodukte, im wesentlichen Epoxide und Radikale, reagieren mit den Makromolekülen in den Zellen, wahrscheinlich auch mit der DNA, und sind so vermutlich für die Mutagenität verantwortlich.

2.3.4.34 Ozon

Ozon ist ein Gas, das in der Stratosphäre vor allem durch ultraviolette Strahlung gebildet wird und in Spuren durch atmosphärische Prozesse auch in erdnahe Schichten transportiert wird. Dort entsteht durch luftchemische Prozesse zusätzlich Ozon aus Stickstoffoxiden und Kohlenwasserstoffen. Da Ozon eine bakterien- und virenabtötende Wirkung hat, wird es zur Trinkwasseraufbereitung verwendet.

In Ballungsgebieten können kurzzeitig Ozonkonzentrationen von über 300 $\mu g/m^3$ auftreten. Bereits in niedrigen Konzentrationen kann Ozon beim Menschen **Reizungen** der Schleimhäute, Lungenfunktionsstörungen und Veränderungen biochemischer Parameter hervorrufen. Der MIK-Wert für eine halbe Stunde beträgt 120 mg/m^3.

2.3.4.35 Parathion (z. B. E 605)

Parathion ist ein Diäthylnitrophenylthiophosphat, das als Schädlingsbekämpfungs-, Stäube- und Spritzmittel verwendet wird.
Im Handel sind diese Substanzen unter den Namen **E 605, Ekatox, Follidol, S.N.P., Sulfos B 404, Thiophos 3422, Eftol, Fosferno** und **Niran** bekannt.

Beim Erwachsenen beträgt die tödliche Dosis 5 mg/kg Körpergewicht. Frühsymptom einer Vergiftung ist ein »unbezwingbares Augenzwinkern«.

2.3.4.36 Pestizide (siehe: »DDT«, »DDE«, »HCH«, »PCP« ...)

Pestizide sind Chemikalien, die für die Bekämpfung spezieller Schädlingsgruppen – z. B. Insekten, Pilze, Unkräuter – eingesetzt werden.

2.3.4.37 P C B (siehe: »Polychlorierte Biphenyle«)

2.3.4.38 Pentachlorphenol (P C P)

Der Anwendungsbereich als Pestizid ist die Bekämpfung von Wildkräutern, Algen, Schnecken, Pilzen, Insekten u. a. PCP wird auch als Holzschutzmittel verwendet.
In Westdeutschland ist es seit 1989 verboten, nicht jedoch in der EU.
Die Aufnahmepfade des PCP:

1. Aufnahme über die Nahrung (importierte Zuchtpilze);
2. Aufnahme über die Atemluft: PCP tritt gasförmig aus behandelten Stoffen aus. Dies betrifft z. B. Lederwaren und Holz (Parkett, Verschalungen), Teppichböden;
3. Aufnahme über die Haut;
4. Entstehung im Körper durch Metabolismus: Als Abbauprodukt anderer Organochlorverbindungen (z. B. von HCB und anderen Pestiziden).

Nach Aufnahmestop tritt *Besserung* oder Heilung ein. PCP ist aber ein ubiquitär verbreiteter Stoff. Chlorphenole sind in fast allen Urinproben nachweisbar (Beck, 1989).
Die Halbwertszeit liegt etwa bei 20 Tagen, denn bei exponierten Arbeitern verringerte sich der Gehalt nach Ausschaltung der Quelle in genau dieser Zeitspanne

- im Serum von 1,31 auf 0,59 mg/l
- im Urin von 5,1 auf 2,2 mg/l.

Für die *tägliche Aufnahmemenge* der Normalbevölkerung wurden unterschiedliche Werte ermittelt: In Kanada 10 – 30 µg/Person; andere Autoren nennen 15,1 µg und 2,8 µg/Person/Tag. Die Normalbelastung in Westdeutschland beträgt: 40 – 70 µg/l Urin.

Die Maximalbelastung beträgt (in Japan): 5,91 mg/l Urin (Kontrollgruppe: 2–200 µg/l Urin). Bei kontinuierlicher Aufnahme kommt es zu Anreicherungen im Fettgewebe. Ermittelt wurden Werte zwischen nn (nicht meßbar) und 570 ng/g. Meßbare Konzentrationen konnten auch in Leber- und Serumproben nachgewiesen werden. Andere Chlorphenole wurden auch im Blut und im Urin von Personen ohne bekannte Exposition festgestellt.

Als **obere Normgrenze** in der Arbeitsmedizin gilt:
- im Plasma 20 µg/dl
- im Urin 70 µg/g Kreatinin.

> Als tolerierbarer Grenzwert im Urin gilt: 1 mg/g Kreatinin
> Die Letaldosis für Menschen beträgt 2 g.

PCP ist ein starkes Gift. Bei *Überdosierung* treten auf:
- Leberzirrhose
- Knochenmarksschwund
- Nervenschädigungen.

In der Arbeitsmedizin wird PCP vorherrschend mit folgenden **Schäden** in Zusammenhang gebracht:
- Kopfschmerzen
- Übelkeit
- Reizungen der Haut, der Augen- und Nasenschleimhäute
- Leberfunktionsstörungen
- Blutbildveränderungen
- Chlorakne.

Als mögliche **Spätfolgen** werden genannt:
- Magen-Darm-Beschwerden
- allgemeine Abwehrschwäche
- Nierenfuktionsstörungen
- Harnwegsinfekte
- rezidivierende Pilz- und Virusinfektionen
- Bronchitis
- Tumoren

- Störung der Hormonproduktion (v. a. in den Nebennieren und in der Schilddrüse)
- Zyklusstörungen
- Störungen des Klimakteriums
- Fertilitätsstörungen
- Schlafstörungen
- Konzentrationsschwäche
- Depressionen

Chlorierte Phenole können je nach Herstellungsprozeß sowie bei Zersetzungsreaktionen Dioxine bilden.
Viele chlorierte Kohlenwasserstoffe, ebenso die Phenole und manche Herbizide, stören die Oxidation und die Energieerzeugung innerhalb der Zelle. Dadurch können vorerst ruhende Krebszellen entstehen, in denen die unabänderlich bösartige Veränderung lange Zeit unentdeckt schlummert, bis die Krankheit schließlich ausbricht und als Krebs offen zutage tritt (CARSON, 1990).

2.3.4.39 Phosphorsäure-Ester

Phosphorsäure-Ester werden als Schädlingsbekämpfungsmittel, Weichmacher, Flammschutzmittel und als Kampfstoffe – z.B. Tabun, Sarin, Soman – eingesetzt.
Die meisten Phosphorsäure-Ester haben eine starke Giftwirkung gegenüber dem Menschen; 50–100 mg sind oftmals bereits tödlich. Der hohen akuten Toxizität dieser Stoffgruppe steht im Vergleich zu den chlorierten cyclischen Kohlenwasserstoffen ein rascher biologischer Abbau als Vorteil gegenüber. Phosphorsäure-Ester werden in Organismen nicht gespeichert.
Da die organischen Phosphorsäure-Ester starke Inhibitoren der Acetylcholinesterase sind, treten die meisten Vergiftungen bei Warmblütern als Acetylcholinvergiftung an den Cholinrezeptoren in Erscheinung.
Vergiftungssymptome sind:

- Dyspnoe
- Lungenödem
- Tränen- und Speichelfluß
- Koliken
- Durchfälle
- Erbrechen.

Weitere Symptome sind *Sehstörungen, Bradykardie, Tremor, Krämpfe, Sprachstörungen, Paraesthesien, Verwirrtheit* u. a.

Nach einem mehrwöchigen Intervall treten schlaffe Lähmungen auf, die an den Füßen beginnen und zur rumpfnahen Muskulatur emporsteigen.

2.3.4.40 Polychlorierte Biphenyle

Die Polychlorierten Biphenyle gehören mit dem DDT und seinen Abbauprodukten, mit dem HCH und dem HCB zur Gruppe der schwerflüchtigen Chlorkohlenwasserstoffe. Diese Stoffe erreichen den Menschen vor allem über die Nahrung, zu ca. 70% über tierische, zu 25% über pflanzliche Nahrungsmittel, nur der Rest über Luft, Wasser und Boden. Spuren der genannten Stoffe lassen sich beinahe *bei fast jeder Frau nachweisen* und gelangen damit auch in die Nahrung von Säuglingen.

Da PCBs plazentagängig sind, wird auch das intrauterine Leben bereits einer Grundbelastung ausgesetzt. Die Belastungen des Menschen mit PCBs gehören zu den bedenklichsten. PCBs sind bereits vor ca. 20 Jahren als Stoffe, die die Umwelt und den Menschen gefährden, erkannt und in der Verwendung für technische Zwecke durch gesetzliche Maßnahmen seit 1978 stark eingeschränkt bzw. verboten worden. Damit sind aber die Gefahren für Gesundheit und Leben, die aus diesen Stoffen erwachsen, heute keineswegs beseitigt. Die erfolgten und zum jetzigen Zeitpunkt bereits unvermeidbaren Einträge von PCBs in die Umwelt im Bereich der Bundesrepublik Deutschland – bis über das Jahr 2000 hinaus – liegen zwischen 30 000 und 40 000 t. Dies gilt unter der Voraussetzung, daß keine weiteren Emissionsquellen geschaffen werden, die Entsorgung von Altlasten in Zukunft lückenlos unter kontrollierten Bedingungen abläuft und die Emissionen aus dem Untertagebau mittelfristig gestoppt werden (Lorenz et al., 1983).

Nach Schätzungen der National Academy of Sciences wurden bis 1978 insgesamt weltweit ca. 1 000 000 t PCBs produziert. Davon sollen ca. 14% – 140 000 t – in die Umwelt gelangt sein. Über eine aktuelle Auswirkung dieses Sachstandes berichtet R. Reiser (1991). Demnach ist die PCB-Belastung in Schulräumen höher als vermutet. Sie betrug maximal 7 350 ng/m^3 Raumluft. Bei 3 000 ng/m^3 muß interveniert werden. Andere Meßwerte lagen bei 5 290 und 6 000 ng/m^3.

Besorgniserregend sind diese Werte, weil einige Monate vor der Messung Maßnahmen zur Verminderung der Ausgasung von PCBs in diesen Räumen eingeleitet worden waren: regelmäßiges Lüften und Wischen bis zur Abdichtung von Fugen.

Die PCBs sind als chemische Verbindungen sehr beständig. Erst bei Temperaturen über 1 000 °C lösen sie sich vollständig. Der große technische Bedarf leitet sich aus der geringen elektrischen Leitfähigkeit,

der Hitzebeständigkeit und der guten Wärmeleitfähigkeit ab. Dadurch sind die PCBs besonders gut für die Isolation in kleinen und großen Kondensatoren und Transformatoren geeignet. Sie werden weiterhin als Schmiermittel, Weichmacher, zur Papierbeschichtung, als Imprägnier- und Flammschutzmittel, als Additiv in Kitten, Spachtel- und Vergußmassen verwendet und dienen schließlich als Sperrflüssigkeit und als Schweröl in Ringwaagen. Größere Mengen werden auch im Untertagebergbau verbraucht, wo die PCBs als Hydrauliköl eingesetzt werden. Die in die Umwelt gelangenden technischen PCB-Produkte haben eine andere Zusammensetzung an Einzelkomponenten als sie im Körpergewebe bestimmt werden kann. Von den theoretisch möglichen 209 Einzelkomponenten sind 125 in den technischen Produkten enthalten. Nur wenige davon können im Menschen nachgewiesen werden. Von ihnen werden einige metabolisiert.
Besonders für die hochchlorierten PCB-Komponenten ist Lipophilie kennzeichnend. Es kommt zu Gehalten von 1–2 mg/kg Fettgewebe. Beck (1989) nennt aufgrund einer neueren Untersuchung einen auf 34 Fettgewebsproben beruhenden Gesamt-PCB-Gehalt von 3,3 mg/kg. Die Halbwertszeit im Körper wird mit 16–28 Jahren angegeben. Mit zunehmendem Alter sind ansteigende Konzentrationen zu erwarten. Die höchsten Konzentrationen finden sich im Fett, danach in Leber, Niere, Gehirn und Blut. Bei ständiger Aufnahme kleiner Mengen stellt sich nach Matthiaschk et al. (1983) bei Säugetieren ein Gleichgewicht nach 4–6 Monaten ein.
Ein besonderes Problem ergibt sich durch die Aufnahme von PCBs über die Muttermilch. Sie weist Konzentrationen von 1,5 mg/kg Fett bis 2,1 mg/kg Fett auf. Die PCB-Aufnahme kann bei einer Trinkmenge von 50–800 ml/Tag ca. 3,5–56 µg/Tag betragen. Bezogen auf das Körpergewicht wird damit der akzeptable Wert um ein Mehrfaches überschritten. Die gegenwärtigen und noch zu erwartenden Emissionen leiten sich aus der großen Lebensdauer der Produkte ab, in denen PCBs enthalten sind, z. B. Kondensatoren und Transformatoren, für die Zeiten bis über 30 Jahre anzusetzen sind. Als Emissionsquelle kommen vor allem Mülldeponien, Industriemüll verarbeitende Betriebe, Altöl-, Sondermüll- und Hausmüll-Verbrennungsanlagen in Betracht. Auch durch den Verbrauch von PCB-haltigen Hydraulikflüssigkeiten in Bergwerken entsteht eine bedeutende Emissionsquelle. Dieser Verbrauch lag 1980 noch bei 1600 t/a. Die verbrauchten Mengen gelangen über »Sümpfungswasser« in die Gewässer, z.T. in die Kohleaufbereitung; aus der geförderten Kohle gelangen PCBs über das Kohlenwaschwasser in die Gewässer. Weitere Anteile gelangen in den Verbrennungsprozeß und von dort weitgehend unzerstört über Luft, Wasser, Boden in die Nahrungskette.

Entstehung aus chlorierten Benzolen

Auch aus chlorierten Benzolen (Lösungsmittel) können bei hohen Temperaturen unter bestimmten Bedingungen PCBs entstehen. Da der Einsatz von chlorierten Benzolen sich in der Größenordnung von 100 000 t bewegt, könnte es sich nach LORENZ et al. (1983) hier um eine weitere, nicht zu vernachlässigende PCB-Quelle handeln.
Die hohe Brandsicherheit von PCB als Argument für seinen Einsatz als flammwidriges Material hat sich als Scheinargument erwiesen, weil sich im Brandfall Ultragifte bilden, so daß sich unter derartigen Bedingungen sein Einsatz von selbst verbietet (NEUMEIER et al., 1983). Die tetrachlorierten Dibenzofurane, zu denen das hochtoxische 2,3,7,8- TCDF-Isomer zählt, entstehen im wesentlichen aus Hexa-, Penta- und Tetra-Chlor-Biphenylen. Bei 600–800 °C in Gegenwart von Sauerstoff bildet sich das Maximum an PCDF und PCDD. 2,3,7,8-TCDD und 2,3,7,8-TCDF bilden sich bei der Pyrolyse aller technischen PCB-Produkte (NEIDHARD, 1983).

Konzentrationen in Boden, Luft, Wasser

Die in der Luft gemessenen PCB-Konzentrationen liegen im ng-Bereich je m^3; in Westdeutschland zwischen 5 und 30 ng/m^3. Im Trinkwasser wurden in Westdeutschland 10 ng/l ermittelt, in Flüssen Spitzenwerte bis zu 300 ng/l. Als besonders belastet muß das Wattenmeer angesehen werden, da die Flüsse große Mengen dort eintragen bzw. eingetragen haben – der Rhein z. B. bis zu 5–10 t/a. Die Bodenbelastung ist sehr unterschiedlich. In Stadtgebieten wurden Gehalte bis zu 1 mg/kg ermittelt. Im Hausmüll und im Klärschlamm konnten bei Stichproben Konzentrationen von 0,5–10 mg PCB/kg Trockenmasse ermittelt werden. Unter den Nahrungsmitteln sind vor allem Fische durch PCB belastet. Es werden Werte für Meeresfische von 0,04 mg/kg Frischgewicht und 0,5–1,4 mg/kg Frischgewicht für Fische aus dem Rhein genannt.
Die polychlorierten Biphenyle sind ein Beispiel dafür, wie Stoffe, die für spezielle technische Zwecke entwickelt worden sind, dennoch in der Umwelt zu einer allgemeinen Belastung werden können. PCBs sind allgegenwärtig und führen auf dem Hauptimmissionspfad, den die Nahrungskette darstellt, zu einer Kontaminierung der gesamten Bevölkerung.

Akute Toxizität

Die akute Toxizität ist **relativ gering**. Sie beträgt bei Ratten und Mäusen bei oraler Applikation zwischen 2 und 11 g/kg KG als LD_{50}-Dosis. Im Kontrast zu vielen vergleichsweise geringen Belastungen, die oftmals nicht zu erkennbaren Krankheiten führen, stehen die Folgen eines Zwischenfalls in Japan 1968. Dort wurde Reisöl mit 1 000 bis 3 000 ppm PCBs kontaminiert und enthielt darüber hinaus noch bis zu 5 ppm Dibenzofurane. Bei den exponierten Personen kam es z.T. zu schweren Erkrankungen, teilweise mit Todesfolge, zu Totgeburten und zu malignen Tumoren.

Chronische Toxizität

Bei Affen, die auf PCB-kontaminierten Käfigböden aus Kunststoff mit einem Gehalt von etwa 15 ppm gehalten wurden, zeigten sich Photophobie, Ödeme und Exsudation der Augenlider, Akne, Hyperkeratose, Alopezie, Follikulitis, Gingivitis und Diarrhoe. Die Abort- und Totgeburtenrate stieg stark an, lebende Nachkommen waren extrem klein und krank.

Histologisch fanden sich Hyperplasien der Magenmukosa und fokale Nekrosen der Submukosa, Gastritiden, Ulcerationen des Colons, Ascites, Metaplasien der Mammae und ausgeprägte Anaemie (MATTHIASCHK et al., 1983).

Das Wirkungsbild am Menschen wird bei der Beschreibung der **Yusho-Krankheit** dargestellt. Bei Tierversuchen zeigen sich ähnliche Erscheinungen. Bemerkenswert sind die niedrigen Wirkungsschwellen bei chronischer Verabreichung. *Zielorgane* der PCBs sind vor allem *Leber, Milz, Thymus, Haut.*

An **sekundären Veränderungen** treten auf:

Veränderungen des Blutes, der Serumwerte, der Enzymaktivitäten und des Immunstatus. Auch die Nachkommenschaft von Rhesusaffen ist betroffen. Es konnten Kumulierungen von PCBs in Leber, Milz, Thymus und Fettgewebe ermittelt werden. In der Leber wird die Produktion von Oxidasen angeregt. Diese sind von Bedeutung bei der Entgiftung von Fremdstoffen, fördern aber zugleich auch die Aktivierung von reaktiven Metaboliten der PCBs. Porphyrie als Folge einer Störung der Hämoglobin-Synthese wurde beobachtet.

Weiterhin kann es zu Störungen des Stoffwechsels von Steroid-Hormonen kommen. Auch östrogene Wirkungen konnten festgestellt werden (LORENZ et al., 1983). PCBs und andere Organochlorverbindungen – einschließlich der Dioxine und Furane – wurden im subkutanen Fettgewebe von 5 Robben und einem Tümmler im ppt- und ppm-Bereich

nachgewiesen, die in einem Hafengebiet der Nordsee gefangen wurden. Die Konzentrationen von PCBs waren über 30mal höher als in menschlicher Milch. Bei diesen Meeressäugern wurden pathogene Veränderungen des Lymphgewebes festgestellt. Eine kausale Verbindung dieser Erscheinungen mit dem Tod Tausender Robben in der Nordsee konnte jedoch nicht eindeutig begründet werden (Beck et al., 1990). In anderen Untersuchungen konnte gezeigt werden, daß eine Beeinträchtigung der Reproduktionsfähigkeit von Robben in der Ostsee und im niederländischen Küstengebiet und von kalifornischen Seelöwen aufgrund hoher PCB- und anderer Organochlorgehalte anzunehmen ist (Lorenz et al., 1983).
Es gibt verschiedene Hinweise auf die kanzerogene Wirkung von PCBs, insbesondere durch die Ermittlungen über die Yusho-Krankheit in Japan. In retrospektiven Studien konnte der Verdacht jedoch nicht ausreichend gesichert werden. Neuere Untersuchungen haben eine dosisabhängige tumorpromovierende Wirkung der PCBs ergeben. Bei Rhesusaffen wurde ein no-effect-level von 16 µg/kg KG ermittelt. Als temporärer Grenzwert ergibt sich daraus – bei einem Sicherheitsfaktor von 20 – für den Menschen eine vorläufige annehmbare Tagesdosis (ATD) von etwa 1 µg/kg KG. Hierbei muß jedoch beachtet werden, daß die folgenden Faktoren mangels hinreichender Untersuchungsergebnisse noch nicht berücksichtigt sind:

- Additive und potenzierende Effekte
- Das mögliche karzinogene Potential der PCBs
- Langzeiteinflüsse auf das Immunsystem und das Nervensystem
- Die mögliche höhere Empfindlichkeit intrauterinen Lebens und von Säuglingen.

Nach einer Studie des Bundesgesundheitsministeriums beträgt die tägliche Gesamtaufnahme ca. 35 µg/Tag/Person und liegt damit unter dem errechneten Grenzwert von 70 µg (bei 70 kg KG). Aufgrund der eben genannten Einschränkungen kann das Gefahrenpotential jedoch keineswegs als nichtexistent betrachtet werden. Der genannte Grenzwert beruht auf einer monokausalen Betrachtung und vernachlässigt die Wechselwirkung mit anderen Schadstoffen. Er kann daher nicht als Maß für die reale Gefährdung durch die PCBs gelten. Weiterhin ist zu beachten, daß bei der Kontamination mit PCBs eine Zunahme der Cadmiumeinlagerung im Nierengewebe um 58% beobachtet wurde. So enthielt das Nierengewebe von Nerzen, denen über 66 Tage 3,3 mg PCB täglich verabreicht wurden, 410 mg Cd/g, das Gewebe der Kontrolltiere dagegen nur 260 mg Cd/g.
In der Nahrungskette ist der aquatische Bereich als der kritische anzusehen. Bereits ab einer Konzentration von 0,1 µg PCB/l muß mit

Gefährdung der untersten Stufe bei Plankton und Jungfischen gerechnet werden, denn diese Konzentration kennzeichnet die Wirkungsschwelle für diese Arten. Bei Meeressäugetieren kann – wegen der Kumulation in der Nahrungskette – unter ungünstigen Bedingungen, bereits eine PCB-Konzentration von 1 ng/l zu Rückständen von 10 mg/kg führen. 1 ng/l ist damit die für Gewässer unter Umweltaspekten zu fordernde höchstzulässige Konzentration.

2.3.4.41 Schwerflüchtige Organohalogenverbindungen (siehe: »Organohalogenverbindungen«)

2.3.4.42 Schwermetalle

Zu den Schwermetallen werden **Zink, Kupfer, Mangan, Zinn, Chrom, Cadmium, Blei, Quecksilber** u. a. gerechnet. Es sind Metalle mit einer höheren Dichte als 5 g/cm^3. Ein besonderes Problem stellt dabei Quecksilber durch *Amalgam* (siehe dieses) dar.

2.3.4.43 Teer

Teer ist ein Destillationsprodukt aus Stein- und Braunkohle, Torf und Holz und wird in Kokereien und Gaswerken hergestellt. Im Straßenbau, in Dachpappen- und Brikettfabriken und bei der Holzimprägnierung wird Teer gebraucht, das große Mengen an aromatischen Kohlenwasserstoffen – Benzol, Naphthol, Anthrazen, Phenol – enthält. Teer und Teerprodukte induzieren Hautkrebsbildung. Die wichtigsten Gefahrenexpositionen sind: Steinkohlendestillation, Wartung von Kaminen, Herstellung von Briketts, Asphaltieren von Straßen, Teeren von Schiffen, Holzimprägnierung mit Teer u. a.

2.3.4.44 Textilschadstoffe: (siehe auch »Farbstoffchemikalien«)

Bei den Textilfasern unterscheidet man synthetische und natürliche Fasern. Viele Substanzen, die in der Textilindustrie verwendet werden, haben ein **krebserzeugendes Potential**. Viele Textilfasern enthalten ungebundene Restmonomere der chemischen Ausgangsstoffe und zahlreiche Hilfsstoffe, z. B. Farbstoffe, Weichmacher, Schädlingsbekämpfungsmittel u. a.

Obwohl Baumwollkleidung allgemein als angenehm und gesund angesehen wird, weist sie dennoch Risiken auf. Baumwolle baut man in der Regel in großen Plantagen an und behandelt sie mit Pestiziden und Herbiziden.

Die Farbstoffe in den Textilien werden heute synthetisch hergestellt. Folgende **Farbstoffchemikalien** haben nach der MAK-Werte-Kommission ein **krebserzeugendes Potential** für den Menschen (ROSE, 1987):

- Arsen
- Benzidin
- Benzol
- Monochlordimethylether
- 2-Naphtylamin
- 4-Aminodiphenyl.

2.3.4.45 Trinkwasser-Schadstoffe

Nitrate, die Salze der Salpetersäure, sind sowohl geruch- als auch geschmacklos. Im Wasser werden Nitritgehalte bis 10 mg/l als natürlich angesehen. In vielen Oberflächengewässern liegt die durchschnittliche Konzentration jedoch über 20 mg/l, bedingt durch übergroßen Stickstoffeintrag in Regionen mit intensiver landwirtschaftlicher Nutzung, in Weinbaugebieten und in Gebieten mit großem Nutzviehbestand. Die vom erwachsenen Menschen täglich aufgenommenen Nitrate stammen durchschnittlich zu 60 bis 80% aus Gemüse, zu ca. 30% aus Trinkwasser und zu 5 bis 15% aus Fleisch.
Während für Erwachsene die Nahrung die Hauptquelle darstellt, wird die Nitratbelastung des Säuglings und Kleinkindes hauptsächlich vom Wasserverbrauch und dessen Nitratkonzentration bestimmt. TEUFEL und Mitarbeiter (1991) konnten jüngst zeigen, daß einem Säugling in einer mit Leitungswasser aus dem Rhein-Neckar-Raum zubereiteten Nahrung im Vergleich zur industriell hergestellten Säuglingsmilch und besonders gegenüber der Muttermilch das meiste Nitrat zugeführt wird. Nach kanadischen Empfehlungen ist die Obergrenze für die Nitrataufnahme bei einem 2 Monate alten Säugling mit 115 mg/Tag anzusetzen. Von diesen hohen und relevanten Nitratbelastungen können immer noch Trinkwassereigenversorger in ländlichen Regionen ohne Wasserverbundsystem und Entwässerungskanalisation betroffen sein.

Unter den organischen Substanzen im Trinkwasser kommt den polyzyklischen Aromaten, den Halogenkohlenwasserstoffen und Pflanzenschutzmitteln die größte Bedeutung zu. Die Pflanzenschutzmittel sind eine Gruppe von ca. 1700 Mitteln, die derzeit 296 zugelassene Wirkstoffe enthalten und in der Landwirtschaft, im Obst- und Weinbau, im Garten, an Straßenrändern oder Gleiskörpern Anwendung finden. Pro Jahr werden ca. 30 000 Tonnen in der Landwirtschaft ausgebracht, dafür müssen etwa 1,2 Milliarden DM aufgebracht werden, was ungefähr 7% des Gesamterlöses für pflanzliche Produkte entspricht. Den größten

Anteil machen mit ca. 50% die Mittel gegen Unkräuter (Herbizide) aus, gefolgt von den Fungiziden und den Insektiziden. Mittlerweile können schon mehr als 40 Pestizide im Trinkwasser nachgewiesen werden, und es ist davon auszugehen, daß etwa 50% des verteilten Trinkwassers derzeit eine Beeinflussung durch Pflanzenschutzmittel aufweist (Müller-Wegener, 1989).
Nach der Trinkwasserverordnung gelten seit dem 01. 10. 89 als neue Grenzwerte für Pestizide 0,1 µg/l für die Einzelsubstanz und 0,5 µg/l für die Summe aller Pestizide. Dieser Wert war zunächst als«nicht nachweisbar »gedacht; mit Verbesserung der Analysetechnik hat uns die Realität aber bereits eingeholt. Die vorhandene Minimalverunreinigung stellt das Problem dar, denn diese Stoffe gehören auch in niedrigster Konzentration nicht in das Grund- und Trinkwasser.
Die toxikologische Bewertung der Pflanzenschutz- und Schädlingsbekämpfungsmittel, die wir über das Trinkwasser aufnehmen, ist schwierig, weil es sich in der Regel um viele Schadstoffe handelt und diese ubiquitär verbreitet sind, unbelastete Populationen nicht zum Vergleich herangezogen werden können. Im Tierversuch und bei Exposition des Menschen wurden die folgenden Wirkungen beschrieben: Suppression der humoralen und zellulären Immunfunktion, Hepatopathien, Hauterkrankungen (Chlorakne), Ekzeme, toxische Dermatitiden, Erkrankungen des Nervensystems (Polyneuritis, Hirnatrophie), Endokrinopathien (Teufel et al., 1991). Schließlich werden ihnen mutagene und karzinogene Effekte zugeschrieben. Nach einer Risikoanalyse des Würzburger Toxikologen Henschler sind Luft- und Wasserverunreinigungen grob geschätzt für 2% der Krebserkrankungen in unserer Population verantwortlich zu machen.

Das bei der Desinfektion von Oberflächenwassern eingesetzte Chlor reagiert nicht nur mit den im Wasser vorhandenen Mikroorganismen, sondern auch mit organischen und zum Teil auch anorganischen Substanzen. So entstehen Chloramine, Chlorimine, Chloralkylamine und andere chlororganische Stickstoffverbindungen, deren desinfizierende Wirkung dann bis auf die der Chloramine nur sehr gering ist. Bei der Desinfektion mit Chlor können gesundheitlich bedenkliche Nebenprodukte wie das Chloroform (Trichlormethan) entstehen (Carlson).
Chloroform wird als einziges Trihalogenmethan technisch in großer Menge hergestellt, ca. 35 000 Tonnen pro Jahr in der Bundesrepublik Deutschland, es findet auch als Extraktions- und Lösungsmittel Verwendung, als Folge ist es überall in der Umwelt zu finden.
Der Abbau findet wesentlich nur in der Atmosphäre statt mit Halbwertszeiten von ca. 15 Monaten. Gelangt es ins Grundwasser, erfolgt dieser

Abbau über das Ausgasen außerordentlich langsam. Unter den chronisch-toxischen Organschäden stehen die der Leber und Niere im Vordergrund. Bei der im Trinkwasser vorkommenden Konzentration im ng- bis µg/l-Bereich sind diese aber nach den vorliegenden Untersuchungen ausgeschlossen (ROSSKAMP, 1989). Problematischer ist wiederum die mutagene und kanzerogene Wirkung der Trihalogenmethane. Über den Zusammenhang von Chloroform im Trinkwasser und einem erhöhten Krebsrisiko sind in den USA zahlreiche retrospektive Studien durchgeführt worden, die im Ergebnis aber keinen Zusammenhang beweisen konnten. *Chloroform* stellt auf der molekularen Ebene ein **Krebsrisiko** dar. Bei täglicher und lebenslanger Aufnahme liegt diese Konzentration etwa bei 10 µg/l. Dies entspricht dem Grenzwert in der Trinkwasserverordnung.
Zu den nichtessentiellen und toxischen Inhaltsstoffen in unserem Wasser zählen verschiedene Schwermetalle bzw. Spurenelemente wie Aluminium, Blei, Cadmium, Nickel, Quecksilber, Silber und Arsen (siehe Abschnitt »Schwermetalle«).

2.3.5 Physikalische Umweltbelastungen

Neben chemischen Schadstoffbelastungen gibt es eine Reihe von physikalischen Umwelteinflüssen, die zu gesundheitlichen Belastungen, z.T. sogar zu schweren Erkrankungen führen können. Solche physikalischen Umwelteinflüsse kann man in diesem Falle als physikalische Luftverunreinigungen bezeichnen. Dazu gehören, neben der *ionisierenden Strahlung, elektrische und elektromagnetische Felder.*
Während im Rahmen der radiologischen Ausbildung auf die Effekte der ionisierenden Strahlung ausführlich eingegangen wird, sind Auswirkungen elektrischer und elektromagnetischer Felder auf die menschliche Gesundheit kaum bekannt. Daher soll hier in erster Linie eine Übersicht über die elektrischen und elektromagnetischen Felder gegeben werden, die umweltmedizinisch relevant sind.
Durch Industrialisierung und Technisierung eroberte die Elektrizität alle Bereiche menschlichen Lebens. Vor allem in den letzten Jahren kam es durch einen exponentiellen Anstieg der technischen Mikrowellen (durch Radaranlagen, Satelliten, Sender) zu einer kaum noch überschaubaren Durchstrahlung der Biosphäre. Gleichzeitig führte die Entwicklung elektronisch hochisolierter Baustoffe zu einer Vielzahl von elektrostatischen Vorgängen.
Der Mensch schuf sich innerhalb kürzester Zeit technische Einflüsse, die von elektrostatischen Vorgängen über elektrische Ströme, Magnetfelder, elektromagnetische Wechselfelder niedriger, hoher und höchster Fre-

quenzen bis in die Vielfalt technisch produzierter ionisierender Strahlen hinreichen. So ist es zu erklären, daß wir alle heute verschiedensten physikalischen Luftverunreinigungen ausgesetzt sind, deren möglicherweise synergistische Wirkungen auf uns bisher nur unzureichend untersucht sind.

2.3.5.1 Elektrische und magnetische Felder

Diese – inklusive einer Reihe von Verunreinigungen – lassen sich in zwei große Gruppen gliedern: Natürliche elektrische und magnetische Felder:

- Erdmagnetfeld (0,5 Gauß)
- Luftelektrisches Gleichfeld
- Resonanzfrequenz der Erde (ca. 10 Hz)
- Atmosphärische Wechselfelder (0 bis 30 Hz)
- Wetterimpulsstrahlung (10 bis 50 KHz)
- Kosmische und terrestrische Mikrowellen
- Radiowellen von der Sonne und aus dem Kosmos
- Infrarotstrahlung
- Lichtstrahlung
- Röntgen- und Gammastrahlung
- Korpuskularstrahlung.

Im Gegensatz dazu gibt es inzwischen eine Reihe **technisch erzeugter Felder:**

- Elektrostatische Felder
- z. B. elektrische Weidezäune (Impulsfolge 1 Hz)
- Drehstromnetz (50 Hz, 110 V – 380 V)
- Elektrisches Bahnnetz (16 2/3 Hz, 15 bis 110 KV)
- Telegraphienetz (30 Hz bis 30 KHz)
- Nachrichten-, Rundfunk-, Fernsehsender (5 KHz bis 20 GHz)
- Radaranlagen (cm- bis dm-Wellenbereich)
- Infrarotstrahlung (z. B. medizin. Therapie)
- UV-Strahlung
- Röntgenstrahlung.

2.3.5.2 Niederfrequente Felder

Im Wohn-, Arbeits- und Schlafbereich beispielsweise ist der Mensch verschiedensten physikalischen Störeinflüssen ausgesetzt.
Dazu gehören zum Beispiel sogenannte *statische Vorgänge*. Hierunter versteht man die Aufladung hochisolierter Werkstoffe, Vorhänge, Teppiche, Möbel, Kleidung, wodurch es zu einer Beeinflussung des elektrischen Luftionenhaushaltes kommen kann.

Dazu gehören auch elektrische Feldschwankungen im ultraniedrigen und extremniedrigen Frequenzbereich, die im Zeitraum von Minuten, Sekunden oder deren Bruchteilen ablaufen und zu Veränderungen in der Ladungsumgebung und Feldstärkebilanz führen können. Solche Vorgänge, die allgemein als niederfrequente Feldstärkeschwankungen bekannt sind, können durch mit Gleichstrom betriebene Maschinen in Großstädten wie U-, S- oder Straßenbahnen, aber auch durch räumliche Bewegung magnetfeldbeeinflussender Körper anderer Art verursacht sein.

Prinzipiell unterscheidet man zwischen Gleich- und Wechselstrom. U- und Straßenbahnen fahren mit Gleichstrom. In unmittelbarer Nähe der Stromzuführungen treten starke elektrische und magnetische Felder auf. Wechselstrom wird heute technisch überall eingesetzt. Transformatoren wandeln ihn in beliebig hohe Spannungen um. Man unterscheidet Stark- und Schwachstrom.

In Deutschland und einigen anderen europäischen Ländern wird die elektrische Eisenbahn mit einem Wechselstrom der Frequenz 16 2/3 Hz betrieben. Durch die hohe Betriebsspannung von 15000 V, die auf der Oberleitung liegt, wird ein weitreichendes elektrisches Feld rechts und links vom Gleis erzeugt, das noch verstärkt wird, wenn ein großflächiges Oberleitungsnetz besteht, wie z. B. in Bahnhofsbereichen. Die von den *Oberleitungen* verursachten elektrischen Felder reichen viele hundert Meter weit. Noch viel weiter gehen die Magnetfelder, die durch die elektrischen Felder entstehen. Die Eisenbahnschienen sind nicht vom Erdboden isoliert, so daß ein Teil des Stromes parallel zu den Schienen im Erdboden fließt (vagabundierender Strom).

Je stärker leitfähig der Boden ist, desto weiter reichen die Ströme. Zwei Kilometer vom Gleis entfernt, können sie noch tausendmal stärker sein, als natürliche Resonanzen dieser Frequenz. Im Bereich geophysikalischer Anomalien können solche Ströme noch deutlicher in Erscheinung treten. Wenn das Telefon klingelt, fließt ein Wechselstrom mit einer Frequenz von 25 Hz, also etwas höher als diejenige der Eisenbahn, die Spannung ist jedoch wesentlich niedriger. Meist sind Telefonapparate direkt am Arbeitsplatz, oft unmittelbar am Schlafplatz. Die *Telefonkabel* verursachen elektrische und magnetische Felder, die während des Telefonates zwischen 300 und 3000 Hz liegen.

Der Strom kommt mittels großer *Überlandleitungen* mit Hoch- und Niederspannungen vom Erzeuger zum Verbraucher. Damit nicht zuviel Energie verlorengeht, überträgt man mit verschiedenen Betriebsspannungen: Hochspannungstransformatoren bewirken, daß Spannungen von mehr als 100 000 V durch Überlandleitungen in weit entfernte Gebiete gebracht werden, wo sie stufenweise vermindert werden, bis der elektrische Strom schließlich mit 220 V aus der Steckdose kommt. Das Stromnetz der Haushalte arbeitet mit Wechselstrom der Frequenz 50 Hz und einer Spannung von 220 V. In allernächster Nähe einer 110 KV-Hochspannungsleitung sind über dem Erdboden elektrische Feldstärken der Frequenz 50 Hz von 500 V/m bis 200 V/m, in 30 bis 40 m Entfernung 5 bis ca. 50 V/m, in 100 bis 200 m Entfernung nur noch 0,5 bis etwa 10 V/m meßbar.

2.3.5.3 Technische Mikrowellen

Innerhalb der letzten Jahrzehnte nahm die Intensität *technischer Mikrowellenfrequenzen* im Vergleich zur Intensität entsprechender *Frequenzen natürlichen Ursprungs* exponentiell zu.
Zu den Mikrowellen natürlichen Ursprungs zählen jene, die aus dem Kosmos stammen und durch Schichten der Atmosphäre an die Erdoberfläche gelangen (kosmische Mikrowellen) und solche, die direkt von der Erdoberfläche abgestrahlt werden (terrestrische Mikrowellen).
Zu den Mikrowellen technischen Ursprungs zählen Rundfunk-, Fernseh-, Radar-, Richtfunk-, Satelliten-, Fernmelde-, Mikrowellentherapie- etc. -Wellen.

A. Übersicht

Zunächst eine Übersicht über Mikrowellen-Frequenzen,
–Wellenlängen und Anwendungsbereiche:

Frequenz	Wellenlänge	Anwendung
0,3–3,0 GHz	100 cm – 10 cm	Rundfunk, Fernsehen Radaranlagen
3,0–30 GHz	10 cm – 1 cm	Radar, Richtfunk Mikrowellenöfen Strahlentherapie
30–300 GHz	10 mm – 1 mm	Radar, Satellitenfunk, Strahlentherapie

B. Mobil-Telefone

Wenn Funkwellen auf ein Gewebe stoßen, erwärmen sie es – je mehr Energie sie mitbringen, desto stärker. Da das menschliche *Innenauge* Wärme nur schlecht ableiten kann und auf Überhitzung – auch um nur wenige Grad – sofort mit dem Absterben kleiner Gewebeteile reagiert, ist es am meisten gefährdet. Wer sich heute ein neues »Handy« kauft,

braucht sich zum Glück um seine Sehkraft keine Sorgen mehr zu machen: Mittlerweile haben Handtelefone nur noch maximal 2 Watt Sendeleistung und sind damit zu schwach, um das Auge thermisch zu schädigen.
Die Wärmestrahlung von tragbaren Mobiltelefonen (Portables) mit bis zu 8 Watt und von festinstallierten Autotelefonen mit bis zu 20 Watt kommt eher in Betracht. Nach Ansicht des Leiters des Instituts für Strahlenhygiene am Bundesamt für Strahlenschutz, hat »Elektromagnetische Strahlung bei Funkwellen zwar nicht dieselben Auswirkungen wie Radioaktivität, im Sinne der Vorsorge sollte man aber die Belastung so klein wie möglich halten.«
Nach Brodeur (1981) ist heute in Großstadtregionen der ständige Strahlungshintergrund durch technische Mikrowellen schätzungsweise hundert- bis zweihundert Millionen mal so groß wie der natürliche Hintergrund an elektromagnetischen Wellen, der von der Sonne herstammt.

C. Richtlinien für technische Mikrowellen

In den USA basieren die festgelegten Grenzwerte darauf, daß thermische Schädigungen vermieden werden. Diese können erst bei höherer Dosierung nachgewiesen werden.
Deshalb liegen die Grenzwerte in den USA vergleichsweise hoch: 10 mW/cm^2 bzw. 1 mW/cm^2 bei längerer Expositionszeit. Die westdeutschen Richtlinien haben sich bisher an diesen Werten orientiert. Im Gegensatz dazu wurden in den ehemaligen Ostblockstaaten schon sehr früh viel strengere Maßstäbe gesetzt. Dies aufgrund zahlreicher Langzeitversuche mit Pflanzen, Tieren und Menschen, die erbrachten, daß bereits bei extrem niedrigen Dosen nichtthermische Effekte, und z.T. schwere Schädigungen auftraten. Der zulässige Mikrowellen- Höchstwert für Schwangere und Stillende betrug beispielsweise mit 1 $\mu W/cm^2$ ein Tausendstel dessen, was mit 1 mW/cm^2 bei längerer Expositionszeit in den alten deutschen Bundesländern erlaubt ist.

D. Mikrowellen: Die verheimlichte Gefahr?

Nach Brodeur (1981) sind Mikrowellen in ihrer Wirkung auf Lebewesen mit Röntgenstrahlen vergleichbar. Brodeur weist eindringlich darauf hin, daß auch die Gefahren der Röntgenstrahlen lange Zeit nicht erkannt wurden. Noch Ende der vierziger Jahre kam es vor, daß Ärzte ihre Hand in den Röntgenstrahl hielten, um zu prüfen, ob ihr Röntgenschirm scharfe Bildwiedergabe zeigte. Während mit Röntgen- und anderen ionisierenden Strahlen seit den sechziger Jahren nach und nach immer vorsichtiger umgegangen wird, mißt man derzeit bei uns den nichtthermischen, biologischen Effekten der Mikrowellenenergie kaum eine Bedeutung bei. Folgende nichtthermische Effekte auf Säugetiere wurden nach Brodeur (1981) bei umfangreichen Experimenten mit Mikrowellen erzielt:

- Genetische Veränderungen
- Modulationen biologischer Rhythmen
- Bildung von Sauerstoff- und Hydroxylradikalen
- Immunologische Veränderungen
- Veränderungen des hämatopoetischen Systems
- Veränderungen von Enzymaktivitäten etc.

E. Physikalische Prinzipien der nichtthermischen MW-Effekte

Die oben genannten nichtthermischen Effekte von Mikrowellen sind eine *Funktion folgender Variablen* (Schwan):

- Wellenlänge
- Frequenz
- Intensität
- Pulsungsart der Mikrowellen und
- Größe des bestrahlten Individuums
- Dichte des Gewebes
- Gewebszusammensetzung
- anatomische Lage
- spezifische Strahlenempfindlichkeit des lebenden Organismus.

F. Problematik der »Mikrowelle«

Immer mehr Menschen bestrahlen ihre Nahrung mit einem Mikrowellenofen, kurz im Sprachgebrauch als »Mikrowelle« bezeichnet. Nach Lubec et al., Lancet, 1989, kann die Erhitzung von Milch durch Mikrowellen, verglichen mit konventioneller Erhitzung, zu einer unnatürlichen Aminosäure-Zusammensetzung führen. Im Versuch enthielten konventionell erhitzte Milchproben kein cis-3- oder cis-4-Hydroxyprolin. Nach Mikrowellenbestrahlung enthielten die Milchproben cis-Stereoisomere des Hydroxyprolins. Dabei war nur in der mikrowellenbestrahlten Milch das D-Prolin nachweisbar (HPLC). Die Konzentrationen des cis-Isomers lagen bei 1–2 mg/l. Die Konversion der trans- in die cis-Isomere kann gefährlich sein, denn wenn statt der natürlichen trans-Isomere die cis-Aminosäuren in Peptide und Proteine eingebaut werden, kann es zu strukturellen, funktionellen und immunologischen Veränderungen kommen.

3. Allgemeine umweltbedingte Erkrankungen

Durch die im letzten Abschnitt genannten Umweltschadstoffe und -einflüsse können verschiedenste, zum Teil auch ganz neuartige Krankheitsbilder und Erkrankungen verursacht werden. Da hier im Rahmen dieses Buches nur eine ganz knappe Übersicht gegeben werden kann, soll an dieser Stelle auf das in dieser Reihe erscheinende Buch »Einführung in die Allgemeine Umweltmedizin« sowie auf das ausführliche Literaturverzeichnis hingewiesen werden.

3.1 Übersicht

Hier eine unvollständige Übersicht, bezogen auf die einzelnen Fachgebiete:

Augenheilkunde	Chronische schadstoffbedingte Konjunktivitis Chronische schadstoffbedingte Sehstörungen
Chirurgie	Schadstoffbedingtes Magen-Karzinom Schadstoffbedingtes Colon-Karzinom Schadstoffbedingte Leber-Tumoren Schadstoffbedingte Pankreas-Tumoren
Dermatologie	Chronische schadstoffbedingte Neurodermitis Nahrungsmittelallergien, schadstoffbedingte Chlorakne, sonstige allergische Reaktionen
Hals-Nasen-Ohrenheilkunde	Chronischer schadstoffbedingter Tinnitus, schadstoffbedingte Sinusitis, Pharynx-, Larynx-Karzinom, schadstoffbedingter Schnupfen, Hörsturz, Schwerhörigkeit etc.
Innere Medizin	Müdigkeitssyndrom (Holzschutzmittelsyndrom) Sick-Building-Syndrome (Häuserkrankheit) Amalgam-Syndrom, schadstoffbedingte Neurodermitis, Nahrungsmittelallergien
Kinderheilkunde	Plötzlicher Kindstod (SIDS) Chronisch schadstoffbedingte Neurodermitis, Pseudokrupp, Asthma, hyperaktives Kind, Schadstoffbedingte Leukämie

Neurologie/ Psychiatrie	Schadstoffbedingte Depressionen, neuromuskuläre Erkrankungen, Polyneuropathien, Amalgam-Syndrom, schadstoffbedingte Leistungsschwäche, Gedächtnisstörung etc.
Urologie	Schadstoffbedingtes Blasenkarzinom Andrologische Sterilität Schadstoffbedingtes Prostata-Karzinom
Zahnheilkunde	Amalgam-Syndrom, Metall-Unverträglichkeit, Palladiumvergiftung etc.

3.2 Allgemeine schadstoffbedingte Symptome

Typische Symptome, die vermuten lassen, daß eine umweltbedingte Erkrankung vorliegt, können sein:

- Abgeschlagenheit
- extreme Müdigkeit
- Antriebslosigkeit
- Muskel- und Rückenverspannungen
- Gelenksteifigkeit (v. a. beim morgendlichen Aufstehen)
- Vergeßlichkeit
- Anzeichen vorzeitigen Alterns
- Depressionen (ohne äußere Belastungen)
- Angstzustände
- verminderte Vitalität
- Schlafstörungen
- Wetterfühligkeit
- verklebte Augen
- Herzrasen oder -stolpern.

Sonstige häufige umweltschadstoffbedingte Beschwerden können sein:

- Belegte Zunge
- trockene Schleimhäute
- Störungen der Geschmacksempfindung
- rauhe Kehle
- verstopfte Nase
- Ohrgeräusche
- trockene Gesichtshaut
- Kopfhautjucken

- Schuppen
- Störungen der Geruchsempfindung
- häufiges Räuspern
- Aufstoßen
- Bedürfnis, an die frische Luft zu gehen
- Atembeschwerden
- unablässiger Hustenreiz
- zähflüssiger Auswurf (ohne akute Erkältung)
- oberflächliche Atmung
- Unfähigkeit zu tiefem Luftholen
- Infektanfälligkeit mit häufiger Bronchitis
- leichte Fieberschübe.

3.3 Neuartige Umwelt-Syndrome

Da im Rahmen dieses Buches nur eine ganz knappe Übersicht über die vielen neuartigen Umwelt- Syndrome gegeben werden kann, soll an dieser Stelle auf das in dieser Reihe erscheinende Buch »Einführung in die Allgemeine Umweltmedizin« sowie auf das ausführliche Literaturverzeichnis hingewiesen werden.
Auf den folgenden Seiten werden die wichtigsten neuartigen Umwelt-Syndrome ganz knapp in alphabetischer Reihenfolge vorgestellt.

3.3.1 Amalgam-Syndrom

Amalgam ist eine Legierung, bestehend aus elementarem Quecksilber, Silber, Kupfer und Zinn in unterschiedlichen Anteilen, die in Deutschland noch von vielen Zahnärzten als Zahnfüllung verwendet wird.
Wie in den folgenden Abschnitten noch gezeigt werden wird, ist Amalgam ein Schadstoff, der für **viele Frauenleiden**, insbesondere aber für **Sterilität** (mit)verantwortlich gemacht werden muß.
Schon lange ist wissenschaftlich erwiesen, daß Amalgam für den menschlichen Organismus **äußerst toxisch** ist. Bereits der Chemiker Stock beschrieb 1939 die fatalen Auswirkungen dieser Quecksilberlegierung. In Japan und Rußland wurde Amalgam 1985 und in Schweden 1991 verboten.
Man weiß heute, daß die Halbwertszeit von organischem Quecksilber im Blut etwa drei Monate, im Gehirn 18 Jahre beträgt.
Bei Zahnärzten und deren Helferinnen wurden im Gehirn bis zu hundertfach höhere Quecksilberkonzentrationen festgestellt als bei Patienten, die Amalgamfüllungen hatten.

Nach DAUNDERER ist Amalgam u. a. die Ursache für folgende Erkrankungen: *Immunschwäche, Teratogenität, Mutagenität,* Kumulation im Skelettsystem. Es besteht im Zusammenhang mit Amalgam auch der dringende Verdacht auf irreversible Schädigung.
DAUNDERER berichtet über 8000 Patienten, die 1 bis 22 Füllungen im Mittel seit 8 Jahren hatten. Die deutlichen Beschwerden setzen etwa im 6. Jahr ein. Bei intensiver Beschäftigung mit den Patienten fällt auf, daß sehr viele schwere gifttypische Beschwerden beobachtet wurden, die nach Amalgamentfernung und Entgiftung nicht mehr vorhanden waren. Die Früherkennung von Schäden durch Amalgam ist äußerst problematisch. Daher ist die sofortige Einführung von toxikologisch ungefährlichen Ersatzstoffen und das absolute Verbot für Amalgam zu fordern.

Chronische Amalgamvergiftung

Der Amalgamvergiftete wird ängstlich und menschenscheu, er imponiert Laien als psychosomatisch krank, er begibt sich nicht spontan in ärztliche Behandlung, wenn er nicht von außen auf den schwierigen Pathomechanismus und die Behandlungsmöglichkeiten hingewiesen wird. Dies unterstreicht das Heimtückische dieser Vergiftung. Darüber hinaus zeigt der Amalgam-Patient folgende Symptome:

- Erhöhte Infektanfälligkeit
- Allergien
- Bauchschmerzen
- Energielosigkeit
- Wetterfühligkeit
- Schwindel
- Sehstörungen
- Hörstörungen
- Tremor
- Muskelschmerzen.

Wie schon erwähnt, kann es beim Legen und Entfernen von Amalgam-Füllungen zu beträchtlichen Quecksilberfreisetzungen kommen. Bei Hamburger Zahnärzten und deren Helferinnen wurden im Gehirn bis zu hundertfach höhere Quecksilberkonzentrationen festgestellt als bei Patienten, die Amalgamfüllungen hatten. Die Hypophysen der Zahnärzte, die post mortem untersucht wurden, enthielten bis zu tausendfach höhere Quecksilber-Konzentrationen als diejenigen unbelasteter Kontrollen, so daß elementares Quecksilber möglicherweise direkt über den Nervus olfactorius in die Hypophyse transportiert wird (STÖRTEBECKER 1985).

Die gemessenen Quecksilberbelastungen in der Hypophyse von Amalgambelasteten sind so hoch, daß damit die vom Autor bei Amalgampatientinnen immer wieder beobachteten immunologischen und vor allem endokrinen Störungen der Hypophysen-Ovar-Achse beziehungsweise der Hypophysen-Hypothalamus-Achse erklärt werden können. Dies wird auch durch eine Arbeit von SIKORSKI et al. 1987 belegt. Hier wurden bei 81 Frauen, die in Zahnarztpraxen arbeiteten, signifikant höhere Methylquecksilberkonzentrationen in Scham- und Haupthaarproben gemessen als bei Frauen, die dieser Belastung nicht ausgesetzt waren (SIKORSKI et al. 1987). Erstere hatten signifikant häufiger Zyklusstörungen und Aborte.
In einer Untersuchung von GERHARD et al. an Frauen mit unerfülltem Kinderwunsch wurde die Quecksilberausscheidung vor und nach DMPS-Belastung überprüft und einem Vergleichskollektiv gegenübergestellt. Die Kinderwunschpatientinnen waren zum Großteil deutlich mit Amalgam belastetet und hatten gegenüber dem Vergleichskollektiv massiv erhöhte Werte bei der Quecksilberausscheidung.
Dies deckt sich auch mit den eigenen Erfahrungen des Autors. In der eigenen Sterilitätssprechstunde (Beobachtungen von SCHULTE-UEBBING und ZAHN, 1990–1994) waren Patientinnen mit maximalen Ausscheidungs-Werten von mehr als 500 mg/g Kreatinin ausnahmslos steril. Eine spontane Schwangerschaft war erst nach Amalgamsanierung und Entgiftung möglich.
Darüber hinaus können die Beobachtungen von GERHARD und Mitarbeitern vom Autor bestätigt werden: Fast alle Patientinnen, die eine maximale Ausscheidung von 500 bis 36 000 mg/g Kreatinin nach 2 Stunden (etwa 5% von 700 Tests) hatten, hatten schwere Zyklusstörungen.
Fast alle Patientinnen mit anovulatorischen Zyklen, therapieresistenten **Zyklusstörungen** und schweren Lutealinsuffizienzen waren amalgambelastet, wobei sich eine hochsignifikante Korrelation zwischen erhöhten Quecksilberausscheidungswerten und dem Vorliegen von Amalgamfüllungen ergab. Wie bei den Untersuchungen von GERHARD et al. ergab sich eine geringere Signifikanz zu den Rauchgewohnheiten, zum Vorhandensein von Allergien und Alopecie. Zusammenhänge mit den Ernährungsgewohnheiten ließen sich im Gegensatz zu den Untersuchungen von GERHARD et al. herstellen.
Über Störungen in der Schwangerschaft durch anorganisches Quecksilber ist wenig bekannt. Bei beruflich bedingter akzidenteller Hg-Vergiftung soll es gelegentlich zu Aborten gekommen sein. In vitro hemmt anorganisches Quecksilber den Aminosäurentransport in der

Plazenta, so daß Mangelernährungen des Fetus resultieren können (Lioka et al. 1987).
Wurden schwangere Meerschweinchen Hg-Dampf ausgesetzt, so passierte das Quecksilber rasch die Plazentarschranke und wurde in der fetalen Leber angereichert, wo es zu mehr als der Hälfte an Metallmethionin gebunden vorgefunden wurde (Yoshida et al. 1986, 1987). Hierdurch wurde wahrscheinlich die Quecksilberverteilung im Körper gehemmt, so daß die Gewebekonzentrationen im fetalen Gehirn, Blut, Lunge, Herz und Niere niedriger als im Muttertier waren.
Bei Patientinnen mit wiederholten Frühaborten findet man häufig ein verändertes Immunsystem (Miedaner-Maier et al. 1989). Es ist durchaus denkbar, daß Schadstoffbelastungen diese Veränderungen bewirken und damit verantwortlich für Fehlgeburten sein können. Bei Schwangeren konnte nachgewiesen werden, daß Quecksilber aus Amalgamfüllungen in der Plazenta angereichert wird (Vimy et al. 1990, Drasch et al., 1993).
Vergiftungen durch Methylquecksilber wurden in Japan, in der UdSSR und im Irak beobachtet (Bakir et al. 1973, Koos u. Longo 1976, Aminzaki et al. 1974). Nach intrauteriner Intoxikation mit Methylquecksilber wiesen Neugeborene überwiegend Hirnschädigungen auf (Krämpfe, Lähmungen, geistige Unterentwicklung, Gang- und Sprachstörungen).
Obwohl bei Schwangeren, die mit Methylquecksilber verseuchten Fisch gegessen hatten, kaum Symptome einer Hg-Intoxikation bestanden, waren die Neugeborenen zum Teil schwer gestört und wiesen deutlich höhere Hg-Konzentrationen auf als die Mütter. In Deutschland ist deshalb seit 1990 der Umgang mit Methylquecksilber verboten.
In Tierversuchen konnte nachgewiesen werden, daß die Hg-Konzentrationen im fetalen Hirn höher als im mütterlichen lagen, wenn trächtige Mäuse mit Methylquecksilber gefüttert wurden (Inouye et al. 1986). Die Gehirnareale von Meerschweinchenfeten waren unterschiedlich stark betroffen (Inouye u. Kajiwara 1988). Quecksilber hemmte die plazentare und fetale Aufnahme von Leucin und senkte die Konzentrationen von Zink, Kupfer und Eisen, was zu einer Wachstumsretardierung führte (Curle et al. 1983).

Amalgambelastete zeigen eine erhöhte Anfälligkeit gegenüber Infekten und Allergien. Häufige Begleiterscheinungen sind Bauchschmerzen, Energielosigkeit, Wetterfühligkeit, Schwindel, Seh- und Hörstörungen, Tremor und Muskelschmerzen. Bei chronischer Intoxikation ist besonders das Nervensystem betroffen mit Parästhesien, Seh- und Hörstörungen, Koordinationsstörungen und Persönlichkeitsveränderungen.

In der Ausatemluft und im Speichel von Probanden mit Amalgamfüllungen wurden deutlich höhere Quecksilberkonzentrationen gemessen als bei Probanden ohne Amalgam. Durch Kauen von Kaugummi stiegen die Konzentrationen in Speichel und Ausatemluft bei Amalgamträgern stark an (Loh 1984). Vimy und Lorscheider (1985) berechneten aus den Atemluftkonzentrationen von Amalgamträgern, daß bei 4–12 Füllungen 8–30 mg Quecksilber pro Tag aufgenommen wurden. Die Höhe der Quecksilberdepots im Organismus korrelierte signifikant mit der Zahl der Amalgamfüllungen (Birkmayer et al. 1990). Das relativ ungefährliche anorganische Quecksilber wird durch aerobe und anaerobe Mundbakterien und die Darmflora in hochgiftige organische Quecksilbersalze umgewandelt (Heintze et al. 1983).

Schiele (1988) konnte eine signifikante Abhängigkeit der Gehirn- und Nieren-Quecksilber-Konzentrationen von der Zahl der Amalgamfüllungen nachweisen. Mit dem Chelatbildner DMPS (s. Diagnostik) ließ sich die Quecksilberaussscheidung im 24 Stunden-Urin stimulieren und zwar um so mehr, je größer die Zahl der Amalgamfüllungen war (Schiele et al. 1989).

Hahn et al. (1989 und 1990) legten bei Affen und Schafen Amalgamfüllungen, die radioaktiv markiert waren, und führten nach 4 Wochen eine Ganzkörperszintigraphie durch. Bei niedrigen Blut- und Urin-Quecksilberspiegeln fanden sie die größte Anreicherung von Quecksilber im Kieferknochen, im Gastrointestinaltrakt und in den Nieren.

Danscher et al. (1990) setzten Affen entweder Amalgamfüllungen in die Zähne oder Amalgamimplantate in den Oberkieferknochen. Nach einem Jahr wurden die Tiere getötet und die Verteilung des Quecksilbers in allen Körperorganen gemessen. Die Zahngruppe wies eine signifikant größere Belastung als die Knochengruppe auf. Höchste Werte fanden sich in den Nieren.

Eine weitere beträchtliche Speicherung von Quecksilber war auch im Ganglion Spinale, in den Langerhans'schen Zellen des Pankreas, im Nebennierenmark, in den Hepatozyten und Kupferzellen der Leber, im Interstitium der Lunge, in den Lymphknoten des Intestinaltraktes und

vor allem auch im Hypophysenhinterlappen und in den Ovarien nachweisbar.
Daß auch beim Menschen die Quecksilberfreisetzung aus Amalgamfüllungen eine Rolle spielen kann, demonstrierte KÖSTLER (1990). Er ließ Probanden mit Amalgamfüllungen (durchschnittlich 10) 20 Minuten entweder Kaugummi kauen oder heißen Zitronensaft trinken und bestimmte vorher und direkt danach zahlreiche Parameter im Blut. In beiden Gruppen stieg der Hg-Spiegel im Vollblut nach der Provokation signifikant an. Die Zahl der T-Lymphozyten und die Zahl der »Natural killer cells« sank im Blut signifikant ab.

Zusammenfassend läßt sich sagen, daß Amalgam ein höchst problematischer Schadstoff ist, der zu subtoxischen und toxischen Belastungen bei Zahnarzt, Helferin und Patienten führt und daher nicht mehr verwendet werden sollte.

3.3.2 Candida-Syndrom

Sehr häufig sind umweltschadstoffbedingte **Verdauungsstörungen.** Der weitaus überwiegende Teil umweltschadstoffbelasteter Patientinnen leidet an **Obstipation** (= Stuhlverstopfung). Geringer ist der Anteil der Frauen, die unter chronischen Durchfällen leiden. Sehr häufig sind auch **Adipositas** bzw. **Anorexie** durch Umweltschadstoffe (mit-)verursacht.
Candida ist ein Pilz, dessen Sporen praktisch überall sind und der nicht nur zu schweren Verdauungsstörungen, sondern auch zu schweren systemischen Erkrankungen führen kann. Auch und gerade im gynäkologischen Bereich ist *Candida albicans* ein gefürchteter Erreger.
Candida kommt ubiquitär vor: Im Schwimmbad, auf der Wäsche und in den Betten. Er kann sich auch in der Vagina ständig aufhalten, ohne Beschwerden hervorzurufen. Aber wenn das ökologische Gleichgewicht der Vagina gestört ist, wächst er und vermehrt sich, vor allem in den tiefer gelegenen Teilen der Vagina und um den Gebärmutterhals herum.
Häufig verursacht Candida chronische Verdauungsprobleme wie Durchfall, Verstopfung, Blähungen oder häufig übelriechender Stuhl mit starker Gasbildung. Obwohl Candida albicans meistens primär im Darm sitzt, können viele systemische Krankheiten auf Candida albicans zurückgeführt werden. Beinahe jedes Organ kann davon betroffen sein, vor allem das Nervensystem, das endokrine System und das Verdauungssystem.

Patienten mit Krankheiten, die mit Hefe zusammenhängen, haben im UMWELT-Test fast immer eine vorausgehende wiederholte Einnahme von Antibiotika, von oralen Empfängnisverhütungsmitteln und/oder Corticosteroiden. Durch diese Medikamente wird die Ansiedlung von Candida albicans im Verdauungstrakt und in der Vagina gefördert. Auch Gesundheitsprobleme bei Kindern, die häufig Antibiotikagaben erhalten hatten und Verdauungsstörungen, oralen Soor, Windelwundsein, Hyperaktivität, Lernprobleme und chronische Allergien der Atmungsorgane zeigten, können häufig mit Hefe zusammenhängen.
Eine Hauptursache des Candida-Syndroms ist eine einseitige ungesunde Ernährung. Sehr oft spielen Umweltschadstoffe eine entscheidende Rolle, die sich in minderwertiger Nahrung angereichert haben.
Unsere Nahrung ist inzwischen weitgehend »industriell kaputtgemacht«. Jeder Bundesbürger nimmt pro Jahr mit der Nahrung bis zu 5 Kilogramm reine Chemie zu sich.
Neue Stoffe werden in der EG zugelassen, darunter auch solche, die bisher bei uns verboten bzw. eingeschränkt waren (z. B. Propionsäure bei Brot, im Tierversuch kanzerogen; Tartrazin in Süßigkeiten und Limonaden, allergen).
Natürlichkeit und optisch-sensorische Qualität kann auch bei minderwertigen Ausgangsprodukten vorgetäuscht werden durch synthetische Farb- und Aromastoffe oder Geschmacksverstärker. Je mehr synthetische Zusatzstoffe in einem Produkt enthalten sind, um so größer ist das Risiko von Allergien. Zwar können auch natürliche Zusatzstoffe bei manchen Menschen Allergien auslösen, die Ursache ist dabei jedoch eindeutiger zu erkennen und auszuschalten.
Wechselwirkungen oder Synergieeffekte (z. B. gegenseitige Wirkungsverstärkung) zwischen den einzelnen Zusatzstoffen, Rückständen, Verunreinigungen und natürlichen Inhaltsstoffen, sowohl im Lebensmittel als auch im menschlichen Organismus, sind weitgehend unbekannt. Das gilt auch für mögliche Wechselwirkungen zwischen chemisch-synthetischen Zusatzstoffen und Medikamenten.
Ein großes Problem sind die *gentechnologisch produzierten* Lebensmittel. Hier werden mit Hilfe neu gezüchteter Lebewesen, vor allem Mikroorganismen, völlig neuartige Nahrungsmittel erzeugt, die nicht in natürlichen Kreisläufen entstanden sind.
Niemand kann mit Sicherheit voraussagen, wie sich diese Organismen in der Umwelt verhalten werden (Was einmal freigesetzt wurde, kann kaum zurückgeholt werden). Es ist nicht sicher auszuschließen, daß in dem veränderten Stoffwechsel von Pflanzen oder Mikroorganismen neue unbekannte Stoffwechselprodukte entstehen können, die schädlich für den Menschen sind. Niemand weiß z. B., ob und wie gentechnolo-

gisch veränderte Bakterien mit den Bakterien im menschlichen Körper reagieren. Die Produktion von mehr Lebensmitteln für eine Überflußgesellschaft ergibt keinen Sinn. Die von den Befürwortern angesprochenen Probleme wie Welthunger oder Mißernten reicht als Begründung nicht aus, zumal die Abhängigkeit der sogenannten »Dritten Welt« von den Industrienationen noch größer wird.

Ein weiteres großes Problem ist die *Bestrahlung* von Lebensmitteln mit Röntgen- und/oder Mikrowellenstrahlen. Ernährungsphysiologisch wichtige Inhaltsstoffe können dabei zerstört werden (z. B. Vitamine, Eiweiß). Es können Radiolyseprodukte (Spaltprodukte) aus Eiweiß (o-Tyrosin, DNA-Veränderungen) und Fettsäuren entstehen, die in unterschiedlicher Menge im Lebensmittel verbleiben können. Es kann eine nicht vorhandene Frische des Produktes vorgetäuscht werden. Schädliche Keime werden z.T. erst bei extrem hohen, nützliche dagegen schon bei relativ niedrigen Strahlendosen abgetötet. Es besteht die Möglichkeit der Resistenzbildung bei krankheitserregenden Keimen. Die bisherigen Konservierungsmethoden (Pasteurisation, Sterilisation, Tiefkühlen oder Trocknung) werden durch die Bestrahlung ersetzt.

Eine *chronische Besiedelung* des Darms mit Candida durch permanent falsche Ernährung und chronische Zufuhr von minderwertiger, schadstoffhaltiger Kost kann langfristig zu schweren Erkrankungen führen. Die Gefährlichkeit von Verdauungsstörungen – gleichgültig, ob es sich um Verstopfung oder Durchfall handelt – wird heute vielfach unterschätzt. Es ist nicht damit getan, bei Verstopfungen Abführmittel und bei Durchfällen Mittel zur Eindickung des Stuhles bzw. zur Verringerung der Darmperistaltik zu geben. Damit werden nur die Symptome, nicht aber die eigentlichen Ursachen bekämpft.
Wenn sich aber im Darm Bakterien oder Pilze ausbreiten, die dort nicht hingehören, dann treten die Stoffwechselausscheidungen dieser Kleinstlebewesen durch die Darmschleimhaut auch in die Lymph- und Blutbahn des menschlichen Körpers ein. Auf diesem Wege können sie sich dann im ganzen Organismus verteilen und so die unterschiedlichsten Krankheiten auslösen. Kopfschmerzen und Migräne gehören ebenso dazu wie Gelenkbeschwerden, allergische Reaktionen, Hautausschläge, Asthma und vieles andere mehr.
Wie wichtig die Beseitigung von Candida albicans im Darm ist, zeigt die Tatsache, daß Personen, die eine Intoleranz gegenüber einer Vielzahl von Chemikalien aufweisen, eine sofortige Besserung ihres Zustandes nach einer Anti-Candida-Therapie zeigen. An dieser Stelle sei auf den Abschnitt »Therapie umweltbedingter Frauenkrankheiten« verwiesen.

3.3.3 Chronisches Müdigkeitssyndrom (Fatique Immundysfunction Syndrom (FIDS))

Das sogenannte »Chronische Müdigkeitssyndrom«, in Frankreich erstmals als »Fatique Immundysfunction Syndrome« (FIDS) beschrieben, kommt nach neuesten Schätzungen bei etwa 1,5 Prozent der Bevölkerung vor. Das bedeutet, daß allein in Deutschland ca. 1,6 Millionen Menschen darunter leiden. Die Aufnahme der Umweltschadstoffe, die zu dieser Erkrankung führen, erfolgt vor allem über Nahrung (Lebensmittel, Wasser), aber auch über Inhalation (Luft). Schadstoffe werden auch aufgenommen über den Wohn-, Arbeits- und Freizeitbereich.
Als Haupt-Schädigungsmechanismus gilt beim »Chronischen Müdigkeitssyndrom« eine Störung der psycho-neuro-endokrinologischen Funktionsachse, einhergehend mit einer chronischen Schädigung des Immunsystems. Meßbar ist eine Verminderung der Killerzellen, die durch die entsprechenden Umweltbelastungen ausgelöst wurde.
Symptome sind eine ausgeprägte *Müdigkeit,* starke *Erschöpfung,* häufig einhergehend mit *Lymphknotenschwellungen,* gelegentlich mit *Temperaturerhöhung, Hals-, Gelenk-* und *Muskelschmerzen.*
Weitere Begleiterscheinungen können sein: Entzündliche und *infektiöse* Erkrankungen, *Kopfschmerzen, Schlafstörungen* und *Depressionen.*
Folgende Komplikationen sind in Zusammenhang mit dem FIDS beschrieben worden: Übergang in chronische Entzündungen, Autoimmunerkrankungen und lymphoproliferative Erkrankungen.
Besonders wichtig ist bei Verdacht auf FIDS die Schadstoffanalytik. Bestimmt werden sollten gegebenenfalls die Schwermetalle Blei, Quecksilber, Cadium, Kupfer, Aluminium und Silber, darüber hinaus unbedingt Pentachlorphenol, PCB und Lindan, bei entsprechendem Verdacht auch die Dioxine und Furane.

> Die Therapie muß darauf abzielen, die entsprechenden Schadstoffquellen zu eliminieren und über entsprechende Immunmodulationsverfahren mit der Substitution entsprechender Vitamin-Mineral-Spurenelemente die Abwehr zu steigern. Dies kann auch durch die gezielte Gabe von Immunglobulinen, von Thymuspräparaten, gegebenenfalls von Interferonen erfolgen.

3.3.4 Formaldehyd-Syndrom

Formaldehyd ist ein farbloses, stechend riechendes Gas und als weltweit häufigst produzierte Chemikalie ein wichtiger Grundstoff für die chemische Industrie; die wässrige Lösung von Formaldehyd ist Formalin.

Formaldehyd wird als Desinfektionsmittel, besonders gegen Viren, in Kosmetika und Körperpflegemitteln und als Konservierungsstoff, z. B. in der Anatomie, gebraucht. Harnstoff-Formaldehyd-Harze werden als Bindemittel für Spanplatten und zum Verschäumen von Hohlräumen bei der Isolation von Häusern verwendet.
Die Ausgasungen von Formaldehyd aus Spanplatten und Schäumen können in Wohnungen und Büros starke körperliche Reaktionen hervorrufen; vor allem Kopfschmerzen und Atemwegsreizungen werden beobachtet. Werden konzentrierte Formaldehyddämpfe eingeatmet, treten an den Schleimhäuten und Lungen schwere Reizzustände auf; bei langfristiger Exposition nimmt die Sensibilisierung der Bronchien zu bis hin zu Asthmaanfällen. Bei Hautkontakten kommt es zu allergischen Reaktionen; eine krebserzeugende Wirkung wird angenommen. Für Innenräume hat das BGA einen Grenzwert von 0,1 ppm empfohlen.

3.3.5 Holzschutzmittel-Syndrom

Das sogenannte «Holzschutzmittelsyndrom», auch »Malerkrankheit« oder »Fertighaussyndrom« genannt, kommt vor allem in Neubauten vor, in denen Holzteile mit entsprechenden Holzschutzmitteln behandelt wurden.
Holzschutzmittel werden zur Vorbeugung und Bekämpfung von holzzerstörenden und holzverfärbenden Organismen eingesetzt. Sie sind meist Gemische und Emulsionen verschiedener Wirkstoffe, z. B. Insektizide, Fungizide, Lösemittel. Man unterteilt Holzschutzmittel in wasserlösliche und ölige.
Die wasserlöslichen Holzschutzmittel bestehen z.T. aus anorganischen Salzgemischen, die folgende Komponenten enthalten können: Kupfer, Arsen, Chrom, Silizium, Fluor u. a.
Zu den öligen Holzschutzmitteln werden die Steinkohlenteeröl- und Rohöl-Präparate und die lösemittelhaltigen Präparate mit organischen Insektiziden und Fungiziden gerechnet.
Holzschutzmittel **können gesundheitsschädlich** für den Menschen und die Umwelt sein. Beim Menschen steht als Gesundheitsrisiko der *direkte Hautkontakt* bei der Verarbeitung von Holzschutzmitteln und das Abgasen biozider Holzschutzmittelbestandteile in die Innenraumluft im Vordergrund; man sollte sie deshalb in trockenen Wohnräumen vermeiden. Ein Zulassungsverfahren für diese Stoffe gibt es bisher noch nicht. Als Alternative zu Holzschutzmitteln empfehlen sich jedoch auch andere Verfahren, z. B. das Heißluftverfahren.
Der subjektive Höhepunkt des Holzschutzmittelsyndroms tritt etwa sechs Jahre nach Exposition auf. Hauptaufnahmeweg ist über die Luft,

wobei wichtig ist, daß bei den Schadstoffmessungen die Grenzwerte der entsprechenden Schadstoffe, wie PCP, HCH (Lindan), Endosulfan, Chlortanolil, Dichlorfluamid, Tetrachlorphenol, TBT-Verbindungen, Phenylquecksilber-Oleate, Furmecyclox, Carbendazim, Ethylparathion, Baycarb., Phoxim, Xyligen etc. nicht überschritten werden.
Sehr häufig sind Augenbrennen, Hautjucken und Magen-Darm-Beschwerden, verbunden mit neurologischen Symptomen wie Kopfschmerzen, Schwindel, Sprachstörungen, Polyneuropathie, Tremor und sonstigen parkinsonähnlichen Symptomen. Häufig sind psychiatrische Auffälligkeiten wie Antriebsstörung, Depression, Aggressivität, Vergeßlichkeit und Schlafstörungen.
Die beste Therapie des Holzschutzmittelsyndroms ist die Prophylaxe: Nach Feststellung der entsprechenden Quellen eine gezielte Sanierung und Entsorgung. Zur gezielten Ausleitungs- und Entgiftungstherapie siehe den entsprechenden Abschnitt.

3.3.6 Hypersensibilitäts-Syndrom

Immer häufiger kommt es zu sogenannten Hypersensibilitäten, das heißt zu unverhältnismäßig starken Überempfindlichkeits-Reaktionen gegenüber Umweltschadstoffen.
In den wenigsten Fällen handelt es sich dabei um klassische Allergien im strengen Sinne. Umweltschadstoffe fungieren viel häufiger als »Suballergene«, die sogenannte **suballergische Reaktionen** (= Überempfindlichkeiten, bei denen der Allergietest noch negativ ist) auslösen. Chronische suballergische Reaktionen gehen nicht selten mit sogenannten subtoxischen (unterschwelligen Vergiftungs-)Reaktionen einher. Moderne Umweltmediziner gehen davon aus, daß es sich meist um eine kombinierte Wirkung aus suballergischer und subtoxischer Reaktion handelt.
Auf die genaueren Mechanismen und Zusammenhänge wird in dem in dieser Reihe erscheinenden Buch »Einführung in die Allgemeine Umweltmedizin« ausführlich eingegangen.
Potentielle Suballergene und **subtoxische Substanzen** in diesem Sinn können die in der folgenden Tabelle aufgeführten Stoff- und Substanzgruppen sein:

Lebensmittelzusatzstoffe
• Antioxidationsmittel • Antimikrobielle Mittel • Säureregulatoren • Konservierungsstoffe • Farbstoffe • Aromastoffe • Geschmacksverstärker • Süßstoffe, Geliermittel, Verdickungsmittel • Stabilisatoren, Emulgatoren
Pestizidrückstände
• Düngemittel • Schädlingsbekämpfungsmittel • Pilzbekämpfungsmittel • Unkrautbekämpfungsmittel
Inhalierte Stoffe
• Tabak • Sprays: Haar-, Haut-, Schuh-, Insekten-, Medikamentensprays • Stoffe von Putzereien, Färbereien, Gerbereien • Industrielle Abgase • KFZ-Abgase • Müllverbrennungsabgase
Kontaktstoffe
• Duftstoffe (Parfums, Cremes) • Desodorants (u. a. Intimbereich) • Bräunungs-, Bleichmittel • Wasch-, Spül-, Putzmittel • Desinfektionsmittel (Jod, Merfen)
Arzneimittel, chemisch-synthetisch

Tabelle zu 3.3.6.: Potentielle »Sub-Allergene« und subtoxische Stoff- und Substanzgruppen

3.3.7 Itai-Itai-Syndrom

Das Itai-Itai-Syndrom ist bedingt durch eine **überhöhte Belastung** des Organismus **mit Cadmium**. Im Rahmen einer chronisch-endemischen Massenerkrankung traten in Japan 1955 bei Frauen (Multiparae) in der Menopause nach hoher Exposition mit Cadmium folgende Gesundheitsstörungen auf:

- Anämie
- Osteomalazie
- Enteropathie
- Nierenschäden
- Leberschäden.

Aus Tierexperimenten ist bekannt, daß Cadmium embryotoxische, teratogene und auch **kanzerogene Eigenschaften** hat.

3.3.8 Klinisches Ökologie-Syndrom

Beim Klinischen Ökologie-Syndrom, das von Ring (1990) beschrieben wurde, wird die Interaktion zwischen Psyche und vermeintlichen oder echten körperlichen Beschwerden deutlich.

Immer mehr Menschen suchen heute wegen polysomatischer Beschwerden, die sie z. B. auf eine Allergie gegen Umweltschadstoffe zurückführen, den Arzt auf. Die Patienten klagen über subjektive Symptome in verschiedenen Organen; die Krankheitsdauer beträgt durchschnittlich 6 Jahre.

Intensive allergologische, internistische und psychosomatische Untersuchungen ergaben folgendes:

- schwere psychosomatische Störungen (47%)
- manifeste endogene Psychosen (10%)
- echte allergische oder pseudoallergische Reaktionen (33%)
- Fokalinfekt (7%)
- Rentenbegehren (etwa 3%).

Viele Patienten weisen eine atopische Diathese auf, was oftmals die Ursache für die Projektion von psychischen Problemen auf Allergien gegen Pestizide, Konservierungsstoffe, Detergenzien u. a. ist.

Diese oft schwer zu führenden Patienten erfordern große Geduld des Arztes; umfangreiche allergologische und internistische Untersuchungen müssen durchgeführt werden, um organische Krankheiten auszuschließen.

3.3.9 »Künstler-Syndrom«

Viele Maler, Bildhauer, Grafiker und Designer klagen über chronisch rezidivierende Exantheme an der Haut, Atemnot, migräneartige Kopfschmerzen und viele andere Symptome.
Eine genauere Analyse der Ateliereinrichtung (Schadstoffrückstände in Böden, Wänden, Decke, Tischen, Schränken, Stühlen etc.), der verwendeten Werkstoffe, Farben, Kleber, insbesondere aber auch der Schadstoffe in der Raumluft, zeigt zweifelsfrei, daß viele Künstler unter Bedingungen arbeiten, bei denen ein industrieller Betrieb aufgrund geltender Arbeitsschutz-Richtlinien sofort dicht machen müßte. Am Ende jedes Semesters, wenn an den Kunstakademien und Hochschulen für Kunsterziehung in den Lehrsälen aufgeräumt wird, müssen viele hunderte von Tonnen Chemikalien, Farben, Kleber, Kunststoffe als Sondermüll entsorgt werden:
Klebstoff-Spezialmischungen aus Benzin, Toluol, Xylol, Methylchlorid, Essigester, Ketonen, Aceton und Alkoholen, plastische Kunststoffe, angereichert mit kanzerogenen Weichmachern und Schwermetallen wie Blei, Kadmium, Zink, Titan und vielem mehr.
Umfragen haben jedoch gezeigt, daß diese Zusammenhänge meist zu wenig bekannt sind oder verdrängt bzw. verleugnet werden. Kunststudenten am Lehrstuhl für Kunsterziehung in München antworteten auf Befragen, ob ihnen die schlechte Luft in den Zeichen- und Malsälen nichts ausmache, »die dicke Luft gehöre eben einfach dazu«, ... wo Kunst gemacht werde, ließe sich der »ätzende Gestank eben oft nicht vermeiden.« ... »Daß das Zeug nicht gerade gesund sei, wüßten sie schon. Doch wie gesundheitsschädlich es wirklich sei, welche Organschäden auftreten könnten, wisse man nicht. Darüber höre man nichts in der Kunstvorlesung« ...
Stoffgemische und Schadstoffbelastungen unterliegen an der Kunstakademie ebenso wenig wie in den vielen Künstlerateliers den üblichen arbeitsmedizinischen Regelungen. Und das wirkt sich leider auch auf die Gesundheit der Künstler aus:
Fast jeder zweite bekommt im Laufe der Zeit mehr oder weniger starke **Kontaktallergien** an der Haut, insbesondere an den Händen, im Gesicht und am Dekolleté. Überall, wo die Künstler mit den giftigen Stoffen in Berührung kommen, kommt es zu Juckreiz, Hautausschlag, -brennen und -rötung.
Viele bekommen beim Umgang mit bestimmten Werkstoffen regelmäßig **Hustenanfälle,** teilweise sogar akute Atemnot bis zu stärksten lebensbedrohlichen Asthmaanfällen. Nicht wenige haben alle klassischen Symptome einer chronischen Lösungsmittelvergiftung, ohne die Zusam-

menhänge zu kennen: Benommenheit, Kopfschmerz, Schwindel, narkotische Erscheinungen, alles Hinweise auf nicht zu unterschätzende Störeinflüsse des zentralen Nervensystems durch Umweltschadstoffe.
Tagtäglich arbeiten Künstler mit Schadstoffen, sind umgeben von Umweltgiften, die nach dem Einatmen über die Lunge in den Blutkreislauf gelangen, um sich dann in Nerven- und Gehirnzellen, Knochenmark, Körperfett, in Leber und Niere anzureichern.
Methyl- oder Ethylacetat-Ester, Methyl-Ethyl-Ketone reizen die Schleimhäute von Augen, Mund, Rachen, Magen, machen müde, aggressiv und gereizt. Benzol ist krebserregend und narkotisierend, Xylol und Toluol verursachen Krämpfe und psychische Störungen, Toluol und Methylenchlorid sind krebsverdächtig, Trichlorethan und Trichlorethylen schädigen Gehirn, Leber, Nieren.
Farbstifte aus Zellulose oder Kunstharzen, Ton, Talkum und Graphit mit Farbstoffen auf Methylviolettbasis, mit Gleit- oder Bindemitteln, können zu chronischen Hautentzündungen führen. Fettstifte aus Farbpulver, -wachsen oder -fetten, synthetische Ölfarben mit Verdickungs-, Feuchthalte-, Konservierungsmitteln, Stabilisatoren, schwermetallhaltigen Farbstoffen und Tensiden können bei Hautkontakt oder Inhalation zu allergischen Hautreaktionen, Reizung und Schwellung der Schleimhäute, Husten, Atemnot, Kopfweh, Schwindelanfällen, Nervenreizungen und -schädigungen führen.
Treten bei Künstlern die oben genannten Symptome auf, muß eine exakte Umweltanamnese, eine gründliche Untersuchung und dann eine gezielte Schadstoffanalytik und -ausleitung durchgeführt werden.

3.3.10 »Minamata-Syndrom«

Gelangt anorganisches Quecksilber aus Fabriken als Abfall in größerer Menge ins Meer, so wird es von den Mikroorganismen methyliert, kommt in die Nahrungskette und wird schließlich vom Menschen als deren Endglied beim Fischverzehr aufgenommen und angereichert. Wenn, wie 1956 in der japanischen Minamata-Bucht, Fische zur Hauptnahrungsquelle zählen, kann es zu schweren Vergiftungen kommen. In Minamata kam es zu einer Massenvergiftung mit 30 % Mortalität durch quecksilberverseuchte Abwässer, die aus einer Acetaldehyd-Fabrik ins Meer gelangten. Wegen der Akkumulation des Giftes kann der Ausbruch der Krankheit erst nach Jahren erfolgen. Über 1 000 Erkrankungen wurden bisher amtlich anerkannt. Etwa die sechsfache Zahl wird noch überprüft. Die Erkrankung äußert sich in **Sensibilitätsstörungen** (Sehen, Hören, Tasten) und in **unkoordinierten Bewegungen**. Derartige Unfälle haben sich auch an anderen Orten ereignet. Ein Ausbruch der

Krankheit konnte jedoch durch rechtzeitige Sicherungsmaßnahmen verhindert werden.

3.3.11 Ozon-Syndrom

Bereits in niedrigen Konzentrationen kann Ozon beim Menschen Reizungen der Schleimhäute, Lungenfunktionsstörungen und Veränderungen biochemischer Parameter hervorrufen. Der MIK-Wert für eine halbe Stunde beträgt 120 mg/m^3. Im Büro kommt es z.T zu erheblichen Ozonemissionen, z. B. beim Fotokopieren oder beim Verwenden eines Laserdruckers.
Das Komittee zur Prüfung gesundheitsschädlicher Arbeitsstoffe der DFG hat folgende Grenzwerte festgelegt:
- In 24 Stunden dürfen Büroangestellte maximal 8 mal für eine Höchstdauer von 5 Minuten einer Ozonkonzentration von maximal 0,2 ppm in der Raumluft ausgesetzt sein.
- Der Grenzwert für die Arbeitsplatzkonzentration beträgt 0,1 ppm (Globus 7/90).

3.3.12 »Sick-Building-Syndrom« (»Häuserkrankheit«)

Am Beispiel der sogenannten »Häuserkrankheit«, die später noch ausführlich besprochen wird, soll gezeigt werden, wie die »bebaute Umwelt«, das heißt der Wohn- oder Arbeitsbereich, zur Entstehung von Krankheiten mit sogenannten »unspezifischen Frühsymptomen« (= Beschwerden im Frühstadium) führen kann.
Solche **Frühsymptome** können beispielsweise sein:
- Schleimhautreizungen
- Heiserkeit
- Husten
- Atemnot
- Kopfschmerzen
- Müdigkeit
- Konzentrationsstörungen
- Leistungsschwäche
- allergische Reaktionen.

Treten alle oder mehrere dieser Beschwerden immer in einem bestimmten Haus oder in einem bestimmten Raum innerhalb dieses Hauses auf, so spricht man von der Häuserkrankheit. Hinsichtlich der Häuserkrankheit besonders gefährdet beziehungsweise häufig betroffen sind vor allem Menschen, die in »ungesunden« Gebäuden und Wohnungen wohnen und/oder arbeiten. Ungesunde Bauwerke sind solche, die den baubiologischen Kriterien nicht gerecht werden.

3.3.13 »Tension-Fatigue-Syndrom« (Anspannungs-Erschöpfungs-Syndrom)

Patienten mit Umwelterkrankungen zeigen einen typischen Symptomenkomplex, der als Anspannungs-Erschöpfungs-Syndrom bezeichnet werden kann und im Erscheinungsbild der psychiatrischen Diagnose Neurasthenie sehr ähnlich ist (Goodwin et al., 1979).
Umweltmedizinische Untersuchungen haben gezeigt, daß die große Zunahme der verschiedenen Chemikalien in unserer Umwelt ein Hauptgrund für den deutlichen Anstieg vor allem auch psychischer Störungen ist. Man hat erkannt, daß psychosozialer Streß unter anderem die zelluläre Immunität des menschlichen Organismus beeinträchtigen kann.

3.3.14 »YUSHO-Syndrom«

Das YUSHO-Syndrom oder »Reisöl-Syndrom« ist mit einem Unglücksfall in Japan 1968 verknüpft. In einer Verarbeitungsanlage für Reisöl kam es zu einer Undichtigkeit, so daß das zum Betreiben der Anlage verwendete Kanechlor 400, das im wesentlichen aus PCBs (polychlorierten Biphenylen) besteht, unbemerkt in das Reisöl übertreten konnte. Die PCBs waren bis zu 5 ppm mit Dibenzofuranen verunreinigt. Die Verunreinigung war besonders hoch (250-fach höher als durchschnittlich bei technischen PCBs). Etwa 2 000 Personen verzehrten das kontaminierte Reisöl und erkrankten. Dieser Vorfall ist für die Beurteilung von Umweltschadstoffen von großer Bedeutung, denn bei den ursächlichen Schadstoffen handelt es sich um Stoffe, die in großen Mengen ubiquitär verteilt sind.
Das Syndrom äußert sich in folgenden **klinischen Symptomen**:

- Chlorakne
- Verfärbung und Hyperkeratose der Haut
- Alopezie
- Porphyrie
- Hypersekretion der Meibom'schen Drüsen
- Lidödeme
- Enzyminduktion in der Leber
- Erhöhte Alkalische Phosphatasen und Serumtransaminasen
- Erniedrigung des Serum-Bilirubins.

Bei einem Teil des Patientenkollektivs ergab sich eine Erniedrigung von Immunglobulin-A und -M. Bei den Patienten mit schwerer dermatologischer Symptomatik war die Erniedrigung des IgM signifikant. Von den betroffenen Frauen hatten 13 nach dem Unglücksfall Geburten. Davon waren 2 Totgeburten. Von den 11 Säuglingen hatten 10 Chlorakne und 9 verstärkte Sekretion aus den Augen.

Im Zusammenhang mit dem YUSHO-Syndrom wird auch die Kanzerogenität der PCBs diskutiert. 5 1/2 Jahre nach dem Vorfall waren 22 Personen verstorben. 9 von ihnen wiesen maligne Tumoren des Magens, der Leber, der Lunge und der Mammae sowie Lymphome auf (MATTHIASCHK et al., 1983).
BECK (1989) weist darauf hin, daß es sich bei technischen PCB-Produkten – wie im vorliegenden Fall – um Gemische von Einzelkomponenten handelt, die nicht standardisiert sind. Von den theoretisch möglichen 209 Komponenten kommen in Humanproben 3 Komponenten vor, die allein 60% des PCB-Gehaltes der Muttermilch ausmachen. Es sei deshalb nicht schlüssig, wenn die an einem technischen PCB-Gemisch ermittelte Toxizität als repräsentativ für die Toxizität der PCBs in reiner Form angegeben wird.

II. Spezieller Teil

1. Umweltbedingte Frauenkrankheiten

1.1 Übersicht

Wie im Vorwort schon erwähnt wurde, ist in den letzten Jahren eine besorgniserregende Zunahme von Frauenerkrankungen zu beobachten, die durch Umwelteinflüsse verursacht oder zumindest mitverursacht werden, wobei insbesondere alte und kranke Frauen, aber auch immer mehr junge Frauen, Schwangere und Wöchnerinnen von der zunehmenden Bedrohung durch Umwelt-Schadstoffe betroffen sind.
Besonders schlimm ist die Entwicklung auf dem Gebiet der **weiblichen Krebserkrankungen**. Immer mehr jüngere Frauen erkranken an Brustkrebs. Seit 1970 hat sich die Inzidenz (= Anzahl der registrierten Brustkrebsfälle) bei Frauen im Alter unter fünfzig Jahren mehr als verdoppelt. Dies ist besonders bedenklich, zumal wir heute aus mehreren Studien wissen, daß zwischen Entstehung und Entdeckung von Brustkrebs etwa ein Zeitraum von zehn bis zwanzig Jahren liegt.
Wie in späteren Kapiteln gezeigt werden wird, weiß man aufgrund neuester Untersuchungen, daß sich das Brustkrebs-Gewebe durch eine deutlich höhere Schadstoffkonzentration von normalem Brustdrüsengewebe unterscheidet. Aber auch die Entstehung von Gebärmutterhalskrebs wird in jüngster Zeit mit Umwelteinflüssen in Verbindung gebracht, die durch Veränderung des Scheiden- und Gebärmutterhals-Milieus das Wachstum bestimmter (sogenannter HPV-)Viren fördern, die wiederum zu einem Vorstadium des Gebärmutterhalskrebses führen können.
Auch diskutiert man heute zunehmend Umwelteinflüsse als Ursachen von weit verbreiteten Frauenleiden wie

- chronischer Fluor vaginalis (= Ausfluß),
- Dysmenorrhoe (= schmerzhafte Periode),
- chronisch wiederkehrende Candida- (= Scheidenpilz-)Infektionen und endokrine Dysregulationen (= hormonelle Störungen).

Sogar bei der in den letzten Jahren stark zunehmenden *Endometriose* (= Gebärmutterschleimhaut, die außerhalb der Gebärmutter wuchert) und bei den weit verbreiteten Gebärmuttermyomen sind möglicherweise Umweltschadstoffe ursächlich beteiligt, indem sie über Störeinflüsse der hormonellen Regelkreise das Wachstum dieser gutartigen Geschwülste begünstigen.
Besonders schwer treffen Umweltschadstoffe viele Ehepaare, denen dadurch ihr Kinderwunsch versagt bleibt. Etwa jedes fünfte bis siebte Ehepaar ist heute ungewollt **kinderlos**. Entweder kommt es durch verschiedene Schädigungsmechanismen zu gar keiner Schwangerschaft

(= sogenannte primäre Sterilität) oder zu gestörten Schwangerschaftsverläufen, die dann nicht selten mit Abgängen oder Totgeburten enden.

Konsequenzen

In der Frauenheilkunde nehmen umweltbedingte Erkrankungen deutlich zu. Jeder Frauenarzt muß sich deshalb umweltmedizinisch weiterbilden, und die Universitäten müssen diese Zusammenhänge lehren. Aufklärung über umweltbedingte Frauenerkrankungen ist vorbeugende Medizin: Durch Schadstoffvermeidung können der Frau viele seelische, psychische und körperliche Leiden erspart werden. Liegt eine umweltbedingte Frauenerkrankung vor, sind herkömmliche Behandlungsmethoden häufig nicht in der Lage, meist langjährig bestehende Beschwerden zu vermindern oder gar zu beseitigen.
Erst die aufgrund einer umfassenden umweltmedizinischen Untersuchung durchgeführte gezielte Schadstoffausleitung, kombiniert mit ganzheitlicher Entgiftung und abwehrsteigernden Maßnahmen kann dann schließlich den gewünschen Behandlungserfolg bringen.
Da es sich bei der Entstehung umweltbedingter Frauenkrankheiten um sehr komplizierte Mechanismen handelt, ist es zum heutigen Zeitpunkt nicht möglich, sämtliche Zusammenhänge vollständig zu beweisen. Es wäre jedoch aus ganzheitlicher Sicht, gerade in Hinblick auf die vielen hilfesuchenden, oft schwer umweltkranken Frauen unverantwortbar, nichts zu tun und abzuwarten, bis die letzten wissenschaftlichen Daten vorliegen.
So manche Bauchspiegelung und so mancher Bauchschnitt aufgrund immer wiederkehrender Eierstockszysten, Gebärmuttermyome, chronischer Unterbauchbeschwerden und -schmerzen (»unbekannter Ursache«) wäre durch eine ganzheitliche umweltmedizinisch orientierte Behandlung vermeidbar. Damit könnten nicht nur erhebliche Kosten im Gesundheitswesen eingespart werden, sondern vor allem würden Millionen Frauen operative Risiken und insbesondere äußerst belastende Schmerzen, Ängste, Sorgen und Nöte erspart bleiben.

> Bereits bei Vorliegen eines begründeten Verdachtes auf krankmachende Umweltnoxen muß unverzüglich und konsequent gehandelt und vor allem behandelt werden.

2. Gestörter Zyklus

2.1 Allgemeine Zyklusstörungen

2.1.1 Übersicht

Jede zweite Frau leidet öfter als einmal in ihrem Leben mehr oder weniger stark unter Zyklusstörungen und/oder Menstruationsbeschwerden. Allein diese Tatsache ist schon Grund genug, sich intensiver mit diesem typisch weiblichen Problem zu befassen. Trotz zahlreicher Aufklärungsschriften wissen immer noch viel zu wenige Frauen über das Bescheid, was zur Zeit der Menstruation in ihrem Körper vor sich geht.

Die Abläufe sind auch nicht ganz einfach, denn der weibliche Zyklus ist eine äußerst komplizierte Angelegenheit. Ungefähr im Rhythmus von 28 Tagen reift in einem der beiden Eierstöcke der Frau eine Eizelle heran, die dann in der Mitte des Zyklus ihre Wanderung durch den Eileiter Richtung Gebärmutter beginnt. Gleichzeitig baut sich unter dem Einfluß von Eierstockhormonen die Gebärmutterschleimhaut auf und wird besonders stark durchblutet. Am Endes des Zyklus ist sie dann etwa fünfmal so dick wie zu Beginn und damit bestens darauf vorbereitet, ein eventuell befruchtetes Ei aufzunehmen. Tritt nun aber keine Befruchtung ein, stirbt die Eizelle ab und löst sich auf. Die überflüssige Gebärmutterschleimhaut wird gleichzeitig abgestoßen und mit der monatlichen Regelblutung ausgeschieden. Treten nun zu dieser Zeit, die als Menstruation bezeichnet wird, Schmerzen auf, so spricht man medizinisch von einer Dysmenorrhoe. Dabei macht die Medizin keinen Unterschied, ob die Schmerzen organisch, funktionell oder seelisch bedingt sind.

2.1.2 Hormone und Menstruationszyklus

Die Östrogene werden in der Hauptsache in den Follikeln der Eierstöcke gebildet und haben im Verlauf des Zyklus zwei Gipfel: Kurz vor dem Eisprung und in der Mitte der zweiten Phase, wenn der Gelbkörper im Eierstock den Gipfel erreicht. Die Östrogene erhalten und entwickeln die weiblichen Geschlechtsorgane und wirken ganz allgemein günstig auf das Wachstum der Gewebe. Sie regen die Zellteilung vor allem in den tiefen Schichten der Schleimhäute von Mund, Haut, Nase, Harnröhre, Vagina und Brustdrüsen an. Auch die Knochen erhalten mehr Kalk.

Die Östrogene bewirken eine Einlagerung von Wasser und Salz ins Gewebe, daher Gewichtszunahme. Sie machen die Sekrete von Talgdrüsen flüssiger und verhindern damit die Ausbildung von Akne (im Gegensatz zum Testosteron). Und schließlich setzen sie den Cholesteringehalt im Blut herab und sollen daher die Ausbildung von Arteriosklerose (Gefäßverkalkung) verhindern.

Die Gestagene (auch Corpus-Luteum-Hormon oder Gelbkörperhormon): Sie werden vom Gelbkörper des Eierstocks ausgeschüttet. Sie haben die Funktion, die Gebärmutterschleimhaut, die von den Östrogenen stark entwickelt worden ist, für den Fall einer Befruchtung derart zu verändern, daß das Ei sich einnisten und gut wachsen kann. Sie ermöglichen schließlich eine Schwangerschaft, indem sie Kontraktionen und den Tonus der Gebärmutter abschwächen.

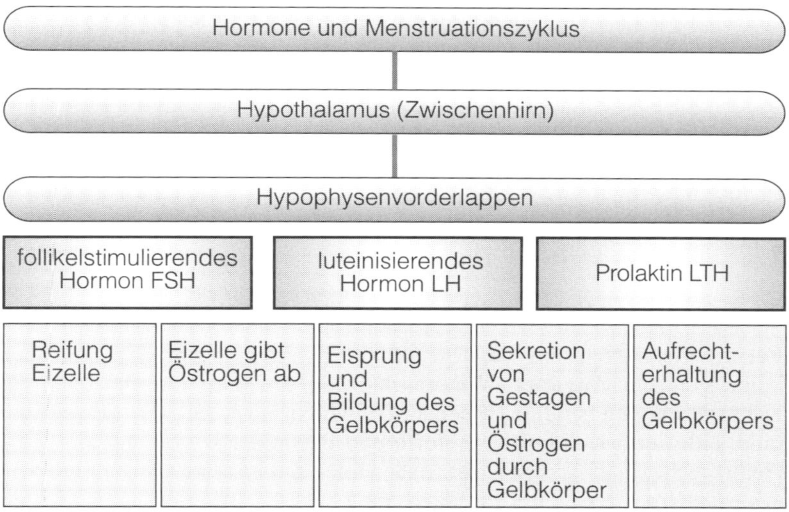

Abb. 5 zu 2.1.2: Hormone und Menstruationszyklus

Ein Übermaß an Gestagenen erhöht den Appetit, fördert die Gewichtszunahme und bringt Müdigkeit, Depression, Verminderung der Libido und Akne mit sich.

Etwa 30 bis 40 % aller Frauen im geschlechtsreifen Alter haben gelegentlich, häufig oder ständig einen gestörten Zyklus.

2.1.3 Ursachen der Zyklusstörungen

Nur in etwa 10–15 % aller Fälle sind organische Störungen als Grund für einen gestörten Zyklus auszumachen; über 40 % (in der Literatur bis zu 70 %) werden als ideopathisch bezeichnet, d.h. die genauen Ursachen sind nicht bekannt. Diese können natürlich sehr vielschichtig sein.
Beispielsweise diskutiert man in diesem Zusammenhang bereits seit vielen Jahren folgende *organische* und *psychische* Faktoren und ungünstige Lebensgewohnheiten als mögliche (Teil-)Ursachen:
- Beruflicher Streß,
- Spannungen in der Partnerschaft,
- Übermäßiger Kinderwunsch,
- Alkoholkonsum,
- Rauchen, Koffeingenuß etc.

2.1.4 Umweltbedingte Zyklusstörungen

Für die Quantifizierung des Einflußfaktors Umwelt gibt es bisher noch keine genauen Angaben. Wissenschaftlich erwiesen als Ursachen für Zyklusstörungen sind inzwischen Umweltschadstoffe wie Schwermetalle, chlorierte Kohlenwasserstoffe und Pestizide.
Heute geht man davon aus, daß viele Zyklusstörungen durch ein gestörtes Immunsystem verursacht sind. Dabei diskutiert man Mechanismen, bei denen es zu »Immunreaktionen gegen nicht pathogene Faktoren mit schädlichen Rückwirkungen« kommen kann.
Darüber hinaus ist bei Patientinnen mit einem gestörten Zyklus überdurchschnittlich oft die Wechselbeziehung zwischen der Umwelt und dem inneren Körpermilieu gestört, wodurch die natürliche Balance zwischen Immunsystem, Endokrinem System und Zentralem Nervensystem gestört ist.
Oft wird bei umweltbedingten Zyklusstörungen eine Veränderung der T-Lymphozyten in Funktion und Anzahl gefunden. Aufgrund der engen Wechselwirkung zwischen den T-Lymphozyten und dem humoralen Zweig des Immunsystems (B-Lymphozyten) wurden neben der häufigen Fehlfunktion der zellgebundenen Abwehr auch gelegentlich Ab-

normitäten bei den Antikörpern und im Komplement-System festgestellt, die vor allem bei Allergikern gehäuft vorkommen. Schon lange ist bekannt, daß die T-Lymphozyten u. a. durch Nahrungsmittelgifte, Chemikalien und psychosozialen Streß in ihrer Funktion beeinträchtigt werden können.
Die folgende Abbildung (nächste Seite) zeigt, an welchen Schlüsselpunkten des Hormonsystems Umweltschadstoffe stören können:

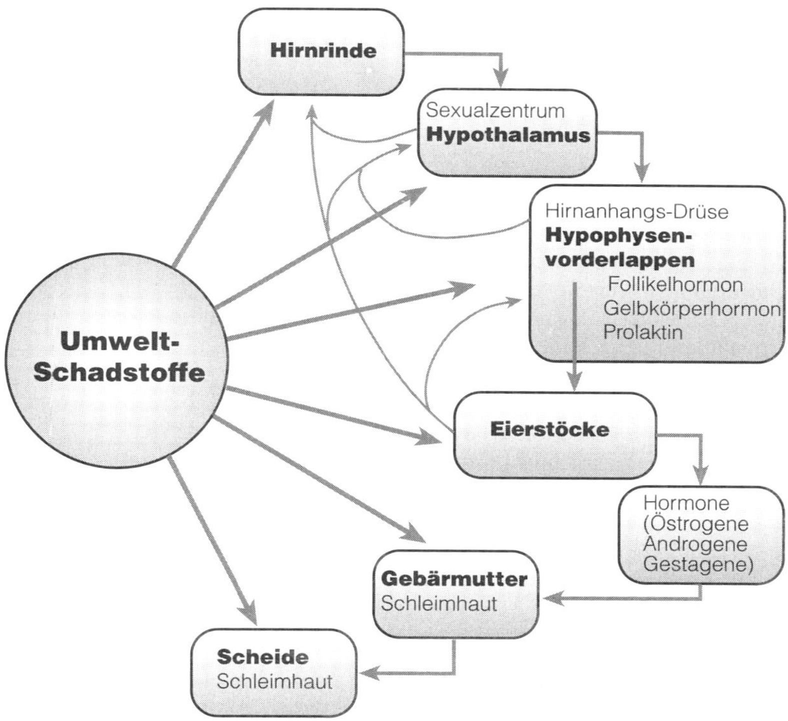

Abb. 6 zu 2.1.4: Angriffspunkte von Umweltschadstoffen auf den hormonellen Regelkreis der Frau

Bei vielen Patientinnen mit gestörtem Zyklus ist die absolute Anzahl der T-Lymphozyten erniedrigt (GERHARD et al. 1991, ZAHN und SCHULTE-UEBBING, 1991–1994), wobei es sich hierbei meist um Suppressor-T-Zellen handelt.

2.1.5 Zyklusstörungen durch Umwelt-Streß

Häufig spielen auch Stressoren bei Zyklusstörungen eine wichtige Rolle. Besonders bedeutsam scheinen dabei psychische und seelische Belastungen, insbesondere Konflikte zwischen Beruf und Privatleben, Rivalitäten mit männlichen Kollegen und andere endokrin wirksame Faktoren zu sein.
Stressoren erzeugen einen ungesunden, das Immunsystem beeinträchtigenden *Dauerstreß*. Kommen zu diesen seelisch- psychischen Stressoren dann noch Umweltschadstoffe hinzu, so kann sich die Wirkung potenzieren. Hypothetisch muß angenommen werden, daß endogene Mediatorsubstanzen, die durch das Immunsystem aktiviert wurden, Störungen in verschiedenen Zielorganen gleichzeitig hervorrufen können. Es konnte gezeigt werden, daß Mediatorsubstanzen – z. B. Prostaglandine, Kinine, Serotonin, Histamin, Acetylcholin – untereinander zu einer potenzierenden Wirkung oder zu einem Synergismus führen können. Derartige Effekte von Schadstoffen sind bereits in relativ niedrigen Konzentrationen – ab 10 ng/l – nachweisbar (RUNOW, 1986); so löst z. B. Phenol und Formaldehyd in niedrigen Dosen eine konzentrationsabhängige Histaminausschüttung aus Rattenmastzellen aus.

2.1.6 Zyklusstörungen über endogene Mediatoren

Aufgrund neuerer Forschungsergebnisse wird angenommen, daß Zyklusstörungen mit Überempfindlichkeitsreaktionen auf Umweltfaktoren einhergehen können, die über ein Netzwerk von verschiedenen biochemischen Wegen im Körper wirken; dabei kommt den endogenen Mediatoren eine große Bedeutung zu.
Unter Streß scheidet die Nebenniere Encephalin aus (PLOTNIKOFF, 1981). J. WYBRAN et al. nehmen an, daß T-Lymphozyten Rezeptoren für endogene Opiate – z. B. für Encephalin – aufweisen, weiterhin vermuten andere Wissenschaftler, daß Encephaline auch die Funktion der T-Lymphozyten verändern können.
Viele Patientinnen mit Zyklusstörungen, die durch Umweltschadstoffe belastet sind, weisen normale oder auch erniedrigte IgE-Werte auf; nur bei etwa 10–30 % können erhöhte IgE-Werte nachgewiesen werden.

Bei Patientinnen, bei denen gleichzeitig auch Chemikalien- oder Nahrungsmittel-Überempfindlichkeiten nachgewiesen sind, können oft ungewöhnlich niedrige IgA-Werte gemessen werden.
Hier ist wohl die Schutzfunktion des Immunglobulins A in Leber, Darm und Schleimhäuten vor dem Eindringen fremder Stoffe nicht mehr gegeben, so daß Antigene bzw. Allergene leichter in die Blutbahn eindringen können und so eine verstärkte Reaktion des Immunsystems und auch des Endokriniums im Sinne einer Sensibilisierung und subtoxischen Schädigung des Reproduktionsmechanismus erfolgen kann.

2.1.7 Zyklusstörungen durch Schwermetalle

Der Einfluß von Blei, Cadmium und Quecksilber auf die Endokrinologie des Menschen ist bisher kaum berücksichtigt worden. Erste Erfahrungen mit dem Chelatbildner Dimercaptopropionsulfonsäure (DMPS), der im Körper deponierte Schwermetalle mobilisiert, sprechen für Zusammenhänge zwischen Schwermetallbelastungen und Zyklusgeschehen, speziell zwischen Zyklusstörungen und erhöhten Schwermetallwerten.
Nach eigenen Untersuchungen (Schulte-Uebbing und Zahn 1990–1994) sind viele Frauen mit Zyklusstörungen zum Teil erheblich *quecksilberbelastet*. Das Schwermetall stammt hauptsächlich von *Amalgamfüllungen* im Mund, aber auch zum Teil aus der *Nahrung* (Meeresfisch, Innereien: Leber, Nieren etc.), aus dem *beruflichen Bereich* (Thermometer: Krankenschwestern und Ärztinnen, Laborchemikalien: MTA, CTA, Quecksilberbatterien: Industriearbeiterinnen, Schädlingsbekämpfungsmittel: Gärtnerinnen, Haarsprays: Friseusen) und aus dem *Freizeitbereich* (quecksilberhaltige Farben, Lacke, Sprays etc.).
Untersuchungen haben ergeben, daß auch Frauen, die neben oder in Industriezonen oder in der Nähe von Verbrennungsanlagen arbeiten oder wohnen, über Verbrennungsprozesse (u. a. von Kohle, Heizöl und Müll) kontinuierlich mit Quecksilber belastet werden. Tagtäglich werden so quecksilberhaltige Abgase eingeatmet, und es kann zu kontinuierlichen Schädigungen des Nerven-, Immun- und Hormonsystems kommen: Zittern, Nervosität, Verhaltensstörungen, Migräne, Depressionen etc. sind neben den Zyklusstörungen häufige Begleiterscheinungen.
Ein besonderes Problem sind insbesondere quecksilberhaltige Saatbeizmittel, Herbizide und Fungizide, die in der *Landwirtschaft*, in *Gärtnereien* und vor allem in vielen *Hobbygärten* über Boden, Luft und Wasser in den Körper gelangen: Gärtnerinnen, Bäuerinnen, landwirtschaftliche Arbeiterinnen und Angestellte sind nicht selten belastet. Vom belasteten Boden gelangt das Quecksilber auch über Flüsse und Seen in die Wassertiere.

Bei einem Fischverzehr von 1 kg/Woche wird die Quecksilberaufnahme auf 0,5 mg/Woche geschätzt (DFG-Bericht). Nach einer WHO-Empfehlung sollte eine wöchentliche Höchstmenge von 0,12 mg nicht überschritten werden.
Besonders betroffen sind Zahnärztinnen und deren Helferinnen. Hier wurden im Gehirn bis zu hundertfach höhere Quecksilberkonzentrationen festgestellt als bei Patienten, die Amalgamfüllungen hatten. Eigene Untersuchungen ergaben, daß Patientinnen mit Amalgamfüllungen überdurchschnittlich häufig Zyklusstörungen haben können. Diese Untersuchungen werden durch Gerhard und Mitarbeiter bestätigt.
Der Toxikologe Daunderer berichtet von vielen Patientinnen, die zwischen 1 und 22 Füllungen im Mittel seit 8 Jahren hatten und neben deutlichen Beschwerden, die im Durchschnitt nach etwa 6 Jahren einsetzten, häufig zunehmende hormonelle Probleme sowie einen gestörten Zyklus angaben.
Diese Patientinnen zeigten darüber hinaus auch nicht selten folgende **Symptome**:

- Erhöhte Infektanfälligkeit,
- Allergien,
- Bauchschmerzen,
- Energielosigkeit,
- Wetterfühligkeit,
- Schwindel,
- Sehstörungen,
- Hörstörungen,
- Tremor und
- Muskelschmerzen.

Nicht selten kommt es durch Umweltschadstoffe zu sogenannten »endokrinen Dysregulationen« (= Störungen im Hormonsystem), die mit einer schwachen oder sogar ganz ausbleibenden Regel einhergehen.

2.2 Zu schwache oder ausbleibende Regel (Hypomenorrhoe, Amenorrhoe)

Durch Umweltschadstoffe kann es auch dazu kommen, daß der Hormonhaushalt so gestört ist, daß die *Regelblutung* teilweise oder ganz *ausbleibt*. In diesem Falle spricht man dann von einer umweltbedingten »Hypomenorrhoe« oder »Amenorrhoe«.
Bei der Amenorrhoe unterscheidet man die **»primäre Amenorrhoe«**, das heißt, die Blutung ist überhaupt noch nie eingetreten, von der **»sekundären Amenorrhoe«**, bei der eine bereits vorhandene Menstruation verschwindet.

2.2.1 Allgemeine Ursachen

Eine Amenorrhoe kann verschiedenste Ursachen haben. Aus der psychosomatischen Gynäkologie weiß man, daß seelische und psychische Faktoren eine entscheidende Rolle spielen können: Veränderungen der Lebensumstände, Reisen, ein emotionaler Schock, starke Zunahme oder Abnahme des Körpergewichts (z. B. Magersucht) und vieles mehr können das Hormonsystem so stark beeinflussen, daß die Blutung ausbleibt.

Über verschiedenste psychoneuroendokrinologische Mechanismen kommt es dann zu Störungen der Hypophysenfunktion und vor allem des Regelkreises zwischen Ovarien, Hypophyse und Hypothalamus.

Weitere bekannte Ursachen können sein: Mißbildungen der Gebärmutter, z. B. Verwachsungen nach einer Infektion, Veränderungen an den Eierstöcken, z. B. eine Geschwulst oder Zysten der Eierstöcke (Stein-Leventhal-Syndrom), Entzündungen, z. B. Tuberkulose, degenerative Lebererkrankungen, z. B. Leberzirrhose, sonstige endokrine Störungen, z. B. eine Unterfunktion der Schilddrüse, eine Erkrankung der Nebennieren oder Mangelernährung.

Auch bei Übergewicht kann es zu Hypo- und Amenorrhoe kommen, wobei hier dann meist sogenannte lipophile (= im Fett gespeicherte) Schadstoffe kausal beteiligt sind.

2.2.2 Umweltschadstoffe als Amenorrhoe-Ursachen

Bei Frauen, die tagtäglich mit Chemikalien zu tun haben, können diese Schadstoffe zum Ausbleiben der Regel führen. Beispielsweise Farben, Kleber und Kunststoffe, aber auch Büro- und Haushaltsgifte, Kosmetika und Nahrungsmittelgifte stören nicht nur das gesamte Hormonsystem, sondern schwächen auch die seelische und psychische Balance und vor allem das Immunsystem.

Besonders gut bekannt sind inzwischen Zyklusstörungen und Amenorrhoe durch weit verbreitete Klebstoff-Spezialmischungen aus Benzin, Toluol, Xylol, Methylchlorid, Essigester, Ketonen, Aceton und Alkoholen. In fast jeder Wohnung und in den meisten Büros sind Teppichböden mit entsprechenden Klebern verlegt. Plastische Kunststoffe, angereichert mit kanzerogenen Weichmachern und Schwermetallen wie Blei, Kadmium, Zink, Titan, müssen diesbezüglich als direkte und indirekte Störfaktoren endokriner und immunologischer Regelkreise angesehen werden.

Neben der Amenorrhoe sowie einem gestörten Zyklus haben schadstoffbelastete Frauen sehr häufig Kontaktallergien an der Haut, insbesondere an den Händen, im Gesicht und am Dekolleté. Überall, wo sie

mit giftigen Stoffen in Berührung kommen, kommt es zu Juckreiz, Hautausschlag, -brennen und -rötung.
Die Abbildung (nächste Seite) zeigt Umweltschadstoffe als mögliche Ursachen der Amenorrhoe.
Viele Frauen mit Zyklusstörungen, auch häufig mit Amenorrhoe, haben *klassische Symptome* einer *chronischen Lösungsmittelvergiftung*, ohne die Zusammenhänge zu kennen: Benommenheit, Kopfschmerz, Schwindel, narkotische Erscheinungen, alles Hinweise auf Störeinflüsse des zentralen Nervensystems (und damit verbunden des endokrinen Systems) durch Umweltschadstoffe.
Tagtäglich arbeiten Frauen in Industrie- und Handwerksbetrieben mit endokrin wirksamen Schadstoffen: Methyl- oder Ethylacetat-Ester, Methyl-Ethyl-Ketone reizen zunächst die Schleimhäute von Augen, Mund, Rachen, Magen, machen im Laufe der Monate und Jahre müde, aggressiv und gereizt. Dadurch wird das seelische und psychische Gleichgewicht gestört und es kommt zu endokrinen Störungen.
Viele Umweltgifte, die das Hormonsystem stören, sind darüber hinaus auch krebsrerregend und narkotisierend: Benzol, Xylol und Toluol verursachen Krämpfe und psychische Störungen, Benzol, Toluol und Methylenchlorid sind krebsverdächtig, Trichlorethan und Trichlorethylen schädigen Gehirn, Leber und Nieren.

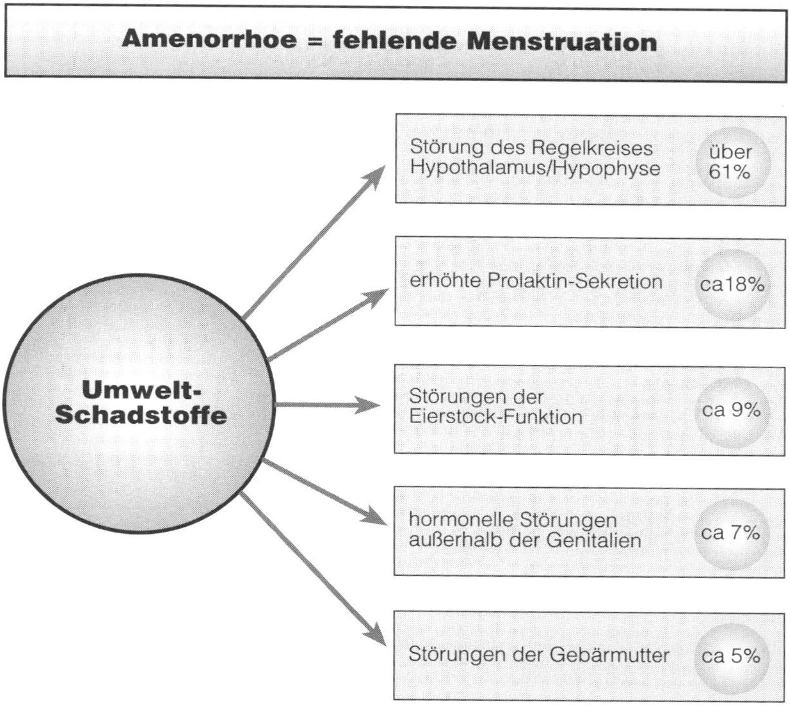

Abb. 7 zu 2.2.2 Amenorrhoe (Fehlende Menstruation) durch Umweltschadstoffe. Mechanismen, die zum Ausbleiben der Regel führen können

Weitere Umweltgifte, die das Hormonsystem schädigen und so eine Amenorrhoe verursachen können, sind:

- Farbstifte aus Zellulose oder Kunstharzen, Ton, Talkum und Graphit mit Farbstoffen auf Methylviolettbasis, mit Gleit- oder Bindemitteln, können zu chronischen Hautentzündungen führen.
- Fettstifte aus Farbpulver, -wachsen oder -fetten, synthetische Ölfarben mit Verdickungs-, Feuchthalte-, Konservierungsmitteln, Stabilisatoren, schwermetallhaltigen Farbstoffen und Tensiden können bei Hautkontakt oder Inhalation zu allergischen Hautreaktionen, Reizung und Schwellung der Schleimhäute, Husten, Atemnot, Kopfweh, Schwindelanfällen, Nervenreizungen und -schädigungen führen und stören langfristig das gesamte Hormonsystem nachhaltig und irreversibel.

Treten bei Frauen mit Hypomenorrhoe bzw. mit Amenorrhoe die oben genannten Symptome auf, muß eine exakte Umweltanamnese, eine umfassende Untersuchung und dann eine gezielte Schadstoffanalytik und -ausleitung durchgeführt werden. So besteht die Möglichkeit, die Amenorrhoe zu beseitigen und das Endokrinum wieder zu stabilisieren.

2.2.3 Hilfe zur Selbsthilfe bei Hypomenorrhoe

- Beifußtee (zwei Tassen pro Tag, als Aufguß, vorbeugend, eine Woche vor der Periode bis zur Periode)
- Warmes Sitzbad mit Heublumenextrakt (regelmäßig abends, etwa 47 Grad Celsius, jeweils zehn Minuten lang, anschließend kalt abduschen und im Bett nachruhen)
- Senfmehl-Umschläge (abends, auf die Kreuzgegend, mindestens 30 Minuten einwirken lassen)
- Selleriesaft (1 Eßlöffel, dreimal täglich, jeweils eine Stunde vor den Mahlzeiten)
- Wechselfußbäder.

2.2.4 Ganzheitliche Therapie bei Hypomenorrhoe

Das wichtigste ist die **Prophylaxe:** Vermeiden der Exposition gegenüber den Schadstoffen am Arbeitsplatz, im Wohn- und Freizeitbereich.
Frauen, die in Industrie- und Handwerksbetrieben mit endokrin wirksamen Schadstoffen zu tun haben, müssen auf diese Zusammenhänge aufmerksam gemacht werden. Nach einer exakten **Umwelt-Anamnese** muß der **Nachweis** der mutmaßlich beteiligten Substanzen in Blut, Urin, Follikelflüssigkeit und anderen Körpersäften erfolgen.
Im Anschluß an den Nachweis muß eine **individuelle Ausleitung** und **Entgiftung** erfolgen. Gleichzeitig sollte bei Substanzen, die das seelische und psychische Gleichgewicht gestört haben, eine psychologisch orientierte **Gesprächs-** und **Verhaltenstherapie** erfolgen.
Sind Umweltgifte beteiligt, die nicht nur das Hormonsystem stören, sondern darüber hinaus auch krebserregend und narkotisierend wirken können, muß ein **Screening** (= eine Suche) nach möglicherweise schon vorhandenen Tumoren oder deren Vorstufen erfolgen. Insbesondere wenn Benzol, Xylol, Toluol oder Methylenchlorid beteiligt sind, die darüber hinaus bei Langzeitexposition auch Krämpfe und psychische Störungen bewirken können, ist dies erforderlich. Falls Substanzen gefunden wurden, die auch im Verdacht stehen, Gehirn, Leber oder Nieren zu schädigen, wie zum Beispiel Trichlorethan, Trichlorethylen

oder ähnliche Verbindungen, sind die entsprechenden Organe und Organsysteme ebenfalls exakt durchzuuntersuchen.
Neben den einschlägigen toxikologisch wirksamen schulmedizinischen Verfahren können auch zusätzlich Alternativverfahren eingesetzt werden. Besonders wirkungsvoll kann beispielsweise das Einspritzen von homöopathisch aufbereiteten **Organextrakten** aus Eierstöcken, Gebärmutter, Placenta und Hypophyse in bestimmte Akupunkturpunkte sein, wobei sowohl die Akupunkturpunkte als auch die Substanzen vorher individuell auf ihre Wirksamkeit durchgetestet werden sollten.
Weiterhin sind bei Hypomenorrhoe (und auch bei Amenorrhoe) zu empfehlen:

- Ansteigende Kreislauffußbäder nach SCHIELE,
- Ultrarot-A-Tiefenbestrahlung,
- Akupunktur,
- homöopathische Ausleitungen
- und die Energiezonenmassage.

2.3 Unregelmäßige Menstruation

2.3.1 Verfrühte Menstruation (um 8–9 Tage)

2.3.1.1 Ursachen

Die Schulmedizin kennt drei Ursachen der verfrühten Menstruation:
① Aufgrund eines Gestagenmangels.
Hierbei ist die zweite Phase des Zyklus verkürzt, da der Gelbkörper nicht richtig arbeitet. Behandlung: Progesteron während der zweiten Hälfte des Zyklus.
② Aufgrund eines verfrühten Eisprungs.
Es können kleine Mengen Östrogen oder die »Pille« gegeben werden in der Hoffnung, daß der Zyklus sich nach einigen Zyklen wieder normalisiert.
③ Aufgrund eines anovulatorischen Zyklus.
Auch hier kann eine verfrühte Menstruation auftreten. Diese Art ist jedoch sehr viel seltener.

2.3.1.2 Ganzheitliche Therapie bei verfrühter Menstruation

Salbei (Salvia officinalis)

Verwendet werden vor allem Blätter und Blüten. Salbei ist ideal als allgemeines Stärkungs- und Entgiftungsmittel, insbesondere über die

Nieren. Salbei ist auch gut geeignet zur Stärkung der Nerven. Salbei stimuliert die Nebennierenrinde und wirkt harntreibend.
Therapeutisch kann Salbei eingesetzt werden, um Blutungen herbeizuführen und um die Verdauung zu regulieren. Salbei ist ein altbewährtes Mittel in der Sterilitätstherapie. Es gilt seit Jahrhunderten als empfängnis- und entbindungsfördernd. Hauptindikationen sind daher die ungenügende oder schmerzende Menstruation und die umweltschadstoffbedingte Unfruchtbarkeit.
Es gibt noch weitere hormonregulierende Pflanzen wie die **Schwarze Johannisbeere**, die **Himbeere** und die **Brombeere**, die im Einzelfall individuell ausgetestet werden sollten.

Heckenrose (Rosa canina)

Verwendet werden die Früchte (Hagebutten). Die Heckenrose ist ein gutes Mittel zum Abführen, zur Stärkung und zur beschleunigten Wundheilung. Die Früchte wirken blutstillend, harntreibend, blutreinigend und blutbildend. Indikationen sind vor allem Fluor albus (= weißer Ausfluß), Blutungen und auch Vitaminmangel.

2.3.2 Oligomenorrhoe (Verspätete Menstruation)

Unter einer Oligomenorrhoe (= verspätete Menstruation) versteht man Zyklen von *mehr als 35 Tagen*. Hierfür verantwortlich sind vor allem Umweltschadstoffe, die die Gelbkörperhormon-Produktion stimulieren, die Ovulation hinauszögern oder komplett stören.
Falls zuviel Gelbkörperhormon produziert wird, sind meist auch chronisch rezidivierende Ovarialzysten vorprogrammiert. Hier versucht die Schulmedizin zunächst eine Östrogentherapie, welche die Gelbkörperbildung hemmen soll, aber natürlich nicht kausal wirkt.
Auch eine verspätete Ovulation versucht man zunächst mit *hormoneller Therapie* in den Griff zu bekommen. Liegt ein anovulatorischer Zyklus vor, erfolgt die Standardbehandlung mit Mitteln, die den Eisprung auslösen. Es ist allerdings die Frage, ob nicht eine Behandlung mit starken Hormongaben einen Hormonhaushalt, der ohnehin gestört ist, nur noch mehr aus dem Gleichgewicht bringt, zumal die eigentlichen Ursachen, die Umweltschadstoffe, nach wie vor das Hormonsystem stören.
Besser ist eine echt kausale Therapie unter umweltmedizinischen Gesichtspunkten.

2.4 Umweltbedingte Zwischenblutungen

Viele Zwischenblutungen haben ihre Ursache in Hormonschwankungen, die letztlich durch Umweltschadstoffe verursacht oder zumindest mitverursacht sein können.

2.4.1 Ursachen von Zwischenblutungen

Bei jeder Zwischenblutung stellt sich zunächst die Frage nach der Ursache beziehungsweise nach den Ursachen. Oft kann zunächst der Besuch beim Frauenarzt vermieden werden, wenn man weiß, welche Ursachen in Frage kommen.

Schwangerschaft

Häufig kommt es in der Frühschwangerschaft zu Zwischen- oder Schmierblutungen. Falls die Möglichkeit einer Schwangerschaft besteht, gibt es einen Schwangerschaftsurintest, der schon 3 Tage nach Ausbleiben der Blutung wirksam ist. Schon 10 Tage nach der Befruchtung, also noch vor dem Ausbleiben der Menstruation, kann man so eine Schwangerschaft nachweisen. Zu Blutungen in der Frühschwangerschaft kann es kommen

- im Moment der Einnistung der Eizelle in die Gebärmutterschleimhaut
- zu dem Zeitpunkt, an dem die Menstruation erwartet wird
- zwischen der 6. und 10. Woche, falls die Placenta nicht genügend Hormone absondert.
- bei Bauchhöhlenschwangerschaft.

2.4.2 Sonstige Zwischen- oder Schmierblutungen

Wenn keine Schwangerschaft besteht, gibt es viele Gründe für Blutungen:

- Blutung beim Eisprung, physiologisch, dauert dann nicht länger als 2–3 Tage (meistens 1–2 Tage)
- Blutung aus der Harnblase
- Hämorrhoiden
- Verletzung des Gebärmutterhalses oder Entzündung
- Endometriose der Zervix, Polypen
- Verletzung durch Fremdkörper, z. B. Spirale
- Pilleneinnahme (falsche Hormondosierung)
- Tumoren: Gebärmutterhals, Zervikalkanal oder Gebärmutter.

Oft sind die Blutungen nur ziemlich schwach und werden durch Kontakt ausgelöst (Geschlechtsverkehr, Berührung). Besondere Vorsicht ist bei Blutungen nach der Menopause geboten.
Wenn man sich nicht sicher über die Blutungsursachen ist, ist es in jedem Fall ratsam, sich frauenärztlich untersuchen zu lassen.

2.4.3 Mögliche Ursache: Umweltschadstoffe

Viele Zwischen- und/oder Schmierblutungen haben ihre Ursache in Umweltschadstoffen, welche entweder direkt (z. B. Leberschädigung, gestörte Produktion von Gerinnungsfaktoren) oder indirekt (z. B. über Störungen der hormonellen Regelkreise, des seelischen Gleichgewichts, des Immunsystems etc.) wirken.

2.4.3.1 Schadstoffe in der Ernährung

Es ist bekannt, daß eine einseitige, schadstoffbehaftete Ernährung, beispielsweise mit Schwermetallen, Pestiziden oder sonstigen Organochlorverbindungen, über verschiedenste Mechanismen sowohl zu einer Amenorrhoe als auch zu Blutungen führen kann.
Solche Schadstoffe aus der Nahrung können unter Umständen auch zu allgemeinen Hormonstörungen (Schilddrüse, Nebenniere etc.) beitragen. Aber auch Krankheiten des Blutes mit Gerinnungsstörungen, schwere Stoffwechselstörungen wie Diabetes, Suchtkrankheiten oder Krankheiten mit allen Zeichen der allgemeinen Dekompensation können durch falsche schadstoffreiche Ernährung entstehen.

2.4.3.2 Schadstoffe im Körper

Aufgrund von eigenen Untersuchungen ist bekannt, daß Herde im Körper wie beispielsweise Amalgam-, sonstige Metall- oder aber auch Silikon- bzw. Polyurethan-Implantate etc. über verschiedenste Mechanismen zu Zwischen- oder Schmierblutungen führen können. Meist geht dies über den Hauptmechanismus der sogenannten »subtoxisch-endokrinen Störung«.

2.4.3.3 Schadstoffe am Wohn- und Arbeitsplatz

Viele Frauen mit Zwischen- oder Schmierblutungen haben klassische Symptome einer chronischen Lösungsmittelvergiftung, ohne die Zusammenhänge zu kennen: Benommenheit, Kopfschmerz, Schwindel, narkotische Erscheinungen; alles Hinweise auf Störeinflüsse des Zentralen Nervensystems (und damit verbunden des endokrinen Systems) durch Umweltschadstoffe.

Tagtäglich arbeiten Frauen in Industrie- und Handwerksbetrieben mit endokrin wirksamen Schadstoffen: Methyl- oder Ethylacetat-Ester, Methyl-Ethyl-Ketone reizen zunächst die Schleimhäute von Augen, Mund, Rachen, Magen, machen im Laufe der Monate und Jahre müde, aggressiv und gereizt. Dadurch wird das seelische und psychische Gleichgewicht gestört und es kommt zu endokrinen Störungen mit Schmier- und Zwischenblutungen.
Viele Umweltgifte, die das Hormonsystem stören, sind darüber hinaus auch **krebsrerregend** und narkotisierend: Benzol, Xylol und Toluol verursachen Krämpfe und psychische Störungen, Benzol, Toluol und Methylenchlorid sind **krebsverdächtig**, Trichlorethan und Trichlorethylen schädigen Gehirn, Leber, Nieren.

2.4.3.4 Sonstige Umweltschadstoffe

Weitere Umweltgifte, die das Hormonsystem schädigen und so Schmier- und Zwischenblutungen verursachen können, sind: Farbstifte aus Cellulose oder Kunstharzen, Ton, Talkum und Graphit mit Farbstoffen auf Methylviolettbasis, mit Gleit- oder Bindemitteln. Sie können zu chronischen Hautentzündungen führen.
Fettstifte aus Farbpulver, -wachsen oder -fetten, synthetische Ölfarben mit Verdickungs-, Feuchthalte-, Konservierungsmitteln, Stabilisatoren, schwermetallhaltigen Farbstoffen und Tensiden können bei Hautkontakt oder Inhalation zu allergischen Hautreaktionen, Reizung und Schwellung der Schleimhäute, Husten, Atemnot, Kopfweh, Schwindelanfällen, Nervenreizungen und -schädigungen führen und stören langfristig das gesamte Hormonsystem nachhaltig und irreversibel.
Treten bei Frauen mit Schmier- oder Zwischenblutungen die oben genannten Symptome auf, muß eine exakte Umweltanamnese, eine gezielte Untersuchung und dann eine gezielte Schadstoffanalytik und -ausleitung durchgeführt werden. So besteht die Möglichkeit, die Amenorrhoe zu beseitigen und das Endokrinium wieder zu stabilisieren.

2.4.4 Therapie von Zwischenblutungen

Zunächst müssen die Ursachen der Blutungen gefunden werden. In Abhängigkeit davon gibt es dann verschiedene Maßnahmen, zum Beispiel:
- Blutverlust ausgleichen
- Ausschabung mit therapeutischer oder diagnostischer Zielsetzung
- Östrogen- und/oder Gestagengabe

Gott sei Dank steckt nicht hinter jeder Zwischen- oder Schmierblutung eine schwerwiegende, lebensbedrohliche Erkrankung. Meist ist es nur

eine Reaktion des Organismus auf eine Verschiebung des natürlichen Gleichgewichtes.
Aus ganzheitlicher Sicht bietet die Menstruation dem Organismus eine Gelegenheit, sich von Schadstoffen zu befreien und zu entschlacken. Sind schlimmere Ursachen frauenärztlich ausgeschlossen (Krebsvorsorge, Ultraschall etc.) können und sollen wir mit der Frage beginnen:

- Was haben wir während des Zyklus vor der Menstruation gegessen?
- War die Ernährung sehr fleischreich?
- Gab es große Schlemmereien?

Gerade nach Festtagen suchen Frauen mit Beschwerden wie Bauchschmerzen, schmerzhafter Menstruation und starken Blutungen, Hilfe beim Arzt.

2.4.5 Heilpflanzen bei Zwischenblutungen

Gegen Umweltgifte, die das Hormonsystem schädigen und so Schmier- und Zwischenblutungen verursachen können, gibt es eine Reihe höchst wirksamer Heilpflanzen, die der Autor seit Jahren mit gutem Erfolg einsetzt. Allerdings empfiehlt es sich zunächst, bösartige Tumoren oder andere gravierende Ursachen der Zwischen- oder Schmierblutungen (Eileiterschwangerschaft etc.) fachärztlich ausschließen zu lassen, um dann eine ganzheitliche Behandlung zu beginnen.
Der Autor empfiehlt, die im folgenden erwähnten Heilpflanzen individuell auf ihre Effizienz austesten zu lassen (siehe allgemeiner Abschnitt »Therapie«).
Bereits erwähnt wurde die **Frauenwurzel** (Caulophyllum thalictoirdes), die besonders effektiv bei schwermetallinduzierten Zwischenblutungen (z.B. Kupfer-Unverträglichkeit bei liegender Kupfer-Spirale) sein kann.

2.4.5.1 Schachtelhalm (Equisetum arvense)

Verwendet werden der Stengel oder die ganze Pflanze. Der Schachtelhalm ist bekannt dafür, daß er wertvolle Minerale spenden kann. Darüber hinaus ist er harntreibend und, je nach Dosierung, unter Umständen auch blutstillend.
In der Praxis des Autors werden folgende **ätherische Öle** auf ihre Wirksamkeit bei Schmier- und Zwischenblutungen ausgetestet:

2.4.5.2 Zitrone (Citrus medica)

Verwendet wird das ätherische Öl der reifen Früchte. Es tötet Bakterien ab, wirkt antiseptisch und hat vor allem eine hervorragende alkalische und säurehemmende Wirkung auf den Magen. Das ätherische Öl der

Zitrone ist blutstillend. Äußerlich fördert es die Wundheilung, ist schmerzstillend und unter Umständen ein gutes Mittel gegen Blutgerinnung.

2.4.5.3 Pfingstrose (Paeonia officinalis)

Verwendet werden Blüten und Wurzeln gegen Krämpfe, insbesondere bei Überreizung des Sympathicus.

2.4.5.4 Zimt (Cinnamomum zeylanicum)

Verwendet wird vor allem die Rinde. Das ätherische Öl von Rinde und Blättern wirkt anregend, antiseptisch, krampflösend und blutstillend.

2.4.5.5 Zypresse (Cupressus)

Verwendet wird die ganze Pflanze. Die Zypresse wirkt als *Adstringens* und zieht die Blutgefäße zusammen. Sie ist krampflösend und kann eingesetzt werden gegen *Schweißausbrüche*. Bekannt ist auch ihre gute Wirkung gegen *Rheumaanfälle*. Die Zypresse gilt auch als *harntreibend*.

2.4.5.6 Zitronenpelargonie (Pelargonium odorantissimum)

Verwendet wird das ätherische Öl der ganzen Pflanze. Ein hervorragendes *Stärkungsmittel* mit gleichzeitig blutstillenden und antiseptischen Eigenschaften.

2.4.5.7 Kleine Bibernelle (Poterium sanguisorba)

Ganze Pflanze *blutstillend* bei Zwischenblutungen, Hämorrhoiden und starkem Durchfall.

2.4.5.8 Thuja oder »Lebensbaum« (Thuja occidentalis)

Blätter und Rinde *mildes Mittel* zum Harntreiben, zur Beruhigung der Harnwege, hustenlösend, schweißtreibend.
Im *Genitalbereich* hilft Thuja bei Entzündungen, Warzen, Feigwarzen, Polypen, bei weißlichem und grünlichem übelriechenden Ausfluß mit Juckreiz, Entzündung der Gebärmutter und der Eierstöcke (vor allem links), Schmerzen bei Penetration und Menstruation. Thuja ist ebenfalls ein Mittel gegen Fibrome, Zysten und wird bei *Krebs* eingesetzt.

2.4.5.9 Gewürznelke (Eugenia caryophyllata)

Blütenknospen oder ätherisches Öl der Knospen *stärkt die Gebärmutter*, wirkt antiseptisch, erleichtert die Verdauung, Mittel gegen Neuralgie, krampflösend.

2.5 Verstärkte und verlängerte Regel (Menometrorrhagie)

2.5.1 Symptomatik

Von Menometrorrhagien spricht man, wenn die Monatsblutung zu stark und zu lange, kombiniert mit Schmier- und Zusatzblutungen, auftritt. Die Blutung tritt nicht nur unregelmäßig, sondern auch länger als vier bis sechs Tage auf. Die Blutmengen sind oft beträchtlich, teilweise gehen auch richtige Blutklumpen ab.
Nicht selten dauern die Blutungen sogar acht bis zehn Tage, gelegentlich können sie noch länger andauern. Bei sehr hohem Blutverlust kann es zu einer gefährlichen Anämie (= Blutarmut) kommen, weshalb immer frauenärztlicher Rat zur kompetenten Abklärung der Ursachen dringend erforderlich ist.

2.5.2 Ursachen

Ursächlich kommen mechanische und/oder endokrine Faktoren in Frage. Mechanische Faktoren sind meist indirekt durch Umwelteinflüsse verursacht. Schadstoffe können beispielsweise Entzündungen der Gebärmutter oder der Eileiter bewirken, darüber hinaus auch Lageveränderungen der Gebärmutter oder Behinderungen der Kontraktion des Myometriums durch Myome, seltener auch durch bösartige Geschwülste oder durch sonstige Gebärmutter-Anomalien.
Umweltschadstoffe, insbesondere Schwermetalle, Holzschutzmittel und/oder Pestizide tragen unter anderem über eine Verschiebung des pH-Wertes (= Säuregrades) der Scheide zu einer Milieu-Veränderung bei, die dann über verminderte Selbstreinigungs-Fähigkeit und gestörte Abwehrfunktion zur Vermehrung pathogener (= krankmachender) Keime zu chronischem Ausfluß und aufsteigenden Entzündungen führen kann. Bakterien besiedeln die Scheide, wandern in die Gebärmutterhöhle und entlang der Eileiter bis in die Bauchhöhle. Über chronische Gebärmutter- und Eileiterentzündungen, die im Falle eines Eileiterverschlusses auch häufig mit unerfülltem Kinderwunsch einher-

gehen können, kommt es zu den oben erwähnten mechanischen Problemen, die dann sehr häufig mit Menorrhagien einhergehen.
Gleichzeitig wirken sich die Umweltschadstoffe, wie schon beschrieben, störend auf die natürlichen endokrinen Mechanismen aus und verstärken dadurch unter Umständen die Menometrorrhagien.
Eigene Untersuchungen (1990–1994) haben gezeigt, daß Frauen, die überdurchschnittlich stark mit Umwelt-Schadstoffen belastet waren (ausgewertet über den »UMWELT-Test« nach Schulte-Uebbing und Zahn), im Schleim des Gebärmutterhalses teilweise extrem hohe Konzentrationen an chlorierten Kohlenwasserstoffen in Form von DDT, HCH (Lindan) und PCB aufwiesen.
Auffallend waren mehrere Male bis zu zwanzigmal höhere Werte als in den bei diesen Patientinnen ebenfalls durchgeführten und ausgewerteten Follikelpunktaten. Diese Patientinnen hatten alle ein hochgradig gestörtes Endokrinium. Ein Teil dieser Patientinnen hatte massive Probleme mit Menometrorrhagien, meist einhergehend mit großen Myomen, die teilweise operativ entfernt und dann auf Schadstoffe untersucht wurden. Es zeigte sich, daß das Myomgewebe mit Schadstoffen angereichert war (siehe Abschnitt »Gutartige Geschwülste«).
Bei fast allen Patientinnen mit Menometrorrhagien ergab der »UMWELT-Test«, daß sie eine erhebliche Belastung mit Umweltschadstoffen aufwiesen: Kosmetika, Kleidung, körpereigene Herde (Amalgam, Zahnimplantate etc.), Lösungs- und Holzschutzmittel im Bereich des Wohn- und Arbeitsplatzes (Inneneinrichtung, Möbel, Bodenbeläge, Teppiche, Vorhänge, Tapeten etc.) waren vor allem über Atmung und Haut tagtäglich, Woche für Woche, Jahr für Jahr, aufgenommen worden und hatten sich schließlich im Gewebe angereichert.

2.5.3 Standard-Therapie bei Menometrorrhagien

Üblicherweise wird bei Menorrhagien zunächst eine **hormonelle Therapie** versucht: Falls sie mit Uterusmyomen vergesellschaftet sind, kann man einen Therapieversuch mit sogenannten GnRH-Analoga oder mit Gestagenen unternehmen. Auch mit hormonellen **Antikonzeptiva**, die einen hohen Gestagenanteil haben, kann man versuchen, die Symptomatik zu bessern. Darüber hinaus kann, insbesondere wenn die Menometrorrhagien mit Dysmenorrhoe einhergehen, eine **Phytotherapie** mit krampflösenden und schmerzstillenden Pflanzen versucht werden. Herkömmliche Schmerzmittel sollten wegen ihrer Nebenwirkungen nach Möglichkeit vermieden werden. Die meisten Schmerzmittel sind auf Acetylsalizylsäurebasis, das oft mit Koffein kombiniert ist; Mefenaminsäure (**Mephenamin**®), Ibuprofen (**Motrin**®), Prostaglandinhemmer (**Meprobamat®**). Die Nebenwirkungen auf den Magen sind ähnlich wie bei Acetylsalizylsäure (Sodbrennen, Geschwüre).

2.5.4 Ganzheitliche Therapieansätze

Sehr effektiv bei Menometrorrhagien können Entspannungsübungen und Methoden aus dem Bereich der sogenannten »unterstützenden Psychotherapie« sein.

2.5.4.1 Schadstoffarme Ernährung

Große Bedeutung hat bei durch Umweltschadstoffe verursachter unregelmäßiger Menstruation die Ernährung, zumal nicht auszuschließen ist, daß die unangebrachte Verwendung von Hormonen in der Lebensmittelindustrie auch eine Rolle spielt. Der regelmäßige Verzehr von hormonbehandeltem Schweine-, Geflügel- und Kalbfleisch trägt sicherlich auch zu der heute immer häufiger beobachteten Überproduktion des Follikelhormons bei gynäkologischen Erkrankungen bei.
Ein durch schadstoffbelastete Ernährung indirekt bewirkter Östrogenüberschuß kann übrigens auch zu Störungen des Magen-Darmtraktes führen.
Auch kann solche Ernährung zu Wassereinlagerungen, dicken Beinen und dadurch zu zusätzlichen Belastungen des Herz-Kreislaufsystems beitragen. Diese unangenehmen Effekte hormonhaltiger Nahrungsmittel können dann zusätzlich durch eine übermäßige Anregung östrogenempfindlicher Gewebe (wie die Schleimhaut des Gebärmutterhalses, der Gebärmutter und der Brüste) verstärkt werden.

> Erfahrungsgemäß dauert es etwa 2 Jahre, um mit Hilfe einer ganzheitlichen, schadstoffarmen Ernährung bei gleichzeitiger Entgiftungs- und Ausleitungstherapie einen Zyklus wieder so weit aufzubauen, daß beispielweise eine Befruchtung möglich ist.

Salzarme Kost

Salz spielt in vielen Vorgängen im Organismus eine Rolle. Es sorgt unter anderem für einen gleichmäßigen Wassergehalt im Körper. Allerdings ist ein Zuviel an Salz sehr schlecht, um mit Umweltschadstoffen fertig zu werden. Sowohl fleischhaltiges als auch vegetarisches Essen enthält von vorneherein genug Salz. Daher sollte man bei Tisch nicht noch nachsalzen. *Meersalz* ist ein lebensnotwendiges Element und weniger schädlich als normales Kochsalz.

Kaliumreiche Kost

Kalium regt nicht nur die Darmtätigkeit an, sondern wirkt vor allem auch regulierend auf das Hormonsystem, insbesondere der Nebenniere aber auch der Ovarien. Kalium spielt wie das Kochsalz eine entscheidende Rolle beim Wasserhaushalt des Körpers. Kalium findet sich in *Reis, Weizen, Kartoffeln, Weintrauben, Bananen, Erdnüssen, Birnen, Datteln, Kohl, grünen Bohnen, Haselnüssen, Mandeln* und in *Pollen*.

Bei Nierenkranken ist Kalium unter Umständen kontraindiziert.

2.5.4.2 Orthomolekulare Medizin

Gerade bei umweltschadstoffbedingten Menometrorrhagien ist das Gleichgewicht der lebenswichtigen Mineralstoffe und Spurenelemente für einen langfristigen Therapieerfolg unumgänglich. Dazu gehört eine ausgeglichene Bilanz im Kalzium-, Magnesium-, Vitamin- und Eiweißstoffwechsel. Diese kann man durch eine gezielte *»Dysmenorrhoe-Ernährung«* erreichen.

2.5.4.2.1 Kalzium

Kalzium ist das wichtigste Element für den Knochenbau und spielt auch bei der Blutgerinnung und im Nervensystem eine Rolle.

Der Tagesbedarf an Kalzium beträgt zwischen 0,5 und 2 g.

In 100 g Milch sind 100–120 g enthalten. Kalzium kann nur zusammen mit den Vitaminen A, C, D absorbiert werden und mit Sonne!

2.5.4.2.2 Magnesium

Magnesium ist ein wichtiger Wachstumsfaktor für die Regeneration der Zellen und sorgt gerade auch bei Umweltbelastungen für das notwendige psychische Gleichgewicht durch die Optimierung des Zusammenspiels zwischen Vagus und Symphaticus. Es entschlackt die schadstoffbelastete Leber und wirkt darüber hinaus auch antiseptisch.

Der tägliche Bedarf liegt bei 250 mg.

Lebensmittel, die magnesiumverarmt sind, sollten bei Dysmenorrhoe unbedingt vermieden werden. So ein Magnesiummangel entsteht zum Beispiel, wenn Getreide zu weißem Mehl ausgemahlen oder Salz zu stark raffiniert wird.

2.5.4.2.3 Vitamine

Eigene Untersuchungen haben gezeigt, daß bei Menometrorrhagien, die mit Dysmenorrhoe einhergehen, ein schadstoffbedingter Vitaminmangel vorliegen kann. Hier ist eine vitaminreiche Ernährung sehr hilfreich. Beispielsweise kann ein tägliches Glas *Karottensaft* (vom biologisch-dynamischen Anbau) das häufig bestehende Defizit an Vitamin A, B, C decken helfen. Darüber hinaus ist die Karotte auch noch reich an zahlreichen Mineralien: Eisen, Kalzium, Natrium, Kalium und auch Magnesium.

Man führt die gute therapeutische Wirkung des Karottensaftes bei Dysmenorrhoe auch auf das Vorhandensein blutverdünnender Substanzen zurück, welche das Menstruationsblut flüssiger und die Blutung weniger schmerzhaft machen sollen.

Bei Menometrorrhagien ist nach Möglichkeit auch die gesamte Ernährung schadstoffarm zu gestalten. Vor allem in der *Woche vor der Menstruation* sollte tierisches Eiweiß, insbesondere Schweinefleisch, strikt vermieden werden.

Eier, Milchprodukte, Fleisch und Fisch sind wesentlich schwerer verdaulich und deutlich an Giftstoffen reicher als pflanzliche Eiweiße wie Gemüse, Getreide, Soja, andere Keimlinge oder getrocknete Früchte.

Ein *Fastentag* vor oder an dem 1. Tag der Menstruation kann die Entschlackung fördern.

A. Vitamin A

Auch Vitamin A ist wichtig für die optimale Arbeitsweise der Antioxidantien und Radikalfänger. Vor allem auch bei schmerzenden Brüsten gegen Ende des Zyklus ist Vitamin A sehr hilfreich.

Vitamin A findet sich in *Karotten, Knoblauch, Zwiebeln, Tomaten, Blattspinat, Pfirsich-* und *Brombeerblättern, Linsen, Runkelrüben, Johannisbeeren, Himbeeren* und *Brombeeren, Aprikosen, Zitronen,* Blättern des *Orangenbaumes, Hagebutten, Getreide, Ölfrüchten* und *Pflanzenölen.*

Mit einer giftfreien und vitaminreichen Ernährung beugt man gegen Verstopfung vor, belastet die Leber nicht mit Gebratenem, gebackenen Eiern, Schokolade und Alkohol und regt die Gallenblase an mit Rettich, Artischocken und Oliven zum Aperitif.

B. Vitamin D

Das Cholesterin, ein wertvoller Grundstoff, von dem aus der Organismus das Vitamin D sowie die Sexual- und Nebennierenhormone synthetisiert, bildet zusammen mit den mehrfach ungesättigten Fettsäuren sehr leicht lösliche Salze. Fehlen die ungesättigten, bindet es sich an gesättigte Fettsäuren. Die daraus entstehenden Salze sind schwer löslich und setzen sich ab: als gelbe Depots in der Haut, der Schleimhaut oder den Blutgefäßen (als gelber Ring um die Iris sichtbar).

C. Vitamin E

Es schützt die mehrfach gesättigten Fettsäuren (Vitamin F), das Vitamin A, die Hormone der Hypophyse, der Nebenniere und der Geschlechtsorgane vor einem vorzeitigen Zerfall durch Oxidation. Ein Mangel an Vitamin E kann einen vorhandenen Vitamin- und Hormonmangel noch verstärken.

D. Vitamin F

Es umfaßt einige mehrfach ungesättigten Fettsäuren, die die Durchlässigkeit der Zellmembranen regulieren und für die Bildung zahlreicher Stoffe, wie etwa der Prostaglandine, verantwortlich sind.

E. Vitamin B_6

Vitamin B_6 ist wichtig, daß die für die Entgiftung bedeutenden Antioxidantien und Radikalfänger optimal arbeiten können. Es findet sich in *grünem Gemüse, Soja, Kartoffeln, Eigelb, Pollen, Hefe.*
Täglich werden 2–4 mg gebraucht.

2.5.4.3 Aderlaß nach Hildegard von Bingen

In der Praxis des Autors hat sich bei Menometrorrhagien ein Verfahren bewährt, das schon seit Jahrhunderten bei Dysmenorrhoe eingesetzt wird: Der Aderlaß nach Hildegard von Bingen. Hier kommt es neben einer sehr effktiven und wohltuenden allgemeinen Ausleitung und Entgiftung von Schadstoffen zu einer sehr guten Hemmung des Blutflusses.
Die gleichzeitige Blutreinigung hat den angenehmen Zusatzeffekt einer spürbaren Schmerzlinderung.

Besonders bewährt haben sich hier Injektionen und Tropfen mit speziellen Schlangengiftenzymen, die den Blutfluß hemmen. Weiterhin zu empfehlen: Ableitende Maßnahmen wie Schröpfen und Baunscheidtieren, homöopathische Mittel, Energiezonenmassage usw.

2.5.4.4 Endokrin wirksame Heilpflanzen

Hier ein Überblick über die Pflanzen, die bei schadstoffbedingter unregelmäßiger Menstruation nützlich sein können:
Um die schadstoffbedingte Östrogenüberproduktion zu bremsen, sollte man individuell gestagenähnliche Pflanzen austesten und bei Bedarf geben:
In unserer Praxis haben sich *Tinkturen* des **Mönchspfeffers, Frauenmantel, Steinsamen** besonders bewährt.
Weitere wichtige hormonregulierende Pflanzen, die sich ebenfalls sehr bewährt haben, können als *Mazerat* oder *Urtinktur* gegeben werden: **Himbeere, Schwarze Johannisbeere und Hagebutte.** Verwendet werden vor allem die Blätter.

2.5.4.4.1 Die Pflanze als Emmenagogum

Es gibt eine Reihe sogenannter Emmenagoga, das sind Heilpflanzen, welche die Menstruation hervorrufen können. Die Anwendung kann jedoch in der falschen Zusammensetzung und Dosierung problematisch sein und sollte nur gemeinsam mit einem erfahrenen Therapeuten erfolgen.

2.5.4.4.2 Polei-Minze (Mentha pulegium)

Verwendet wird die ganze Pflanze. Die Polei-Minze kann, zum richtigen Zeitpunkt mit der richtigen Dosierung angewandt, die *Menstruation hervorrufen*. Darüber hinaus wird sie angewandt wegen ihrer hustenlösenden Eigenschaften. Auch bei kleineren Gallensteinen kann man sie einsetzen. Hier erleichtert sie die Entleerung der Gallenblase (Cholagogum) und reguliert unter Umständen die Verdauung.

2.5.4.4.3 Beifuß (Artemisia vulgaris)

Verwendet wird die ganze Pflanze. Artemisia ist seit Jahrhunderten bekannt als *Emmenagogum*. Es wird sehr geschätzt wegen seiner krampflösenden Eigenschaften und kann als Heilmittel gegen Epilepsie eingesetzt werden. Der Autor setzt Artemisia insbesondere ein beim

> umweltschadstoffbedingten Ausbleiben der Menstruation, besonders in Verbindung mit Blutarmut oder Lymphatismus (geschwollene Lymphdrüsen, aufgedunsenes Gesicht, belegte Zunge, Blässe).

2.5.4.4.4 Schlangenkraut (Cimicifuga racemosa)

Verwendet werden Wurzeln und die ganze Pflanze. Cimicifuga gleicht Reflexe im Nervensystem aus, wirkt krampflösend auf Blutgefäße, ist harntreibend und, richtig dosiert, *ein gutes Emmenagogum.*

Hinweis:

Bei Cimicifuga unerläßlich sind der genaue Zeitpunkt und die exakte Dosierung. Bei Überdosierung kann es zu großen endokrinologischen Problemen kommen.
Der Autor setzt Cimicifuga mit gutem Erfolg ein

> bei Neuralgien, migräneartigen Kopfschmerzen, schmerzhaften Krämpfen während der Menstruation, insbesondere auch bei schadstoffbedingten Muskelkrämpfen, die durch die Menstruation noch verstärkt werden.

2.5.4.4.5 Frauenwurzel (Caulophyllum thalictroides)

Verwendet wird vor allem die Wurzel. Frauenwurzel imitiert das Oxytocin (wehenauslösendes Hormon), wirkt auch schon niedrig dosiert *krampflösend*, kann höher dosiert *harntreibend* wirken und ist ein altbewährtes Emmenagogum. Die Dosierung sollte jedoch in jedem Fall genau und individuell ausgetestet werden. Richtig dosiert, kann Caulophyllum die *Entbindung erleichtern* und zum Beispiel auch die Ausstoßung der Nachgeburt beschleunigen. Sehr erfolgreich setzt es der Autor ein bei *Schmerzen während der Menstruation*, bei schadstoffbedingten *Koliken* und *Krämpfen*. Auch bei rheumaähnlichen Schüben und Polyneuropathien, die durch Schwermetalle und Holzschutzmittel verursacht sind, kann Caulophyllum mit gutem Erfolg eingesetzt werden.

2.5.4.4.6 Petersilie (Petroselium sativum)

Verwendet wird die ganze Pflanze. Sie gilt als anregend und ist ein altbewährtes Mittel *gegen Blutarmut*. Richtig dosiert, wirkt die Petersilie entschlackend und harntreibend. Der Autor setzt sie seit Jahren ein zur

> Regulation schadstoffbedingter Menstruationsstörungen, bei Blutarmut, Müdigkeit, schmerzhafter Menstruation und insbesondere auch bei übermäßiger Milchproduktion während der Stillzeit.

2.5.4.4.7 Baumwolle (Gossypium herbacetum)

Verwendet wird die Wurzelrinde. Baumwolle ist seit Jahren bekannt als sehr potentes Emmenagogum, das Oxytocin imitiert. Daher kann man es einsetzen zur *Vorbereitung der Entbindung,* bei *verspäteter Menstruation* und, richtig dosiert, bei *schmerzhafter Menstruation.*

2.5.4.5 Weitere Heilpflanzen und -mittel

> Weitere Pflanzen, die die Menstruation einleiten können, sind Anemone, Schafgarbe, Stinkstrauch, Ananas, Haarstrang, Kreuzkraut, Ringelblume, Ziest, Gamander, Aberraute, Baldrian, Weinraute, Aloe, Keulenbärlapp, Sadebaum, Ackergauchheil, Gelbwurz, Mutterkorn von Roggen und Ysop.

Darüber hinaus sind folgende »Heilmittel des Umfelds« gut, die teilweise tiefgreifende Wirkung haben können:

- Magnesium als Spurenelement in Form von Dragees
- Urtinktur von Boldo, Kinkelibah, Rettich, Lindenrinde, Zypresse, Wildem Kümmel, Rosmarin, Thymian oder Wildem Stiefmütterchen (zur Entschlackung von Leber und Galle)
- Lindenrinde, wildes Stiefmütterchen, Graue Heide, Bärentraube und Hauhechel (zur Entschlackung der Niere)
- Schachtelhalm (wichtiger Mineralspender, reich an Silizium)
- Pollenpräparate, eventuell mit Honig kombiniert
- Weißdorn, Pfingstrose, Schotenklee, Schwarze Butte, Anemone, Passionsblume, Baldrian, Weide
- Bei Schlafstörungen: Lithium als Spurenelement, Engelwurz, Melisse, Schlüsselblume, Levkoje.

> Am besten nimmt man die hormonregulierenden Pflanzen wie Himbeere, Schwarze Johannisbeere und Hagebutte zu Beginn des Zyklus und in der zweiten Phase dann die gestagenähnlichen. Die Entschlackung sollte über den ganzen Zyklus verteilt werden, auf jeden Fall aber in der zweiten Phase erfolgen.

Akupressur

Ein weiteres sehr effektives Verfahren, das jede Frau selbst erlernen kann, ist die Akupressur (Massage der Akupunkturpunkte). Der Autor

veranstaltet regelmäßig für seine Patientinnen Kurse, bei denen man Akupressur erlernen kann.
Besonders gut geeignet zur Behandlung umweltschadstoffbedingter Regelstörungen sind *Punkte des Dickdarm-, Gallenblasen-* und *Milz-Pankreas-Meridians*. Eine Stimulation führt man durch, indem man mit den Fingerspitzen in die Tiefe drückt, wobei man die Finger im Uhrzeigersinn leicht vibrieren läßt. Anschließend kann man die Punkte noch »ausstreichen«, das heißt, daß man das ganze Umfeld des Punkts weiträumig im Gegenuhrzeigersinn massiert.

2.6 Rezidivierende Ovarialzysten

Millionen von Frauen haben sogenannte »chronisch rezidivierende Ovarialzysten«, auf deutsch: »immer wieder auftretende Zysten an den Eierstöcken«.
Viele lassen sich zunächst endokrinologisch behandeln (mit künstlichen Hormonen), die meisten davon müssen sich jedoch nach mehrfach vergeblich durchgeführten Hormontherapien dann doch operativen Eingriffen unterziehen: Bauchspiegelungen werden durchgeführt und dabei die Zyste(n) entfernt. Oft wird sogar bei der Operation der ganze Eierstock entfernt. Falls dringender Kinderwunsch besteht, ist dies dann sehr bitter, zumal dann häufig nach einem halben Jahr im Ultraschall wieder eine oder mehrere Zysten am anderen Ovar erkennbar sind, die dann wieder per Bauchspiegelung »behandelt« werden.

2.6.1 Das »PCO-Syndrom«

Ein Sonderfall solcher häufig auftretender Eierstockzysten ist das sogenannte »PCO-Syndrom«, das »Syndrom der Polycystischen Ovarien«.
Bisher gibt es eine Reihe von Hypothesen, wie dieses PCO-Syndrom entsteht, aber noch keine exakte Erklärung.

2.6.2 Ovarialzysten voller Umweltschadstoffe

Aufgrund von neuesten wissenschaftlichen Untersuchungen könnten Umweltschadstoffe eine mögliche (Teil-)Ursache dieser chronisch rezidivierenden Ovarialzysten sein.
Nach Döring fanden sich in der Follikelflüssigkeit (= in der Eierstock-Flüssigkeit) österreichischer Frauen sehr hohe Schadstoffbelastungen: Man fand die Agrargifte DDT und HCH, große Mengen des DDT-Abbauproduktes DDE sowie hohe Dosen der polychlorierten Biphenyle

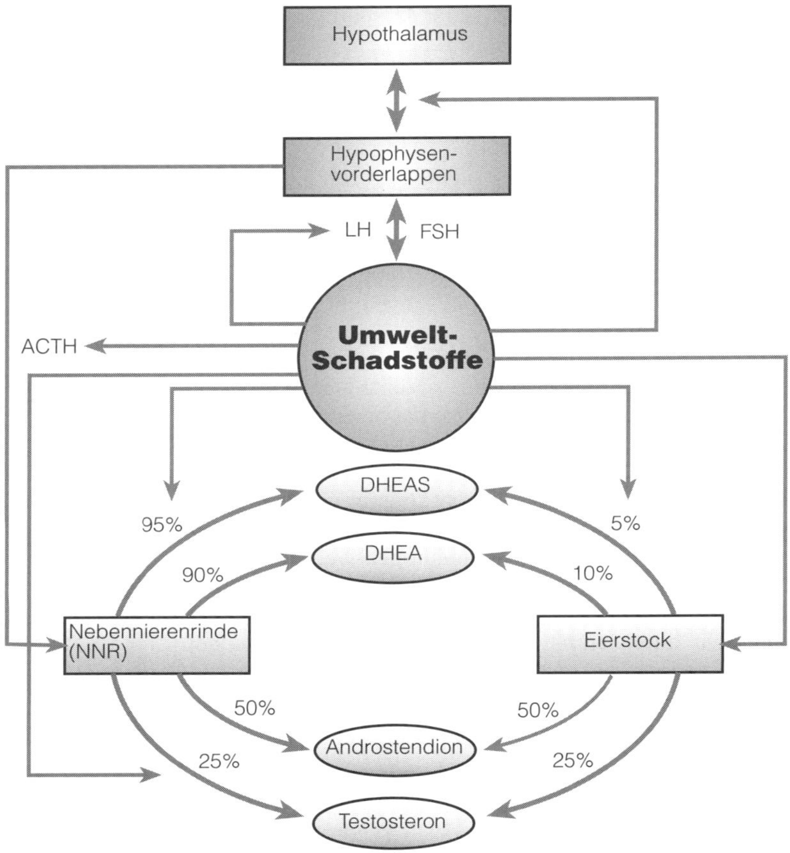

Abb. 8 zu 2.6.1

(PCBs). Bei genaueren Untersuchungen der Herkunftsquellen fand man unter anderem heraus, daß zumindest für die größeren Insektizidbelastungen in der Wiener Region der Weinanbau in der Gegend um Wien verantwortlich sein könnte.

Auch eigene Untersuchungen (Schulte-Uebbing und Zahn, 1990–1994) zeigen einen hohen Anteil von Insektiziden in der Follikelflüssigkeit von Frauen mit PCO-Syndrom. Genauere Recherchen ergaben, daß insbesondere die ländliche Bevölkerung davon betroffen ist. Heute ist es eine traurige Tatsache, daß gerade in Gartenbau und Landwirtschaft Un-

mengen an Insektiziden, Herbiziden und Fungiziden zur Anwendung kommen.
Die Pestizide werden nicht nur direkt von der Landbevölkerung über Luft und Wasser, sondern auch indirekt von der Stadt- und Landbevölkerung über die Nahrungskette aufgenommen.
Sogar Arzneipflanzen wie etwa Ginsengwurzeln sind inzwischen pestizidbelastet. Deshalb rief 1989 der nordrhein-westfälische Gesundheitsminister nach einer Höchstmengenverordnung für Pestizide, Herbizide und Schwermetalle in Arzneimitteln.

2.6.3 Von der Nahrung in die Follikelflüssigkeit

Bundesweite Lebensmitteluntersuchungen des Bundesgesundheitsamtes ergaben 1990 unter anderem, daß in über 50 Prozent der untersuchten Erdbeeren zwischen zwei und sieben verschiedene Agrargifte überschritten oder diese gar nicht für diese Früchte zugelassen waren. Im selben Jahr wurde entdeckt, daß spanischer Reis, auch für den Export angebaut, mit dem in der Europäischen Gemeinschaft verbotenen hochgiftigen Pestizid Lindan (HCH) behandelt worden war.
Forscher der Universität Bonn wiesen nach, daß vor allem bei Frauen, die aus unerklärlichen Gründen unfruchtbar sind, eine herausragend hohe Konzentration von PCB, HCH, DDT und dessen Abbauprodukt DDE in der Follikelflüssigkeit vorhanden ist. Für den Zusammenhang zwischen Lebensraum und Umweltgiftbelastung sprach bei diesen Untersuchungen, daß Frauen aus der Dritten Welt die insgesamt höchsten Agrargift-Konzentrationen in ihren Reproduktionsorganen aufwiesen. (Wagner et al. 1989, Schlebusch et al. 1989).

2.6.4 Schwermetalle in der Follikelflüssigkeit

Über die Schwermetallgehalte von Follikelflüssigkeit ist bisher nur wenig bekannt. Man weiß zwar schon lange, daß Schwermetalle, die im wesentlichen aus den Herden im Körper (Amalgam), aus der Nahrung und der Umwelt stammen, insbesondere bei Störungen der Ausscheidung (Leber, Niere, Darm) in verschiedenen Organdepots abgelagert (z. B. Zentralnervensystem, Knochen, Pankreas, Nieren, Leber) werden, dort die Enzymaktivitäten hemmen und Organschäden hervorrufen können.
Auch ist schon lange bekannt, daß in Abhängigkeit von der Zeit, der Menge und der Art der toxischen Substanzen, unterschiedliche Symptome und Summationseffekte auftreten können, die nachweislich durch Zink- oder Selenmangel noch stärker sein können.

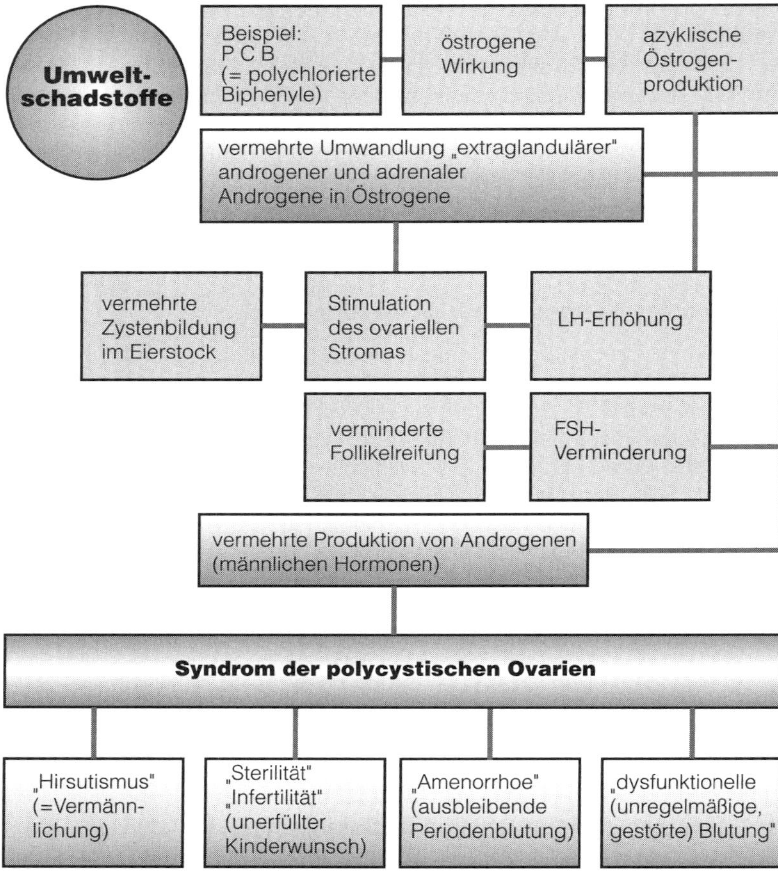

Abb. 9 zu 2.6.4: Immer wiederkehrende Eierstockzysten (= chronisch rezidivierende Ovarialzysten) durch Umweltschadstoffe am Beispiel der Polychlorierten Biphenyle (PCB). Der Einfluß von PCB auf den Androgen-Stoffwechsel. Entstehung des sogenannten »PCO-Syndroms« (Syndrom der Polycystischen Ovarien) durch Polychlorierte Biphenyle.

Seit 1990 wird an der Universitätsfrauenklinik Heidelberg, Abteilung Gynäkologische Endokrinologie, in der Hormon- und Sterilitätssprechstunde die Bleiausscheidung im Urin vor und nach Mobilisation mit dem Chelatbildner Dimercaptopropionsulfonsäure (DMPS, siehe »Diagno-

stik«) gemessen. In etwa 10% der Fälle war die Bleiausscheidung deutlich erhöht. In einer Pilotstudie wurde die Schwermetallausscheidung nach DMPS überprüft und bei 165 Patientinnen in Beziehung zu klinischen Variablen gesetzt (u. a. Beruf, Alter, Erkrankungen, Allergien, Medikamente, Rauchen, Alkohol, Amalgam etc.) Es bestand eine signifikante positive Korrelation mit der Körpermasse.
Anhand von zahlreichen Tierversuchen konnte bereits gezeigt werden, daß Schwermetalle zu Ovarialzysten führen können. Bei weiblichen Ratten, die mit Blei in unterschiedlichen Dosen belastet wurden, trat ein persistierender Östrus auf, es entwickelten sich Ovarialzysten und die Zahl der Corpora lutea ging zurück. Es wurden auch Schäden an den Primordialfollikelzellen festgestellt, so daß eine Amenorrhoe eintrat (Vermande-Van Eck u. Meigs 1960, Hildebrand et al. 1973).

2.6.5 Eierstock-Zysten durch Blei und Cadmium

Endokrine Einflüsse durch Blei konnten Klages et al. 1987 mitteilen: Ratten wurde im Trinkwasser in unterschiedlichen Dosen Blei zugeführt. Nach 30 Tagen waren die Bleikonzentrationen gegenüber einer Kontrollgruppe im Knochen auf das Zweihundertfache angestiegen, im Gehirn auf das mehr als Vierzigfache, in den Hoden und Ovarien um das Zweifache. Bereits bei noch tolerablen Bleidosen waren die LH- und die Prolaktinspiegel im Serum signifikant erniedrigt, so daß ein direkter toxischer Effekt von Blei auf die Hypothalamus-Hypophysenachse angenommen wurde.
Während sich bei männlichen Ratten die Hypophysen-Schilddrüsenachse nicht veränderte, fanden sich bei weiblichen Ratten dosisabhängig eine Erhöhung des Schilddrüsengewichts und erhöhte T4- und TSH-Werte mit einer Verarmung der hypophysären TSH-Speicher. Morphometrisch wiesen die Schilddrüsen die Zeichen einer hyperplastischen Struma auf. Neben geschlechtsbedingten Unterschieden der Bleitoxizität wurden auch altersabhängige Unterschiede im Reaktionsmuster der hypothalamisch-hypophysären-Gonaden-Achse beschrieben (Sokol u. Sod-Moriah 1988).
Alle diese Veränderungen wurden bei sogenannten »subtoxischen« (= noch nicht giftigen) Konzentrationen beobachtet, ohne daß klinisch Veränderungen an den Ratten zu bemerken waren.
Die niedrige Langzeitbelastung mit Blei (0,3 ppm im Trinkwasser von Ratten) führte bereits in einem Dosisbereich, der nicht als umweltrelevant gilt, zu deutlichen immunologischen Veränderungen (Huber u. Huber 1987): Verminderung der IgG- und IgM-bildenden Zellen in der Milz, Abnahme von Lyt-1 und Lyt-2-positiven T-Lymphozyten in der

Milz. Dagegen war die Aminolävulinsäure, mit der man üblicherweise eine Bleivergiftung feststellt, noch nicht nachweisbar.
Auch das hochtoxische Schwermetall Cadmium wurde mehrfach in Eierstockszysten nachgewiesen. Aus Tierversuchen weiß man schon länger, daß Cadmium zu einer gestörten Gonadenfunktion führen kann. Cadmium, das an männliche Ratten verfüttert wurde, verminderte das Hoden- und Nebenhodengewicht signifikant, so daß sich eine Oligoasthenozoospermie entwickelte. Die Testosteronkonzentrationen sanken und die männlichen Ratten wurden zeugungsunfähig (SAKSENA et al. 1983).
Durch Cadmiumzufuhr bei gleichzeitiger mangelhafter Ernährung wurde nach WHELTON et al. 1988 die Fertilität von weiblichen Mäusen um 45 % gesenkt. Entsprechende Cadmiumbelastungen waren in der Eierstocksflüssigkeit nachweisbar. Gab man Mäusen mit Cadmium angereicherten Reis, so entwickelten die Weibchen eine Anämie und Osteoporose, die im Laufe mehrerer Fortpflanzungszyklen und mit zunehmender Geburtenzahl verschlimmert wurden (WATANABE et al. 1986). Auf Ratten im Präimplantationsstadium wirkte Cadmium zytotoxisch (ABRAHAM et al. 1986).
In einer Untersuchung von GERHARD und Mitarbeitern an über 500 Frauen mit Kinderwunsch, deren Cadmiumausscheidung vor und nach Belastung mit DMPS gemessen wurde, war nicht selten eine Cadmiumbelastung nachweisbar, wobei die Cadmiumkonzentrationen bei Frauen in technischen Berufen und Heilberufen signifikant höher lagen als in den übrigen Berufsgruppen.
Von besonderer Bedeutung für die Entstehung der Polycystischen Ovarien sind die Polychlorierten Biphenyle (PCB). Die Abbildung S. 106 zeigt mögliche Mechanismen, wie die PCB's auf das Endokrinium wirken.
Aufgrund neuester Untersuchungen von GERHARD et al. (1990–1994) und TINNEBERG et al. (1991–1994) wissen wir, daß PCB's eine östrogene Wirkung haben, das heißt ähnlich wirken wie natürliche weibliche Hormone.
Eigene Untersuchungen (SCHULTE-UEBBING und ZAHN, 1990–1994, Dissertationen, die vom Autor betreut wurden) zeigen, daß Polycystische Ovarien häufig PCB-haltig sind. Teilweise sind sie sogar stark PCB-belastet. Nicht selten wurden Werte von 2–3 Mikrogramm/ml Follikelflüssigkeit (= 2 bis 3 Promille) gefunden.
Dabei muß man sich die Störungs-Mechanismen in etwa so vorstellen: PCB's wirken wie Östrogene. Sie besetzen die Östrogenrezeptoren (wahrscheinlich eine sogenannte »kompetitive Hemmung«) und bringen dann die natürlichen Steuerungsmechanismen durcheinander. Es

kommt nicht zu der normalen Rückkoppelung mit Hypophyse und Hypothalamus, sondern zu einer pathologischen LH-Erhöhung und FSH-Verminderung bei gleichzeitiger vermehrter Umwandlung sogenannter »extraglandulärer Androgene« und »adrenaler Androgene« in Östrogene.
Durch die umweltschadstoffbedingte LH-Erhöhung wird das ovarielle Stroma stimuliert und es kommt zu einer vermehrten Zystenbildung im Eierstock. Die Zysten persistieren und wachsen kontinuierlich, bis sie Beschwerden machen und dann palpatorisch und/oder sonographisch diagnostiziert werden.
Durch die gleichzeitige pathologische FSH-Verminderung kommt es zu einer verminderten Follikelproduktion. Gleichzeitig steigt die Produktion von Androgenen: Die Ausbildung von Polycystischen Ovarien ist nun vorprogrammiert. Die Frauen fallen auf durch ihren ausgeprägten Hirsutismus (= Vermännlichung), kommen in die Praxis wegen ihres unerfüllten Kinderwunsches, wegen der unerklärlichen Amenorrhoe (= Ausbleiben der Regelblutung) oder wegen störender, unregelmäßiger Blutungen, die häufig schmerzhaft sind und auch von Zwischen- und Schmierblutungen begleitet werden.

Ein Frauenarzt, der die kausalen Zusammenhänge nicht kennt, wird nur die Endokrinologie abklären, wenn er sonographisch chronisch rezidivierende Zysten feststellt. Nach mehreren erfolglosen Hormontherapien wird er operativ tätig werden. Doch auch mehrere Bauchspiegelungen können die eigentliche Ursache, die Schadstoffe, nicht beseitigen. Hierzu ist ein ganz anderes Diagnostik- und Therapieschema notwendig.

2.7 Therapie umweltbedingter Zyklusstörungen

2.7.1 Ganzheitliche Diagnostik als Basis

Vor einer gezielten Therapie muß eine exakte endokrinologische und toxikologische Diagnostik durchgeführt werden:
Nach einer exakten Umwelt-Anamnese muß man die in Frage kommenden Schadstoffe, wie beispielsweise Schwermetalle, Holzschutzmittel oder Pestizide, in den entsprechenden Körpersekreten, wie z. B. Blut, Urin, Speichel, Zervikalsekret, Ovarialflüssigkeit etc. bestimmen und dann gegebenenfalls gezielt ausleiten und entgiften.

2.7.2 Ernährung

Sehr große Bedeutung hat bei der Therapie endokriner Störungen durch Umweltschadstoffe die Ernährung, zumal nicht auszuschließen ist, daß die unangebrachte Verwendung von Hormonen in der Lebensmittelindustrie auch eine Rolle spielt. Der regelmäßige Verzehr von *hormonbehandeltem Schweine-, Geflügel-* und *Kalbfleisch* trägt sicherlich auch zu der heute immer häufiger beobachteten Überproduktion des Follikelhormons bei gynäkologischen Erkrankungen bei.
Ein durch schadstoffbelastete Ernährung indirekt bewirkter Östrogenüberschuß kann übrigens auch zu Störungen des Magen-Darmtraktes führen. Auch kann solche Ernährung zu Wassereinlagerungen, dicken Beinen und dadurch zu zusätzlichen Belastungen des Herz-Kreislaufsystems beitragen.
Diese unangenehmen Effekte hormonhaltiger Nahrungsmittel können dann zusätzlich durch eine übermäßige Anregung östrogenempfindlicher Gewebe (wie die Schleimhaut des Gebärmutterhalses, der Gebärmutter und der Brüste) verstärkt werden.

> Erfahrungsgemäß dauert es etwa 2 Jahre, um mit Hilfe einer ganzheitlichen, schadstoffarmen Ernährung bei gleichzeitiger Entgiftungs- und Ausleitungstherapie einen Zyklus wieder so weit aufzubauen, daß beispielweise eine Befruchtung möglich ist.

2.7.3 Östrogenartige Heilpflanzen

Darüber hinaus bietet die Naturheilkunde Heilpflanzen, deren Bestandteile durch ihre östrogenartige Wirkung östrogenartig wirkende Umweltschadstoffe von den Östrogenrezeptoren verdrängen können und dadurch das natürliche Hormongleichgewicht wiederherstellen helfen. Dies geschieht auch nicht selten dadurch, daß sie gleichzeitig die Nebennierenrinde stimulieren können.

> Besonders effektiv können *ätherische Öle* des **Bohnenkrautes,** von **Petersilie, Thymian, Borneol, Zitronenpelargonie, Hopfen, Muskat, Basilikum, Oregano, Zypresse, Kamille** oder **Minze** sein.
> Bewährt hat sich auch im Einzelfall die Anwendung von *Urtinkturen* aus **Ringelblume, Salbei, Kreuzkraut, Schwarze Johannisbeere, Süßholz, Hopfenzapfen, Rankender Efeu, Himbeere, Brombeere, Beifuß** oder **Arnika.**

2.7.4 Gestagenartige Heilpflanzen

Gegebenenfalls verfügt die Naturheilkunde auch über Heilpflanzen, die Gestagene imitieren können. Diese sind dann indiziert, wenn es sich um Umweltschadstoffe handelt, die gestagenartig wirken.
Dazu gehören unter anderem der **Frauenmantel, Steinsamen, Geißbart, Rainfarn** und der **Mönchspfeffer**.

2.7.5 Ausscheidungs- und Entgiftungsmittel

Gerade bei umweltbedingten Zyklusstörungen sind endokrin wirksame Pflanzen mit entgiftender und ausscheidungsfördernder Wirkung empfehlenswert.
Zur Wiederherstellung des *Gesamtgleichgewichts* und zur *Entschlakkung* der Haupt-Ausscheidungsorgane Niere, Darm, Leber, Lunge und Haut haben sich die Ausscheidungs- und Entgiftungsmittel der traditionellen Medizin sehr bewährt:

> *Extrakte* des **Schachtelhalmes,** von **Hagebutte, Zitrone, Rosmarin, Artischocke, Boldo, Erdrauch** oder **Condurango** können im Einzelfall gut geeignet sein, um den Zyklus wieder in geregelte Bahnen zu bringen.

Sie können auch mit Honig und bestimmten Pollen kombiniert gegeben werden. Wegen der möglichen allergenen Wirkung der Pollen sind diese allerdings unbedingt vorher individuell auszutesten.

> Sehr bewährt hat sich auch die Gabe von Spurenelementen wie Zink, Mangan, Lithium oder Magnesium.

Zur Beseitigung von *durch Minderdurchblutung bedingten* Zyklusstörungen sind hervorragend geeignet:
Tinkturen oder Auszüge von **Hamamelis, Hydrastis, Haselnuß, Roter Weinrebe, Stechmyrte, Immergrün, Eberesche, Steinklee** und **Roßkastanie**.
Bei Zyklusstörungen, die mit *Hypophysen-* und *Hypothalamus-Störungen einhergehen*, empfiehlt sich zunächst eine Beruhigung des Zentralen Nervensystems und des Neurovegetativen Systems. Dies kann man nach individueller Austestung gut mit ätherischen Ölen der **Orangenblüten**, von **Engelwurz, Estragon** oder **Lavendel** versuchen.

In der Praxis des Autors sehr bewährt haben sich in dieser Hinsicht Tinkturen von Schotenklee, Salweide, Schwarznessel, Weißdorn, Anemone, Passionsblume, Baldrian, Pfingstrose, Gelsemium oder Melisse.

2.7.6 Heilpflanzen gegen Zyklusstörungen

An dieser Stelle sollen einige Heilpflanzen vorgestellt werden, die sich bei umweltbedingten Zyklusstörungen anbieten:

Ringelblume (Calendula officinalis)

Die Blüten wirken bekanntlich regulierend und schmerzlindernd auf die Menstruation und entschlackend. Calendula regt Abwehr und Wundheilung an.
Hauptindikation: Bei ungenügender und schmerzhafter Menstruation, aber auch und speziell bei umweltschadstoffbedingter Reizung der Leber. *Äußerlich* bei Wunden, Geschwüren, Abszessen.

Rainfarn (Tanacetum vulgare)

Die ganze Pflanze und die blühenden Spitzen wirken krampflösend, fördern bisweilen die Blutung, wirken als Stärkungsmittel, sind fiebersenkend, antiseptisch und haben vor allem eine gestagenähnliche Wirkung.

Steinsamen (Lithospermum officinale)

Steinsamen gilt als harntreibend und hat sich bewährt zur Auflösung von Gallensteinen. Das Wurzelkonzentrat wirkt hemmend auf die Hypophyse und damit wie ein Gestagen. Es ist indiziert bei subtoxischen Belastungen mit Organochlorverbindungen, die östrogen wirken.

Lavendel (Lavandula angustifolia)

Lavendelblüten sind krampflösend, schmerzstillend, antiseptisch und bakterizid. Sie wirken harntreibend, sind gut geeignet als Stärkungsmittel sowie blutungsauslösend.
Äußerlich hat sich in der Praxis des Autors Lavendeltinktur sehr bewährt bei umweltbedingtem chronisch rezidivierendem Vaginalausfluß, insbesondere mit Pilzen (*Candida*!) sowie auch bei schlecht heilenden Wunden.

Rosmarin (Rosmarinus officinalis)

Rosmarin-Blätter und Blüten gelten als allgemeines Anregungsmittel (herzstärkend, stimuliert die Nebennierenrinde). Rosmarin erhöht den Blutdruck und wirkt antiseptisch auf die Lunge. Interessant in der Frauenarztpraxis ist die *blutungsauslösende Wirkung*, insbesondere auch bei umweltschadstoffbedingten Zyklusstörungen, die mit Migräne einhergehen. In der Praxis des Autors bewährt hat sich Rosmarin auch bei Verdauungsbeschwerden sowie insbesondere bei *Dysmenorrhoe* (= schmerzhafter Menstruation) und bei chronisch rezidivierendem Fluor vaginalis (= *Vaginalausfluß*).

Echtes Herzgespann (Leonorus cardiaca)

Die oberen Blüten und Blätter des Leonorus sind ausgesprochen krampflösend und werden vom Autor vor allem bei *Dysmenorrhoe* und bei umweltschadstoffbedingten Zyklusstörungen langjährig mit großem Erfolg eingesetzt. Allerdings muß dabei die genaue Dosierung ausgetestet werden. Leonorus kann auch blutungsauslösend wirken, insbesondere dann, wenn eine höhere Dosierung gewählt wird. Leonorus beruhigt die Nerven und hat sich auch als *Abführmittel* bewährt.

2.8 Prämenstruelles Syndrom (PMS)

2.8.1 Symptomatik

Vom sogenannten »PMS« (= Prämenstruellen Syndrom) spricht man, wenn sich bereits einige Tage vor der Regelblutung Nervosität und Depressionen bemerkbar machen, später dann auch Bauchschmerzen, Unterleibskrämpfe, Kopfschmerzen oder Übelkeit bis hin zum Erbrechen. Häufig haben die Frauen ein unangenehmes Abgeschlagenheitsgefühl, leiden an Konzentrationsschwäche, haben immer wieder Schweißausbrüche und klagen an Gereiztheit.
Die vielfältigen unangenehmen Symptome scheinen zunächst nichts gemeinsam zu haben. Allerdings zeigt eine genaue Analyse, daß es sich überall um eine überempfindliche Reaktion auf Verschiebungen im Sexualhormon-Haushalt handelt.

2.8.2 Ursachen

Viele neuere Publikationen deuten darauf hin, daß das PMS sehr häufig durch Umweltschadstoffe verursacht sein kann, insbesondere durch

solche, welche die natürliche Gestagensynthese oder die Wirkung der Gestagene an deren Rezeptoren blockieren.
Auch eigene Untersuchungen über mögliche Zusammenhänge zwischen PMS und Umweltschadstoffen (Schulte-Uebbing und Zahn, 1990- 1994, Dissertationen betreut durch den Autor) haben ergeben, daß vor allem die Schwermetalle Blei, Quecksilber und Kupfer, aber auch PCB (= Polychlorierte Biphenyle), PCP (= Pentachlorphenol) und Pyrethroide häufig über Störung und Schädigung des Immun- und Hormonsystems zum PMS führen können.
Schon lange ist bekannt, daß die oben genannten Umweltschadstoffe sowohl die Produktion des Follikelhormones als auch die Östrogensynthese aus den Vorstufen stimulieren und somit zur beim PMS beobachteten Stimulation der Gebärmutterschleimhaut vor dem Eisprung führen können. Darüber hinaus können diese Schadstoffe sowohl zur Ausbildung der sekundären Geschlechtsmerkmale der Frau als auch zu einer Follikelhormonüberproduktion oder Hyperöstrogenaemie beitragen.
Dafür kann es zwei Erklärungen geben.
Die übermäßige Ausschüttung kann auf einem schadstoffbedingten »Irrtum« des FSH (follikelstimulierendes Hormon) beruhen, das von der Hypophyse gebildet wird, oder es kann die Folge eines schadstoffbedingten Gestagenmangels sein.

2.8.3 Ganzheitliche Therapieansätze bei PMS

Am wichtigsten ist die Prophylaxe, das heißt die Vermeidung der o.g. Schadstoffe. Wichtig ist darüber hinaus die Eliminierung entsprechender Umweltnoxen aus dem Wohn-, Arbeits- und Freizeitbereich sowie der entsprechenden Herde im Körper (z. B. Amalgam).
Schulmedizinisch gibt es nur wenige therapeutische Möglichkeiten, um die zum Teil sehr fest gebundenen Schadstoffe zu eliminieren. Die Naturheilkunde verfügt jedoch über eine Reihe brauchbarer Methoden. Sehr wichtig ist dabei die **Phytotherapie**.

Gestagenartige Heilpflanzen

Wie schon erwähnt, verfügt die Natur über Heilpflanzen, die Gestagene imitieren und vor allem wahrscheinlich auch die blockierende Wirkung der Umweltschadstoffe an den Gestagenrezeptoren aufheben oder zumindest vermindern können. Solche Heilpflanzen sind immer dann indiziert, wenn Umweltschadstoffe beteiligt sind, die in irgend einer Form die natürlichen Gestagene blockieren.

Bedeutsam sind unter anderem der **Frauenmantel, Steinsamen, Geißbart, Rainfarn** und der **Mönchspfeffer**. Diese Pflanzen sollten jedoch dann vom erfahrenen Therapeuten vorher ausgetestet werden.

Neuraltherapie

Besonders wirkungsvoll sind bei starken Schmerzen neutraltherapeutische Injektionen an das Schambein und in die Kreuzbeingegend. Auch Injektionen in die Magengrube, in deren Bereich das »Sonnengeflecht« liegt, bringen schnelle Entspannung.

Sonstige Therapieansätze

Zur längerfristigen Therapie haben sich **Injektionen mit Schlangenenzymen, homöopathischen Präparaten, Akupunktur** und **Reizstrombehandlung** bewährt. Schmerzlindernd wirken auch die **Ultrarot-A-Tiefenbestrahlung** und spezielle **Meridianmassagen**.

2.8.4 Hilfe zur Selbsthilfe bei PMS

- **Ringelblumentee** (schon eine Woche vor der Regel zu trinken beginnen, ein bis zwei Teelöffel Ringelblumenblüten auf einen Viertelliter kochendes Wasser, zehn Minuten ziehen lassen, dann abseihen.
- **Wärmflasche** (Bei akuten Schmerzen, die Wärme fördert die Durchblutung und löst die Verkrampfung)
- **Magnesium** (Wirkt krampflösend und entspannend, stabilisiert körpereigene Hormone und Nervensystem, Einnahme von Magnesium-Tabletten vor und während der Menstruation nach Gebrauchsanweisung, besser ist magnesiumreiche Nahrung, z. B. Dinkel- oder Weizenkeime.
- **Leichte Kost, kein Alkohol** (er regt den Blutfluß noch zusätzlich an)
- **Wenig Salz** (speichert die Flüssigkeit im Gewebe und erhöht dazu noch zusätzlich das Spannungsgefühl), viele frische Kräuter.
- **Regelmäßige Sitzbäder** (150 g Kamillenblüten auf ca. fünf Liter kochendes Wasser, abgedeckt ca. fünf Minuten ziehen lassen, Absud in ein Bidet oder eine Schüssel geben)
- **Bäder** mit Melissen- oder Kamillenblüten (entspannend und schmerzlindernd)
- **Ansteigendes Fußbad** (Beine bis zu den Knien in 36 Grad warmes Wasser tauchen und allmählich heißes Wasser dazugießen, bis 45 Grad, dann noch fünf Minuten mit den Beinen in der Wanne liegen, Füße anschließend abtrocknen und sich ins Bett legen)
- **Dysmenorrhoe-Teemischung:**
  Johanniskraut, Frauenmantel und Mistel (eventuell auch Menstruations-Teemischung aus Rosmarin, Zinnkraut, Hirtentäschel und Schafgarbe zu gleichen Teilen: Einen Eßlöffel dieser Mischung nehmen und mit einer Tasse kaltem Wasser ansetzen, aufkochen lassen, anschließend abseihen, ein bis drei Tassen täglich trinken)
- **Herzgespanntee** (bei starken Schmerzen, zwei Teelöffel des echten Herzgespanns mit zwei Tassen kaltem Wasser übergießen, aufkochen lassen, zehn Minuten ziehen lassen, abseihen und im Laufe des Tages austrinken
- **Regelmäßige Gymnastik** (Streck-, Dehn- und Entspannungsübungen)
- **Autogenes Training und Yoga**

Darüber hinaus sind oft sehr hilfreich:

- **Ausgedehnte Spaziergänge** (kurz vor und während der Periode)
- **Atemgymnastik** (flach auf den Rücken legen, Hände auf den Bauch halten, langsam und tief einatmen, Bauch herausdrücken. Luft kurz anhalten und langsam wieder hinausgleiten lassen, das entspannt den gesamten Bauch- und Unterleibsbereich)
- **Mönchspfeffer** (Agnus castus, vor allem bei umweltschadstoffbedingten Hormonstörungen, Tabletten oder Tropfen, über mehrere Wochen)
- **Cimicifuga** (Langzeitmittel)
- **Nachtkerzenöl** (zur Vorbeugung und Vermeidung des PMS)

2.9 Dysmenorrhoe

2.9.1 Symptomatik

Unter »Dysmenorrhöe« versteht man eine schmerzhafte Regelblutung. In den meisten Fällen wird die Dysmenorrhoe als Folge einer »funktionellen Störung« der weiblichen Hormone bezeichnet. Über die eigentlichen Ursachen der Dysmenorrhoe weiß man noch sehr wenig.

2.9.2 Ursachen

Aus der modernen Psychoneuroendokrinologie sowie aus der Psychosomatischen Gynäkologie (Stauber et al. 1988–1994) weiß man, daß solche hormonellen Störungen, wie sie im Zusammenhang mit der Dysmenorrhoe auftreten, sehr oft durch psychische Ursachen ausgelöst oder verstärkt werden, deren Gründe sehr vielfältig sein können. Sie reichen von Konflikten in der Partnerschaft über Probleme mit den Kindern und Ärger im Beruf bis hin zu anerzogenen Verhaltensweisen, die die Frau unbewußt schon als Kind von ihrer Mutter übernommen hat.

Aufgrund eigener Untersuchungen zu Dysmenorrhoe und Umweltschadstoffen (Schulte-Uebbing und Zahn, 1990–1994, Dissertationen betreut durch den Autor) muß davon ausgegangen werden, daß insbesondere von Frauen mit nachgewiesenen Schwermetall- und Holzschutzmittelbelastungen überdurchschnittlich häufig Dysmenorrhoe als ein *Kardinalsymptom* angegeben wird. Sehr oft lassen sich dann zusätzlich auch anamnestisch die oben erwähnten Konflikte erfragen.

Sekundär kommen dann noch organische Veränderungen hinzu, die dann den Leidensdruck noch deutlich verstärken können. Solche organischen Veränderungen, die auch durch Umweltschadstoffe (mit)verursacht sein können, sind beispielsweise Myome, eine zu kleine Gebärmutter, eine Verengung des Gebärmuttermundes, eine Abknickung oder Entzündung der Gebärmutter oder eine Endometriose.
Bei vielen Frauen mit Dysmenorrhoe ist die Gebärmutter stark nach hinten geneigt (d. h. zum Dickdarm hin) und sitzt nicht aufrecht hinter der Harnblase. Oft ist die schmerzhafte Menstruation die Folge einer schweren (zum Teil durch Umweltschadstoffe mitverursachten) Entzün-

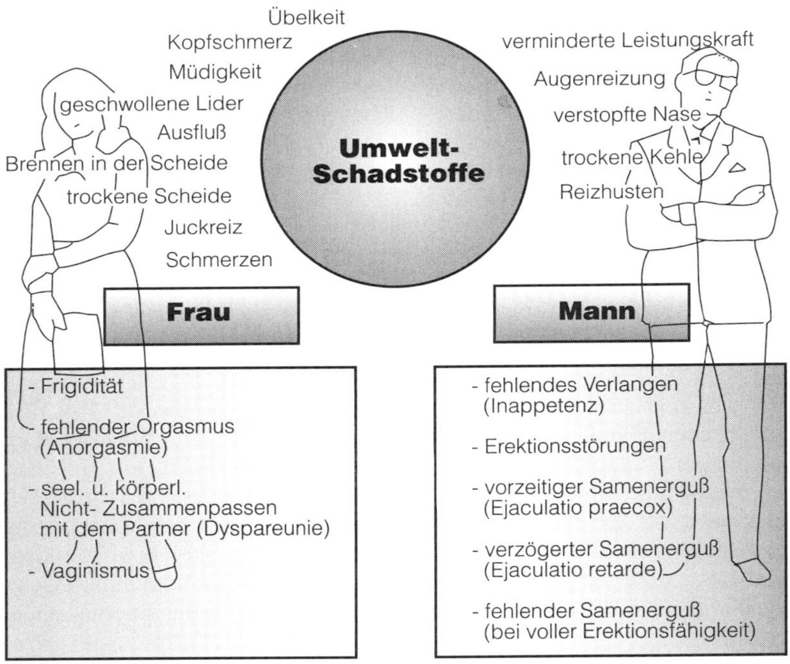

Abb. 10 zu 2.9

dung im kleinen Becken, zum Beispiel einer Entzündung der Gebärmutter, der Eileiter, des Bauchfells oder anderer Organe.
Immer mehr Frauen leiden an der sogenannten *»Endometriose«*, die mit großer Wahrscheinlichkeit durch Umweltschadstoffe (mit-)verursacht ist. Hier wächst Gewebe, das dem Endometrium ähnlich ist, außerhalb der Gebärmutter: Auf Eileitern, Eierstöcken, im Bauchfell, auf Blase und Darm. Diese »falsche Gebärmutterschleimhaut« blutet während der Menstruation und ruft starke Schmerzen hervor.
Dysmenorrhoe kann auch in seltenen Fällen von einem Krampf des Gebärmutterhalses herrühren, der einen Stau hervorruft, wodurch sich wiederum Blutklumpen bilden können, deren Ausscheidung dann wiederum die Schmerzen noch verstärken kann. Auch ist möglich, daß verstärkte Schmerzen im Kreuz von einem Rückenleiden (in der Höhe der Lendenwirbelsäule oder des Kreuzbeins) herrühren und durch die Menstruation noch verstärkt werden.
Schmerzen bei der Kontraktion der Gebärmutter sind ein schwieriges Problem, daş häufig mit der seelischen Verfassung zu tun hat. Auch und gerade hier spielen Umwelteinflüsse eine ganz entscheidende Rolle.

2.9.3 Standard-Therapie bei Dysmenorrhoe

Üblicherweise wird bei Dysmenorrhoe zunächst eine *hormonelle Therapie* versucht: Beispielsweise kann man mit hormonellen Antikonzeptiva versuchen, die Schmerzen zu vermindern. Darüber hinaus wird oft eine Reihe krampflösender und schmerzstillender Medikamente eingesetzt, die allerdings sehr häufig viele *unerwünschte Nebenwirkungen*, vor allem meist auf die Magenschleimhaut, haben können und natürlich nicht kausal angreifen.
Die meisten Schmerzmittel sind auf Acetylsalizylsäurebasis, das oft mit Koffein kombiniert ist; Mefenaminsäure (Mephenamin (R)), Ibuprofen (Motrin (R)), Prostaglandinhemmer (Meprobamat (R)). Die Nebenwirkungen auf den Magen sind ähnlich wie bei Acetylsalizylsäure (Sodbrennen, Geschwüre).
Weitere Möglichkeiten sind *Entspannungsübungen* und Methoden aus dem Bereich der sogenannten *»unterstützenden Psychotherapie«*.

2.9.4 Ganzheitliche Therapie der Dysmenorrhoe

2.9.4.1 Orthomolekulare Medizin

Gerade bei der umweltschadstoffbedingten Dysmenorrhoe ist das Gleichgewicht der lebenswichtigen Mineralstoffe und Spurenelemente für einen langfristigen Therapieerfolg unumgänglich. Dazu gehört eine ausgeglichene Bilanz im Kalzium-, Magnesium-, Vitamin- und Eiweißstoffwechsel. Diese kann man durch eine gezielte *»Dysmenorrhoe-Ernährung«* erreichen.

A. Kalzium

Kalzium ist das wichtigste Element für den Knochenbau und spielt auch bei der Blutgerinnung und im Nervensystem eine Rolle.

Der Tagesbedarf an Kalzium beträgt zwischen 0,5 und 2 g.

In 100 g Milch sind 100–120 g enthalten. Kalzium kann nur zusammen mit den Vitaminen A, C, D absorbiert werden und mit Sonne!

B. Magnesium

Magnesium ist ein wichtiger Wachstumsfaktor für die Regeneration der Zellen und sorgt gerade auch bei Umweltbelastungen für das notwendige psychische Gleichgewicht durch die Optimierung des Zusammenspiels zwischen Vagus und Symphaticus. Es entschlackt die schadstoffbelastete Leber und wirkt darüber hinaus auch antiseptisch.

Der tägliche Bedarf liegt bei 250 mg.

Lebensmittel, die magnesiumverarmt sind, sollten bei Dysmenorrhoe unbedingt vermieden werden. So ein Magnesiummangel entsteht zum Beispiel, wenn Getreide zu weißem Mehl ausgemahlen oder Salz zu stark raffiniert wird.

C. Vitamine

Eigene Untersuchungen haben gezeigt, daß bei Dysmenorrhoe ein schadstoffbedingter Vitaminmangel vorliegen kann. Hier ist eine vitaminreiche Ernährung sehr hilfreich. Beispielsweise kann ein *tägliches Glas Karottensaft* (vom biologisch-dynamischen Anbau) das häufig bestehende Defizit an Vitamin A, B, C decken helfen. Darüber hinaus ist die Karotte auch noch reich an zahlreichen Mineralien: Eisen, Kalzium, Natrium, Kalium und auch Magnesium. Man führt die gute therapeutische Wirkung des Karottensaftes bei Dysmenorrhoe auch auf das Vorhandensein blutverdünnender Substanzen zurück, welche das Menstruationsblut flüssiger und die Blutung weniger schmerzhaft machen sollen.

2.9.4.2 Schadstoffarme Ernährung

Bei Dysmenorrhöe ist nach Möglichkeit auch die gesamte Ernährung schadstoffarm zu gestalten. Vor allem in der *Woche vor der Menstruation* sollte tierisches Eiweiß, insbesondere Schweinefleisch, strikt vermieden werden. Eier, Milchprodukte, Fleisch und Fisch sind wesentlich schwerer verdaulich und deutlich an Giftstoffen reicher als pflanzliche Eiweiße wie Gemüse, Getreide, Soja, andere Keimlinge oder getrocknete Früchte. Ein Fastentag vor oder an dem 1. Tag der Menstruation kann die Entschlackung fördern.

2.9.4.3 Aderlaß nach Hildegard

In der Praxis des Autors hat sich bei besonders therapieresistenten Dysmenorrhoe-Patientinnen ein Verfahren bewährt, das schon seit Jahrhunderten bei Dysmenorrhoe eingesetzt wird: Der Aderlaß nach HILDEGARD VON BINGEN. Hier kommt es neben einer sehr effektiven und wohltuenden allgemeinen Ausleitung und Entgiftung von Schadstoffen zu einer sehr guten Blutreinigung, die dann meist auch mit einer spürbaren Schmerzlinderung einhergeht.

2.9.4.4 Wärmebehandlung

Eine Wärmflasche auf dem Bauch oder Rücken kann vielen Frauen Erleichterung bringen. Aus ganzheitlicher Sicht weniger empfehlenswert ist ein Heizkissen (Elektrosmog).

> Besonders gut sind Wickel mit erhitztem Meersalz, die in einem Umschlag aus Mull oder dünnem Tuch auf die Kreuzbeinregion gelegt werden sollten.

2.9.5 Schmerzstillende Pflanzen

Sehr bewährt haben sich in der Praxis des Autors Heilpflanzen, die auf ganzheitliche Weise zu einer Schmerzstillung beitragen können. Die wichtigsten sollen hier kurz aufgeführt werden:

2.9.5.1 Schafgarbe (Achillea millefolium)

Verwendet werden bei Dysmenorrhoe insbesondere die (blühenden!) Spitzen, welchen man besonders kräftigende und krampflösende Eigenschaften zusagt. Die Schafgarbe ist ein Heilkraut, das schon die Heilige HILDEGARD VON BINGEN mit sehr gutem Erfolg gegen Dysmenorrhoe eingesetzt hat. Sie schreibt unter anderem: »Millefolium beruhigt Gebärmutter und Eierstöcke, fördert die Menstruation, wirkt blutstillend und harntreibend«.

Indikationen:

- In der eigenen Praxis hat sich die Schafgarbe insbesondere auch bewährt bei *schadstoffbedingter Müdigkeit* (Sick Building Syndrom) und bei quecksilber- und palladiumbedingten *neurologischen Krankheitsbildern*, die mit Krämpfen, Lähmungserscheinungen und sonstigen Polyneuropathie-ähnlichen Beschwerdebildern einhergehen.
- Schafgarbe ist das ideale Universalmittel bei *schmerzhafter Menstruation*, aber auch und insbesondere bei umweltschadstoffbedingten *Beschwerden im Klimakterium* (PCB, Quecksilber, Kupfer).
- Einige Therapieversuche in der Praxis des Autors mit Schafgarbe bei der PCB-bedingten *Amenorrhoe* (= Ausbleiben der Menstruation durch Polychlorierte Biphenyle) sowie bei Durchblutungsstörungen durch Pyrethroide waren sehr erfolgreich und haben zu deutlichen Besserungen der Beschwerdebilder geführt.
- Bei *MS* (= Multiple Sklerose) kann, insbesondere falls durch Quecksilber-(Amalgam) und Kupferbelastungen Schübe ausgelöst werden, eine Entgiftung mit Schafgarbe sehr effektiv sein.

2.9.5.2 Engelwurz (Angelica archangelica)

Verwendet werden bei der Engelwurz vor allem die Samen und Wurzeln. Angelica wirkt anregend, verdauungsfördernd und krampflösend. Seine Wirkung als *Emmenagogum* (ruft Blutung hervor und reguliert sie) ist seit Jahrtausenden bekannt. In der Praxis des Autors wird sie eingesetzt bei umwelt- und hormonbedingter Müdigkeit, bei Dünndarm- und Dickdarm-Dysbiosen, insbesondere bei System-Candidose, und vor allem zur Unterstützung der Leberfunktion bei Schadstoffbelastungen.

> Hervorragend bewährt hat sich Angelica bei umweltschadstoffbedingten Störungen der Menstruation.

2.9.5.3 Frauenmantel (Alchemilla vulgaris)

Alchemilla wird vor allem verwendet als ganze Pflanze. Seit Jahrtausenden wird die blutstillende Wirkung gerühmt. Alchemilla erleichtert die Verdauung, wirkt harntreibend und entschlackt die Organe. Vor

allem bei Schadstoffbelastungen ist Alchemilla zur Leber-Unterstützung sehr hilfreich.
Seit Jahren setzt der Autor Alchemilla mit sehr gutem Erfolg bei Dysmenorrhoe ein. Frauenmantel hat eine ganz besondere Wirkung auf die weiblichen Organe:
Mit einer sowohl *beruhigenden* als auch *stabilisierenden* und *stimulierenden* Wirkung kann es sehr erfolgreich bei schmerzhafter, aber auch bei sehr starker Menstruation eingesetzt werden. Sehr gut kann man damit auch Myome und durch Myome bedingte Krämpfe behandeln.

> Bei schadstoffbedingter »Überlastung der Leber« kann Alchemilla genauso gut eingesetzt werden wie bei migräneartigen Kopfschmerzen durch Umweltschadstoffe.

2.9.5.4 Schlangenkraut (Cimicifuga racemosa)

Verwendet werden bei Cimicifuga vor allem die Wurzeln. Cimicifuga gleicht Reflexe des Nervensystems aus, wirkt krampflösend auf die Gefäße und harntreibend.
Cimicifuga ist **eines der wichtigsten Heilmittel** in der umweltmedizinisch orientierten Frauenheilkunde und Geburtshilfe: Bei und während der Schwangerschaft, bei der Geburtsvorbereitung und zur Entbindung ist es ein wichtiger, heilsamer und wohltuender Begleiter.
In der Angewandten Umweltmedizin hilft Cimicifuga sicher und erfolgreich bei *schadstoffbedingten Neuralgien* und bei *Anspannungen* und *Krämpfen* aller Art.

> Besonders gute Erfahrung hat der Autor mit Cimicifuga bei chronisch-therapieresistenten Schmerzen in Zusammenhang mit der Menstruation, aber auch beim Prämenstruellen Syndrom gemacht.

2.9.5.5 Frauenwurzel (Caulophyllum thalictroides)

Der Wurzelsud ist besonders geeignet bei *krampfartigen Schmerzen* des *Gebärmutterhalses*, die mit der Blutung auftreten können, oder bei *verspäteter Menstruation*.

2.9.5.6 Kamille (Chamomilla)

Verwendet werden bei der Kamille vor allem die Blüten. Sie wirken hervorragend *krampflösend* und *schmerzstillend*.

Die Kamille ist bekannt für ihre magenanregende Wirkung. Bei Patientinnen mit geschwächtem Immunsystem fördert sie die Bildung von weißen Blutkörperchen.

Insbesondere bei onkologischen Patientinnen mit Chemotherapie-bedingter Immunsuppression hat der Autor Kamille mit gutem Erfolg eingesetzt.

Weitere bewährte Indikationen sind *Migräne* und *Verdauungsbeschwerden*.

2.10 Dyspareunie (Schmerzen beim Geschlechtsverkehr)

2.10.1 Symptomatik

Umweltschadstoffe können auch indirekt zur sogenannten Dyspareunie führen, zu Schmerzen beim Geschlechtsverkehr. Durch Milieuveränderung kann es zu Trockenheit der Scheide oder der Schamlippen kommen. Viele Schadstoffe sind auch für aufsteigende Entzündung mitverantwortlich. Über ein Wundsein der Scheide kommt es zum Schmerz beim Verkehr. Auch Entzündungen der Eileiter oder der Eierstöcke, gefolgt von Entzündungen oder Verlagerungen der Gebärmutter können dadurch mitverursacht sein.
Schmerzen und hormonelle Verschiebungen durch Umweltschadstoffe können sekundär auch zu gestörtem Sexualverhalten führen: Verkrampfungen der Scheidenmuskulatur durch unbewußte Angst vor dem Geschlechtsverkehr, die dann nicht selten zu Belastungen der Partnerschaft führen können.

2.10.2 Hilfe zur Selbsthilfe

- Wichtig ist die Expositionsvermeidung: Keine Umweltschadstoffe im Schlaf- oder Wohnbereich
- Entleeren Sie vor dem Geschlechtsverkehr Harnblase und Darm, denn auch durch eine gefüllte Blase oder durch einen gefüllten Darm können sich Druck und Spannung auf die Scheide bemerkbar machen.
- Bei ausbleibendem Scheidensekret verwenden Sie eine schadstoffarme, hypoallergene Gleitsalbe.

2.10.3 Therapiemethoden in der Naturheilpraxis

Bei entzündlichen Erkrankungen hat sich vor allem die **Tiefenbestrahlung** mit der Ultrarot-A-Lampe bewährt. Auch **neuraltherapeutische** Injektionen an das Schambein und **Akupunktur** sind oftmals eine schnelle Hilfe.
Weitere Maßnahmen: Behandlung mit dem pulsierenden **Magnetfeld, Homöopathie, Baunscheidtieren** usw.

2.11 Sexuelle Störungen durch Umweltschadstoffe

Unter dem Oberbegriff »Sexuelle Störungen« werden heute sehr viele Erkrankungen und Beschwerdebilder subsumiert, die oft miteinander gar nichts zu tun haben, da ihre Ursachen völlig verschieden sein können.

2.11.1 Ursachen

Aus der modernen Psychoneuroendokrinologie sowie aus der Psychosomatischen Gynäkologie (STAUBER et al. 1988–1994) weiß man, daß solche »Sexuelle Störungen« sehr oft durch psychische Ursachen ausgelöst oder verstärkt werden können, deren Gründe sehr vielfältig sein können. Sie reichen von Konflikten in der Partnerschaft über Probleme mit den Kindern und Ärger im Beruf bis hin zu anerzogenen Verhaltensweisen, die die Frau unbewußt schon als Kind von ihrer Mutter übernommen hat.
Sorgen im beruflichen oder privaten Bereich und Spannungszustände können beim Mann zu Impotenz und bei der Frau zur sogenannten »Frigidität« führen. Laut PSCHYREMBEL versteht man unter diesem umstrittenen Begriff, daß die Frau nicht fähig ist, während des Geschlechtsverkehrs zum Orgasmus zu gelangen, wobei der Autor anzwei-

felt, ob es Frigidität überhaupt gibt. Meist ist sie eine natürliche Folge seelisch-psychischer Probleme, die leicht gelöst werden können, wenn beide Partner einfühlsam mit der Problematik vertraut gemacht werden. Aufgrund eigener Untersuchungen über verschiedene sexuelle Störungen in Verbindung mit der möglichen Ursache bzw. Teilursache »Umweltschadstoffe« (SCHULTE-UEBBING und ZAHN, 1990–1994, Dissertationen betreut durch den Autor) muß davon ausgegangen werden, daß viele Frauen (und deren Partner) mit nachgewiesenen Schwermetall- und Holzschutzmittelbelastungen überdurchschnittlich häufig ein gestörtes Sexualleben haben und nach eigenen Angaben auch oft darunter leiden. Bei diesem gestörten Sexualleben wird bei Frauen sehr oft Dysmenorrhoe als Kardinalsymptom angegeben (siehe Abschnitt »Dysmenorrhoe«).

Neben einer umfassenden gründlichen umweltmedizinischen Anamnese einschließlich Schadstoffanalytik und anschließender gezielter -ausleitung und -entgiftung sind Psychoanalyse und -therapie unter Einbeziehung des Partners hilfreich und notwendig. Ein bedeutendes Ziel muß es sein, daß die Partner lernen, miteinander gefühlvoll umzugehen. Alles, was die seelische Beziehung zwischen zwei Menschen beeinträchtigt, wirkt sich auch negativ auf ihre sexuellen Kontakte aus und verstärkt die Anfälligkeit gegenüber Umweltschadstoffen. Die Patientin und ihr Partner müssen zu einer Harmonie mit sich selbst und mit ihrer Umwelt finden.

3. Entzündungen, Infektionen, Ausfluß

Jede zweite bis dritte Frau hat ein- bis zweimal pro Jahr eine mehr oder weniger starke »Unterleibsentzündung«. Sehr häufig ist eine Harnröhren- und/oder Harnblasenentzündung mit beteiligt. Dabei sind Umweltfaktoren, vor allem Schadstoffe in der Wohn-, Arbeits- und Freizeitumgebung, aber auch in der Nahrung, ursächlich stark beteiligt.

3.1 Blasenentzündung

3.1.1 Symptomatik

Obwohl Harn und die Harnwege grundsätzlich steril sein solten, kann es gerade bei Frauen, die im Vergleich zu Männern eine wesentlich kürzere Harnröhre haben, sehr häufig zu Infektionen der Harnwege und Entzündungen der Harnblase kommen. Die beste Vorbeugung gegen Blasenentzündung ist viel trinken, denn das verhindert eine Stauung, die eine Infektion begünstigen könnte.

Die Harnblase steht vor allem in Verbindung mit den nervösen Zentren (Parasympathikus, Sympathikus, Bewußtes und Unbewußtes), aber auch mit den oberen Harnwegen (Harnleiter, Niere). Deshalb kann sie oft Sprachrohr für andere Probleme sein. Die Harnblase steht auch in Verbindung mit den Nachbarorganen: Eingeweide, Enddarm, Gebärmutter, Eierstöcke. So kann eine Endometritis zunächst mit Symptomen einer Blasenentzündung beginnen.

Anzeichen eines Harnwegs-Infektes sind vor allem häufiges Wasserlassen, Brennen in der Harnröhre und Schmerzen nach dem Wasserlassen, aber auch ein falscher Harndrang (jedes Mal nur 3 Tropfen) sowie Schmerzen in der Nierengegend, Fieber, Übelkeit, Erbrechen oder Blut im Urin.

3.1.2 Diagnostik und Standardtherapie

Die Diagnose einer Harnwegsinfektion ist nur möglich, wenn eine aussagekräftige Anzahl von Bakterien in der Urin-Kultur isoliert werden konnte. Man spricht von einer Harnwegsinfektion, wenn mehr als 100 000 Kolonien des gleichen Erregers in der Urin-Kultur gewachsen sind. Die häufigsten Erreger, die hier angetroffen werden, sind Escherichia coli, Proteus, Klebsiellen, Enterokokken, Enterobakterien und Pseudomonaden.

Die übliche schulmedizinische Behandlung besteht vor allem in einer standardisierten oder gezielten **Antibiotikagabe**. Üblich ist auch eine

Behandlung mit **Desinfektionsmitteln** der Harnwege und, je nach Begleitsymptomatik, die Gabe von **Entzündungshemmern** und / oder Schmerzmitteln.

3.1.3 Ursachen

3.1.3.1 Das Milieu ist entscheidend

Eine Schlüsselfunktion für die Entstehung von Harnwegs-Infektionen hat die Umwelt, auch als das Milieu bezeichnet. Bedeutsam ist das Gleichgewicht zwischen Säuren und Basen, welches wiederum für das Gleichgewicht des ganzen Organismus verantwortlich ist.
Der pH-Wert des Blutes liegt etwa bei 7,37, er schwankt zwischen 7,32 und 7,43. Darunter wird er zunehmend sauer, darüber immer alkalischer. Normalerweise hat Urin nach dem zweiten Wasserlassen am Morgen einen pH-Wert zwischen 7 und 7,5. Während der Nacht kann der Urin-pH-Wert 5 oder weniger betragen, da die Niere so ihre sauren Abfallstoffe ausscheidet.
Ist ein Mensch längere Zeit in einem geschlossenen Raum, der zu wenig belüftet ist und möglicherweise mit Schwermetallen, Lösungs- oder Holzschutzmitteln, Formaldehyd, Isozyanaten oder anderen Umweltschadstoffen belastet ist, so kann es sein, daß sich dies langfristig, unter anderem über die daraus resultierenden Stoffwechselbelastungen einschließlich schlechterer Atmungs- und Ausscheidungsbedingungen, auf den Harn-pH auswirkt.
Eine Person, die sich Tag für Tag, Woche für Woche, Jahr für Jahr mehrere Stunden in einem schadstoffbelasteten geschlossenen Raum aufhält, hat möglicherweise dauerhaft einen zu niedrigen Harn-pH-Wert von etwa 5 oder niedriger. Im Freien kann sich dieser Wert – vorausgesetzt, hier sind die Umweltbelastungen geringer – wieder allmählich auf Werte um 7 normalisieren. Bedauerlicherweise haben wir heute gerade in Großstädten, aber auch in Kleinstädten, die Situation, daß hier die Außenluft teilweise noch schadstoffbelasteter ist, als die Innenluft.

3.1.3.2 Atmung

Eine schlechte Atmung zieht durch eine schlechte Ausscheidung von CO_2 einen sauren pH-Wert nach sich. Auch wenn die Ernährung zu arm an Aufbaustoffen ist, und wenn man sich wenig bewegt, kann der pH-Wert bei 5 und niedriger liegen. Begleitsymptome sind dann meistens Müdigkeit, Kopfschmerzen, Konzentrationsmangel, wandernde rheumaartige Gelenk- und Gliederschmerzen und vieles mehr.

3.1.3.3 Ernährung

Eine Zuführung von Lebensmitteln mit Aufbaustoffen kann dann bereits oft kurzfristig Besserung bringen. Eine langfristige Besserung ist allerdings nur durch Beseitigung der eigentlichen Ursachen, nämlich durch komplette Sanierung (= Entfernung der Schadstoffquellen) in der Wohn-, Arbeits- und Freizeitumgebung möglich.
Bei den meisten Blasenentzündungen (bei fast 90%) ist der pH-Wert allerdings nicht zu sauer, sondern zu basisch. Das heißt, er liegt dann oft über 7,5. Dies liegt jedoch nicht immer an einer zu basischen Ernährung. Meist ist ein solches stark alkalisches Verhalten eine Alarmreaktion: Ein Körper, der unfähig ist, Säuren durch die normalen Kanäle auszuscheiden, versucht dies mit alkalischen Salzen zu kompensieren. Versucht man nun eine Therapie mit Säurezufuhr, kann sich die Situation noch verschlechtern.

Vermeiden:

Besonders problematisch sind bei chronischen Harnwegsinfektionen Nahrungsmittel, die säureproduzierend sein können. Gemieden werden sollten unbedingt *fleischhaltige Nahrungsmittel, weißes Mehl, Zucker, Tee, Kaffee, Kakao und Fette*. Doch auch Nahrungsmittel, die zuviele Basen produzieren, können problematisch sein.
Bei Blasenentzündung sollten Fleischprodukte, insbesondere *Schweine-* und *Geflügelfleisch, Schalentiere, Anchovis, Sardinen, Konserven, Sauerampfer, Tee, Kaffee, Zucker in jeder Form, Pflaumen, Salat, Karotten, grüne Bohnen* und auch *Spinat* gemieden werden.

Empfehlen:

Erlaubt und empfehlenswert bei Blasenentzündung sind bestimmte Früchte, Gemüse und Kartoffeln, aber auch Milchprodukte und unraffiniertes Mehl.

3.1.4 Ganzheitliche Therapie bei Blasenentzündungen

Neben der bereits erwähnten notwendigen Milieusanierung können eine Reihe von Heilpflanzen eingesetzt werden, die entzündungshemmend, entschlackend und harntreibend und/oder auch beruhigend sein können.

- Als sogenannte *»Ansteckungshemmer«* kann man beispielsweise ganz gezielt ätherische Öle von **Rosmarin, Thymian** oder **Salbei** einsetzen.
- Im Einzelfall auch gut geeignet können sein ätherische Öle des **Bohnenkrautes,** von **Majoran, Oregano, Ysop, Basilikum, Laven-**

del, Fenchel oder **Kümmel**. Eine genaue Austestung ist jedoch empfehlenswert.

- Auch ätherische Öle von **Koriander, Kajeput, Niauly, Kiefer, Eukalyptus** und **Wacholder, Nelke, Zypresse** oder **Zimt** können Linderung bringen.

In der Praxis des Autors bewährt haben sich insbesondere auch Urtinkturen der Heidelbeere, der grauen Heide, Bärentraube, von Vogelknöterich, Deutscher Kamille, Geißbart und Pappel.

- Sehr gute Entzündungshemmer können auch sein: **Melonenbaum** (Carica papaya), **Ananas, Seifenkraut, aufrechtes Glaskraut, Wacholder, Grießwurz, Rhododendron** (Pareira brava) und »Indischer Nierentee« (Orthosiphon stamineus).
- Entschlackend und harntreibend können **Magnesium, Kupfer** und **andere Spurenelemente** eingesetzt werden (nach vorheriger Mineralstoffanalyse und individueller Austestung), ebenfalls innerlich angewendete **Tonerde**, sowie gegebenenfalls **Honig, Pollenpräparate** und vor allem *Urtinkturen* des **Schachtelhalmes**, von **Goldrute, Birke, Wiesenkönigin, kleinem Habichtskraut, Quecke** und **Linde**.
- Gut geeignet als Beruhigungs- und Einschlafmittel sind **Salweide** und **Wiesenkuhschelle** (beruhigen die Harnwege), **Saathafer, Stinkandorn, Passionsblume, Engelwurz, Lavendel, Melisse, Schlüsselblume, Baldrian, Weißdorn** und **Pfingstrose**.

3.1.5 Hilfe zur Selbsthilfe

- **Warme Kleidung**, besonders in der kalten Jahreszeit (Hosen, Strümpfe, eventuell Strumpfhosen, Unterhosen)
- Warme Schuhe (Durch kalte Füße werden Blasenentzündungen stark begünstigt, da sich die Kälte von den Füßen bis zum Unterleib hochzieht)
- **Bärentraubenblättertee** (gegen brennende Schmerzen beim Wasserlassen und ständigen Harndrang). Kaltauszug, Tee auf Trinktemperatur erwärmen, schluckweise trinken. Mindestens zwei Tassen täglich.
- **Kartoffelbreipackungen** und **Bettruhe** (Bei massiver Entzündung mit Schwäche). Alle halbe Stunden Kartoffelbreipackungen auf die Blase legen, dazu Kartoffeln in der Schale garkochen und zu Brei zerdrücken. Diesen Brei in ein Handtuch einschlagen und Packung

möglichst heiß auf die Blasengegend legen (Trockenes Zwischentuch und anschließend Bettdecke darüberziehen).

- **Heublumenabkochungen als Sitzbäder**, anschließend sofort ins Bett, zusätzlich Wärmeflasche (Kein Heizkissen!) auf die Blasengegend.
- **Blasen-Teemischung** (Jeweils ein Teil Birkenblätter, Hauhechelwurz und Goldrutenkraut: Aufguß zubereiten, drei Tassen täglich trinken).
- **Trinkkur mit Blasentee oder Heilwässern** (vor allem Wässer mit Kalzium- und Natrium-Kalzium-Karbonat überhaupt). Mindestens drei Liter Flüssigkeitsaufnahme pro Tag.
- **Rheumasalben** (im Bereich der Lendenwirbelsäule und der Reflexzonen des Rückens). So wird die Blase besser durchblutet und die Widerstandsfähigkeit der Blasenschleimhaut erhöht.
- **Kamille-Sitzbäder** (Gegen das Brennen beim Wasserlassen, anschließend Bettruhe).

3.1.6 Therapiemethoden in der Naturheilpraxis

Bei einer immer wiederkehrenden Blasenentzündung muß daran gedacht werden, daß die körpereigenen Abwehrkräfte zu schwach sind, um sich gegen eine bakterielle Infektion zur Wehr zu setzen. Besonders gut kann hier beispielsweise ein **Aderlaß** nach Hildegard von Bingen sein, den man eventuell auch mit **Baunscheidtieren** und Schröpfen kombinieren kann. Auch eine **Sauerstoff-HOT-Therapie** oder die Behandlung mit **Thymusgesamtextrakt** nach Dr. Sandberg haben sich bestens bewährt. Zu einer besseren Durchblutung und damit zu einer schnelleren Abheilung der Entzündung kann auch eine **Ultrarot-A-Tiefenbestrahlung** (Hyperthermie = Überwärmung) oder eine Behandlung im pulsierendem Magnetfeld, kombiniert mit einer Meridian-Rückenmassage, beitragen. Schnelle Schmerzlinderung kann **Akupunktur**, vor allem im Bereich des Blasenmeridians bringen. Auch **neuraltherapeutische Injektionen** im Kreuzbeinbereich oder direkt an das Schambein sind oft sehr erfolgreich.

Sehr bewährt hat sich, gerade bei immer wiederkehrenden Blasenentzündungen, die **klassische Homöopathie**. Hier muß allerdings eine sehr zeitaufwendige genaue Anamnese und eine exakte individuelle Austestung durchgeführt werden.

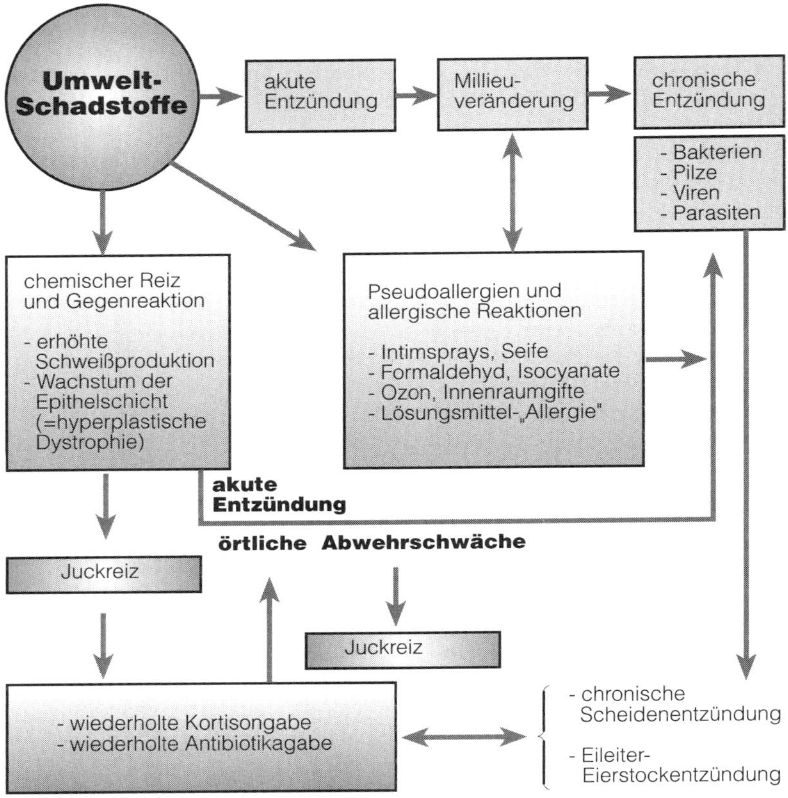

Abb. 11 zu 3.2

3.2 Entzündungen der Vulva und Vagina

Entzündungen im Bereich der Vulva und Vagina sind sehr häufig. Leichtere Kolpitiden (= Entzündungen der Scheide) können auch bei der gesunden, abwehrstarken Frau mehrmals jährlich vorkommen. Solange die Frau gesund ist und eine stabile Abwehr hat, stimmt auch das Milieu von Vulva und Vagina und der Organismus wird gut mit dieser leichten Entzündung fertig. So kommt es, daß eine gesunde Frau kaum etwas davon bemerkt.
Ist allerdings, beispielsweise durch Umweltschadstoffe, schlechte einseitige Ernährung oder vor allem auch durch abwehrschwächende

Medikamente (insbesondere Antibiotika, Antimykotika, Kortison-Präparate etc.) der Organismus angegriffen, kommt es zu immer wiederkehrenden Entzündungen im Bereich der Vulva und Vagina.
Hier spricht man dann von einer *chronisch rezidivierenden Vulvitis* und/ oder *Kolpitis*.

3.2.1 Chronischer Fluor vaginalis (= Ausfluß)

Eines der häufigsten Frauenleiden ist der chronische Ausfluß. Millionen von Frauen leiden darunter. Aufgrund der steigenden Umweltbelastungen ist die Tendenz steigend. Dennoch ist der Fluor auch heute noch oft ein Tabu in der Öffentlichkeit.
Die Frau von heute ist tagtäglich rund um die Uhr verschiedensten Umwelt-Schadstoffen ausgesetzt: Zuhause, am Arbeitsplatz, im Freizeitbereich. In Nahrung, Kosmetika, Kleidung.
Um zu verstehen, wie es zu Ausfluß kommt, muß man sich kurz mit der normalen Biologie der Scheide befassen. Grundsätzlich muß Ausfluß nichts Krankhaftes sein: Bei gesunden Frauen findet sich in der Scheide eine farblose bis weißliche geruchsneutrale Flüssigkeit. Sie gehört in der natürlichen Zusammensetzung und Menge zu einem gesunden Scheidenmilieu.

Symptome

- Oft ist das erste Anzeichen häufiges Wasserlassen und ein Brennen dabei
- Schmerzen im Kreuz und Krämpfe, geschwollene und druckempfindliche Lymphknoten, vor allem in der Leistenbeuge
- Die Vaginalwände sind geschwollen und mit einer dicken Schicht von dickflüssigem Eiter bedeckt (der meist aus weißen Blutkörperchen besteht, die die Infektion bekämpfen, sowie aus Bakterien und abgestorbenen Zellen)
- Der Eiter kann weiß oder gelb sein, manchmal mit Blutschlieren
- Mehr oder weniger starker Juckreiz der Vulva.

Verlauf

Wenn die Infektion nicht sehr schnell bekämpft wird, kann sie sich von der Vagina auf die Harnröhre und die äußeren Schamlippen ausbreiten. In der Gebärmutter und in den Eileitern kann sie aufsteigen, was zu Sterilität führen kann. Chronische Infektionen können ein anormales Wachstum der Zellen des Gebärmutterhalses verursachen und durch die Entzündung und Reizung **krebsfördernd** wirken.

Die *häufigsten Erreger* von Brennen und/oder Juckreiz in der Vagina oder Vulva sind:

- Candida
- Trichomonaden
- unspezifische Bakterien
- Herpes
- Feigwarzen
- Chlamydien
- Mykoplasmen
- Hämophilius oder Corynebacterium
- Hämolysierende Streptokokken der Gruppe B
- Gonokokken
- Trypanosomen der Syphilis.

Alle diese Krankheitserreger können sich nur dann vermehren, wenn das Milieu gestört ist. Daher muß die ganzheitliche Fluor-Therapie darauf abzielen, die eigentlichen Störungen des Milieus zu finden und zu beseitigen.

3.2.1.1 Das Milieu ist entscheidend

Moderne Untersuchungen haben gezeigt, daß in der Scheide beschwerdefreier Frauen eine Vielzahl von verschiedenen Bakterien nachweisbar sein kann. Die normale Scheidenflüssigkeit setzt sich aus dem Schleim des Gebärmutterhalses, aus abgestoßenen Zellen der Scheidenschleimhaut und aus dem sogenannten »Transsudat« zusammen, einer wäßrigen Lösung, die reich ist an sogenannten Elektrolyten wie Natrium, Kalium und Calzium, an Fettsäuren, Eiweißen und vor allem an den für die Abwehr sehr bedeutsamen Immunglobulinen und immunkompetenten Zellen.

Diese Zellen sind für die hohe Schutzfunktion der Scheide vor aufsteigenden Infektionen und für die natürliche Abwehr gegenüber pathogenen (= krankheitsverursachenden) Mikroorganismen wie Bakterien, Pilzen und Viren verantwortlich. In der Vagina lebt normalerweise eine ganze Bevölkerung von Bakterien. Die wichtigsten unter ihnen sind die Milchsäurebakterien, die für ein saures Milieu sorgen. Dieser Säuregehalt schützt die Vagina vor allen möglichen krankheitserregenden Keimen. Wenn aus irgendeinem Grunde das ökologische Gleichgewicht der Vagina gestört ist, können sich Pilze, einzellige Lebewesen und Bakterien vermehren und Ausfluß von unterschiedlicher Farbe, Konsistenz und Geruch hervorrufen sowie sehr schmerzhaftes Brennen und Jucken.

3.2.1.2 Einflußfaktoren

Die Vagina kann nicht als isoliertes Organ, sondern sie muß als ein Teil des gesamten Organismus gesehen werden. Körper und alles, was in der Umwelt geschieht (körperlich und seelisch), kann einen Einfluß auf ihre Gesundheit haben:

- Andere Erkrankungen
- Unausgewogene Ernährung
- Schlafmangel
- Blutarmut
- Einnahme von Medikamenten (z. B. Antibiotika)
- Einnahme gewisser Hormone wie Cortison oder die Pille
- Gesundheitsschädliche »Hygiene«, wie die Verwendung von Vaginalsprays oder zu häufiges Schaumbaden
- Streß.

3.2.1.3 Wirkungsweise der Umweltschadstoffe

Umweltschadstoffe tragen unter anderem durch Verschiebung des pH-Wertes (= Säuregrades) der Scheide zu einer Milieu-Veränderung bei, die dann über verminderte Selbstreinigungs-Fähigkeit und gestörte Abwehrfunktion zur Vermehrung pathogener (= krankmachender) Keime zu chronischem Ausfluß führen kann. Dadurch ist Tür und Tor für aufsteigende Entzündungen mit allen Folgen geöffnet: Die Bakterien besiedeln nicht nur die Scheide, sondern wandern durch den Muttermund in die Gebärmutterhöhle und von dort entlang der Eileiter bis in die Bauchhöhle.

Es kann zu akuten und chronischen Gebärmutter- und Eileiterentzündungen kommen, die nicht selten zu lebensbedrohlichen hochakuten Bauchfellentzündungen führen können. Gefürchtete Folge der Eileiterentzündung ist der *Eileiterverschluß mit unerfülltem Kinderwunsch.*

Ein gesundes Scheidenmilieu ist die Grundvoraussetzung für den natürlichen Selbstreinigungs- und Abwehrmechanismus der Scheide. Ist das Scheidenmilieu gestört, kommt es zu übelriechendem Ausfluß, zu Juckreiz, Brennen und massiven Schmerzen.

Umwelt-Schadstoffe, die heute leider »immer und überall« vorhanden sind, können das natürliche Scheidenmilieu massiv stören: Tagtäglich nehmen wir sie über die Nahrungskette auf. Aber auch dort, wo wir sie gar nicht vermuten, können viele Schadstoffe vorhanden sein: In Kosmetika und Kleidung, am Wohn- und Arbeitsplatz, im Freizeitbereich. In der Inneneinrichtung, beispielsweise in Möbeln, Bodenbelägen, Teppichen, Vorhängen, Tapeten und vielem mehr.

Viele Umweltschadstoffe wirken nicht nur über die Haut im Bereich von Kopf, Stamm und Extremitäten, sondern auch und gerade im Genitalbereich. Vulva und Vagina sind oft besonders empfindlich.

3.2.1.4 Eigene Untersuchungen

Bei eigenen Untersuchungen (Schulte-Uebbing, Zahn et al., 1990–1994) konnten wir bei Frauen mit chronisch rezidivierendem Fluor (= immer wiederkehrendem Ausfluß) und mit chronisch rezidivierenden Vulvitiden (= Entzündungen im Bereich der Schamlippen) und Kolpitiden (= Entzündungen im Bereich der Scheide) im Vaginal- und vor allem im Zervikalsekret (= im Schleim des Gebärmutterhalses) sehr oft relativ hohe, gelegentlich sogar extrem hohe Konzentrationen an chlorierten Kohlenwasserstoffen in Form von DDT, HCH (Lindan) und PCB messen. Werte von 30 bis über 120 Mikrogramm Lindan pro Liter Zervikalsekret waren keine Seltenheit.
Auch und gerade bei unseren *Sterilitätspatientinnen* (= Patientinnen mit unerfülltem Kinderwunsch), die wir auf Belastungen mit Umweltschadstoffen untersuchten, stellten wir sehr häufig eine Belastung mit Organochlorverbindungen im Zervikalsekret fest. Besonders interessant war in diesem Zusammenhang die Tatsache, daß höhere Belastungen des Zervikalsekretes mit Organochlorverbindungen überdurchschnittlich häufig mit hochpathologischen Postkoitaltests korrelierten (Vgl. Abschnitt »Sterilität«).
Bei unseren Untersuchungen konnten wir im Zervikalsekret bis zu zwanzigmal höhere Organochlor-Werte messen als im Blut der entsprechenden Patientinnen. Dies war insofern interessant, als es sich beim Zervikalsekret nicht unbedingt um eine lipophile Substanz handelt, bei welcher dies eher zu erwarten gewesen wäre.
Mit unseren im Zervikalsekret gemessenen hohen Schadstoffbelastungen vergleichbar hohe Schadstoffwerte waren bislang nur in der Muttermilch nachgewiesen worden. Wie später noch gezeigt wird, ist diese neue Erkenntnis, daß auch der Schleim des Gebärmutterhalses ein Ort ist, an dem sich Umweltgifte anreichern, ganz entscheidend für die Sterilitätsdiagnostik und -therapie, zumal man bisher auch bei aufwendigsten Verfahren wie IVF und GIFT diese Zusammenhänge nicht oder zu wenig berücksichtigt hat.
Die folgende Abbildung zeigt, wie der natürliche Selbstreinigungs- und Abwehrmechanismus der Scheide durch Umweltschadstoffe gestört werden kann.

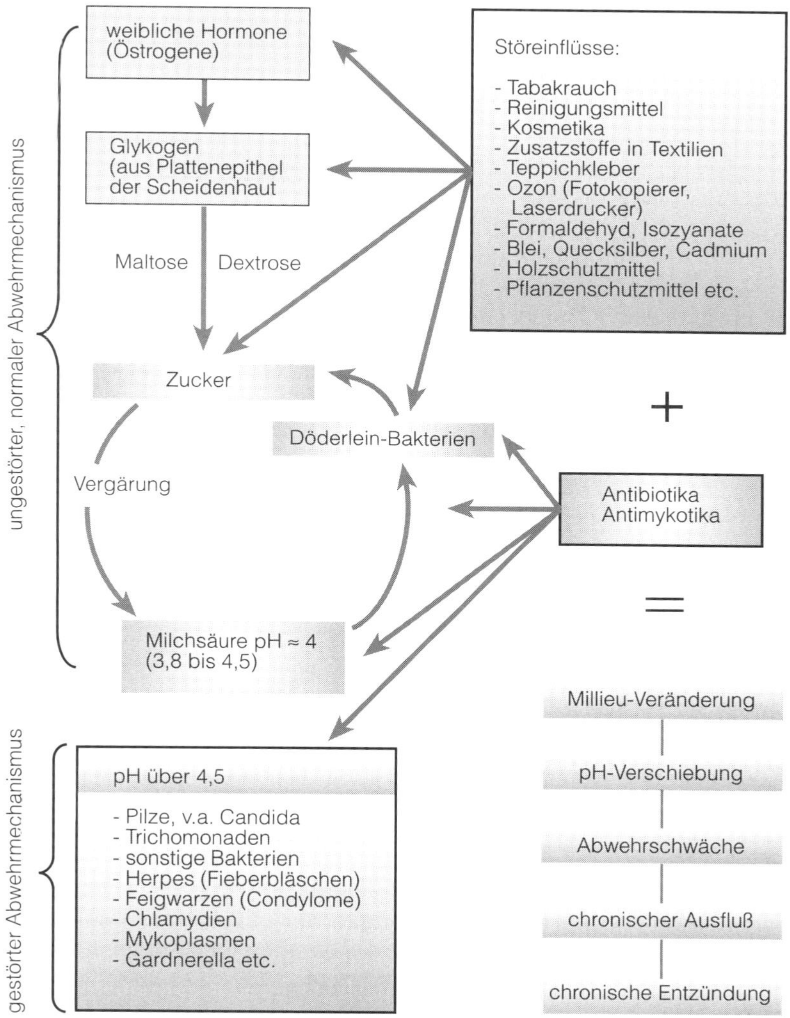

Abb. 12 zu 3.2.1.4: Der natürliche Abwehrmechanismus der Scheide wird durch Umweltschadstoffe gestört

3.2.1.5 Neuere internationale Studien

In einer österreichischen Studie (zitiert aus Döring) wurden sowohl im Zervikalsekret als auch in der Follikelflüssigkeit österreichischer Frauen beträchtliche Rückstände der bereits genannten Agrargifte DDT und HCH sowie darüber hinaus polychlorierte Biphenyle (PCBs) gefunden. Ursächlich waren Insektizide, die beim Weinanbau in der Gegend um Wien eingesetzt wurden.
Auch wurde nachgewiesen, daß sich Insektizide, die über Arzneipflanzen (Z. B. Ginsengwurzeln) oder Nahrungsmittel (z. B. Erdbeeren) aufgenommen werden, im Zervikalsekret anreichern und zu chronisch rezidivierenden Kolpitiden und chronischem therapieresistenten Fluor vaginalis (= Ausfluß aus der Scheide) führen können.
1990 wurde im Rahmen von EG-Untersuchungen in Spanien entdeckt, daß spanischer Reis, der für den Export angebaut worden war, mit dem in der Europäischen Gemeinschaft verbotenen hochgiftigen Pestizid Lindan (HCH) behandelt worden war.
Lebensmitteluntersuchungen in Deutschland, die ebenfalls 1990 im Auftrag des Bundesgesundheitsamtes durchgeführt wurden, ergaben unter anderem, daß mehr als die Hälfte der untersuchten Erdbeeren aus europäischen Herkunftsländern massiv schadstoffbelastet waren. Oft waren die (ohnehin recht großzügig bemessenen) Höchstwerte bei bis zu sieben Agrargiften zum Teil erheblich überschritten. Einige der festgestellten Schadstoffe waren gar nicht für diese Früchte zugelassen.
Forscher der Uni Bonn wiesen nach, daß vor allem bei Frauen mit sogenannter idiopathischer Sterilität (= unerfüllter Kinderwunsch unbekannter Ursache), die auch überdurchschnittlich häufig an Vulvitiden, Kolpitiden und chronisch therapieresistenten Fluor vaginalis (= immer wiederkehrendem Ausfluß) erkrankten, eine herausragend hohe Konzentration von PCB, HCH, DDT und dessen Abbauprodukt DDE in der Follikelflüssigkeit vorhanden war.
Für den Zusammenhang zwischen Lebensraum und Umweltgiftbelastung sprach bei diesen Untersuchungen, daß Frauen aus der Dritten Welt die insgesamt höchsten Agrargift-Konzentrationen in ihren Reproduktionsorganen aufwiesen. (Wagner et al. 1989, Schlehbusch et al. 1989)

3.2.1.6 Schwermetalle als Fluor-Ursache

Auch der mögliche Einfluß von Blei, Cadmium und Quecksilber bei der Entstehung von chronischem Vaginalfluor und chronischer Entzündungen im Vulva-, Vaginal- und Zervikalbereich ist bisher kaum berücksichtigt worden.

Erste eigene Messungen von Schwermetallbelastungen des Zervikalsekretes in Zusammenhang mit verschiedenen gynäkologischen und auch geburtshilflichen Erkrankungen, auch von chronisch therapieresistentem Vaginalfluor, sprechen für Zusammenhänge zwischen Schwermetallbelastungen und hormonellen und/oder immunologischen Fehlsteuerungen mit der direkten und indirekten Folge von Störungen im Zyklusgeschehen, von immer wiederkehrenden Entzündungen, verschiedensten Schwangerschaftskomplikationen und vielem mehr.
Bei Patientinnen mit hohen Quecksilber-, Silber-, Kupfer- und Zinnwerten im Zervikalsekret, die zum Großteil an chronisch therapieresistentem Ausfluß und chronischen Kolpitiden litten, zeigte sich ein direkter Zusammenhang mit Anzahl und Beschaffenheit von Amalgamfüllungen im Mund. Erfahrungen, die wir bei Fluorpatientinnen diagnostisch und therapeutisch mit dem Chelatbildner Dimercaptopropionsulfonsäure (DMPS) sammeln konnten, belegen dies eindeutig. Patientinnen mit pathologischen Schwermetallwerten im Kaugummi- und DMPS-Test hatten überdurchschnittlich häufig auch entsprechend erhöhte Schwermetallwerte im Zervikal- und Follikelsekret.

3.2.1.7 Bürobedingter Fluor vaginalis

Tagtäglich schildern Patientinnen, die im Büro tätig sind, daß vorwiegend nachmittags und abends, insbesondere nach vielen Stunden am Computer oder Fotokopierer, ein äußerst unangenehmes und schmerzhaftes Brennen in der Scheide beginnt, das dann zunehmend mit einem starken Jucken einhergeht. Sie haben häufig einen immer wiederkehrenden, mitunter sehr starken Ausfluß und waren schon oft wegen eines Scheidenpilzes in Behandlung.
Ein Blick in die Augen ist oft vielsagend: Die Augenschleimhäute sind entzündet, gerötet und geschwollen. Die Augen tränen oft und es kommt immer wieder zu Hautausschlägen, meist mit Juckreiz. Oft sind die Nasennebenhöhlen und Stirnhöhlen verstopft.
Diese Frauen sind in den allermeisten Fällen umweltkrank: Oft durch Ozon. Es wird heute in den meisten Büros aus Fotokopierer und Laserdrucker freigesetzt und entsteht, wenn die Trommel im Kopierer oder Drucker mit bis zu zehntausend Volt aufgeladen wird.

> Millionen Frauen arbeiten tagtäglich neben einem Laserdrucker und/oder einem Fotokopierer. Aber nur wenige wissen, daß schon eine Ozonkonzentration von weniger als 0,02 Milligramm pro Kubikmeter Luft zu chronischen Reizungen der Schleimhäute führen kann.

Doch nicht nur die Schleimhäute von Augen, Hals und Nase werden gereizt: Auch und insbesondere die Haut im Bereich des äußeren Genitale, von Schamlippen und Scheide, ist besonders empfindlich gegenüber solchen Umweltreizen.

3.2.1.8 Fluor durch Innenraumgifte

In vielen modernen Wohn- und Arbeitsgebäuden kann es zu gefährlichen Ausdünstungen der Baumaterialien und Inneneinrichtungen kommen. Schon bei Raumtemperatur ist die Luft angereichert mit leichtflüchtigen Schadstoffen: Aus den Wänden (Isoliermaterialien, Flammschutzmittel), Wandmaterialien (Tapeten, Farben, Kunststoffbeschichtungen), Böden (Biozide in Teppichböden, Lösungsmittel von Klebern, Restmonomere aus Kunststoffbelägen), Bildschirmgeräten (Restmonomere, Flammschutzmittel) etc. treten giftige, hautreizende Substanzen aus: So kommt es nicht selten zu chronischen Reizungen der Augen- und Nasenschleimhäute und natürlich auch und insbesondere des äußeren und inneren Genitales.
Durch Innenraum-Gifte kann die fatale Wirkung des Ozons am äußeren Genitale noch wesentlich verstärkt werden: Formaldehyd, Isozyanate, Lösungsmittel aus Teppichklebern und vieles mehr können die Wirkung vervielfachen.
Eine besondere Bedeutung haben in diesem Zusammenhang auch die vielen Reinigungs- und Desinfektionsmittel, die in Haushalt und am Arbeitsplatz immer und überall angewendet werden. Sie verursachen häufig Schleimhautreizungen und sind sehr oft eine wichtige (Teil-) Ursache von chronischem Ausfluß.
Durch eine genaue Befragung mit anschließender gezielter Analytik einschließlich Spezialanalyse des Scheiden- und Zervikalsekretes können in der umweltmedizinischen Frauenarztpraxis die genauen Ursachen festgestellt und dann gezielt beseitigt werden.

3.2.1.9 Fluor durch Synthetics

Besonders problematisch sind die heute weitverbreiteten synthetischen Strumpfhosen und die synthetische Unterwäsche.

Diese sind nicht nur häufig schadstoffbelastet, sondern schaffen darüber hinaus durch Blockade der natürlichen Hautatmung ein künstliches feuchtes Treibhausklima, das allen pathogenen (= krankmachenden) Keimen sehr gut bekommt.

Diese befallen dann zunehmend die Scheide und wandern dann unter Umständen durch den Muttermund in Gebärmutterhöhle und eventuell von dort weiter über die Eileiter in die Bauchhöhle. Auch zu enge Hosen, die zu einer mechanischen Reizung des äußeren Genitales führen können, begünstigen solche gefürchteten aufsteigenden Entzündungen.

3.2.1.10 Fluor durch falsche Hygiene

Gefährlich sind, auch und gerade aus umweltmedizinischer Sicht, zu häufige Scheidenspülungen, da diese nicht selten zu einem Transport von Umweltschadstoffen aus dem äußeren Scheidenbereich bis vor und in den Muttermund führen können. Nicht mehr verwendet werden sollten vor allem alkalische Seifen und Intimsprays.

Diese vermindern den Säuregehalt der Scheide und zerstören dadurch den natürlichen Abwehrmechanismus, insbesondere dadurch, daß sich der pH-Wert der Scheide (der anzeigt, ob das Scheidenmilieu sauer oder alkalisch ist) vom natürlich vorhandenen sauren Milieu ins krankmachende alkalische Milieu verschiebt.

3.2.1.11 Umweltmedizinische Fluordiagnostik

Ein Frauenarzt, der umweltmedizinisch orientiert arbeitet, kann nach genauerem Befragen und gezielten Untersuchungen die eigentlichen Ursachen feststellen und eine wirksame Behandlung einleiten. Dazu ist allerdings oft sehr viel Zeit und Erfahrung notwendig. In jedem Fall ist es notwendig, die Schadstoffe beziehungsweise deren Metaboliten (= Stoffwechselprodukte) meßtechnisch zu erfassen.
Es kann notwendig sein, nicht nur bei der Patientin Blut, Urin oder andere Körpersekrete zu untersuchen, sondern darüber hinaus gegebenenfalls im Wohn-, Arbeits- oder Freizeitbereich Schadstoffmessungen durchführen zu lassen.
Beim chronischen Ausfluß führt der umweltmedizinisch orientierte Frauenarzt zunächst üblicherweise Standard-Untersuchungen wie **»Nativpräparat«, »Amintest«, mikrobiologische Abstrichtests** durch. Darüber hinaus kommen dann eine umweltmedizinische Analyse des Vaginal- und Zervikalsekretes einschließlich entsprechender **immunologischer Tests** in Betracht. Diese Spezialtests werden allerdings von den Kassen noch nicht immer routinemäßig bezahlt, obwohl sie vor allem dann notwendig sind, wenn die sonst übliche Standarddiagnostik und -therapie schon wiederholt versagt hat.

Wichtig ist, daß eine Vulvitis oder Kolpitis im Früh-, besser noch im Frühst-Stadium erkannt und ganzheitlich behandelt wird. Bereits bei leichtem Brennen oder Juckreiz sollte daran gedacht werden, daß dies eine beginnende Infektion sein kann.
Ein gesundes Scheidenmilieu ist die Grundvoraussetzung für den natürlichen Selbstreinigungs- und Abwehrmechanismus der Scheide. Ist das Scheidenmilieu gestört, kommt es zu übelriechendem Ausfluß, zu Juckreiz, Brennen und massiven Schmerzen.
Umwelt-Schadstoffe, die heute leider »immer und überall« vorhanden sind, können das natürliche Scheidenmilieu massiv stören:
Tagtäglich nehmen wir sie über die Nahrungskette auf. Aber auch dort, wo wir sie gar nicht vermuten, können viele Schadstoffe vorhanden sein: In Kosmetika und Kleidung, am Wohn- und Arbeitsplatz, im Freizeitbereich. In der Inneneinrichtung, beispielsweise in Möbeln, Bodenbelägen, Teppichen, Vorhängen, Tapeten und vielem mehr.
Viele Umweltschadstoffe wirken nicht nur über die Haut im Bereich von Kopf, Stamm und Extremitäten, sondern auch und gerade im Genitalbereich. Vulva und Vagina sind oft besonders empfindlich.

3.2.1.12 Fluor-Therapie

Wie das breite Spektrum möglicher beteiligter Erreger zeigt, ist eine gute ursächliche Fluor-Therapie nur nach einer sorgfältigen Diagnosestellung möglich. Hierzu ist viel Zeit und Erfahrung durch den behandelnden Arzt nötig. Durch die schon erwähnte genaue Befragung mit anschließender gezielter Analytik einschließlich Spezialanalyse des Scheiden- und Zervikalsekretes können in der umweltmedizinischen Frauenarztpraxis die genauen Ursachen festgestellt und dann gezielt beseitigt werden.

> Nur durch eine gezielte Vermeidung von Umweltschadstoffen wird eine echte Prävention möglich, die zu einer dauerhaften Sanierung des Scheidenmilieus führen kann.

A. Akut-Therapie

In der täglichen Frauenarztpraxis kommen jedoch meistens Patientinnen in einem akuten sofort behandlungsbedürftigen Stadium. Hier muß natürlich – neben einem ganzheitlichen Beratungsgespräch und einer Sofortsuche nach den eigentlichen Ursachen – unverzüglich geholfen werden. Oft muß zunächst mit bewährten schulmedizinischen Methoden, wenn erforderlich auch mit **Antibiotika, Antimykotika** (Anti-Pilz-

Mittel) oder entsprechend erprobten chemischen Substanzen begonnen werden, die zwar nicht die eigentlichen Ursachen, aber immerhin die lästigen Symptome bekämpfen. Allerdings sollten dann gleichzeitig ergänzende naturheilkundliche Methoden eingesetzt werden, um unerwünschte Nebenwirkungen möglichst gering zu halten.

B. Ganzheitliche Fluor-Therapie

Spätestens wenn die Symptome beseitigt sind, sollte man dann die eigentlichen Ursachen angehen. Das ganzheitliche Sanierungskonzept umfaßt dann neben der lokalen (= örtlichen) Sanierung auch die ganzheitliche **Abwehrsteigerung** mittels Entgiftung und Ausleitung durch schulmedizinische und naturheilkundliche Verfahren. Hier gibt es allerdings keine festen Schemen. Die Behandlung ist entsprechend der speziellen Diagnose individuell und ganzheitlich gemeinsam mit der Patientin zu gestalten.
Wie schon erwähnt, erhöhen Vaginalspülungen mit chemischen Desinfektionmitteln und zwanghafte Hygiene den Ausfluß (da sie regelmäßig die Milchsäurebakterien entfernen) und setzen die Abwehr herab. Ebenso schaffen Schlüpfer aus Nylon ein Treibhausklima, in dem Mikroorganismen gut wachsen können. Hier, knapp zusammengefaßt, die wichtigsten vorbeugenden Maßnahmen:

C. Vorbeugung gegen Infektionen

- Die Vulva sollte lieber mit der Hand als mit einem Waschlappen gewaschen werden, der ein idealer Nährboden für Keime ist
- Keine häufigen Vaginalspülungen, damit die Bakterien erhalten bleiben, die den Säuregehalt der Vagina produzieren
- Sich von vorne nach hinten abwischen und nicht umgekehrt, damit die Bakterien des Darmes nicht auf die Vagina übertragen werden
- Keine alkalische Seife verwenden (die meisten im Handel erhältlichen Seifen sind alkalisch), denn diese vermindert den Säuregehalt der Vagina, besser eine saure Seife (sie ist in Drogerien und Apotheken erhältlich)
- Die sog. Intimsprays aufgeben, die die Vaginalflora zerstören
- Strumpfhosen und Unterwäsche aus synthetischen Fasern vermeiden, denn sie schließen luftdicht ab und schaffen ein feuchtes Treibhausklima, das allen Keimen sehr gut bekommt, die die Vagina befallen können
- Baumwollschlüpfer tragen, die man kochen oder mit einem sehr heißen Eisen bügeln kann;

- Keine zu engen Hosen tragen. Das Reiben begünstigt die Entzündung der Schleimhaut und dadurch die Infektion
- Den Badeanzug nicht auf dem Körper trocknen lassen, denn er kann Sporen enthalten (ruhende Keime, die auf einen günstigen Moment warten, um sich zu entwickeln).
- Nach dem Baden den Badeanzug gut auswaschen und gut trocknen lassen. Das gilt vor allem nach dem Bad im Schwimmbad.

Viel besser als die üblicherweise eingesetzten chemischen Desinfektionsmittel sind sogenannte **ganzheitliche Desinfektionsmittel**, die gleichzeitig zu einer natürlichen Befeuchtung und zur Entschlackung für Geschlechtsorgane und Harnwege dienen können. Diese sollten allerdings nach Möglichkeit vorher auf Verträglichkeit getestet werden.

D. Ganzheitliche Desinfektion

- **Wilder Meerrettich** (Cochlearia armorica): Die Wurzel begünstigt die Sekretion der Gallenblase, blutreinigend, hustenlösend, krampflösend, harntreibend; bei Blutarmut, Mangelerscheinungen, weißem Ausfluß
- **Graue Heide** (Erica cinerea): Blühende Spitzen harntreibend, Desinfektionsmittel für die Harnwege, entschlackend, beruhigt die Harnwege, Adstringens, Mittel gegen Rheuma, bei Blasenentzündung, Nierenbeckenentzündung, Rheuma, weißem Ausfluß
- **Wacholder** (Juniperus communis): Beeren, Holz, Blätter und ätherisches Öl der Beeren stärkt die Nerven, verdauungsfördernd, anregend (Beeren), desinfizierend, entschlackend, harntreibend, bei Mattigkeit, Erkrankungen der Harnwege, Gonorrhoe, schmerzhafter Menstruation, weißem Ausfluß
- **Wegerich** (Plantago): Ganze Pflanze reinigt Blut, Lunge, Magen; Adstringens, entzündungshemmend, erhöht die Gerinnungsfähigkeit des Blutes. Äußerlich: Mittel zur Wundheilung, lindert Reizungen, Desinfektionsmittel.
- **Weiße Taubnessel** (Lamium album): Blätter, Blüten Stärkungsmittel, gefäßverengend, Mittel gegen Fieber, entzündungshemmend, Entschlackungsmittel.
- **Bärentraube** (Arbutus uva ursi): Blätter, Beeren harntreibend, Desinfektionsmittel und Mittel gegen Eiterbildung, Beruhigungsmittel für die Harnwege, Adstringens bei Entzündung der Harnwege, Schwierigkeiten beim Harnlassen, Durchfall, Blut im Urin, weißer Ausfluß.

- **Weiderich** (Lythrum salicaria): Obere blühende Teile, Adstringens, Mittel gegen Durchfall, blutstillend, Desinfektionsmittel bei Zwischenblutungen.
  In äußerlicher Anwendung: Bei Entzündung der Gebärmutter, weißem Ausfluß, Juckreiz der Vulva, Geschwüren an den Beinen, Ekzemen
- Anwendung von **Lactoferment** oder **Milchsäure**,
- Anwendung von **Tonerde**, 4 Eßlöffel pro Liter (Flüssigkeit zur Vaginalspülung).
- *Bei einfachem Juckreiz:* Übungen zur Anspannung und Entspannung der Beckenbodenmuskulatur (Anus, Vagina, Harnröhre). Zusätzlich kalte Sitzbäder.

E. Hilfe zur Selbsthilfe

Zu Beginn einer Infektion kann zunächst mit altbewährten Heilmitteln eine Selbsttherapie versucht werden:

- **Saure Vaginalspülungen** (mit Zitrone oder Essig, am besten mit hausgemachtem Essig, der keine Färbungs- und Konservierungsstoffe enthält)
- Eventuell zusätzlich **Milchsäurebakterien**.
- **Hydrastis** (Hydrastis canadensis): Rhizome Stärkungsmittel, zieht die Gefäße der Pelvis (Becken) zusammen, blutstillend, schweißhemmend, begünstigt die Gallenabsonderung bei Hämorrhoiden und Krampfadern. Bei Blutungen aus der Gebärmutter, Reizungszuständen der Gebärmutter und des Gebärmutterhalses, (auch sehr gut bei verminderter Abwehr gegenüber Infektionen)
- **Ringelblume** (Calendula officinalis): Blüten regulieren die Menstruation und lindern die Schmerzen dabei, entschlackend, harntreibend, senkt den Blutdruck durch Erweiterung der peripheren Blutgefäße, anregend, bekämpft möglicherweise auch Krebs, desinfiziert und fördert die Wundheilung. (Hervorragendes Wundheilmittel bei schwacher, stark schmerzender Menstruation.)

Wichtig ist, daß beim umweltschadstoffbedingten Ausfluß unbedingt immer auch die **Immunabwehr gesteigert** werden muß. Hier einige Maßnahmen, die Sie selbst durchführen können:

- **Vitaminreiche gesunde Mischkost** (viel Obst, Salate, frisches Gemüse)
- **Trockenbürsten** und **Wechselduschen**
- **Ansteigende Sitzbäder**
- **Seifen** oder **Intimsprays**.
  Sie können den Säurehaushalt der Scheide so durcheinanderbringen, daß Infektionen begünstigt werden. Außerdem wird die Abwehrkraft der Vaginalschleimhaut geschwächt, wenn sie ihren Säureschutzmantel verliert
- Benutzen Sie zur Intimhygiene ausschließlich **pH-neutrale, milde Seifen**
- **Brennessel-, Odermennig-, Taubnessel- oder Schafgarben-Tee**, viermal täglich eine Tasse
- **Taubnesselpulver** (kleine Portion der Blüten der weißen Taubnessel in eine Gewürzmühle, täglich zwei- bis viermal eine Messerspitze unter das Essen mischen)
- **Frauenmantelsitzbäder** (zwei Eßlöffel Frauenmantel auf einen Viertelliter kaltes Wasser, zum Sieden bringen, abseihen, Sud in Bidet oder Schüssel)
- **Tampons mit Magermilchjoghurt** (fünf Tage lang, stundenweise, Magermilchjoghurt sorgt rasch für Neubesiedelung der Scheidenschleimhaut)

F. Sonstige ganzheitliche Verfahren

In der Praxis des Autors sehr bewährt hat sich auch eine Ausleitung und Entgiftung mit Verfahren nach Hildegard von Bingen. Besonders effektiv ist der **Aderlaß** nach Hildegard. Sehr gute Erfolge hat der Autor mit speziellen Kombinationsverfahren aus **Hydro**- und **Phytotherapie**, beispielsweise Scheidenspülungen mit speziell und individuell ausgetesteten Phytotherapeutika-Lösungen.
Ebenso gut können **neuraltherapeutische Injektionen** über Unterbauch- oder Kreuzbeinregion sein. Auch sehr effektiv sind Rezepturen aus dem Heilschatz der **Homöopathie**. Die Therapie sehr gut ergänzen kann man mit **Baunscheidtieren** und **Schröpfen**, letzteres speziell im Kreuzbeinbereich.

3.2.2 Spezielle Vulvitiden und Kolpitiden

3.2.2.1 Candida (Candida albicans oder Monilia)

Candida ist ein Pilz, dessen Sporen praktisch überall sind: im Schwimmbad, auf der Wäsche und in den Betten. Er kann sich auch in der Vagina ständig aufhalten, ohne Beschwerden hervorzurufen.
Candida albicans ist einer der häufigsten Keime bei chronischen Vulvitiden und Kolpitiden.

A. Ursachen der Candida-Infektion

Candida wächst insbesondere dann, wenn das ökologische Gleichgewicht im Organismus gestört ist. Meist geht die Candida-Infektion vom Gastrointestinaltrakt aus, um sich dann über den ganzen Organismus auszubreiten. Wenn das Vaginalmilieu nicht optimal ist, vermehrt sich Candida relativ rasch und breitet sich, vor allem in den tiefer gelegenen Teilen der Vagina und um den Gebärmutterhals herum, aus.
Schon seit Ende der 70er Jahre ist bekannt, daß viele systemischen Krankheiten auf den Hefepilz Candida albicans zurückgeführt werden können. Heute weiß man, daß beinahe jedes Organ davon betroffen sein kann, vor allem das Nervensystem, das endokrine System und das Verdauungssystem.
Aus der Kinderheilkunde weiß man, daß Kinder, die häufig Antibiotikagaben erhalten haben, an massiven therapieresistenten Verdauungsstörungen erkranken können. Häufig stellt der Kinderarzt bei Säuglingen nach Antibiotikagabe massiven **oralen Soor** (Pilze im Mund) und Windelwundsein fest.
Ältere Kinder können nach mehrfacher Antibiotikagabe »hyperaktiv« (= ständig überdreht) sein, Lernprobleme und Konzentrationsmängel sowie chronische Allergien der Atmungsorgane aufweisen, ohne daß sich dann eine Ursache finden läßt. Untersucht man dann den Darm auf die exakte Keimbesiedelung, stellt man fest, daß häufig die entsprechenden Hefepilze vorhanden sind.
Aus eigenen jahrelangen Erfahrungen in einer Frauenklinik mit umweltmedizinischen Schwerpunkten kann der Autor dies nur bestätigen. Bei Hunderten von Patientinnen konnte gezeigt werden, daß insbesondere eine massive Intoleranz gegenüber einer Vielzahl von Chemikalien mit Candida albicans zusammenhängen kann. Eine langhaltige Besserung des allgemeinen und speziellen gynäkologischen Krankheitsbildes trat oft erst nach einer gezielten Anti-Candida-Therapie auf.

Candida albicans ist ein umweltmedizinisch äußerst bedeutsamer Pilz. Ausnahmslos alle Patientinnen mit einem geschwächten Immunsystem sind anfällig gegenüber diesem Erreger.

In unserer Praxis hat sich gezeigt, daß vielen Patientinnen und Patienten, die sich bei einer bekannten bestehenden schweren Grunderkrankung wie *Multipler Sklerose, Morbus Crohn, Thrombozytopenischer Purpura* und *Sarkoidose*, aber auch mit *erworbenen Immunmangel-Syndromen* oder *malignen Erkrankungen* umweltmedizinisch beraten und therapieren ließen, durch eine ganzheitliche Pilzdiagnostik und -therapie geholfen werden konnte.
Es ist schon lange bekannt, daß Patientinnen mit Krankheiten, die mit Hefe zusammenhängen, in der Anamnese eine wiederholte Einnahme von Antibiotika, orale Empfängnisverhütungsmittel und Kortikosteroide aufweisen.
Durch entsprechende Schadstoffe und abwehrbelastende Medikamente wird prinzipiell immer die Ansiedlung von Candida albicans im Verdauungstrakt und in der Vagina gefördert.

B. Symptome der Candida-Kolpitis

- Reizung, Brennen und starker Juckreiz der Vulva und des Vaginaleingangs. Manchmal sind die Vagina und die äußeren Teile stark gerötet, ein Anzeichen für die Entzündung
- Weißer Ausfluß, der nach Hefe riecht und dessen Konsistenz an den »Hüttenkäse« erinnert

C. Diagnostik

Die Candida-Diagnostik in der umweltmedizinisch orientierten Praxis ist oft schwer. Aus der Literatur ist schon lange bekannt, was auch immer wieder die Erfahrung in der eigenen Praxis bestätigt:

Abstriche und Kulturen zum Auffinden von Candida zeigen nicht selten zunächst negative Ergebnisse, obwohl alle klassischen für Candida typischen Symptome vorhanden sind.

Meist liegt dies daran, daß diese Patientinnen oft schon von früher Kindheit an Candidakulturen im Körper haben und daher schon seit vielen Jahren eine gestörte Flora aufweisen. Hier kann dann der Candidazusammenhang meist nur durch einen therapeutischen Versuch geklärt werden.

Eine Diät mit wenig Kohlenhydraten und der Anwendung von Nystatin bei gleichzeitiger Vermeidung von Schimmelpilzen führt dann meist zu einer raschen Besserung des Symptomenbildes.

Diese Besserung kann man dann auch meist indirekt an den typischen Veränderungen der Lymphozyten-Subpopulationen sehen: Aus japanischen Studien weiß man, daß Toxine von verschiedenen Candidastämmen die Anzahl der B- und T-Lymphozyten mindern und deren Funktionen beeinträchtigen. Solche Toxine steigern außerdem die Gefäßdurchlässigkeit und begünstigen die Freisetzung von Histamin und induzieren anaphylaktische Reaktionen. Im Laufe einer effektiven Therapie bessern sich die B- und T-Lymphozyten.

D. Candida-Therapie

Konventionelle Behandlung:

Heute weitverbreitet ist die Therapie der Wirkung, nicht der eigentlichen Ursachen: Man verwendet pilztötende Cremes oder Zäpfchen, meist mit **Nystatin** als Basis (Moronal R, Mykostatin R) zur lokalen Anwendung. Die Kur dauert 10–15 Tage, und sie muß bis zum Schluß durchgeführt werden, selbst wenn die Anzeichen verschwunden sind.

Ganzheitliche Behandlungsmethoden

Das wichtigste ist die Beseitigung der eigentlichen Ursachen, die das Darm- und Vaginalmilieu gestört haben: Schadstoffe in Ernährung, Wohn-, Arbeits-, Freizeitumgebung müssen herausgefunden und beseitigt werden.

Um die Vulva oder Vagina akut zu sanieren, kann es zunächst, wenn die Infektion sehr früh festgestellt wird, genügen, **Milchsäurebakterien** hinzuzufügen, um das Gleichgewicht wieder herzustellen. Es kann auch **aktiver Joghurt** angewendet werden (d. h. nicht pasteurisiert, der noch lebende Bakterien enthält) oder aber pharmazeutische Präparate wie **Lactoferment** in Tablettenform oder **Spuman**.

Bei hartnäckiger Candida müssen in jedem Fall die eigentlichen Ursachen gefunden und beseitigt werden. Eine ganzheitliche Darmdiagnostik ist notwendig. Falls im Darm Candidanester gefunden werden, muß die Ernährung radikal umgestellt werden. Darüber hinaus sollte eine Hydro-Colon-Therapie mit **individueller Symbioselenkung** und anschließender ganzheitlicher systemischer und regionaler Sanierung durchgeführt werden.

Regionale Maßnahmen im Vulva- und Vaginalbereich können sein:

- **Vaginalspülung mit Natriumkarbonat** (1 Messerspitze auf eine große Tasse Wasser) am Morgen;
- **Knoblauch** am Morgen und am Abend. In Mull gewickelte Knoblauchzehe kann in Öl getaucht werden, um das Einführen zu erleichtern.
- **Milchsäure**, am Abend; Kur, 10–15 Tage.

3.2.2.2 Trichomonaden-Kolpitis

A. Ursachen

Trichomonaden sind einzellige Lebewesen, die sich in Vagina, Darm und Harnröhre befinden können, ohne daß dabei normalerweise Beschwerden hervorgerufen werden müssen. Trichomonaden sind birnenförmig und haben jeweils vier Geißeln, die ihnen die Fortbewegung ermöglichen.

Im allgemeinen werden die Trichomonadeninfektionen übertragen durch feuchte Textilien wie Badeanzüge, Unterwäsche, Handtücher und Waschlappen. Trichomonaden können außerhalb des menschlichen Körpers in einem warmen und feuchten Milieu leben (z. B. Klobrillen). Eine Hauptübertragungsform sind *sexuelle Kontakte*. Trichomonaden können vom Enddarm auf die Vagina übertragen werden, wenn man sich von hinten nach vorne abwischt oder durch Analverkehr, dem Vaginalverkehr ohne vorherige gründliche Reinigung folgt.

Trichomonaden leben in einem Milieu, das weniger sauer ist als das normale Vaginalmilieu. Alles, was das saure Milieu also verändert, kann zur Ausbreitung der Trichomonaden führen. Aus diesem Grunde wächst die Aktivität der Trichomonaden vor der Menstruation an.

B. Symptome der Trichomonaden-Infektion

- Starker Juckreiz und Entzündung der Vulva und des Vaginaleingangs
- Brennen beim Wasserlassen, das Brennen kann auch sonst spürbar sein
- Übelriechender, schaumiger, gelb-grünlicher Ausfluß

C. Therapie der Trichomonaden-Infektion

Die gängige Behandlung ist die mit Metronidazol (**Clont**®, **Flagyl**®) in Tablettenform oder als Vaginalzäpfchen. Dabei muß auch der Partner behandelt werden.

Das wichtigste ist neben der Standardtherapie die Beseitigung der eigentlichen Ursachen, die das Darm- und Vaginalmilieu gestört haben: Schadstoffe in Ernährung, Wohn-, Arbeits-, Freizeitumgebung müssen herausgefunden und beseitigt werden. Folgende alternative Behandlungsmethoden bieten sich an:

- Eine **geschälte Knoblauchzehe**, nicht eingeschnitten (wie oben).
- Während der ersten Tage der Behandlung sollte die Zehe zwei- bis dreimal pro Tag gewechselt werden, danach zweimal pro Tag, das Ganze ungefähr 10 Tage lang.
- Da der Knoblauch auch eine bakterizide Wirkung hat, sollten am Ende der Behandlung auch Milchsäurebakterien in die Vagina eingeführt werden.

D. Hilfe zur Selbsthilfe

- Achten Sie unbedingt auf peinliche Sauberkeit!
- Verzichten Sie auf Geschlechtsverkehr, bis die Entzündung beseitigt ist!
- Halten Sie eine gesunde Lebensweise ein!
- Rauchen Sie nicht und bevorzugen Sie eine reizlose, kochsalzfreie Kost!
- Essen Sie viel Frischkost wie frisches Obst, Salate und Gemüse!
- Vermeiden Sie alkoholische Getränke und Kaffee!
- Machen Sie kalte Umschläge mit in kaltes Wasser oder kalten Kamillen- oder Salbeitee getränkten Tüchern!
- Wenn der Arzt es erlaubt, sollten Sie zweimal täglich Scheidenspülungen mit Kamillentee machen!
- Auch temperaturansteigende Fuß- und Sitzbäder können zu einer schnelleren Abheilung führen!
- Trinken Sie Tees aus Blutweiderich, Stiefmütterchen und Arnikablüten!
- Machen Sie Auflagen mit Joghurt! Das nimmt den Juckreiz und stärkt die Widerstandsfähigkeit der Haut.
- Reiben Sie den Intimbereich mit Johanniskrautöl ein! Das sollten Sie auch ständig vorbeugend tun.
- Machen Sie ein Sitzbad in einem Ringelblumen- und Kamillenaufguß!
- Begeben Sie sich unbedingt in ärztliche Behandlung und wenden Sie die genannten Selbsttherapien nur zusätzlich an!

E. Therapiemethoden in der Naturheilpraxis

Wie bei allen Entzündungen hat sich auch hier die Bestrahlung mit **Ultrarot-A-Tiefenbestrahlung** bestens bewährt. Das fördert nicht nur die Durchblutung, sondern sorgt auch für eine schnelle Abheilung der Entzündung.
Auch **Vaginalklistiere** mit **Ozon-Sauerstoff** sind heilsam. Zur Steigerung der körpereigenen Abwehrkräfte bei chronischer Scheidenentzündung empfiehlt sich eine Kur mit **Thymusgesamtextrakt-Injektionen**. Weitere Maßnahme: *Homöopathie, Eigenblutinjektionen, pulsierendes Magnetfeld, Enzymtherapie, Energiezonen-* und *Meridianmassagen* usw.

3.2.2.3 Bartholinische Zyste und Bartholinitis

A. Ursachen und Symptomatik

Wenn der natürliche Selbstreinigungs- und Abwehrmechanismus der Scheide gestört ist, kann es nicht nur zu übelriechendem Ausfluß, Juckreiz, Brennen und massiven Schmerzen, sondern auch zu einer Verstopfung des Kanals, der die Bartholinischen Drüsen entleert, kommen. Dies bezeichnet man als sogenannte »Bartholinitis«. Auf dem unteren Drittel oder der unteren Hälfte der Schamlippen taucht dann eine glänzende Schwellung auf. Ein *Abszeß* entsteht. Die Anzeichen sind *Schmerzen* und *Schwellungen*.
Eine sehr häufige Ursache der Bartholinitis können Umwelt-Schadstoffe sein, die das Milieu im Bereich der Bartholinischen Drüse stören. Solche Umweltschadstoffe bewirken immer zunächst eine Störung des natürlichen Scheidenmilieus. Sie können über die Nahrungskette aufgenommen sein, aber auch aus Intim-Kosmetika und/oder Unterwäsche stammen. Möglich sind auch leicht flüchtige Schadstoffe aus dem Wohn-, Arbeits- oder Freizeitbereich, die dann nicht nur über die Haut im Bereich von Kopf, Stamm und Extremitäten, sondern auch und gerade im Genitalbereich aufgenommen werden und das Vulva- und Vaginalmilieu so stören, daß es dann unter anderem auch zur Bartholinitis kommt.

B. Diagnostik

Im Fall einer Infektion erlaubt das Anlegen von Kulturen die Identifizierung des Erregers. Darüber hinaus sollte man gegebenenfalls eine Schadstoffanalytik machen. Vielversprechend scheint eine Analytik hinsichtlich möglicher Schwermetalle zu sein.
Bei eigenen Untersuchungen (Schulte-Uebbing, Zahn et al., 1990–1994) konnten wir bei insgesamt sieben Frauen, die wegen chronisch rezidi-

vierender Bartholinischer Abszesse operiert wurden, im Punktat relativ hohe Quecksilber-, Kupfer- und Zinnwerte feststellen. Die UMWELT-Anamnese, ausgewertet von einer Doktorandin, ergab eine entsprechende Belastung mit Amalgam. Dies konnte durch Kaugummi- und DMPS-Wert bestätigt werden.

C. Therapie

Standardtherapie ist zunächst die Gabe von **Antibiotika, Schmerzmitteln** und die **Bettruhe**. In den meisten Fällen kommt man nicht um eine **Operation** herum. Der Abszeß muß angeschnitten und entleert werden. Anschließend erfolgt die sogenannte **»Marsupialisation«.**
Bei immer wiederkehrenden Bartholinischen Abszessen ist die Beseitigung der eigentlichen Ursachen anzustreben. Eine genaue Umweltanamnese muß die Faktoren ermitteln, welche das Vaginalmilieu (und meist auch das Darmmilieu) gestört haben.
Schadstoffe in Ernährung, Wohn-, Arbeits-, Freizeitumgebung müssen herausgefunden und beseitigt werden. Folgende alternative Behandlungsmethoden bieten sich darüber hinaus an:

Alternative Therapie-Möglichkeiten:

- **Tonerde** in lokaler Anwendung und Bettruhe. Reich an Mineralien und Spurenelementen
- **Tonerde** ist mineralspendend und stellt oft das Gleichgewicht wieder her, wirkt gegen Giftstoffe, ist keimtötend, fördert die Wundheilung und wirkt absorbierend.

3.2.2.4 Kondylome (Feigwarzen)

A. Ursachen

Man weiß, daß Kondylome besonders dann wachsen, wenn das ökologische Gleichgewicht im Organismus gestört ist. Nach Erfahrungen des Autors sind Kondylome oft von einer Candida-Infektion im Gastrointestinaltrakt begleitet.
Wenn das Vulva- und Vaginalmilieu nicht optimal ist, können sich die Kondylome relativ rasch ausbreiten. Daher ist eine Candidadiagnostik bei immer wiederkehrenden Kondylomen bei Patientin und Partner notwendig.

B. Symptomatik

Feigwarzen, auch Kondylome genannt, werden beim Geschlechtsverkehr übertragen. Kondylome sind warzenförmige Gebilde, die die unangenehme Angewohnheit haben, auf der Vulva, der Vagina oder dem Gebärmutterhals zu wachsen. Wenn die Feigwarzen sehr klein sind, machen sie sich kaum bemerkbar. Erst ab einer gewissen Größe werden sie dann mit dem bloßen Auge als weiße, glänzende, ein starkes Brennen verursachende Kämme wahrgenommen. Kondylome werden in jüngster Zeit ursächlich mit Viren in Verbindung gebracht, die auch bei Gebärmutterhalskrebs als mögliche Erreger diskutiert werden.

C. Standard-Therapie

Standardtherapie ist eine thermisch-mechanische Zerstörung der Kondylome. Man kann sie verbrennen, vereisen oder ausschneiden. Gängige Verfahren sind die sogenannte **Elektrokoagulation, Kryotherapie (Kälte-Chirurgie,** wenn nötig in Vollnarkose) oder Operation.
Natürlich sind die operativen Verfahren nicht sehr erfolgreich, da sie nicht ursächlich sind. Die Erfolgsquoten fallen recht unterschiedlich aus, Rückfälle sind häufig.
Schadstoffe in Ernährung, Wohn-, Arbeits-, Freizeitumgebung müssen herausgefunden und beseitigt werden. Folgende alternative Behandlungsmethoden bieten sich darüber hinaus an:

D. Alternative Therapie-Möglichkeiten:

- Urtinktur von Thuja, 1–2 Anwendungen pro Tag.
- Podophyllin (Essenz von Entenfuß) in einer Benzol-Tinktur (zu 25%), zweimal pro Woche anwenden, 15–20 Minuten, danach mit Kamille und Ringelblume nachspülen, sonst brennt es.
- Thuja kann man auch innerlich anwenden: Urtinktur zweimal je 10 Tropfen pro Tag.
- Homöopathische Alternativen: Individuell austesten! Bewährt haben sich Thuja D 4 bis D 6 Globuli, 3 mal 2 Globuli pro Tag.
- Entenfuß, Maiapfel (Podophyllum peltatum): Wurzel entleert die Gallenblase, drastisches Entschlackungsmittel. Äußerlich bei Kondylomen.
- Akupunktur, Homöopathie.

3.2.2.5 Chlamydien-Vulvitis und -Kolpitis

A. Ursachen und Symptomatik

Chlamydien sind gramnegative, rund-ovale Bakterien, die dreimal so klein sind wie Streptokokken. Man kennt sie erst seit den 70er Jahren. Nach amerikanischen Quellen scheinen besonders junge Frauen, die die Pille nehmen, anfälliger für Chlamydien zu sein. Diese sind weit verbreitet.

Chlamydien sind sehr oft bei chronischen therapieresistenten Vulvitiden und Kolpitiden beteiligt. Sie wachsen vor allem dann, wenn das ökologische Gleichgewicht im Organismus gestört ist. Wenn das Vaginalmilieu nicht optimal ist, vermehren sie sich relativ rasch in der Scheide und können sich vor allem auch in den tiefer gelegenen Teilen der Vagina und um den Gebärmutterhals herum ausbreiten.

Bei Patientinnen mit Chlamydien im Vaginalabstrich finden sich überdurchschnittlich häufig chlorierte Kohlenwasserstoffe. Eigene Untersuchungen zeigten, daß insbesondere DDT, HCH (Lindan) und PCB im Vaginalsekret von Patientinnen mit rezidivierenden Chlamydieninfektionen gefunden wurden.

Falls das Vaginalmilieu zu alkalisch ist, kommt es zur Chlamydienbesiedelung und -Ausbreitung. Zehn bis zwanzig Tage nach der Ansteckung tritt meist eine Entzündung des Gebärmutterhalses oder der Harnröhre auf. Ohne Behandlung gehen 20 % der Infektionen in eine Entzündung des kleinen Beckens über.

Die aufgestiegene Infektion ist weniger stark als die durch Gonokokken, das Fieber kann mäßig sein. Schmerzen treten manchmal nur während der Penetration auf, der Belag ist beidseitig.

B. Therapie-Ansätze

Da Chlamydien häufig zusammen mit Gonokokken auftreten, wird schulmedizinisch ein Tetracyclinderivat bevorzugt (**Vibramycin®**). Zusätzlich sollte man nach den eigentlichen Ursachen suchen: Falls Schadstoffquellen (Ernährung, Wohn-, Arbeits-, Freizeitumgebung) eine mögliche kausale Rolle spielen, sollten diese herausgefunden und beseitigt werden. Zusätzlich empfiehlt sich eine **ganzheitliche Entgiftungs- und Ausleitungstherapie**.

3.2.2.6 Mykoplasmen-Vulvitis und -Kolpitis

Mykoplasmen sind winzig kleine Keime, die vor noch kürzerer Zeit entdeckt wurden als Chlamydien und die ebenfalls durch Geschlechtsverkehr übertragen werden.

A. Symptome

Die Symptome sind oft ähnlich denjenigen bei der Chlamydieninfektion. Falls das Vaginalmilieu zu alkalisch ist, kommt es zur Besiedelung und Ausbreitung mit Mykoplasmen. Diese verursachen Vaginalentzündungen, die meist auch mit Brennen beim Wasserlassen einhergehen. Häufige Begleiterkrankungen sind Bartholinitis, Zervizitis, Endometritis und Adnexitis.

B. Therapie

Da Mykoplasmen häufig mit Gonokokken zusammen auftreten, werden schulmedizinisch **Tetracycline** (z. B. **Vibramicin**®) bevorzugt. Dies kann allerdings nicht unproblematisch sein. Denn wenn die Mykoplasmen tatsächlich mit Gonokokken in Verbindung stehen, muß behandelt werden. Wenn aber zu häufig Antibiotika gegen Vaginalentzündungen genommen werden, erzeugen sie sehr schnell resistente Erreger und verringern gleichzeitig die Abwehr der Frau gegen alle krankmachenden Erreger.
In jedem Fall steht neben der Standardtherapie die Beseitigung der eigentlichen Ursachen im Vordergrund, die das Darm- und Vaginalmilieu gestört haben: Schadstoffe in Ernährung, Wohn-, Arbeits-, Freizeitumgebung müssen herausgefunden und beseitigt werden.

3.2.2.7 Herpes

A. Symptomatik

Herpesinfektionen treten vor allem bei Patientinnen mit einem geschwächten Abwehrsystem auf. Herpesviren vermehren sich besonders gut, wenn das ökologische Gleichgewicht im Organismus gestört ist. Meist ist eine Herpesinfektion begleitet von einer Candida- Infektion des Gastrointestinaltraktes, oft sogar von einer sogenannten System-Candidose, bei der Candida albicans über den ganzen Organismus ausgebreitet ist.
Ebenso, wie viele systemischen Krankheiten auf den Hefepilz Candida albicans zurückgeführt werden können, scheint dies auch auf Herpesviren zuzutreffen. Heute vermutet man bereits, daß Herpes beinahe jedes Organ betreffen kann.

B. Immunschwäche als Ursache

Patientinnen, die häufig Antibiotikagaben erhalten haben, leiden nicht nur überdurchschnittlich häufig an massiven therapieresistenten Verdau-

ungsstörungen. Sie haben auch meist einen immer wiederkehrenden therapieresistenten Herpes.
Herpes ist eine Infektionskrankheit, die von einem Virus hervorgerufen wird, dem Herpes simplex, von dem man zwei Typen kennt (I, II). Der eine ist für die sogenannten *»Fieberbläschen«* verantwortlich, die um den Mund herum und an verschiedensten Stellen der Haut auftreten. Der andere ruft eine *Vaginalinfektion* hervor, die man meist an der Vulva sieht.
Vaginalherpes wird durch Sexualverkehr verbreitet. Die aktive anstekkende Wunde ist leider nicht immer sichtbar, denn sie kann tief in der Vagina sitzen. Zunächst kommt es zu Brennen und eventuell zu geschwollenen und schmerzhaften Lymphdrüsen. Danach erscheinen kleine weiße Bläschen, die aufplatzen und schmerzhafte Wunden ergeben. Die Wunden vernarben spontan in ein bis zwei Wochen.

C. Herpes als Umweltkrankheit

Mehrjährige Erfahrungen in einer Frauenklinik mit umweltmedizinischen Schwerpunkten bestätigen, daß die meisten Patientinnen mit Herpes eine massive Intoleranz gegenüber einer Vielzahl von Chemikalien haben.
Eine langhaltige Besserung des teilweise sehr schweren Herpes trat oft erst nach einer gezielten Entgiftungs- und Ausleitungstherapie, begleitet von einer ganzheitlichen Darmsanierung einschließlich Symbioselenkung im Sinne einer klassischen Anti-Candida-Therapie auf.
Candida albicans ist nicht nur allgemein ein umweltmedizinisch äußerst bedeutsamer Pilz, sondern kommt überdurchschnittlich häufig bei Herpes-Patientinnen vor, die sich durch ein geschwächtes Immunsystem auszeichnen.
In der Praxis des Autors hat sich auch gezeigt, daß viele Patientinnen mit einer bestehenden schweren Grunderkrankung wie Multipler Sklerose, Morbus Crohn, Thrombozytopenischer Purpura und Sarkoidose, aber auch mit erworbenen Immunmangel-Syndromen *sowohl* Herpesviren *als auch* Candida albicans im gesamten Organismus hatten. Dies war auch bei Patientinnen der Fall, die in der Anamnese eine wiederholte Einnahme von Antibiotika, orale Empfängnisverhütungsmittel und Kortikosteroide aufwiesen.
Ein gesundes Scheidenmilieu ist die Grundvoraussetzung für den natürlichen Selbstreinigungs- und Abwehrmechanismus der Scheide. Ist das Scheidenmilieu gestört, kommt es zu übelriechendem Ausfluß, zu Juckreiz, Brennen und massiven Schmerzen.

Umwelt-Schadstoffe, die heute leider »immer und überall« vorhanden sind, können das natürliche Scheidenmilieu massiv stören:
Tagtäglich nehmen wir sie über die Nahrungskette auf. Aber auch dort, wo wir sie gar nicht vermuten, können viele Schadstoffe vorhanden sein: In Kosmetika und Kleidung, am Wohn- und Arbeitsplatz, im Freizeitbereich. In der Inneneinrichtung, beispielsweise in Möbeln, Bodenbelägen, Teppichen, Vorhängen, Tapeten und vielem mehr.
Viele Umweltschadstoffe wirken nicht nur über die Haut im Bereich von Kopf, Stamm und Extremitäten, sondern auch und gerade im Genitalbereich. Vulva und Vagina sind oft besonders empfindlich.
Es scheint meist so zu sein, daß durch schadstoffhaltige Nahrungsmittel und/oder abwehrbelastende Medikamente sowohl die Ansiedlung von Candida albicans als auch von Herpesviren gefördert wird.

D. Ganzheitliche Therapie

Die Therapie muß daher immer neben der Standard-Herpes-Therapie ganzheitlich umweltmedizinisch ansetzen. Auch hier muß die Beseitigung der eigentlichen Ursachen im Vordergrund stehen, die das Darm- und Vaginalmilieu gestört haben: Schadstoffe in Ernährung, Wohn-, Arbeits-, Freizeitumgebung müssen herausgefunden und beseitigt werden. Darüber hinaus spielen seelische und psychische Faktoren bei der Herpes- (wie auch bei der Candida-)Entstehung eine entscheidende Rolle. Die schulmedizinische **Standard-Therapie** umfaßt schmerzstillende oder antibiotische Cremes sowie Antivirusmittel in Cremeform (z. B. **Viru-Merz**®; oder **Virunguent**®).

Alternative Therapie-Möglichkeiten:

- Streß-Abbau (Da Herpes unter anderem mit Streß in Zusammenhang stehen soll, kann Ausruhen helfen)
- Kaffee, Aufputschmittel (Tee, Nikotin, Drogen) drastisch reduzieren
- Zucker meiden (schwächt die Abwehr gegenüber Infektionen)
- Kamillen- oder Ringelblumen-Sitzbäder.

Allgemeine immunstimulierende Maßnahmen, die sowohl bei Herpes- als auch bei Candida-Infektionen sehr gute Erfolge bringen, sind:

- **Kleine Brennessel** (Urtica urens), mindestens 10% mit Ringelblume verdünnt.
- **Echinacea** (Echinacea angustifolia): Schweißtreibend, erhöht den Speichelfluß.
- **Echinacea-Urtinktur**: 5–200 Tropfen pro Dosis.
- **Große Klette** (Arctium lappa): Wurzel entschlackend, schweißtreibend, entzündungshemmend (vor allem gegen Staphylokokken und grampositive Keime), harntreibend, auch sehr gut bei anderen chronisch rezidivierenden Infektionen wie Furunkeln, Ekzemen und Eitergrind
- **Buchsbaum** (Buxus sempervirens): Blätter, Rinde der Wurzel entschlackend, schweißtreibend, abführend, regt die Sekretion von Leber und Galle an, wirkt desinfizierend und fördert die Wundheilung, fiebersenkend, bei Fieber, Rheuma, Gicht, Syphilis und schlecht heilende und infizierte Wunden.
- **Seifenkraut** (Saponaria officinalis): Ganze Pflanze, entschlackend, harntreibend, schweißtreibend, vermehrt die Sekretion von Leber und Galle, Wurmmittel, bei Erkrankungen der Harnwege, Müdigkeit, Fieber, Lymphdrüsenentzündung.

Echinacea hilft bei allen Erkrankungen, die auf Blutunreinheiten zurückzuführen sind. Bei verschiedenen Formen der Sepsis (= Blutvergiftung durch Giftstoffe, die der Körper nicht ausscheiden kann), Abszessen, Eileiterentzündung und Fieber.

- Angewendet werden vor allem Echinacea-Wurzelstücke, die man etwa eine halbe Stunde lang in einer Tasse mit kochendem Wasser ziehen läßt, durchfiltert und dann jeweils einen Eßlöffel drei bis sechs mal pro Tag nimmt.

3.3 Zervizitis und Ektopie

3.3.1 Symptomatik

Die Zervizitis ist eine sehr häufige Infektion des Gebärmutterhalses. Ein Hauptfaktor, der die Entstehung begünstigt, ist eine sogenannte Ektopie, eine Wucherung der Drüsen des Zervikalkanals, die in der Umgebung des Muttermundes wachsen. Dieses überquellende Gewebe, das eigentlich an ein steriles Milieu (in dem keine Keime enthalten sind) gewöhnt ist, ist ständig entzündet, da die Vagina definitionsgemäß von Bakterien bewohnt ist.

3.3.2 Ursachen

Ursächlich spielen bei der Entstehung der Zervizitis Umweltfaktoren eine wichtige Rolle. Bei eigenen Untersuchungen (SCHULTE-UEBBING, ZAHN et al., 1990–1994) konnten wir bei Frauen mit chronisch rezidivierender Zervizitis sehr oft relativ hohe, gelegentlich sogar extrem hohe Konzentrationen an chlorierten Kohlenwasserstoffen in Form von DDT, HCH (Lindan) und PCB messen. Werte von 30 bis über 120 Mikrogramm Lindan pro Liter Zervikalsekret waren keine Seltenheit.
Auch und gerade bei unseren Sterilitätspatientinnen (= Patientinnen mit unerfülltem Kinderwunsch), die wir unter anderem auch wegen ihrer chronischen Zervizitis auf Belastungen mit Umweltschadstoffen untersuchten, konnten wir sehr häufig Organochlorverbindungen im Zervikalsekret nachweisen.
Besonders interessant war in diesem Zusammenhang die Tatsache, daß höhere Belastungen des Zervikalsekretes mit Organochlorverbindungen überdurchschnittlich häufig mit hochpathologischen Postkoitaltests korrelierten (Vgl. Abschnitt »Sterilität«).
Bei unseren Untersuchungen konnten wir im Zervikalsekret bis zu zwanzigmal höhere Organochlor-Werte messen als im Blut der entsprechenden Patientinnen. Dies war insofern interessant, als es sich beim Zervikalsekret nicht unbedingt um eine lipophile Substanz handelt, bei welcher dies eher zu erwarten gewesen wäre.
Mit unseren im Zervikalsekret gemessenen hohen Schadstoffbelastungen vergleichbar hohe Schadstoffwerte waren bislang nur in der Muttermilch nachgewiesen worden.
Wie später noch gezeigt wird, ist diese neue Erkenntnis, daß die chronische Zervizitis möglicherweise mit Umweltschadstoffen zu tun hat, weil der Schleim des Gebärmutterhalses ein Ort ist, an dem sich bevorzugt Umweltgifte anreichern können, ganz entscheidend für die Sterilitätsdiagnostik und -therapie, zumal man bisher auch bei aufwendigsten Verfahren wie IVF und GIFT diese Zusammenhänge nicht oder zu wenig berücksichtigt hat.
In einer österreichischen Studie (zitiert aus DÖRING) wurden sowohl im Zervikalsekret als auch in der Follikelflüssigkeit österreichischer Frauen, die auch an chronischer Zervizitis litten, beträchtliche Rückstände an DDT und HCH sowie darüber hinaus an polychlorierten Biphenylen (PCBs) gefunden. Ursächlich waren Insektizide, die beim Weinanbau in der Gegend um Wien eingesetzt wurden. Auch wurde nachgewiesen, daß sich Insektizide, die über Arzneipflanzen (z. B. Ginsengwurzeln) oder Nahrungsmittel (z. B. Erdbeeren) aufgenommen werden, im Zervikalsekret anreichern und zu chronisch rezidivierenden

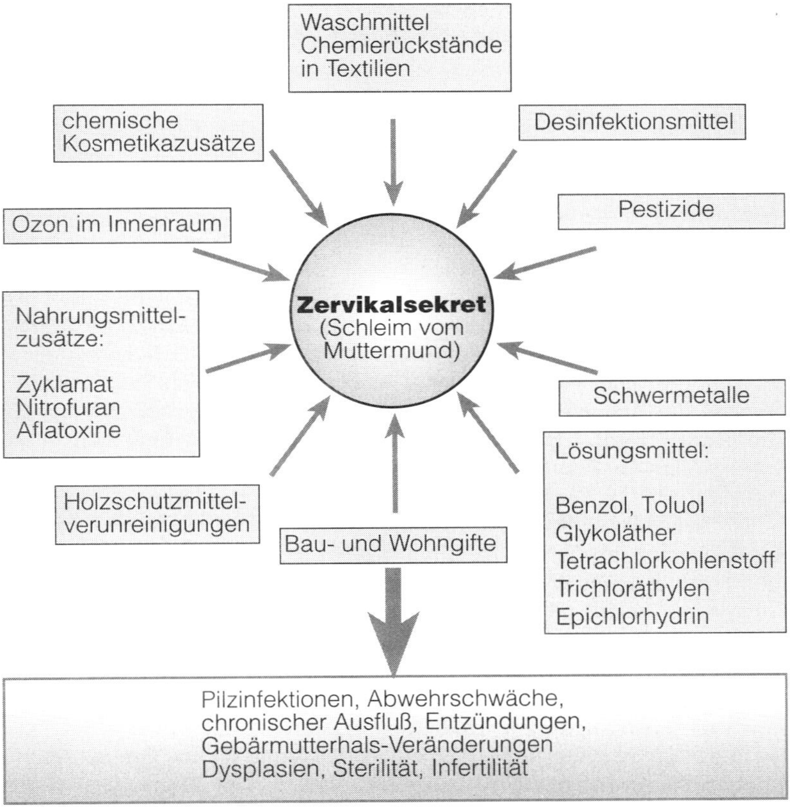

Abb. 13 zu 3.3.2.

Kolpitiden mit Fluor vaginalis (= Ausfluß aus der Scheide) und Zervizitis führen können.

1990 wurde im Rahmen von EG-Untersuchungen entdeckt, daß spanischer Reis, der für den Export angebaut worden war, mit dem in der Europäischen Gemeinschaft verbotenen hochgiftigen Pestizid Lindan (HCH) behandelt worden war. Forscher der Universität Bonn wiesen nach, daß vor allem bei Frauen mit sogenannter idiopathischer Sterilität (= unerfüllter Kinderwunsch unbekannter Ursache), die auch überdurchschnittlich häufig an Vulvitiden, Kolpitiden und Zervizitis litten, eine herausragend hohe Konzentration von PCB, HCH, DDT und dessen Abbauprodukt DDE in der Follikelflüssigkeit vorhanden war. Für den

Zusammenhang zwischen Lebensraum und Umweltgiftbelastung sprach bei diesen Untersuchungen, daß Frauen aus der Dritten Welt die insgesamt höchsten Agrargift-Konzentrationen in ihren Reproduktionsorganen aufwiesen (Wagner et al. 1989, Schlebusch et al. 1989).

Somit geht aus der neueren Literatur und aus eigenen Untersuchungen zweifelsfrei hervor, daß viele chronische Zervizitiden ihre Ursache in Umweltschadstoffen haben können, wobei die Wirkungsweise über verschiedenste Mechanismen laufen dürfte.

Neben der rein regionalen Veränderung des Zervikalmilieus und der regionalen chronisch subtoxischen Wirkung kommt es systemisch direkt (z. B. Leberschädigung, gestörte Produktion von Gerinnungsfaktoren) oder indirekt (z. B. über Störungen der hormonellen Regelkreise, des seelischen Gleichgewichts, des Immunsystems etc.) zu Schädigungen des Immun- und Hormonsystems und/oder zu chronischen Entzündungen, die schließlich über ein Aufsteigen pathogener Keime zu chronischen Endo-Myometritiden (= Gebärmutterentzündungen) und Salpingitiden (= Eileiterentzündungen) möglicherweise mit einer späteren Sterilität (= unerfüllter Kinderwunsch) führen können.

Es ist bekannt, daß eine *einseitige, schadstoffbehaftete Ernährung*, beispielsweise mit Schwermetallen, Pestiziden oder sonstigen Organochlorverbindungen, über verschiedenste Mechanismen sowohl zu einer Vulvitis als auch zu einer Kolpitis und/oder Zervizitis führen kann. Solche Schadstoffe aus der Nahrung können unter Umständen auch zu allgemeinen Hormonstörungen (Schilddrüse, Nebenniere etc.) beitragen. Aber auch Krankheiten des Blutes mit Gerinnungsstörungen, schwere Stoffwechselstörungen wie Diabetes, Suchtkrankheiten oder Krankheiten mit allen Zeichen der allgemeinen Dekompensation können durch falsche schadstoffreiche Ernährung entstehen.

Eigene Untersuchungen zeigen, daß Herde im Körper wie beispielsweise Amalgam-, sonstige Metall- oder aber auch Silikon- bzw. Polyurethan-Implantate etc. über verschiedenste Mechanismen zu einer chronischen Zervizitis führen können. Meist geht dies über den Hauptmechanismus der sogenannten *»subtoxisch-endokrinen Störung«*.

Viele Frauen mit chronischer Zervizitis bzw. Endo- oder Myometritis haben klassische Symptome einer chronischen Lösungsmittelvergiftung, ohne die Zusammenhänge zu kennen: *Benommenheit, Kopfschmerz, Schwindel, narkotische Erscheinungen*, alles Hinweise auf Störeinflüsse des zentralen Nervensystems (und damit verbunden des endokrinen Systems) durch Umweltschadstoffe.

Tagtäglich arbeiten Frauen in Industrie- und Handwerksbetrieben mit endokrin wirksamen Schadstoffen: Methyl- oder Ethylacetat-Ester, Methyl-Ethyl-Ketone reizen zunächst die Schleimhäute von Augen, Mund,

Rachen, Magen, machen im Laufe der Monate und Jahre müde, aggressiv und gereizt. Dadurch wird das seelische und psychische Gleichgewicht gestört und es kommt, einhergehend mit Zyklussstörungen, zu Milieuveränderungen im äußeren und inneren Genitale.

> Viele Umweltgifte, die das Vulva-, Vaginal- und Zervikalmilieu stören, sind darüber hinaus auch krebserregend und narkotisierend: *Benzol, Xylol* und *Toluol* verursachen Krämpfe und psychische Störungen, *Benzol, Toluol* und *Methylenchlorid* sind krebsverdächtig, *Trichlorethan* und *Trichlorethylen* schädigen Gehirn, Leber, Nieren.

Weitere Umweltgifte, die das Milieu im äußeren und inneren Genitale schädigen können, sind Lösungsmittel, Farben und Lacke, Klebstoffe, aber auch Kosmetika und weit verbreitete chemische Textilzusatzstoffe. Selbst die immer für harmlos gehaltenen Büroartikel können diesbezüglich problematisch sein. Beispielsweise können auch Farbstifte aus Cellulose oder Kunstharzen, Ton, Talkum und Graphit mit Farbstoffen auf Methylviolettbasis, mit Gleit- oder Bindemitteln zu chronischen Hautentzündungen führen.
Auch weit verbreitete Fettstifte aus Farbpulver, -wachsen oder -fetten, synthetische Ölfarben mit Verdickungs-, Feuchthalte-, Konservierungsmitteln, Stabilisatoren, schwermetallhaltigen Farbstoffen und Tensiden können bei Hautkontakt oder Inhalation zu allergischen Hautreaktionen, Reizung und Schwellung der Schleimhäute, Husten, Atemnot, Kopfweh, Schwindelanfällen, Nervenreizungen und -schädigungen führen.

> Nicht selten verursachen solche Chemikalien auch langfristig Störungen des gesamten Hormonsystems und führen nicht selten zur chronischen therapieresistenten Zervizitis, Endo- und Myometritis.

3.3.3 Diagnostik

Treten bei Frauen mit Zervizitis, Endo- und/oder Myometritis die oben genannten Symptome auf, muß neben der üblichen schulmedizinischen Standard-Akuttherapie eine exakte Umweltanamnese, eine gezielte Untersuchung und dann eine gezielte Schadstoffanalytik und -ausleitung durchgeführt werden. So besteht die Möglichkeit, die Zervizitis zu beseitigen und das Endokrinium wieder zu stabilisieren.
Wenn die Zervizitis nicht rechtzeitig erkannt und entsprechend behandelt wird, kann sie über eine aufsteigende Infektion (Endometritis, Eierstockentzündung) zu den gefürchteten Komplikationen führen:

Dysmenorrhöe, Dyspareunie, Sterilität (unerfüllter Kinderwunsch), habituelle Aborte (häufigere Fehlgeburten), mechanische Schwierigkeiten bei der Entbindung (Eröffnungsphase) und vieles mehr können indirekte Folgen der schadstoffbedingten chronischen Entzündung sein.

3.3.4 Therapie

Je nach Entzündungsgrad und Spektrum der beteiligten Erreger müssen im akuten Stadium Antibiotika gegeben werden. **Strenge Bettruhe** und gegebenenfalls Infusions- und sonstige Begleittherapien (siehe unter »Vaginalentzündungen«) können ergänzend notwendig werden.
Bei einer leichteren Zervizitis oder im Anschluß an die Akutbehandlung können alternative Therapien eingesetzt werden. In der Praxis des Autors haben sich unter anderem folgende Maßnahmen bewährt:

- Täglich **Lavendel-** und/oder **Rosmarinhonig** auftragen
- **Vitamin E** und/oder Vitamin A, sytemisch und/oder lokal
- Individuelle Austestung: **Mischung** aus Süßmandelholz, Weizenkeimöl, ätherischem Öl von Thuya und ätherischem Öl von Zypresse (mit der individuell ausgetesteten Mischung wird ein steriler Tampon getränkt und vor die Gebärmutter gelegt)
- **Majoran-** und/oder **Melisse-Zäpfchen**, 1 bis 3 g/Tag.
- Kaltes Sitzbad am Morgen (gegebenenfalls) einige Minuten lang (regt den Blutkreislauf in dieser Region sehr stark an)

3.4 Endo-Myometritis

Als Folge einer umweltbedingten Milieuveränderung kann es im Zuge einer aufsteigenden Zervizitis auch zur Endo- und Myometritis (= Infektion der Gebärmutter bzw. der Gebärmutterschleimhaut) sowie zu einer Entzündung der Adnexe (= der Eileiter und Eierstöcke, Adnexitis genannt) kommen. Sind Eileiter und Eierstöcke entzündet, kann sich die Infektion dann auch auf das Bauchfell ausweiten. Dann handelt es sich um eine sogenannte Peritonitis, die lebensbedrohlich sein kann.

3.4.1 Symptomatik

Die Endometritis tritt meist nach einer Entzündung der Vagina oder des Gebärmutterhalses (z. B. mit Gonokokken) auf. Als weitere mögliche Ursachen kommen die *Spirale*, eine *durchgemachte Abtreibung* oder *Entbindung* oder auch andere *intrauterine Eingriffe* in Betracht.

Es treten dann meist erhöhte Temperaturen zwischen 38 und 39 Grad Celsius, teilweise auch über 40 Grad auf. Der Schmerz strahlt nicht aus. Beim Tasten kann der Schmerz beim Loslassen stärker sein als beim Druck auf die Stelle oberhalb des Venushügels (Entlastungsschmerz). Das Vaginalsekret ist vermehrt und eitrig. Bei der Untersuchung von der Vagina her sind Gebärmutter und Gebärmutterhals weicher und schmerzempfindlich, die Eierstöcke sind weich.

3.4.2 Diagnostik

Bei gewissenhaften Vorgehen werden folgende zusätzliche Untersuchungen durchgeführt:

- Vollständige Blutuntersuchung mit Blutsenkung (erhöht)
- Kultur des Sekretes mit Antibiogramm oder Aromatogramm.

Komplikationen können zu einer Eileiter- und Eierstockentzündung führen. Die Schulmedizin behandelt mit *Antibiotika*.

3.4.3 Therapie

> Bei einer floriden (= akuten) Endo-Myometritis sollten alternative Therapie-Möglichkeiten **nur ergänzend** zu den schulmedizinischen Maßnahmen angewandt werden. Vorher sollte in jedem Fall der fachärztliche Rat eingeholt werden.

Neben der Antibiotikagabe, Infusions- und Schmerztherapie sind folgende **begleitenden Maßnahmen** gut:

- Absolute Bettruhe
- *Ernährung:* Viel trinken, leicht essen, keine gekochten Fette, tierisches Eiweiß meiden, dafür mehr pflanzliches Eiweiß essen, die Verstopfung mit Vollgetreiden bekämpfen, z. B. mit Kleie. Bei schlimmer Verstopfung einen Einlauf machen.
- Vaginalzäpfchen aus Urtinktur Calendula und/oder Urtinktur Beinwell und/oder Urtinktur der Kanadischen Gelbwurz.

Zusätzlich zur Abwehrsteigerung, können, individuell ausgetestet, noch folgende Maßnahmen ergriffen werden:

- Gabe der Spurenelemente Cuprum oder Cuprum/Aurum/Argentum
- Urtinktur aus Hundsrose und/oder Schwarzer Johannisbeere und/oder Schachtelhalm und/oder wildem Stiefmütterchen und/oder Hydrastis. Die Dosierung sollte vom erfahrenen ganzheitlichen Facharzt individuell ausgetestet werden.

3.4.2 Salpingitis, Adnexitis

3.4.2.1 Symptomatik

Diese Infektion tritt meist als Folge einer nicht oder unzureichend behandelten Endometritis auf. Im allgemeinen sind beide Eileiter befallen. Diese sind gereizt oder geschwollen, eitriges Sekret fließt aus. Es besteht die große Gefahr, daß es bei einer starken Entzündung zu einem Verschluß der Eileiter kommt. Auch ein Abszeß im Eileiter oder Eierstock kann dadurch hervorgerufen werden.

3.4.2.2 Diagnostik

Bei der floriden Salpingitis steigt das Fieber auf 39–40 Grad Celsius. Der allgemeine Gesundheitszustand verschlechtert sich deutlich. Der Schmerz ist stark und tief, mit Ausstrahlung in die Schenkel, den Anus und das Kreuz. Beim Untersuchen von der Vagina her löst die Bewegung des Gebärmutterhalses Schmerzen aus. Beide Eileiter sind verdickt und schmerzen. Bei einem Abszeß läßt sich ein Gebilde ertasten (aus Eiter: Pyosalpinx; aus Wasser: Hydrosalpinx).

Beim Verdacht auf eine akute Salpingitis sollte man immer zum Frauenarzt gehen, da bei unzureichender oder zu später Behandlung eine sehr hohe Komplikationsrate besteht.

Falls unvermeidbar, wird auch der ganzheitlich arbeitende Facharzt Antibiotika geben. Gegebenenfalls wird auch die stationäre Aufnahme mit Infusionen, falls nötig auch die Bauchspiegelung notwendig.

3.4.2.3 Therapie

Alternative Therapie-Möglichkeiten sollten nur ergänzend und nach Rücksprache mit dem ganzheitlichen Facharzt eingesetzt werden:

- Ruhe
- Ganzheitliche Ernährung (wie bei der Endometritis)
- Individuell ausgetestet: Spurenelemente, z. B. Cu- Au- Ag oder Cu (Kupfer) allein
- Individuell ausgetestet: Ätherische Öle (z. B. aus Zitrone, Thymian, Nelke, Lavendel, Minze, Bohnenkraut, Niauli, Zimt, Kajeputbaum, Ysop)
- Ätherische Öle können, richtig ausgetestet, unerwünschte Nebenwirkungen der Antibiotika vermindern helfen.

3.4.2.4 Hilfe zur Selbsthilfe

- Selbsttherapie **nur als begleitende Maßnahme** der frauenärztlichen Behandlung
- **Strengste Bettruhe, Fasten,** für geregelten Stuhlgang sorgen, notfalls Einläufe machen, eventuell Darmmassage
- **Kein Geschlechtsverkehr,** bis die Krankheit ausgeheilt ist
- **Eisbeutel,** feuchtkalte Umschläge (im akuten Stadium)
- **Feuchtwarme Auflagen** oder Wickel (wenn das akute Stadium abgeklungen ist), Wärmebeutel, warme Dampfkompressen (kein Heizkissen!)
- Bei eventuell wieder auftretendem Fieber: Feuchtkalte **Umschläge** oder **Wadenwickel**
- Bei chronischer Erkrankung: **Abwehrkräfte stärken**
- **Trockenbürsten** und **Wechselduschen**
- Ansteigende **Sitzbäder** mit Salizylsäurepräparaten
- Füße und Unterleib **warmhalten**
- Trinken Sie **Tees**, die Ihr Therapeut für sie ausgetestet hat: Bewährt haben sich beispielsweise Tees aus Eibischwurzel, Ginsterblüten, Ackerschachtelhalm und Hauswurzblättern.

3.4.2.5 Therapiemethoden in der Naturheilpraxis

- Sehr wirkungsvoll ist in der ganzheitlichen Frauenarztpraxis eine **Neuraltherapie** mit einer gezielten Injektion direkt in den gynäkologischen Raum (im Bereich des Schambeines) bzw. in bestimmte Reflexpunkte des Kreuzbeinbereiches
- Auch die **Ultrarot-A-Tiefenbestrahlung** hat sich wie bei allen anderen Entzündungen bestens bewährt.
- Ausleitend und damit heilend wirken auch das **Kantharidenpflaster** und das Ansetzen von **Blutegeln** in die Leistengegend
- Abwehrsteigernd wirken **Kuren** mit individuell ausgetesteten Immunstimulantien, wie beispielsweise Agnus-castus-Extrakte bestimmter Dosierung oder individuelle Eigenblutinjektionen
- **Weitere Möglichkeiten** bieten, je nach Fragestellung, die Kurzwellendurchflutung, die Elektrotherapie, der Ultraschall, das pulsierende Magnetfeld, die Homöopathie, Enzymtherapie sowie die Energiezonen- und Meridianmassage.

4. Sterilität

4.1 Definition

Entsprechend der Definition der WHO (= Welt-Gesundheits-Organisation) spricht man dann von Unfruchtbarkeit der Frau, wenn diese bei regelmäßigem Verkehr nach einem Jahr ohne Verhütung kein Kind empfangen hat; in Deutschland wird meist erst nach 2 Jahren der Begriff Sterilität gebraucht.

4.2 Steigende Tendenz

In den fünfziger- und beginnenden sechziger Jahren blieben in Deutschland 7–8 % aller frischgeschlossenen Ehen ungewollt kinderlos. Nach H. M. Beier sind es heute bereits 15–20 % aller Ehen, die ohne ärztliche Hilfe und Therapie ungewollt kinderlos bleiben. Dabei ist die Tendenz steigend. Wegen der exponentiellen Zunahme fortpflanzungsschädigender Umweltschadstoffe wird nach Prognosen von Umweltmedizinern bis zum Jahr 2000 jede dritte bis vierte Ehe ungewollt kinderlos sein.

4.3 Häufigste Ursachen

Statistisch zeigt sich, daß die Kinderlosigkeit in 30 % der Fälle beim Mann ihre Ursache hat, in 40 % bei der Frau und in den restlichen 30 % bei beiden Partnern. Wichtig ist also, daß sich beide gründlich untersuchen lassen.
Bei den rund 40 Prozent der Frauen, die nicht schwanger werden können, sind in über der Hälfte die genauen Ursachen nicht bekannt. Hier spricht man dann von der sogenannten »Idiopathischen Sterilität«. Manchmal liegt eine endokrinologisch nachweisbare Funktionsstörung der Eierstöcke bzw. der Hirnanhangdrüse vor, die die Funktion der Eierstöcke reguliert. In selteneren Fällen kommen Erkrankungen der Gebärmutter wie Myome oder Veränderungen der Gebärmutterschleimhaut bzw. des Halskanals der Gebärmutter als Sterilitätsursache in Betracht. Bei etwa zwanzig Prozent der sterilen Frauen liegt ein Eileiterverschluß vor, so daß den Samenzellen der Weg zum Ei und damit zur Befruchtung versperrt wird.
In den meisten Fällen findet man bei der Routine-Diagnostik von Frauen mit unerfülltem Kinderwunsch keine eindeutige Ursache. Hier werden

dann psychische und seelische Faktoren als mögliche Ursachen diskutiert. Sicherlich sind seelische Störungen sehr häufig für die Unfruchtbarkeit mitverantwortlich, wobei Streß und psychische Belastungen dabei eine große Rolle spielen können. Die heute und in Zukunft bedeutendsten Ursachen, nämlich die Umweltschadstoffe, werden allerdings in der bisherigen Routine-Diagnostik noch viel zu wenig beachtet. In etwa dreißig Prozent liegen die Ursachen beim Mann. Neben häufiger vorkommenden psychischen Störungen werden oft zeugungsunfähige Samenzellen gefunden. Gelegentlich liegen auch frühere Entzündungen der Samenwege, der Hoden, des Nebenhodens oder eine Mumpserkrankung in der Kindheit zugrunde. Auch Krampfadern am Hodensack können eine Störung der Samenproduktion verursachen, wobei hier eine Operation helfen kann. In selteneren Fällen sind auch die Samenleiter verklebt.
Wie später noch gezeigt wird, ist bei mehr als zwei Dritteln der zeugungsunfähigen Männer die Zusammensetzung der Samenflüssigkeit durch Umweltschadstoffe gestört. Eine mangelnde Anzahl oder fehlerhafte Beschaffenheit der Samenzellen führt dazu, daß sie das Ei unter Umständen nicht erreichen und nicht befruchten können. Die Tendenz ist weiter steigend.

4.4 Steril durch Umweltgifte

4.4.1 Gestörtes Immunsystem durch Umweltschadstoffe

Heute geht man davon aus, daß viele Sterilitäten durch ein *gestörtes Immunsystem* verursacht sind. Dabei handelt es sich letztlich – wie bei den Allergien – um sogenannte »Immunreaktionen gegen nicht pathogene Faktoren mit schädlichen Rückwirkungen«.
Darüber hinaus ist bei Sterilitätspatientinnen überdurchschnittlich oft die Wechselbeziehung zwischen der Umwelt und dem inneren Körpermilieu gestört. Dies hat dann meist zur Folge, daß die natürliche Balance zwischen Immunsystem, Endokrinem System und Zentralem Nervensystem gestört ist.

4.4.1.1 Veränderung der T-Lymphozyten

Oft wird bei umweltbedingter Sterilität eine Veränderung der T-Lymphozyten in Funktion und Anzahl gefunden. Aufgrund der engen Wechselwirkung zwischen den T-Lymphozyten und dem humoralen Zweig des Immunsystems (B-Lymphozyten) wurden neben der häufigen Fehlfunktion der zellgebundenen Abwehr auch gelegentlich Ab-

normitäten bei den Antikörpern und im Komplement-System festgestellt, die vor allem bei Allergikern gehäuft vorkommen.
Schon lange ist bekannt, daß die T-Lymphozyten u. a. durch Nahrungsmittelgifte, Chemikalien und psychosozialen Streß in ihrer Funktion beeinträchtigt werden können.
Bei vielen Sterilitätspatientinnen (und deren Partnern) ist die absolute Anzahl der T-Lymphozyten erniedrigt (Rea et al., 1978, Gerhard et al. 1991, Zahn und Schulte-Uebbing, 1991–1994), wobei es sich hierbei meist um Suppressor-T-Zellen handelt.

4.4.1.2 Psycho-Stressoren

Bei Frauen und Männern müssen heute neben den üblichen organischen Faktoren auch zunehmend psychische Einflüsse und vor allem ungünstige Lebensgewohnheiten mit berücksichtigt werden, die das Immunsystem belasten und sogar irreversibel schädigen können. Diese können beispielsweise sein:

- Beruflicher Streß
- Spannungen in der Partnerschaft
- übermäßiger Kinderwunsch
- Alkoholkonsum
- Rauchen, Koffeingenuß etc.

Solche Stressoren spielen bei der Sterilität eine *entscheidende Rolle*. Schon lange weiß man aus der modernen Psycho-Immunologie, daß vor allem psychischer Druck, Konflikte zwischen Beruf und Privatleben, Doppelbelastung und seelische Belastungen durch Nichtvereinbarkeit von beruflichen Interessen und geplanter Mutterrolle einen oft unbewußten und nur unterschwellig wahrgenommenen psychischen Dauerdruck auf die Patientin erzeugen können. Wissenschaftlich handelt es sich dabei um einen das Immunsystem meßbar beeinträchtigenden Dauerstreß. Aus modernsten umweltmedizinischen Untersuchungen weiß man, daß sich diese Dauerstreßwirkung noch potenzieren kann, wenn zu den seelisch-psychischen Stressoren noch Umweltschadstoffe hinzukommen.

4.4.1.3 Umwelt-Stressoren

Experimentelle Versuche von Peterson et al. 1978 haben dies beispielsweise in Zusammenhang mit der Ozon-Belastung in amerikanischen Großstädten bei Smog-Alarm gezeigt. In Los Angeles wurden bei Smog-Alarm die gemessenen Ozon-Werte hinsichtlich ihrer Wirkung auf das menschliche Immunsystem untersucht. Es zeigte sich, daß beispielsweise die sogenannte mitogene Aktivität der T-Lymphozyten erheblich

reduziert war, wenn die Zellen während des Smog-Alarms mit Ozon einer Konzentration von 0,4 ppm konfrontiert wurden. Es konnte gezeigt werden, daß der menschliche Organismus dann im Durchschnitt etwa 2 Wochen benötigt, um sich nach einer derartigen Ozon-Reaktion wieder allmählich zu erholen.
Hypothetisch muß angenommen werden, daß endogene Mediatorsubstanzen, die durch das Immunsystem aktiviert wurden, Störungen in verschiedenen Zielorganen gleichzeitig hervorrufen können. Es konnte gezeigt werden, daß zum Beispiel Mediatorsubstanzen wie sogenannte Prostaglandine, Kinine, Serotonin, Histamin und Acetylcholin untereinander zu einer *potenzierenden Wirkung* oder zu einem Synergismus führen können.
Nach Ansicht des Umweltmediziners RUNOW sind derartige Effekte von Schadstoffen auf das Immunsystem bereits in relativ niedrigen Konzentrationen – ab 10 ng/l – nachweisbar (RUNOW, 1986). So lösen beispielsweise Phenol und Formaldehyd in niedrigen Dosen eine konzentrationsabhängige Histaminausschüttung aus Rattenmastzellen aus.

4.4.1.4 Endogene Mediatoren

Aufgrund neuerer Forschungsergebnisse wird angenommen, daß Umwelterkrankungen als Überempfindlichkeitsreaktionen auf Umweltfaktoren aufzufassen sind, die über ein Netzwerk von verschiedenen biochemischen Wegen im Körper wirken; dabei kommt den sogenannten »endogenen Mediatoren« eine große Bedeutung zu.
Unter Streß scheidet die Nebenniere Encephalin aus (PLOTNIKOFF, 1981). J. WYBRAN et al. nehmen an, daß T-Lymphozyten Rezeptoren für endogene Opiate – z. B. für Encephalin – aufweisen. Weiterhin vermuten andere Wissenschaftler, daß Encephaline auch die Funktion der T-Lymphozyten verändern können.

4.4.1.5 Immunglobuline

Eigene Untersuchungen (SCHULTE-UEBBING und ZAHN, 1990–1994) bestätigten mehrfach die Angaben in der Literatur, daß viele Sterilitätspatientinnen und deren Partner, die durch Umweltschadstoffe belastet sind, normale oder auch erniedrigte IgE-Werte aufweisen; nur bei etwa 10–30 % konnten wir deutlich erhöhte IgE-Werte nachweisen.
In unserer Sterilitätssprechstunde zeigte es sich oft, daß Sterilitätspatientinnen (und auch deren Partner), bei denen nachweislich auch gleichzeitig eine Chemikalien- und/oder Nahrungsmittel-Überempfindlichkeit vorliegt, oft ungewöhnlich niedrige IgA-Werte aufweisen. Eine mögliche Erklärung dafür könnte sein, daß das Immunglobulin A,

welches normalerweise beim gesunden Menschen in ausreichender Menge vorhanden ist, eine wichtige Schutzfunktion in Leber, Darm und Schleimhäuten wahrnimmt. Ist zu wenig Immunglobulin A vorhanden, so ist der Schutz vor dem Eindringen fremder Stoffe nicht mehr gegeben, so daß Antigene bzw. Allergene leichter in die Blutbahn eindringen können und so eine verstärkte Reaktion des Immunsystems und auch des Endokriniums im Sinne einer Sensibilisierung und subtoxischen Schädigung des Reproduktionsmechanismus bewirken können.

> Nur *selten* ist ein einziger Umweltschadstoff *dominant*. In den meisten Fällen kommt es zu einem gleichzeitigen Zusammenwirken mehrerer Faktoren, welche sich in ihrer Wirkung nicht nur addieren, sondern potenzieren (= vervielfachen).

4.5 Verhängnisvolle Kettenreaktion

Wenn man sich intensiver mit den vielfältigen Wirkungsmechanismen der unzähligen modernen Umweltgifte auf den Organismus befaßt, so stellt man fest, daß sie auf vielfältigste Art Einfluß auf den Ablauf aller biochemischen Prozesse des menschlichen Organismus nehmen.
Umweltgifte schädigen Seele, Psyche und Körper. Sie greifen in alle bedeutenden Stoffwechselprozesse ein, stören und schädigen Hormonsystem, Immunsystem, Erbgut und Fortpflanzung, führen zu Entstehung und Wachstum bösartiger Tumoren und vielem mehr.
Hinsichtlich ihrer Einflüsse auf die menschliche Fortpflanzung ist die Sterilität nur die »erste Station«. Nach H. Beier sind Umweltbelastungen und Schadstoffe für die immer öfter auftretenden Störungen in den jüngsten Embryonalstadien verantwortlich (C. Grefe, F. Kalberlah, 1989). Man schätzt, daß viele Schwangerschaften an der durch Umweltschadstoffe gestörten Nidation in der Gebärmutter scheitern. Nach neuesten Hochrechnungen muß man annehmen, daß allein in Deutschland heute bereits mehr Embryos und Foeten an Umweltvergiftungen sterben (etwa hunderttausend pro Jahr) als durch Abtreibung (etwa fünfundachtzigtausend pro Jahr).
Der große Einfluß und die zunehmende Bedeutung von Umweltfaktoren für die Weitergabe menschlichen Lebens kommt in diesen Zahlen deutlich zum Ausdruck; die normale Bevölkerungsentwicklung und damit auch verschiedene gesellschaftliche Strukturen sind zunehmend bedroht.

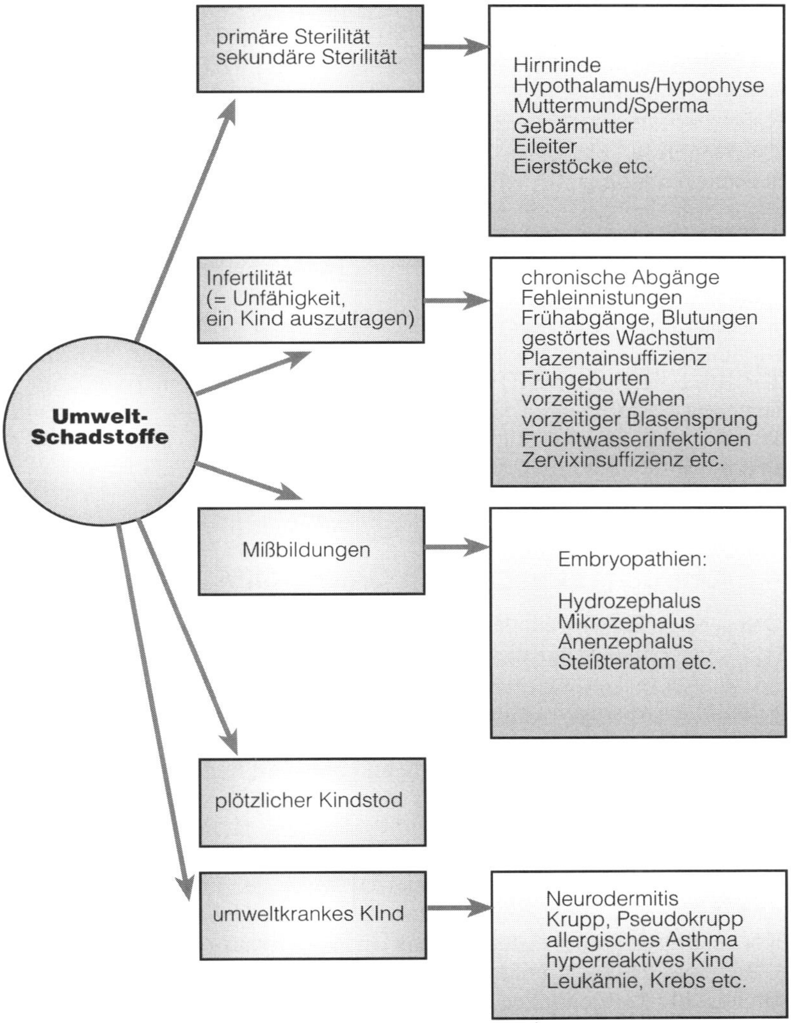

Abb. 14 zu 4.5: Die verhängnisvolle Kettenreaktion, ausgelöst durch Umweltschadstoffe: Vom unerfüllten Kinderwunsch bis zum schwer umweltgeschädigten Kind.

Die Abbildung zu 4.5. zeigt die verhängnisvolle Kettenreaktion, welche durch Umweltschadstoffe ausgelöst werden kann. Sie kann vom unerfüllten Kinderwunsch bis zum schwer umweltgeschädigten Kind gehen.
Schwermetalle, Holzschutzmittel, Pestizide, Dioxine, Furane, diverse Organochlorverbindungen und viele noch nicht näher untersuchten Substanzen können Auslöser für diese Kettenreaktion sein, die sich dann von der sogenannten primären Sterilität (= Unfruchtbarkeit von Anfang an) über die sekundäre Sterilität (= später auftretende Unfruchtbarkeit) über die sogenannte Infertilität (= Unfähigkeit, ein Kind bis zur Geburt auszutragen), über Früh- und Spätaborte (= Abgänge), gestörte Früh- und Spätschwangerschaft, Fehlbildungen, pathologische (= nicht normal verlaufende) Geburtsverläufe, mißgebildete Kinder, plötzlichen Kindstod (englisch »SIDS« = sudden infant death syndrome) bis zu späteren Erkrankungen des Neugeborenen (z. B. Allergien, Pseudokrupp, Asthma bronchiale, Nahrungsmittelallergien etc.) erstrecken und auswirken kann.

4.6 Unfruchtbarkeit durch Umweltgifte

Die geringe Erfolgsrate der Reagenzglasbefruchtung brachte die Reproduktionsmediziner auf die Idee, zu untersuchen, ob die Schadstoffe, die seit Jahren in Tierarten und in der Muttermilch zu beobachten sind, die Eibläschenflüssigkeit (Follikelflüssigkeit) der Frauen erreicht haben.
Reproduktionsorgane sind meist lipophil, das heißt reich an Fetten. Hier können sich Umweltgifte hervorragend ablagern und anreichern. Untersuchungen von Trapp 1984 und Baukloh 1985 zeigten, daß in den Follikelflüssigkeiten (= Eibläschenflüssigkeiten) steriler Frauen, die sich nach vielen erfolglosen Versuchen mit herkömmlichen Therapiemethoden schließlich ihren Kinderwunsch mit Hilfe der Reagenzglasbefruchtung erfüllen wollten, eine Reihe von Umweltschadstoffen in hoher Konzentration nachweisbar waren. Unter anderem auch die Agrargifte DDT und HCH (Lindan), aber auch Schwermetalle und weitere Organochlorverbindungen.

4.6.1 Rauchen

Auch Nikotin und Kondensat, Benzpyrene, Formaldehyd und viele weitere Komponenten des Zigarettenrauches schädigen die Reproduktionsorgane. Wenn Frauen rauchen, haben sie 10–20 mal mehr Nikotin in der Gebärmutterschleimhaut als im Blut.

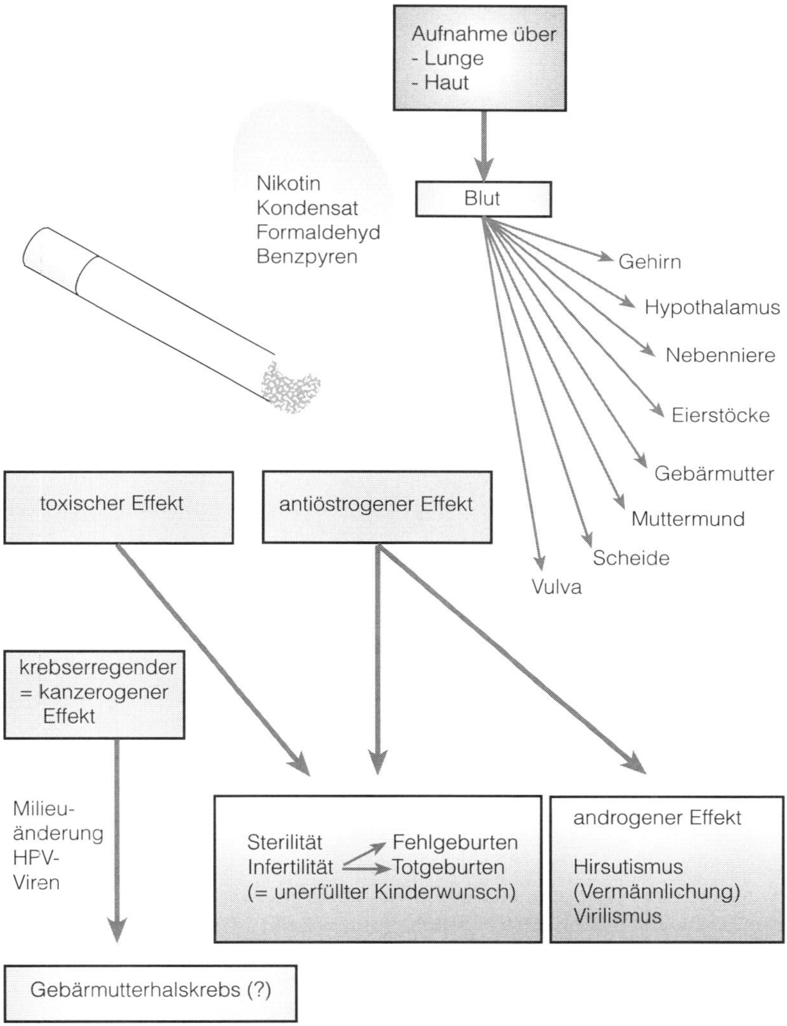

Abb. 16: Frauenkrankheiten durch Rauchen

Vor kurzem wurde nachgewiesen, daß alle oben genannten Tabakschadstoffe bis in die Keimzellen vordringen und dort zu endokrinen und immunologischen Schäden führen können. Kommen dann noch weitere Genußgifte hinzu, so kann sich die Wirkung potenzieren (= vervielfachen). Beispielsweise ist von Koffein bekannt, daß es die Wirkung von Tabakschadstoffen verstärken kann.

Rauchen ist eine Hauptursache der Unfruchtbarkeit.

So ist die Empfängnisfähigkeit von Raucherinnen pro Zyklus um etwa ein Drittel geringer als die der Nichtraucherinnen. Verantwortlich dafür sind wahrscheinlich der bei rauchenden Frauen erniedrigte Östrogenspiegel, der auch vorzeitiges Altern verursacht, und Veränderungen im Zervixschleim, infolge dessen die Beweglichkeit der Spermien verringert ist.
Rauchende Frauen mit Kinderwunsch müssen also durchschnittlich dreimal länger als Nichtraucherinnen auf den Eintritt einer Schwangerschaft warten. Auch verkürzt sich die Zeit der Fortpflanzungsfähigkeit: Raucherinnen erreichen nämlich die Wechseljahre durchschnittlich drei bis vier Jahre früher als Nichtraucherinnen.

4.6.2 Erbgut verändernde Umweltschadstoffe

Die Wirkungsweise der Umweltschadstoffe ist sehr vielfältig. Umweltgifte verhindern nicht nur die Entstehung des gewünschten Lebens (Unfruchtbarkeit) oder schädigen das entstehende Leben (Fehlbildungen / Krankheiten). Sie schädigen auch und vor allem langfristig und irreversibel Samen- und Eizellen ganz subtil auf molekularer Ebene: Beispielsweise zeigen modernste Untersuchungen, daß durch Pestizide Molekülstrukturen der Eizellwand oder des Samenkopfes so verändert werden, daß zwar noch eine Befruchtung möglich ist, die dann aber später zu einer behinderten Frucht führen kann.

4.6.3 Hormonell wirksame Umweltschadstoffe

Besonders kritisch ist die Störung des hormonellen Gleichgewichts bei der Frau. Das hormonelle Gleichgewicht spielt eine große Rolle bei der Eireifung und für die Einnistung eines befruchteten Eies bis zum Austragen des Kindes. Diese Vorgänge, die durch entsprechende Hormone sehr fein reguliert werden, sind äußerst störanfällig. Von einigen Agrargiften weiß man inzwischen, daß sie zu einer pathologi-

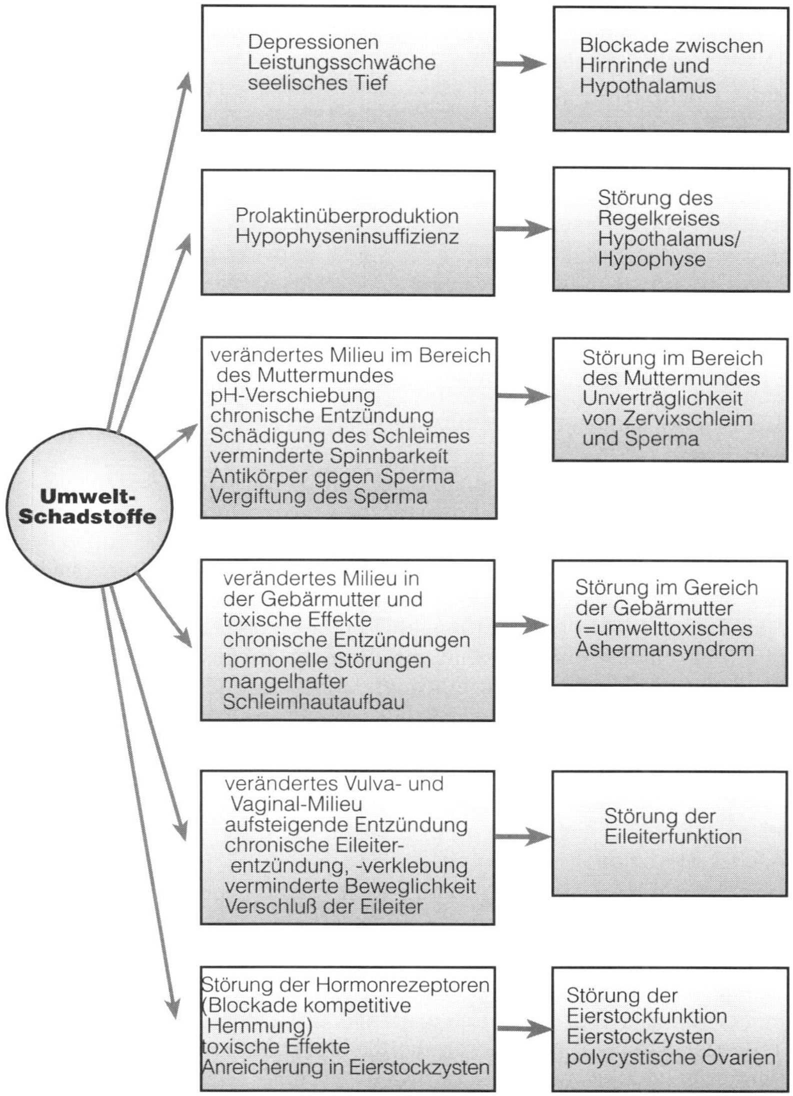

Abb. 15 zu 4.6: Umweltschadstoffe als (Teil-)Ursachen von Fertilitätsstörungen

schen Bildung von falschen Leberenzymen (-eiweißen) führen können, die dann einen erhöhten Abbau von Hormonen bewirken können.

4.6.3.1 Holzschutzmittel

Pentachlorphenol wird seit Jahren mit Fehlgeburten, Fehlbildungen bei Kindern und Erbgutveränderungen in Zusammenhang gebracht. Auf dem 48. Gynäkologenkongreß 1990 in Hamburg stellten GERHARD und Mitarbeiter Daten vor, aus denen hervorging, daß PCP auch für die ungewollte Unfruchtbarkeit bei Frauen verantwortlich sein kann.
Die Gefährlichkeit von PCP zeigte sich bereits Mitte der fünfziger Jahre, als in den USA Millionen Hühner starben, die PCP-behandelte Tierhäute als Futter verzehrt hatten. Mitte der sechziger Jahre wurde ein als typischer sogenannter »plötzlicher Kindstod« (englisch SIDS = sudden infant death syndrome) diagnostizierter Tod eines Kleinkindes erstmals mit den Ausdünstungen PCP-haltiger Holzschutzmittel in Verbindung gebracht.
Bei Untersuchungen an Patientinnen mit akuten Holzschutzmittelvergiftungen hatte sich für die Forscher die Fragestellung ergeben, ob PCP auch für die ungewollte Unfruchtbarkeit bei Kinderwunsch und wiederholten Fehlgeburten eine Rolle spielt. Bei 24 von 90 untersuchten Frauen konnten erhöhte PCP- und HCH-(Lindan-)Konzentrationen im Blut nachgewiesen werden. Bei fünf Frauen mit Kinderwunsch wurde erst nach einer Wohnungssanierung, in deren Folge sich die Blutwerte wieder normalisierten, eine Schwangerschaft mit Geburt erreicht. Bei einer Frau trat nach weiterer Erhöhung der PCP-Werte eine erneute Fehlgeburt ein. Trotz Therapie konnte in vier Fällen ohne die Normalisierung der giftigen Holschutzmittelkonzentrationen bis zum damaligen Zeitpunkt keine Schwangerschaft erreicht werden.

4.6.3.2 Pestizide

In eigenen Untersuchungen (SCHULTE-UEBBING und ZAHN, 1990–1994) fanden wir ebenso wie die Heidelberger Gruppe (GERHARD et al. 1989–1994) bei Sterilitätspatientinnen im Schleim des Gebärmutterhalses extrem hohe Konzentrationen chlorierter Kohlenwasserstoffe, vor allem in Form von DDT, HCH (Lindan) und insbesondere auch von PCB. Teilweise konnten wir in den Follikelpunktaten zwanzigmal höhere Werte als im Blut messen.
Mit der neuen Erkenntnis, daß auch der Schleim des Gebärmutterhalses ein Ort ist, an dem sich die Umweltgifte anreichern, liegt die Annahme auf der Hand, daß hier eine erste entscheidende Barriere für die Samenzellen auf ihrem Weg zum Eileiter gegeben sein könnte, zumal

in jüngster Zeit bei pathologischen Postkoitaltests immunologische Störfaktoren vermutet werden, die ohne weiteres durch Umweltschadstoffe erklärt werden können.
Forscher der Universität Bonn wiesen nach, daß vor allem bei Frauen, die aus unerklärlichen Gründen unfruchtbar sind, eine herausragend hohe Konzentration von PCB, HCH, DDT und dessen Abbauprodukt DDE in der Follikelflüssigkeit vorhanden ist. Für den Zusammenhang zwischen Lebensraum und Umweltgiftbelastung sprach bei diesen Untersuchungen, daß Frauen aus der Dritten Welt die insgesamt höchsten Agrargift-Konzentrationen in ihren Reproduktionsorganen aufwiesen. (WAGNER et al. 1989, SCHLEBUSCH et al. 1989)
In jüngster Zeit wurden in-vivo-und *in-vitro*-Untersuchungen zum Vorkommen polychlorierter Biphenyle im Seminalplasma und in der Follikelflüssigkeit des Menschen an den Universitätsfrauenkliniken Bonn, Aachen, Heidelberg und Hamburg durchgeführt. Es ließ sich eine Akkumulation Polychlorierter Biphenyle in der Follikelflüssigkeit und im Zervismukus nachweisen.
Des weiteren konnten Hemmungen der Spermatozoenmotilität und der Akrosomenreaktion sowie Veränderungen der Spermatozoenmembran nach Zugabe der genannten Substanzen *in-vitro* beobachtet werden.
Auch im Rahmen österreichischer Studien in Wien, Graz und Salzburg fanden sich sowohl in der Follikelflüssigkeit als auch im Zervikalsekret österreichischer Frauen hohe Schadstoffbelastungen. Vor allem waren DDT, HCH (Lindan) und die polychlorierten Biphenyle (PCBs) nachweisbar. Besonders große Mengen wurden bei Wiener Frauen gefunden, die beim Weinanbau in der Gegend um Wien großen Insektizidmengen ausgesetzt waren.

Herkunft der Pestizide

Die Pestizide stammen übrigens nicht nur aus der Luft. Sie werden vor allem über Boden, Wasser und Nahrung aufgenommen. Auch und gerade in Arzneipflanzen und Nahrungsmitteln können beträchtliche Mengen an Insektiziden sein.
Aufgrund von Untersuchungen, die zeigten, daß viele Arzneimittel mit Pestiziden, Herbiziden und Schwermetallen angereichert waren, ließ der nordrhein-westfälische Gesundheitsminister 1989 eine Höchstmengenverordnung für Pestizide, Herbizide und Schwermetalle in Arzneimitteln ausarbeiten.
Bundesweite Lebensmitteluntersuchungen im Auftrag des Bundesgesundheitsamtes ergaben 1990 unter anderem, daß in über 50 Prozent der untersuchten europäischen Erdbeeren die Schadstoffhöchstmengen bei

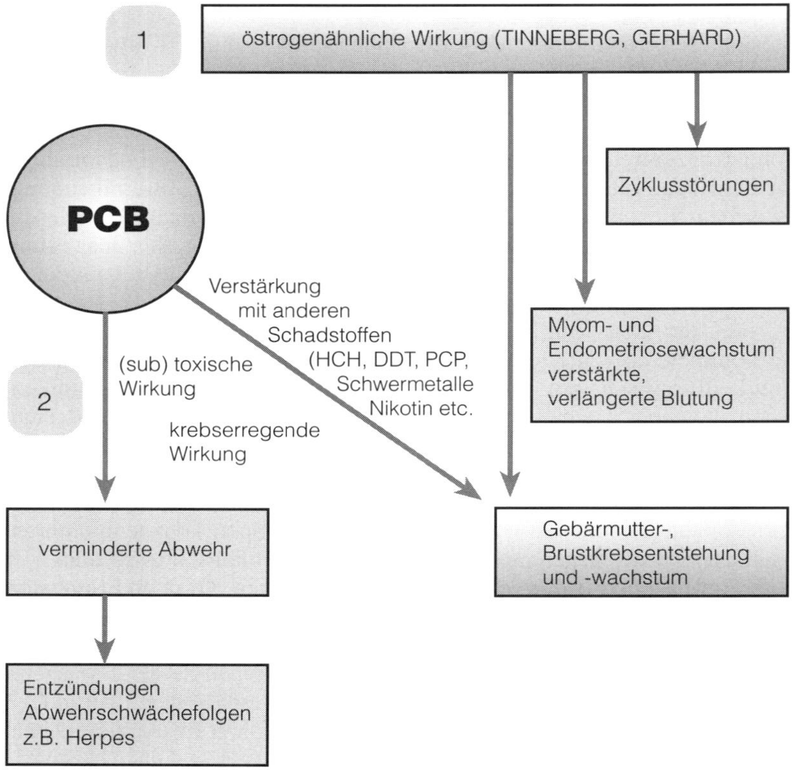

Abb. 17 zu 4.6.3.2: Frauenkrankheiten durch PCB (Poly-Chlorierte-Biphenyle)

bis zu sieben Agrargiften deutlich überschritten waren oder Schadstoffe gefunden wurden, die gar nicht für diese Früchte zugelassen waren.
Ebenfalls 1990 wurde bei Schadstoffmessungen im Auftrag der EG entdeckt, daß spanischer Reis mit dem in der EG verbotenen hochgiftigen Pestizid Lindan (HCH) behandelt worden war.

4.6.3.3 Schwermetalle

Der Einfluß von Blei, Cadmium und Quecksilber auf die Fertilität des Menschen ist bisher kaum berücksichtigt worden. Aufgrund eigener Erfahrungen (Schulte-Uebbing und Zahn, 1990–1994) bei Sterilitätspatientinnen (und deren Partnern) muß davon ausgegangen werden, daß Schwermetalle eine ganz entscheidende Rolle bei der Sterilität spielen.
Eigene mehrjährige Erfahrungen mit dem Chelatbildner Dimercaptopropionsulfonsäure (DMPS), der im Körper deponierte Schwermetalle mobilisiert, belegen die schon lange postulierten Zusammenhänge zwischen Schwermetallbelastungen und der sogenannten *»Idiopathischen Sterilität«*.
Schon lange weiß man, daß Schwermetalle, die im wesentlichen aus der Nahrung und der Umwelt stammen, vor allem bei Störungen der Ausscheidung (Leber, Niere, Darm) in verschiedenen Organdepots abgelagert werden können.
Inzwischen gibt es zahlreiche Untersuchungen Pathologischer Institute, die entsprechend hohe Schwermetallkonzentrationen im Zentralnervensystem, in Knochen, Pankreas, Nieren und Leber zeigen. Schon lange ist aus der Hepatologie bekannt, daß Schwermetalle in der Leber Enzymaktivitäten hemmen und dort irreversible Schäden an den Hepatozyten hervorrufen können. In Abhängigkeit von der Zeit, der Menge und der Art der toxischen Substanzen können unterschiedliche Symptome und Summationseffekte auftreten, die gegebenenfalls durch Zink- oder Selenmangel noch gesteigert werden können.

A. Blei

Im Rahmen von zwei Doktorarbeiten führten wir bei etwa fünfzig Sterilitätspatientinnen und deren Partnern eigene Untersuchungen durch (Schulte-Uebbing und Zahn, 1990–1994). Dabei wurde die Schwermetallausscheidung bei der Ausscheidung im Urin vor und nach Mobilisation mit dem Chelatbildner Dimercaptopropionsulfonsäure (DMPS) überprüft und in Beziehung zu klinischen Variablen gesetzt (u. a. Beruf, Alter, Erkrankungen, Allergien, Medikamente, Rauchen, Alkohol, Amalgam etc.). Bei etwa 15% der Patientinnen ergaben sich deutlich erhöhte Bleiwerte. Damit decken sich unsere Erfahrungen mit

jenen von GERHARD und Mitarbeitern, die in etwa 10% der Fälle eine erhöhte Bleiausscheidung nachweisen konnten.
In einer stark bleibelasteten Gegend Südaustraliens erlitten die Frauen mit zunehmenden Bleispiegel im Blut häufiger Aborte, Frühgeburten, Totgeburten, Wachstumsretardierungen und Mißbildungen (Mc. MIHAEL et al. 1986).
Man weiß, daß Blei, das über den Magen-Darm-Trakt oder durch Einatmung aufgenommen wird, die Plazenta voll passiert und somit dem Embryo und Fetus schaden kann. Nach KORPELA et al. 1986 sind nach Bleiexposition im Fruchtwasser und in den Eihäuten signifikant höhere Bleikonzentrationen nachweisbar als im mütterlichen Blut und im Nabelschnurblut. Blei wird in der fetalen Leber, Niere, Gehirn und Knochen abgelagert (FLORA und TANDON 1987). Gab man trächtigen Ratten hohe Dosen von Blei, so wurden – in Abhängigkeit vom Schwangerschaftstag – Mißbildungen induziert oder es kam zum intrauterinen Absterben der Feten (STOWE und GOYER 1971, HILBELINK und KAPLAN 1986, FLORA und TANDON 1987).
Die intrauterine Bleiexposition bei Ratten und Affen führte zu Zyklusstörungen nach der Geburt (KIMMEL et al. 1980, VERMANDE-VAN ECK und MEIGS 1960).
Blei, das während der Frühschwangerschaft gegeben wird, kann auch massive neurologische und endokrinologische Störungen verursachen. In Tierversuchen von MC DOWLL und KITCHEN 1988 war durch Blei die Entwicklung der Delta-Opiatrezeptoren im Gehirn gestört, was zahlreiche endokrine Störungen bedingte. Im Uterus der pubertierenden und erwachsenen Ratte fehlten Östrogenrezeptoren, wodurch Blutungs- und Fruchtbarkeitsstörungen auftreten können (WIEBE et al. 1988). Die Gonadotropinrezeptorbindung war erniedrigt. In der Pubertät war die Konversion der 5a-reduzierten Steroide erhöht. (WIEBE et al. 1988).
Nach WIDE und D'ARGY 1986 wiesen die Keimzellen von Mäusen, die intrauterin mit Blei belastet worden waren, Chromatinveränderungen auf, was zu späteren Fertilitätsstörungen führte. Dagegen veränderten Bleigaben an pubertierende und erwachsene weibliche Ratten die Gonadotropin- und Östrogenspiegel nicht (SOKOL und SOD-MORIAH 1988), SORENGENS et al. 1987).
Bei weiblichen Ratten, die mit Blei in unterschiedlichen Dosen belastet wurden, trat ein persistierender Östrus auf, es entwickelten sich Ovarialzysten und die Zahl der Corpora lutea ging zurück. Es wurden auch Schäden an den Primordialfollikelzellen festgestellt, so daß eine Amenorrhoe eintrat, die jedoch nach Belastungsende reversibel war (VERMANDE-VAN ECK und MEIGS 1960, HILDEBRAND et al. 1973).

In Versuchen von Klages et al. 1987 wurde Ratten über das Trinkwasser Blei in unterschiedlichen Dosen zugeführt. Nach 30 Tagen waren die Bleikonzentrationen gegenüber einer Kontrollgruppe im Knochen auf das Zweihundertfache angestiegen, im Gehirn auf mehr als das Vierzigfache, in den Hoden und Ovarien immerhin auch noch auf das Doppelte. Bereits bei noch tolerablen Bleidosen waren die LH- und die Prolaktinspiegel im Serum signifikant erniedrigt, so daß ein direkter toxischer Effekt von Blei auf die Hypothalamus/Hypophysenachse angenommen wurde.
Während sich bei männlichen Ratten die Hypophysen-Schilddrüsenachse nicht veränderte, fanden sich bei weiblichen Ratten dosisabhängig eine Erhöhung des Schilddrüsengewichts und erhöhte T4- und TSH-Werte mit einer Verarmung der hypophysären TSH-Speicher. Morphometrisch wiesen die Schilddrüsen die Zeichen einer hyperplastischen Struma auf. Neben geschlechtsbedingten Unterschieden der Bleitoxizität wurden auch altersabhängige Unterschiede im Reaktionsmuster der hypothalamisch-hypophysären Gonadenachse beschrieben (Sokol und Sod-Moriah 1988). Alle diese Veränderungen wurden bei subtoxischen Konzentrationen beobachtet, ohne daß klinische Veränderungen an den Ratten zu bemerken waren.
Die Langzeitbelastung von Ratten mit niedrigen Bleidosen (0,3 ppm) über das Trinkwasser führte zu deutlichen immunologischen Veränderungen. Dabei gilt dieser Dosisbereich als »nicht umweltrelevant« (Huber und Huber 1987).
Obwohl die Aminolävulinsäure, mit der man üblicherweise eine Bleivergiftung feststellt, noch nicht nachweisbar erhöht war, kam es zu einer deutlichen Verminderung der IgG- und IgM-bildenden Zellen in der Milz und zu einer massiven Abnahme von Lyt-1 und Lyt-2-positiven T-Lymphozyten in der Milz.

B. Cadmium

Cadmium wird in Leber und Niere an ein Protein gebunden (Metallothiomin), das auch Zink, Quecksilber, Silber, Zinn und Kupfer bindet. Wegen des niedrigen Molekulargewichts von 10 000 Dalton wird der Cadmium-Protein-Komplex glomerulär filtriert. In Zellkulturen konnte gezeigt werden, daß Cadmium bereits in sehr geringen Konzentrationen die DNA-Synthese, die RNA-Synthese, Ribosomensynthese und -gehalte stark beeinträchtigt (Mangir 1987).
Über die Wirkung von Cadmium auf die weibliche Fertilität ist wenig bekannt. Wurden Mäuse mit mit Cadmium angereichertem Reis gefüttert, so entwickelten die Weibchen eine Anämie und Osteoporose, die

durch die Fortpflanzungszyklen und mit zunehmender Geburtenzahl verschlimmert wurden (WATANABE et al. 1986). Auf Ratten im Präimplantationsstadium wirkte Cadmium zytotoxisch (ABRAHAM et al. 1986). In einer Untersuchung von GERHARD et al. an über 500 Frauen mit Kinderwunsch, deren Cadmiumausscheidung vor und nach Belastung mit DMPS gemessen wurde, war in weniger als 3% der Fälle eine Cadmiumbelastung nachweisbar. Statistische Analysen zeigten, daß die Cadmiumkonzentrationen bei Frauen in technischen und Heilberufen signifikant höher lagen als in den übrigen Berufsgruppen. Frauen, die wegen einer Hypothyreose oder Struma Schilddrüsenhormone einnehmen mußten, hatten signifikant höhere Ausscheidungsgipfel (1,2 mg/g Kreatinin) nach 2 Stunden als die übrigen Frauen.
Bei Frauen mit habituellen Aborten bestand eine höhere Cadmiumausscheidung nach 1 Stunde als bei Frauen mit primärer Sterilität.
Nach KLINIK et al. 1983 sind im Fruchtwasser von Raucherinnen die Cadmiumkonzentrationen signifikant höher als in dem von Nichtraucherinnen (2,3 bis 7,3 ng/ml versus 1,4 bis 2,6 ng/ml). Die Konzentrationen in den Eihäuten liegen um ein Vielfaches höher als im mütterlichen Serum (KORPELA et al. 1986). Der erhöhte Cadmiumgehalt im Nabelschnurblut bei Raucherinnen korrelierte eng mit den Thiocyanat-Konzentrationen des Fruchtwassers (CHATTERJEE et al. 1988).
Cadmium akkumuliert in der fetalen Leber und in den fetalen Nieren. Bei sehr hohen Dosen kommt es zu Mißbildungen. Cadmium hemmt die plazentare und fetale Aufnahme von Leucin und zusätzlich die Proteinsynthese in der Plazenta und im Fetus. Außerdem wird die Thymidinaufnahme und -inkorporation in DNA gestört. Dies erklärt, daß chronisch niedrige Dosen von Cadmium zu Wachstumsretardierungen führen können.

C. Quecksilber

Anorganisches Quecksilber wird an Sulfhydrylgruppen von Proteinen gebunden und in Depots abgelagert (vor allem Niere, Leber, Gehirn). Im Magen-Darmtrakt werden anorganische Hg-Verbindungen zu weniger als zehn Prozent resorbiert. Quecksilberionen passieren die Plazenta nur geringfügig (<0,1%). Chronische Vergiftungen mit niedrigen Dosen von elementarem und anorganischem Quecksilber führen zu Persönlichkeitsveränderungen, Tremor und Stimmungslabilität (HUGGINS und HUGGINS 1985). Wird Quecksilberdampf eingeatmet, kommt es zu Schädigungen des Nervensystems, auch Zittern und Verhaltensstörungen können beobachtet werden.

Quecksilber wird in den Erythrozyten zu anorganischem ionischem Quecksilber oxidiert und über die Nieren und den Darm ausgeschieden. Wegen der lipophilen Eigenschaften wird elementares Hg besonders im Gehirn abgelagert. Auch die Plazenta wird leicht passiert.
Organische Hg-Verbindungen (Methyl-, Äthyl-, Phenyl-Quecksilber) werden zu über 95% aus dem Magen-Darmkanal resorbiert (*verseuchter Fisch*, besonders *Thunfisch, Meeresfrüchte*) und sind wegen ihrer hohen Affinität zu Sulfhydrylgruppen sehr toxisch. Phenylquecksilberazetat und -propionat werden auch in Fungiziden, Unkrautvernichtungsmitteln und Holzschutzmitteln benutzt. *Freisetzung aus Anstrichen* in schecht belüfteten Räumen kann zu erheblichen Belastungen führen. Alkylierte Quecksilberverbindungen werden in der Landwirtschaft als Pestizide benutzt und sind viel toxischer als die Phenylquecksilberverbindungen.
Organische Quecksilberverbindungen werden leicht diaplazentar und über die *Muttermilch* auf das Kind übertragen (SUZUKI et al. 1971) und vorwiegend über die Gallenflüssigkeit mit dem Stuhl ausgeschieden.
Neben zentralnervösen Störungen induziert die chronische Quecksilberintoxikation Autoimmunerkrankungen und Immunopathien (IgE-Erhöhung, Glomerulonephritis, Dermatitis, Absinken der T-Lympozyten, HENRY et al. 1988, DAUNDERER 1989). Die für die Induktion einer Immunopathie erforderlichen Quecksilberdosen liegen alle im nicht toxischen Bereich. Offenbar wirkt Quecksilber in geringsten Konzentrationen besonders bei genetisch, prädisponierten Individuen. Man nimmt deshalb an, daß eine Interaktion mit den Klasse 2 Strukturen des großen Histokompatibilitätskomplexes (MHC) stattfindet (GLEICHMANN et al. 1987).

Amalgam

Amalgam ist eine Legierung, bestehend aus elementarem Quecksilber, Silber, Zink, Kupfer und Zinn in unterschiedlichen Anteilen, die in Deutschland noch von vielen Zahnärzten als Zahnfüllung verwendet wird.
Amalgam ist ein Schadstoff, der für viele Frauenleiden, insbesondere aber für Sterilität (mit)verantwortlich gemacht werden muß.

> Schon lange ist wissenschaftlich erwiesen, daß Amalgam für den menschlichen Organismus äußerst toxisch ist. Bereits der Chemiker STOCK beschrieb 1939 die fatalen Auswirkungen dieser Quecksilberlegierung. In Japan und Rußland wurde Amalgam 1985 und in Schweden 1991 verboten.

Man weiß heute, daß die Halbwertszeit von organischem Quecksilber im Blut etwa drei Monate, im Gehirn 18 Jahre beträgt.
Beim Legen und Entfernen von **Amalgam-Füllungen** kommt es zu beträchtlichen Quecksilberfreisetzungen. Bei Hamburger Zahnärzten und deren Helferinnen wurden im Gehirn bis zu hundertfach höhere Quecksilberkonzentrationen festgestellt als bei Patienten, die Amalgamfüllungen hatten. Die Hypophysen der Zahnärzte, die post mortem untersucht wurden, enthielten bis zu tausendfach höhere Quecksilber-Konzentrationen als diejenigen unbelasteter Kontrollen, so daß elementares Quecksilber möglicherweise direkt über den Nervus olfactorius in die Hypophyse transportiert wird (Störtebecker 1985).
Die gemessenen Quecksilberbelastungen in der Hypophyse von Amalgambelasteten sind so hoch, daß damit die vom Autor und Mitarbeitern (Schulte-Uebbing, Zahn et al., 1990–1994) bei Amalgampatientinnen immer wieder beobachteten immunologischen und vor allem endokrinen Störungen der Hypophysen-Ovar-Achse beziehungsweise der Hypophysen-Hypothalamus-Achse erklärt werden können. Dies wird auch durch eine Arbeit von Sikorski et al. 1987 belegt. Hier wurden bei 81 Frauen, die in Zahnarztpraxen arbeiteten, signifikant höhere Methylquecksilberkonzentrationen in Scham- und Haupthaarproben gemessen als bei Frauen, die dieser Belastung nicht ausgesetzt waren (Sikorski et al. 1987). Erstere hatten signifikant häufiger Zyklusstörungen und Aborte.
In einer Untersuchung von Gerhard et al. an Frauen mit unerfülltem Kinderwunsch wurde die Quecksilberausscheidung vor und nach DMPS-Belastung überprüft und mit einem Vergleichskollektiv verglichen.

> Die Kinderwunschpatientinnen waren zum Großteil deutlich mit Amalgam belastet und hatten gegenüber dem Vergleichskollektiv massiv erhöhte Werte bei der Quecksilberausscheidung.

Dies deckt sich auch mit den eigenen Erfahrungen des Autors. In der eigenen Sterilitätssprechstunde (Beobachtungen von Schulte-Uebbing, Zahn et al., 1990–1994) waren Patientinnen mit maximalen Ausscheidungs-Werten von mehr als 500 mg/g Kreatinin ausnahmslos steril. Eine spontane Schwangerschaft war erst nach Amalgamsanierung und Entgiftung möglich.
Darüber hinaus können die Beobachtungen von Gerhard und Mitarbeitern vom Autor bestätigt werden: Fast alle Patientinnen, die eine maximale Ausscheidung von 500 bis 36 000 mg/g Kreatinin nach 2 Stunden (etwa 5 % von 700 Tests) hatten, hatten schwere Zyklusstörungen.

Fast alle Patientinnen mit anovulatorischen Zyklen, therapieresistenten Zyklusstörungen und schweren Lutealinsuffizienzen waren amalgambelastet, wobei sich eine hochsignifikante Korrelation zwischen erhöhten Quecksilberausscheidungswerten und dem Vorliegen von Amalgamfüllungen ergab. Wie bei den Untersuchungen von GERHARD et al. ergab sich eine geringere Signifikanz zu den Rauchgewohnheiten, zum Vorhandensein von Allergien und Alopezie. Zusammenhänge mit den Ernährungsgewohnheiten ließen sich im Gegensatz zu den Untersuchungen von GERHARD et al. herstellen.

Über Störungen in der Schwangerschaft durch anorganisches Quecksilber ist wenig bekannt. Bei beruflich bedingter akzidenteller Hg-Vergiftung soll es gelegentlich zu Aborten gekommen sein. In vitro hemmt anorganisches Quecksilber den Aminosäurentransport in der Plazenta, so daß Mangelernährungen des Fetus resultieren können (LIOKA et al. 1987). Wurden schwangere Meerschweinchen Hg-Dampf ausgesetzt, so passierte das Quecksilber rasch die Plazentarschranke und wurde in der fetalen Leber angereichert, wo es zu mehr als der Hälfte an Metallmethionin gebunden vorgefunden wurde (YOSHIDA et al. 1986, 1987). Hierdurch wurde wahrscheinlich die Quecksilberverteilung im Körper gehemmt, so daß die Gewebekonzentrationen im fetalen Gehirn, Blut, Lunge, Herz und Niere niedriger als im Muttertier waren.

Bei Patientinnen mit wiederholten Frühaborten findet man häufig ein verändertes Immunsystem (MIEDANER-MAIER et al. 1989). Es ist durchaus denkbar, daß Schadstoffbelastungen diese Veränderungen bewirken und damit verantwortlich für Fehlgeburten sein können. Bei Schwangeren konnte nachgewiesen werden, daß Quecksilber aus Amalgamfüllungen in der Plazenta angereichert wird (VIMY et al. 1990, DRASCH et al., 1993).

Vergiftungen durch Methylquecksilber wurden in Japan, in der UdSSR und im Irak beobachtet (BAKIR et al. 1973, KOOS und LONGO 1976, AMINZAKI et al. 1974). Nach intrauteriner Intoxikation mit Methylquecksilber wiesen Neugeborene überwiegend Hirnschädigungen auf (Krämpfe, Lähmungen, geistige Unterentwicklung, Gang- und Sprachstörungen). Obwohl bei Schwangeren, die mit Methylquecksilber verseuchten Fisch gegessen hatten, kaum Symptome einer Hg-Intoxikation bestanden, waren die Neugeborenen zum Teil schwer gestört und wiesen deutlich höhere Hg-Konzentrationen auf als die Mütter.

> In Deutschland ist deshalb seit 1990 der Umgang mit Methylquecksilber verboten.

In Tierversuchen konnte nachgewiesen werden, daß die Hg-Konzentrationen im fetalen Hirn höher als im mütterlichen waren, wenn trächtige Mäuse mit Methylquecksilber gefüttert wurden (INOUYE et al. 1986). Die Gehirnareale von Meerschweinchenfeten waren unterschiedlich stark betroffen (INOUYE und KAJIWARA 1988). Quecksilber hemmte die plazentare und fetale Aufnahme von Leucin und senkte die Konzentrationen von Zink, Kupfer und Eisen, was zu einer Wachstumsretardierung führte (CURLE et al. 1983).
Amalgambelastete zeigen eine erhöhte Anfälligkeit gegenüber Infekten und Allergien. Häufige Begleiterscheinungen sind *Bauchschmerzen, Energielosigkeit, Wetterfühligkeit, Schwindel, Seh- und Hörstörungen, Tremor* und *Muskelschmerzen.* Bei chronischer Intoxikation ist besonders das Nervensystem betroffen mit Parästhesien, Seh- und Hörstörungen, Koordinationsstörungen und Persönlichkeitsveränderungen.
In der Ausatemluft und im Speichel von Probanden mit Amalgamfüllungen wurden deutlich höhere Quecksilberkonzentrationen gemessen als bei Probanden ohne Amalgam. Durch Kauen von Kaugummi stiegen die Konzentrationen in Speichel und Ausatemluft bei Amalgamträgern stark an (LOH 1984).
VIMY und LORSCHEIDER (1985) berechneten aus den Atemluftkonzentrationen von Amalgamträgern, daß bei 4–12 Füllungen 8–30 mg Quecksilber pro Tag aufgenommen wurden. Die Höhe der Quecksilberdepots im Organismus korrelierte signifikant mit der Zahl der Amalgamfüllungen (BIRKMAYER et al. 1990). Das relativ ungefährliche anorganische Quecksilber wird durch aerobe und anaerobe Mundbakterien und die Darmflora in hochgiftige organische Quecksilbersalze umgewandelt (HEINTZE et al. 1983).
SCHIELE (1988) konnte eine signifikante Abhängigkeit der Gehirn- und Nieren-Quecksilber-Konzentrationen von der Zahl der Amalgamfüllungen nachweisen. Mit dem Chelatbildner DMPS (s. »Diagnostik«) ließ sich die Quecksilberaussscheidung im 24 Stunden-Urin stimulieren und zwar um so mehr, je größer die Zahl der Amalgamfüllungen war (SCHIELE et al. 1989).
HAHN et al. 1(1989 und 1990) legten bei Affen und Schafen Amalgamfüllungen, die radioaktiv markiert waren, und führten nach 4 Wochen eine Ganzkörperszintigraphie durch. Bei niedrigen Blut- und Urin-Quecksilberspiegeln fanden sie die größte Anreicherung von Quecksilber im Kieferknochen, im Gastrointestinaltrakt und in den Nieren.
DANSCHER et al. (1990) setzten Affen entweder Amalgamfüllungen in die Zähne oder Amalgamimplantate in den Oberkieferknochen. Nach einem Jahr wurden die Tiere getötet und die Verteilung des Quecksilbers in allen Körperorganen gemessen. Die Zahngruppe wies eine signifikant

größere Belastung als die Knochengruppe auf. Höchste Werte fanden sich in den Nieren.
Eine weitere beträchtliche Speicherung von Quecksilber war auch im Ganglion Spinale, in den Langerhans'schen Zellen des Pankreas, im Nebennierenmark, in den Hepatozyten und Kupferzellen der Leber, im Interstitium der Lunge, in den Lymphknoten des Intestinaltraktes und vor allem auch im Hypophysenhinterlappen und in den Ovarien nachweisbar. Daß auch beim Menschen die Quecksilberfreisetzung aus Amalgamfüllungen eine Rolle spielen kann, demonstrierte KÖSTLER (1990). Er ließ Probanden mit Amalgamfüllungen (durchschnittlich 10) 20 Minuten entweder Kaugummi kauen oder heißen Zitronensaft trinken und bestimmte vorher und direkt danach zahlreiche Parameter im Blut.
In beiden Gruppen stieg der Hg-Spiegel im Vollblut nach der Provokation signifikant an. Die Zahl der T-Lymphozyten und die Zahl der »Natural killer cells« sank im Blut signifikant ab.

4.6.4 Umwelt-Andrologie

4.6.4.1 Übersicht

Nach SCHILL beeinträchtigen heute eine Vielzahl von Umweltschadstoffen die männliche Fertilität. Eine Reihe chemischer Substanzen (z. B. polychlorierte Biphenyle, Insektizide) konnte aufgrund epidemiologischer Studien und in-vitro-Untersuchungen für Störungen von Spermatozoenfunktionen und des Keimepithels verantwortlich gemacht werden. Dabei gehören zu den fertilitätsstörenden Umweltnoxen im weiteren Sinne auch Infektionskrankheiten, Medikamente, zum Beispiel Hormone, antispermatogene Substanzen, Zytostatika, Immunsuppressiva, Psychopharmaka, Chemotherapeutika und Bluthochdruck mit Psychopharmaka.
Auch physikalische Veränderungen des Mikromilieus der Hoden durch Trauma, Druck, Lärm, Wärme, Sauerstoffmangel oder ionisierende Strahlen können andrologische Sterilität mitverursachen. Genußgifte wie Alkohol, Nikotin, Marihuana und Opiate können ebenso toxisch sein wie unzureichende Ernährung. Insbesondere psychogener Streß scheint eine große Rolle zu spielen. Selbst jahreszeitliche, durch die klimatischen Verhältnisse bedingte Veränderungen der Ejakulatqualität (v. a. der Spermatozoendichte) werden diskutiert.
In letzter Zeit werden Umweltschadstoffe als Ursachen des in den zurückliegenden 50 Jahren beobachteten Rückgangs der Spermatozoenzahlen bei fertilen Männern in den Vereinigten Staaten von Amerika diskutiert. Eine Minderung des Fertilitätspotentials durch Umweltfakto-

ren wurde aber auch in Australien, Südafrika, Frankreich, Schweden und Dänemark anhand kleinerer Patientenkollektive zwischen Stadt- und Landbevölkerung in Schweden festgestellt.
Schon nach früheren Untersuchungen wurde befürchtet, schädliche Umwelteinflüsse könnten außer der Gesundheit auch die Fortplanzungsfähigkeit des Menschen beeinflussen. Die Spermiendichte hat sich in den vergangenen 50 Jahren deutlich verringert. Dies ergab die Analyse von 61 Arbeiten der Weltliteratur seit 1938, in denen insgesamt 14947 Männer ohne Infertilität in der Anamnese zwischen 1938 und 1991 auf ihre Samenqualität hin untersucht wurden.
Carlsen et al. von der Universität Kopenhagen fanden einen deutlichen Rückgang der mittleren Spermiendichte in den letzten 50 Jahren. Als Parameter galten die Spermiendichte und das Volumen der Spermienflüssigkeit. Fast die Hälfte der Studien stammen aus den Vereinigten Staaten. Danach sank die durchschnittliche Zahl der Spermien von 113 x 106 pro Milliliter Ejakulat im Jahr 1940 auf 66 x 106 im Jahre 1990. Außerdem hatte sich das mittlere Volumen der Samenflüssigkeit in diesem Zeitraum von 3,40 Milliliter auf 2,75 Milliliter verringert.
Die dänischen Wissenschaftler vermuten, daß sich parallel hierzu die Fertiliät der Männer vermindert haben könnte. Diese Befunde sind nicht auf ethnische oder geopraphische Besonderheiten zurückzuführen. Eine vergleichbare Entwicklung wurde auch bei der recht homogenen dänischen Bevölkerung festgestellt.
Untersuchungen an Schwarzen zeigten, daß die Spermienzahlen nicht von der Rasse abhängen. Es scheint sich also tatsächlich um einen biologischen Effekt zu handeln, nämlich eine verminderte Spermienbildung in den Hoden.
Die dänischen Wissenschaftler stellten auch fest, daß die Häufigkeit andrologischer Erkrankungen wie Hodenkrebs angestiegen ist. Sie vermuten, daß der Hodenkrebs und die abnehmende Samenqualität auf den wachsenden Einfluß von Umweltschadstoffen zurückzuführen sind, die negative Effekte auf die männliche Genitalfunktion haben.
Gegenüber Umweltgiften sind *männliche Keimzellen* möglicherweise *noch anfälliger* als die Eizellen der Frau. Während sich die Eizellen in einem vieljährigen Reifungszustand ohne Zellteilung befinden, vervielfältigen sich die männlichen Keimzellen ständig und sind durch Umweltgifte besonders gefährdet, insbesondere dann, wenn die Stammzellen geschädigt werden, weil dann alle künftigen Keimzellen betroffen sind.
Im Sperma wurde ein breites Spektrum von Umweltschadstoffen gefunden, insbesondere folgende Substanzen:

- Schwermetalle (v. a. Blei, Cadmium)
- HCB
- α-HCH
- DDT und seine Metabolite
- Dieldrin
- PCBs etc.

4.6.4.2 Schädigungsmechanismen

Nach KRAUSE, 1983, werden folgende Schädigungsmöglichkeiten der Spermatogenese durch die genannten Umweltschadstoffe diskutiert:
① Direkte zytotoxische Schädigung
② Peripher endokrine Wirkung (Androgenhemmung)
③ Zentral endokrine Wirkung (Gonadotropinhemmung)
Bei vielen Schadstoffen kommt es zu mehreren Schädigungsmöglichkeiten gleichzeitig. Die sogenannte Blut-Hoden-Schranke schützt nur die sensiblen Samenkanälchen vor vielen chemischen Schadstoffen.

4.6.4.3 Spermaschädigende Substanzen

Nach STACHEL 1989 wurde aufgrund verschiedener Umwelteinflüsse weltweit in den letzten fünfzig Jahren bei fertilen Männern eine deutliche Verringerung der Spermatozoenzahlen festgestellt, oft bis zu 80 %. Dabei scheint die männliche Fertilität besonders durch folgende Stoffe beeinträchtigt zu werden:

- Nikotinabusus
- Schwermetalle
- Herbizide
- Pestizide, insbesondere
- Dibromchlorpropan (DBCP) und
- chlorierte Kohlenwasserstoffe.

Einige der Substanzen greifen direkt in das intratubuläre Hodenkompartiment ein und führen zu einer Bremsung bzw. Schädigung der Spermatogenese oder zu einer Beeinflussung der Sertolizellfunktion. Intratubulär angreifende chemische Verbindungen sind Alkylantien, Tetrachlorkohlenstoff, DDT und ionisierende Strahlen.

Chemische Produkte aus Umwelt und Beruf mit negativem Einfluß auf die männliche Fertilität (nach SCHILL et al. 1992):

- Nahrungsmittelzusätze und Kontaminationen (Zyklamat, Diäthylstilböstrol, Nitrofuran, Aflatoxine, Gossypol)
- Fungizide, Nematozide, Fumigantia, Sterilantien (DBCP, Äthylendibromid)
- Herbizide (Dioxine)
- Insektizide (Dichlordiphenyltrichloräthan [DDT]), Lindan, Dieldrin, Kepone, Carbaryl, Schwefelkohlenstoff)
- Rodentizide (Fluorazetat)
- Feuerschutzmittel (Tris, polybromierte Biphenyle)
- Wärmeaustauscher (polychlorierte Biphenyle)
- Kunststoffprodukte (Phthalatester, Vinylchloride)
- Lösungsmittel (Benzol, Toluol, Glykoläther, Tetrachlorkohlenstoff, Epichlorhydrin)
- Desinfektionsmittel (Borax, Borsäure)
- Inhalationsnarkotika (Halothan, Methoxyfluran)
- Metalle und Spurenelemente (Blei und andere Schwelofenemissionen, Quecksilber, Cadmium).

Die folgende Abbildung zeigt das Spektrum der Umweltschadstoffe, die nachweislich die Spermien schädigen.

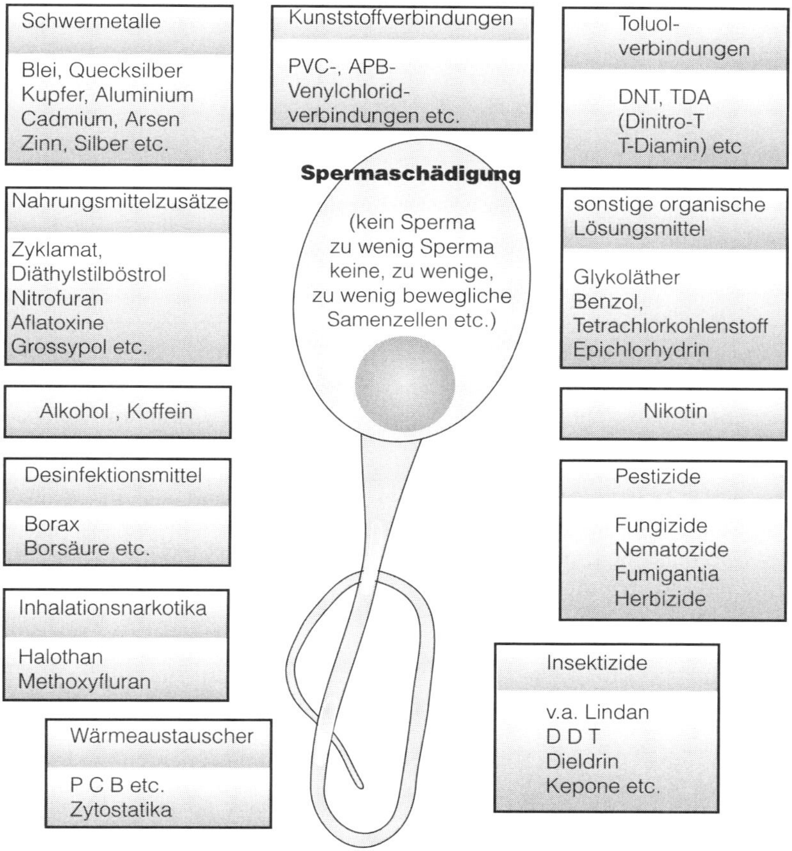

Abb. 18 zu 4.6.4.3: Umweltschadstoffe schädigen das Sperma

4.6.4.4 Angriffsorte

Die wichtigsten Angriffsorte von Umweltnoxen an der männlichen Fertilität nach SCHILL et al. 1992 sind:
• Testikulär – Intratubulär (Spermatogenesezellen, Sertolizellen) – Extratubulär (Leydigzellen, Tubuluszellen, Gefäße) • Epididymis • Akzessorische Geschlechtsdrüsen • Direkte Beeinflussung der Spermatozoenfunktion.

Andere Umweltnoxen wiederum entfalten extratubuläre Wirkungen im Bereich der Leydigzellen (Antiandrogene, Alkohol, organochlorierte Insektizide), der Tubuluswandungen und der Gefäße (Cadmium, Schwefelkohlenstoff).
Weitere Schädigungsmöglichkeiten bestehen durch Angriffspunkte im Bereich des Nebenhodens, der akzessorischen Geschlechtsdrüsen und des Seminalplasmas (Arsen, Ketoconazol, Dibromchlorpropan) sowie der Spermatozoenfunktion selbst.
Eine besondere Empfindlichkeit des Keimephitels scheint während der Fetalperiode vorzuliegen. Tritt in dieser Phase eine Keimepithelschädigung ein, resultiert ein sogenanntes *»Sertolicell-Only-Syndrom«*.
Die Sensibilisierung der wissenschaftlich Verantwortlichen führte 1987 zur Gründung einer internationalen Zeitschrift mit dem Titel »Reproductive Toxicology«. Dadurch wurde ein Forum geschaffen, in dem u. a. die Ergebnisse über die Untersuchungen der verschiedenen Faktoren, die die Wirkung von Umweltschadstoffen auf die männliche Fertilität beeinflussen, publiziert werden können.
Wichtige Aspekte der Umweltproblematik sind neben der Toxizität und Mutagenität chemischer Verbindungen Fragen der unterschiedlichen Expositionszeit, möglicher Altersunterschiede bezüglich der Empfindlichkeit (z. B. bei Cadmium), der Fettlöslichkeit und der Lagerung chemischer Substanzen im Fettgewebe, deren Passierbarkeit der Bluthodenschranke, der synergistischen Interaktion von Schadstoffen und die Frage der Biotransformation von chemischen Verbindungen.
Epidemiologische Studien zeigen eine Beeinflussung der Fertilität von Männern, die Pflanzenschutzmitteln in erhöhter Dosierung und Raugas (Schweißer) ausgesetzt waren. Zusammenhänge zwischen Schadstoffexposition und Infertilität sind inzwischen auch gesichert für Schwermetalle wie Blei, Quecksilber und Cadmium, für einige Pestizide, unter anderem Dibromchlorpropan und TCDD (Tetrachlor-Dibenzo-Dioxin)

und zahlreiche Industrieprodukte wie polybromierte und polychlorierte Biphenyle sowie Vinylchlorid. Danach können auch Polychlorierte Biphenyle und Phthalate im humanen Seminalplasma zu den entsprechenden Veränderungen der Ejakulatqualität und Spermatozoenfunktion führen.
Viele reaktive chemische Verbindungen aus der Umwelt wie Pestizide, Herbizide, organische Lösungsmittel, Ausgangsprodukte der Kunststoffherstellung und andere toxische und mutagene Substanzen werden inkorporiert, indem sie unbemerkt über Nahrung, Wasser und Inhalation in den menschlichen Organismus gelangen, wo sie dann Schäden am Keimepithel hervorrufen können.

4.6.4.5 Einzelne Substanzen

A. Dioxine

In letzter Zeit mehren sich Veröffentlichungen über die Beeinträchtigung der männlichen Fruchtbarkeit. Danach können ejakulierte reife Spermien bei ihrer Durchwanderung des weiblichen Genitales, insbesondere des Zervikalschleimes, durch dort nachweisbare polychlorierte Kohlenwasserstoffe, speziell auch durch Dioxine und Furane in ihrer »Langzeitüberlebensfähigkeit« beeinträchtigt werden (Organon, 1991). Hier die wichtigsten Daten über »Dioxine«. Die Leitsubstanz der verschiedenen polychlorierten Dibenzo-p-Dioxine (PCDD) ist vereinbarungsgemäß das als *»Seveso-Gift«* bekannt gewordene 2,3,7,8-Tetrachlor-Dibenzo-p-Dioxin, kurz »TCDD« genannt, eine im molaren Vergleich äußerst giftige, auf den Menschen zurückzuführende chemische Substanz. Die 50prozentige Letaldosis, LD 50 beträgt beim empfindlichsten Versuchstier, dem Meerschweinchen, nur 0,5 mg/kg Körpergewicht. In seiner Toxizität wird das TCDD nur noch von einigen Phyto- und Bakterientoxinen übertroffen. Bei der Bewertung der Ergebnisse ist zu beachten, daß die Toxizität und die ohnehin geringe Wasserlöslichkeit der verschiedenen Dioxinkongenere von deren Strukturformeln abhängen: so nehmen mit zunehmendem Chlorierungsgrad die Wasserlöslichkeit und molare Toxizität ab. Als besonders toxisch gelten die in den Positionen 2, 3, 7 und 8 substituierten Kongenere. Alle hier untersuchten Verbindungen waren in den genannten Positionen chloriert.

B. Pestizide

Whorton et al. berichten über eine Beeinträchtigung der Spermaqualität und Fertilität unter anderem bei Industriearbeitern in der Herstellung eines Pestizids, des Wurmvernichtungsmittels Dibromchlorpropan. Ein

Vergleich der kumulativen Häufigkeitsverteilung bei Landarbeitern, die dieser Substanz gegenüber exponiert waren, und nicht exponierten Personen ergab hochsignifikante Unterschiede hinsichtlich der Spermatozoendichte.
Vor allem **chlorhaltige Pestizide** und **polychlorierte aromatische Kohlenwasserstoffe** zeigen einen zeit- und dosisabhängigen Effekt auf die Motilität, Vitalität, Induktion der akrosomalen Reaktion und auf die Reaktion der Spermaplasmamembran auf hypoosmotischen Streß (B. ROEDIGER et al.).
Untersuchungen von H. VAN DER VEN haben gezeigt, daß die untersuchten Pestizide einen zeit- und dosisabhängigen Einfluß auf die Spermafunktion haben. Sowohl im Samenplasma als auch in der Follikelflüssigkeit wurden die o. g. Umweltschadstoffe, z.T. in erschrekkenden Konzentrationen, nachgewiesen.
Die polychlorierten Biphenyle (PCBs und Clophen) wiesen den stärksten negativen Effekt auf die Sperma-Motilität auf; bereits ein milliardstel Gramm Clophen (ein PCB-Gemisch) pro ml Samenflüssigkeit setzt die Motilität deutlich herab. HCB schädigt besonders die funktionelle Integrität der Membranen. DDE hat einen sehr starken zytotoxischen Effekt und labilisiert die akrosomale Membran; dadurch wird die Vitalität menschlicher Spermatozoen deutlich herabgesetzt.

C. Zytostatika

Auch Zytostatika sind für die Spermatogenese besonders gefährlich; werden sie länger als 6 Monate angewendet, kommt es zu irreversiblen Schäden.

Bei kürzeren Dosierungen tritt eine Regenerationsphase auf, bei der jedoch ein höheres Risiko für chromosomale Anomalien reifer Spermatozoen besteht. Pestizide und Schwermetalle sind in dieser Wirkungsweise vergleichbar.

D. Nikotin

Rauchen vermindert die Fertilität.
OHLSEN et al. haben ermittelt, daß das Rauchen das Infertilitätsrisiko um das 2,1fache steigert.

CAMPBELL et al. und KULISKAUKAS et al. fanden bei Rauchern eine reduzierte Spermadichte und -motilität. SCHIRREN empfiehlt Patienten mit subfertilen Spermaproben absolute Nikotinkarenz; in 60 % der Fälle kommt es dann zu einer Besserung des Spermiogramms.

E. Schwermetalle: Blei, Cadmium, Quecksilber

Die zytotoxischen Wirkungen von Quecksilber ließen sich sowohl in der Zellkultur als auch in vivo durch Selen vollständig hemmen (KUMEI und SATO 1981), so daß japanische Forscher sich bereits selenhaltige Amalgamzahnfüllmateralien patentieren ließen (SCHRAUZER 1990). Beim Legen neuer und nach Entfernung von alten Amalgamfüllungen empfiehlt sich die Selensubstitution, wobei 100–200 mg/Tag in der Regel ausreichend sind. Diese Dosis verursacht auch bei Langzeitgaben keine Nebenwirkungen (SCHRAUZER 1990).

Blei

Ein weiteres klassisches Beispiel ist die berufliche Exposition gegenüber Blei, die als wichtige Sterilitätsursache bereits in Rumänien gesichert werden konnte. Hier korrelierte der Bleigehalt u. a. im Blut mit der Zahl fehlgeformter Spermatozoen. Des weiteren konnten Hemmungen der Spermatozoenmotilität und der Akrosomreaktion sowie Veränderungen der Spermatozoenmembran nach Zugabe der genannten Substanzen in vitro beobachtet werden.
Wenn männliche Mäuse mit niedrigen Dosen von Blei im Trinkwasser gefüttert wurden, so war ihre Fertilität reduziert. Die Spermien waren weniger befruchtungsfähig, die Fruchtanlagen degenerierten (JOHANSSON et al. 1987), obwohl das Spermiogramm keine Veränderungen zeigte (JOHANSSON und WIDE 1986). Die Testosteron- und Gonadotropinkonzentrationen waren erniedrigt (SOKOL et al. 1985), die Prostata entwikkelte eine Hyperplasie (HILDEBRAND et al. 1973).
Wurden männliche Ratten mit niedrigen Bleimengen belastet, so reduzierte sich die Zahl der Nachkommen und die Abort- und Totgeburtenrate nahm zu (STOWE und GOYER 1971). Chromatinstudien zeigten massive Veränderungen an den Spermien von mit Blei belasteten Mäusen (JOHANSSON und PELLICCIAI 1988).
Bei Arbeitern mit Bleibelastung in Bagdad (Batteriefabrik) fanden sich signifikant erhöhte Chromosomenaberrationen in den Lymphozyten (AL HAKKAK et al. 1986).

Cadmium

Durch Cadmium, das einmal an Ratten verfüttert wurde, sank das Hoden- und Nebenhodengewicht signifikant ab und es entwickelte sich

eine Oligoasthenozoospermie. Gleichzeitig sank die Testosteronkonzentration und die männlichen Ratten wurden infertil (SAKSENA et al. 1983). Nach WHELTON et al. 1988 wurde durch Cadmiumzufuhr bei gleichzeitiger mangelhafter Ernährung die Fertilität um 45% gesenkt.
Bei rauchenden Männern wurden signifikant höhere Cadmiumkonzentrationen im Seminalplasma bestimmt als bei nichtrauchenden, jedoch bestand kein Zusammenhang mit der Samenqualität (SAARANEN et al. 1989).
Infertile Männer wiesen doppelt so hohe Cadmiumkonzentrationen im Samen auf als fertile, unabhängig von der Spermatozoenzahl (UMEYAMA et al. 1986). *Schweißer* haben eine *signifikant schlechtere Samenqualität* als andere Handwerker (MORTENSEN 1988). Als Ursache dafür nimmt man an, daß sie bei der Rauchentwicklung neben Cadmium auch Chrom, Nickel, Mangan, Kupfer und Eisen inhalieren, was ebenso wie die Hitze und ionisierende Strahlen zu ungünstigen Summationseffekten führt (VONDE 1990, MORTENSEN 1988).

Quecksilber

Über den Einfluß von chronischen subtoxischen Hg-Konzentrationen auf die Fertilität ist nicht viel bekannt. Wurden erwachsene männliche Ratten mit Methylquecksilber gefüttert, so nahm bereits bei nichttoxischen Konzentrationen die Motilität der Spermien ab und die Anzahl der pathologischen Formen zu (MOHAMES et al. 1987). Nach Änderung der Ernährung war die Störung reversibel.
Männliche Werktätige (n = 21), die am Arbeitsplatz organischen Hg-Verbindungen ausgesetzt waren durch die Herstellung von Schädlingsbekämpfungsmitteln, wiesen bei erhöhten organischen Hg-Konzentrationen in der Luft eine erhöhte Hg-Ausscheidung im Urin auf und eine reduzierte Fertilität (DONAU et al. 1990).

4.6.4.6 Sterilität durch Spurenelementmängel

A. Zink

In bezug auf die Fertilität liegen die meisten Untersuchungen für Zink vor. Durch Zinkmangel zu bestimmten Schwangerschaftszeitpunkten konnten Mißbildungen bei der Ratte induziert werden (RECORD et al. 1986). Beim Menschen gibt es Hinweise auf den Zinkmangel als Ursache für eine Spina bifida (FARIER et al. 1987). Bei verschiedenen Tierspezies konnten durch Zinkmangel in der Schwangerschaft Wachstumsretardierungen induziert werden und verzögerte Skelettenwicklungen in den ersten Lebensjahren (LEEK et al. 1988, KYNAST und SALING

1986, HAYNES et al. 1987, BROPHY 1990, HIGASHI et al. 1988, HINKS et al. 1989, HARDING et al. 1988).
Verlangsamte Entwicklung im Säuglings- und Kleinkindalter sowie die Dyslexie des Schulkindes werden mit Zinkmangel in Verbindung gebracht. Feten rauchender Mütter wiesen signifikant erniedrigte Plasmazinkkonzentrationen auf, während Kinder nichtrauchender Mütter trotz erniedrigter mütterlicher Zinkwerte normale Zinkwerte auswiesen. In der 2. Schwangerschaftshälfte ließ sich bei schwangeren Ratten ein mütterlicher Diabetes mellitus erzeugen (erhöhte Plasmainsulinspiegel, erniedrigter Pankreaszink), der zu größerem Körpergewicht der Neugeborenen führte.
Noch wesentlicher erscheint der Einfluß von Zink auf das Immunsystem (KRUSE-JARRES 1989). Weibliche Affen mit grenzwertigen Zinkkonzentrationen wiesen zuerst eine Beeinträchtigung des Immunsystems auf: reduzierte Leukozytenfunktion, IgM-, IgG- und Leukozytenabfall (HAYNES et al. 1987). Die Stimulierbarkeit der Lymphozyten durch Mitogene war erniedrigt (HAYNES et al. 1987). Da der Autor (SCHULTE-UEBBING U. ZAHN, 1990-1994) die Zusammenhänge auch häufig bei Frauen mit wiederholten Frühaborten unklarer Ursache fand, ist ein Zusammenhang denkbar. Bei Rhesusaffen korrelierte der Grad der mütterlichen Lymphozytenstimulierbarkeit und die Höhe des Zinkspiegels signifikant mit der fetalen Größe (HAYNES et al. 1987). Zinkmangel in der Schwangerschaft führte zu immunologischen Störungen der Nachkommen über mehrere Generationen (Thymusatrophie, Lymphopenie, unterdrückte Immunreaktion auf Antigene).
Bei Frauen schwanken die Zink-Serumspiegel zyklusabhängig und haben Beziehungen zur Progesteronbindung, zu den Prolaktinkonzentrationen und den Opiatrezeptoren im Gehirn (DEUSTER et al. 1987). Bei Hyperthyreose finden sich signifikant erniedrigte Erythrozyten-Zinkkonzentrationen, die eine negative Korrelation zu T4 und T3 aufweisen (YOSHIDA et al. 1990).
Männer mit niedrigen Zinkwerten hatten höhere Prolaktinkonzentrationen als solche mit hohen Zinkwerten (MAHAHAN et al. 1985). Fertile Männer wiesen signifikant höhere Zinkkonzentrationen im Serum auf als infertile (MADDING et al. 1986), dasselbe galt für den Zinkgehalt des Spermatozoenkerns, dessen Chromatin stabiler gegenüber Detergentien war (KVIS et al. 1987). Durch Zinksubstitution ließen sich Anzahl und Motilität der Spermien bei infertilen Männern bessern (TIKKIWAL et al. 1987, TAKIHARA et al. 1987, KYNASTON et al. 1988).

B. Selen

Über die Bedeutung eines Selenmangels für die menschliche Fertilität liegen keine Untersuchungen vor. Weiden Tiere auf selenarmen Böden, so treten Totgeburten und Wachstumsverzögerungen auf, wenn Selen nicht substituiert wird. Auch vermehrte Fruchtabgänge, Plazentaretention und verzögerte Uterusinvolution wurden beobachtet (SCHRAUZER 1990).

Die embryonale Entwicklung wird durch Selenmangel gestört, da der Embryo durch die rasche Proliferation gegen peroxidative Schädigungen besonders empfindlich ist. Der Selengehalt des Fruchtwassers nimmt im Verlaufe der Schwangerschaft deutlich ab (BRO et al. 1988). Ob ein Zusammenhang zwischen Selenmangel und Frühgeburt beim Menschen besteht, ist nicht untersucht. Während Schwangerschaft und Stillzeit sinken die in Deutschland bereits erniedrigten Selenkonzentrationen im mütterlichen Blut weiter ab, so daß brustgestillte Säuglinge nur noch eben die geforderte tägliche Selenmenge von mindestens 10 mg erhalten.

Frauen haben einen höheren Selenbedarf als Männer, was wahrscheinlich darauf beruht, daß Selen zum Abbau von Steroidhormonen in der Leber benötigt wird. Durch Einnahme hormoneller Kontrazeptiva und durch Schwangerschaft wird mehr Selen benötigt, das anderen Organen entzogen wird. Somit können bei Selenmangel auch Störungen im Steroidstoffwechsel auftreten, die zu Infertilität und Aborten führen können (SCHRAUZER 1990).

Bei männlichen Ratten konnte im Mittelstück des Spermiums ein zystenreiches Selenprotein als Strukturkomponente der Mitochondrienmembran nachgewiesen werden (BROWN und BURK 1973, CALVIN et al. 1981). Selenmangel bei Ratten führt zur Infertilität durch asthenozoospermie (WU et al. 1973, 1979) und bei Mäusen zu sehr unterschiedlichen morphologischen Spermienveränderungen (WALLACE et al. 1983). Auch bei **Selenmangel** finden sich in den Hoden höchste Selenkonzentrationen verglichen mit anderen Organen, so daß Selen sowohl für das Keimepithel als auch für die Spermien selbst von *herausragender Bedeutung* ist (BEHNE und HÖFER-BOSSE 1984, ABOU-SHAKRA et al. 1989). Nach Stimulation mit HCG oder GnRH war der Testosteronanstieg bei ausreichend Selen-substituierten Ratten deutlich ausgeprägter als nach Selenmangelernährung (BEHNE et al. 1987, 1988). Selenpräparate werden von Veterinärmedizinern schon seit Jahren zur Verbesserung der Besamungserfolge eingesetzt, sie haben in der Humanmedizin noch keine Anwendung gefunden.

C. Kupfer

Bei Frühgeborenen wurden erniedrigte Kupferspiegel gemessen, bei wachstumsretardierten Kindern und deren Müttern erhöhte Kupferspiegel (Bro et al. 1988). Wurden Mäuse nicht ausreichend mit Kupfer versorgt, so sanken Coeruloplasmin, Hämoglobin und Erythrozyten ab, ebenso die Zahl der T-Lymphozyten. Auf Lipopolysaccharidbelastung war die Immunantwort eingeschränkt (Mulhern und Koller 1988).
Über **Chrom** und Fertilität ist nichts bekannt. **Chrommangel**, bedingt durch Streß und den Verzehr raffinierter Zucker, soll die Glukosetoleranz verschlechtern, die Blutfettspiegel erhöhen und einen Diabetes mellitus auslösen (Anderson 1986, Wiedemann 1989).

D. Eisen

Auch **Eisenmangel** in der Schwangerschaft bewirkt eine Wachstumsretardierung (Nemet et al. 1986). Durch hohe Eisengaben wird jedoch die Zinkaufnahme kompetitiv gehemmt, so daß eine durch **Zinkmangel** bedingte Wachstumsretardierung resultieren kann, wenn Schwangere mit Vitamin-Mineralstoffen mit hohem Eisenanteil substituiert werden (Solomons 1986, Bloxam et al. 1989, Hambidge et al. 1987). Wenn bei Ratten ein Eisenmangel in der Schwangerschaft bestand, so waren Körper- und Milzgewicht der Neugeborenen signifikant erniedrigt (Sherman und Lockwood 1987). Im Laufe der Entwicklung konnten die natürlichen Killerzellen der Nachkommen nicht ausreichend auf Interferon-Stimulation reagieren.
Bei den Mineralstoffen kommt der Ausgewogenheit in den Konzentrationen eine große Bedeutung zu. So konnte die Fertilität von Kühen signifikant verbessert werden, wenn die Nahrung mit Kupfer und Magnesium ergänzt wurde, während sie unverändert war, *wenn nur eine der Substanzen* zugeführt wurde (Ingaraham et al. 1987).

4.6.5 Sterilitäts-Diagnostik

Da die Sterilitätsursachen in ca. 30 % der Fälle beim Mann, in ca. 40 % bei der Frau und in den restlichen ca. 30 % bei beiden Partnern liegt, sollte die Sterilitätsdiagnostik *immer beide Partner* mit einbeziehen.
Bei den rund 40 Prozent der Frauen, bei denen die sogenannte »Idiopathische Sterilität« diagnostiziert wird, muß eine exakte Umwelt-Anamnese erfolgen, um Umweltschadstoffe als mögliche (Teil-)Ursachen zu ermitteln.

Differential-Diagnose:

Was die gynäkologischen Ursachen anlangt, so müssen zunächst endokrinologisch nachweisbare *Funktionsstörungen der Eierstöcke bzw. der Hirnanhangsdrüse* ausgeschlossen werden.
Zusätzlich sollte man durch eine frauenärztliche Untersuchung einschließlich vaginalem und abdominalem **Ultraschall** *Erkrankungen der Gebärmutter* wie Myome oder Veränderungen der Gebärmutterschleimhaut bzw. des Halskanals der Gebärmutter als Sterilitätsursache *ausschließen.*

4.6.5.1 Basaltemperaturmessung

Bei jeder Frau mit unerfülltem Kinderwunsch muß festgestellt werden, *ob und wann der Eisprung erfolgt.* Dazu muß sie mehrere Monate lang die Körpertemperatur vor dem Aufstehen messen, die Werte in ein Kurvenblatt eintragen und Ihrem Frauenarzt vorlegen. Normalerweise muß etwa in der Mitte des Monats ein Temperaturanstieg zu verzeichnen sein, weil dann nämlich erfahrungsgemäß der Eisprung stattfindet. Bleibt die Temperaturerhöhung aus, ist davon auszugehen, daß kein Eisprung stattgefunden hat.

4.6.5.2 Hormonstatus

Der Frauenarzt sollte einen kompletten Hormonstatus erheben. In jedem Fall sollte man dabei auch eine *Hyperandrogenämie* und eine (partielle) *Nierenrindeninsuffizienz ausschließen.*

4.6.5.3 Chromolaparoskopie

Bei den etwa zwanzig Prozent der sterilen Frauen, bei denen ein Eileiterverschluß vorliegt, so daß den Samenzellen der Weg zum Ei und damit zur Befruchtung versperrt wird, kann dieser Verschluß mittels der sogenannten Chromolaparoskopie diagnostiziert und gegebenenfalls **mikrochirurgisch** beseitigt werden.
Meist sind Umweltschadstoffe als direkte oder indirekte Ursachen des Eileiterverschlusses (vorausgegangene Entzündungen durch ein mit Umweltschadstoffen verändertes Milieu etc.) beteiligt, die **ausgeleitet** werden müssen.

4.6.5.4 Abklärung psychosomatischer Faktoren

In den meisten Fällen findet man bei der Routine-Diagnostik von Frauen mit unerfülltem Kinderwunsch keine eindeutige Ursache. Hier werden dann psychische und seelische Faktoren als mögliche Ursachen diskutiert. Sicherlich sind seelische Störungen sehr häufig für die Unfruchtbarkeit mitverantwortlich, wobei Streß und psychische Belastungen dabei eine große Rolle spielen können. Die heute und in Zukunft bedeutendsten Ursachen, nämlich die Umweltschadstoffe, werden allerdings in der bisherigen Routine-Diagnostik noch viel zu wenig beachtet.

6.6.5.5 Umweltmedizinische Anamnese

Falls sich im frauenärztlichen Gespräch im Rahmen der Sterilitätssprechstunde der Verdacht ergibt, daß die vorhandenen endokrinen und/oder immunologischen Störungen möglicherweise durch Schadstoffbelastungen (mit)verursacht sein könnten, wird in der Praxis des Autors ein spezieller sogenannter *»Umweltgynäkologischer Fragebogen«* verwendet, in dem ein breites Spektrum möglicher Zusammenhänge zwischen Umwelteinflüssen und Sterilität abgefragt wird.
In der umweltmedizinisch orientierten Frauenarztpraxis wird bei der Anamneseerhebung die Möglichkeit von Schwermetallbelastung und Spurenelement-Mangelerscheinungen berücksichtigt. Falls sich anamnestisch der Verdacht auf Schwermetallbelastung ergibt, können Kaugummi- und DMPS-Test einfach und nebenwirkungsarm ambulant eingesetzt werden, welche dann wichtige Hinweise auf eine gezielte Therapie liefern können.

4.6.5.6 Schwermetall-Diagnostik

Schwermetalle können im Urin nach Mobilisation mit einem **Chelatbildner** bestimmt werden, z. B. Blei nach Äthylendiaminotetraessigsäure (EDTA)-Gabe. Nebenwirkungsärmer und einfacher ist die Provokation mit DMPS (Dimercaptopropionsulfonsäure = Dimaval).

> Man benötigt jeweils 10 ml Urin vor und 2 (und 3) Stunden nach der nüchternen oralen Einnahme von 100 mg DMPS pro 10 kg Körpergewicht.

Mit Hilfe der *Atomabsorptionsspektroskopie* lassen sich im Urin die Konzentrationen der Schwermetalle (Blei, Quecksilber, Thallium, Arsen, Cadmium) bestimmen. Die Ausscheidung der Schwermetalle ist direkt proportional zur Gesamtkörperbelastung (Cherian et al. 1988).

Als **Grenzwerte** gelten folgende Konzentrationen (mg/g Kreatinin): Hg 100, Pb 80, Cu 2000, Cd 5. Bei Quecksilberwerten über 500 mg/g Kreatinin bestehen immer Zyklusstörungen. Die höchsten vom Autor bisher gefundenen Werte betrugen für Hg 400000 mg/g Kreatinin, für Pb 1200 mg/g Kreatinin, für Kupfer 5000 mg/g Kreatinin und für Cadmium 35 mg/g Kreatinin.

Bei der Ausscheidung ist zu berücksichtigen, daß die Metalle eine unterschiedliche Affinität zum DMPS haben, so daß unter Umständen eine Bleibelastung bei gleichzeitiger Quecksilberbelastung nicht bemerkt wird. Die Metalle werden in folgender Reihenfolge gebunden: →Zink, →Kupfer, →Arsen, →Quecksilber, →Blei, →Eisen, →Cadmium, →Nickel, →Chrom (DAUNDERER 1990).

Der »Kaugummitest«

Will man bei erhöhter Hg-Ausscheidung prüfen, ob Amalgamfüllungen der Zähne Ursache für die Belastung sind, so kann man einen Kaugummitest durchführen (DAUNDERER 1990): Man sammelt 5 ml Speichel spontan, läßt 10 Minuten ein zuckerfreies Kaugummi kauen und sammelt während dieser Zeit erneut 5 ml Speichel. Beide Proben werden auf Hg, Cu, Sn und Ag untersucht. Falls der Hg-Wert nach dem Kauen deutlich höher als vorher liegt (z.B. > 40 mg/l) oder bereits vorher hohe Konzentrationen bestehen, sind die Amalgamfüllungen zu entfernen (zum Vergleich: die WHO-Trinkwasserverordnung legte einen Grenzwert von 1 mg/l fest). Durch das Kauen wurden bei unseren Patientinnen bis zu 500 mg/l Quecksilber freigesetzt.

4.6.5.7 Spezialanalyse des Scheidensekretes

Weiterhin ist auch das Scheidensekret auf pH-Wert, Mikrobiologie und biochemische Zusammensetzung hin zu untersuchen. Dazu gehören unter Umständen je nach Anamnese auch Schwermetalle, Holzschutzmittel, Pestizide, Lösungsmittel und sonstige Umweltschadstoffe.
Eine falsche Zusammensetzung, zum Beispiel ein zu hoher Säure- oder Basenanteil durch entsprechende Umweltschadstoffe, kann die Beweglichkeit der Samenzellen einschränken, immunologische Barrieren gegen die Samenzellen aufbauen oder diese eventuell sogar abtöten.

4.6.5.8 Diagnostik von Organochlorverbindungen

Im Rahmen der weiteren Abklärung sollte man unter Umständen Organochlorverbindungen wie PCP und Lindan im Blut messen. Für beide letztgenannten Umweltschadstoffe gibt es die Möglichkeit, die Konzentrationen **kapillarchromatographisch** im **Serum** (PCP) und aus dem **Vollblut** (Lindan) zu bestimmen.

> Werden die Grenzwerte überschritten (PCP: 25 µg/l, Lindan: 100 µg/l), sollte eine ganzheitliche Entgiftung und Ausleitung vorgenommen werden.

4.6.5.9 Umwelt-Immunologische Diagnostik

Des weiteren sind immunologische Untersuchungen notwendig. Dazu gehört die Feststellung bzw. der **Ausschluß eines zellulären Immundefektes**.

> Dazu sollte man den T4/T8-Quotienten bestimmen. Liegt er unter Eins, so kann eine pathologische Mitosestimulation vorliegen.

4.6.5.10 Umwelt-Andrologische Diagnostik

Für den Mann gelten aus umweltmedizinischer Sicht dieselben Kriterien wie für die Frau. Auch hier muß eine umweltmedizinische Anamnese vorausgehen. Anschließend erfolgt eine gezielte andrologische Diagnostik. Dazu gehören dann folgende **diagnostische Schritte** (aus Steffens, 1991):

• **Anamnese**	
• **Körperliche Untersuchung:**	Gesamthabitus, äußeres Genitale, Rektum
• **Technische Untersuchungen:**	Sonographie, Doppler-Sonographie
• **Laboruntersuchungen:**	Spermiogramm, Hormonbestimmungen
• **Immunologische Tests:**	Penetrationsfähigkeit männlicher Spermatozoen im Zervikalmukus (Penetrak-Test)
• **Postkoitaltests**	
• **Schadstoff-Analysen:**	Schwermetalle, Holzschutzmittel, Pestizide, Lösungsmittel, Dioxine, Furane, Pyrethroide etc.
• **Postkoital-Schadstoff-Tests etc.**	

4.6.6 Sterilitätstherapie

Über die allgemein übliche Sterilitätstherapie gibt es sehr umfassende Literatur. Im Bereich der **Hormontherapie** und der **operativen Therapie** sind in den letzten Jahren viele Erfolge erzielt worden. Auf diese Therapiemethoden soll hier, abgesehen von der extrakorporalen Befruchtung, nicht weiter eingegangen werden.

4.6.6.1 Extrakorporale Befruchtung

In Deutschland sind heute ca. 2 Millionen Ehepaare von der Sterilität betroffen. Die Sterilitäts-Therapeuten sind der Meinung, daß etwa jedem 4. Ehepaar mit Hilfe des sehr aufwendigen, teuren (über 10 000 DM) und psychisch belastenden Verfahrens der Extrakorporalen Befruchtung unter Umständen zu Kindern verholfen werden könnte. Das derzeit wichtigste Verfahren ist die *In-Vitro-Fertilisation* (IVF). Oft aber wird aus ethischen Gründen dieser Weg nicht gewählt.
Nach den Richtlinien des Vereines für Extrakorporale Befruchtung, ECB, bestehen folgende **Indikationen** für die In-Vitro-Fertilisation:
- Tubenverschluß
- Endometriose
- Antikörper gegen Eizellen und Sperma

- verminderte Zeugungsfähigkeit des Mannes
- idiopathische Sterilität.

In den genannten Fällen besteht nach Ansicht des Vereins eine reelle Chance, die Sterilität mit IVF zu überwinden.

> Die Erfolgsaussichten für eine Behandlung sind sehr unterschiedlich und liegen, wenn man Umweltfaktoren nicht berücksichtigt, bei etwa 10%, bezogen auf ausgeführte Embryonentransfers.
> Falls man bei der Sterilitätstherapie Umweltfaktoren mitberücksichtigt, kann die Erfolgsquote deutlich verbessert werden.

4.6.6.2 Vorgehen bei sogenannter »Idiopathischer Sterilität«

Bei der sogenannten »Idiopathischen Sterilität« (= Ursache unbekannt) ist man allerdings noch nicht viel weitergekommen. Hier ist ein umweltmedizinischer Therapieansatz sicherlich sehr erfolgversprechend.
Umweltschadstoffe sind häufig für chronische Entzündungen verantwortlich, welche dann zu Verklebungen der Samenstränge oder der Eileiter führen. Hier kann unter Umständen eine Ausleitung und Entgiftung der Umweltschadstoffe in Kombination mit einem mikrochirurgischen Eingriff ursächlich helfen.
Bei vorhandenen umweltschadstoffbedingten Entzündungen oder Infektionen kann unter Umständen eine gezielte **Antibiotikatherapie**, gefolgt von der **ganzheitlichen Schadstoff-Ausleitung**, helfen.

A. Entgiftung und Ausleitung

Falls durch umweltbedingte Milieuveränderungen in der Scheide immunologische Probleme auftreten, die mit einem *pathologischen Postkoitaltest* einhergehen, können häufig lokal und systemisch gegebene entgiftende und ausleitende Substanzen helfen (Vgl. Abschnitt »Therapie«).

B. Immunstimulantien und Antiallergika

Besteht eine durch Umweltschadstoffe verursachte Unverträglichkeit zwischen den Spermien und dem Zervikalsekret, also eine die Spermien beeinträchtigende oder abtötende immunologische, subtoxische oder allergische Reaktion, sollte eine Entgiftungs- oder Ausleitungsbehandlung mit dem Einsatz immunstimulierender oder antiallergischer Präparate kombiniert werden. Auch zur Steigerung der durch Umweltschadstoffe verminderten Samenzellenbeweglichkeit gibt es spezielle Mittel. Sie können dann die Qualität und die Leistungsfähigkeit des Samens verbessern. Sie sollten individuell ausgetestet werden.

C. DMPS

Bei Quecksilberbelastungen kann neben der Zinkgabe die intermittierende Verabreichung von DMPS sinnvoll sein (DAUNDERER 1989). Es empfiehlt sich eine wöchentliche Gabe von 300–600 mg DMPS bei zusätzlicher Substitution von Selen und Zink (da es mit ausgeschwemmt wird) an den übrigen Tagen (z. B. 2x40 mg Zinkglukonat oder Zinkaspartat). DMPS bewirkt eine signifikant bessere Langzeitausscheidung von Hg als Dimercaptobernsteinsäure (DMSA) über die Nieren (PLANAS-BOHNE 1981). Angeblich soll DMSA jedoch besser die Hg-Depots im Gehirn mobilisieren können (DAUNDERER 1990).

D. Herdsanierung

Beruht die Quecksilberbelastung auf der chronischen Freisetzung von Hg aus *Amalgamfüllungen*, so sind diese zu entfernen und durch ein nicht Hg-haltiges Material zu ersetzen. Die Zahnbehandlung sollte unter obiger Substitionsbehandlung und unter Kofferdamschutz erfolgen, da vorübergehend eine Überschwemmung des Organismus mit Hg möglich ist. Werden die Zähne nicht saniert, so ist zwar eine Ausschwemmung des inkorporierten Hg durch die Kombinationstherapie möglich, mit einem Rezidiv ist jedoch zu rechnen.

E. Spurenelement-Substitution

GERHARD et al. empfehlen folgende Kombinationsmedikation über 3 Monate:

> Zinkorotat 80 mg, Natriumselenit 100 mg, Kalzium 500 mg, Vitamin C 1000–5000 mg , Vitamin E 600 mg und Vitamin B_6 200 mg pro Tag.

> Zu den Elementen, von denen täglich 100 mg oder mehr aufgenommen werden müssen, gehören **Natrium, Kalium, Chlorid, Phosphor, Kalzium** und **Magnesium**.

Kalzium-, Magnesium- und Phosphathaushalte sind eng miteinander verbunden. Durch Überkonsumierung phosphathaltiger Produkte wird die Kalziumverwertung erschwert. Infolge ungenügender Kalziumversorgung wird die Aluminiumaufnahme erhöht.

Magnesium

Magnesiummangel erschwert die Kalziumverwertung, wobei u. U. eine Hypokalzämie durch verminderte Parathormonsekretion induziert wird. Außerdem führt Magnesiummangel zu verschiedenen metabolischen Schwächen, da Magnesium zur Aktivierung zahlreicher Enzymsysteme nötig ist, sowie für die Erhaltung der Nukleinsäuren und den Aufbau verschiedener Aminosäuren (Blaurock-Busch und Spiller 1990).
Magnesium setzt die neuromuskuläre Erregbarkeit herab und relaxiert die glatte und quergestreifte Muskulatur. Außerdem beeinflußt es die Prostaglandinsynthese. Der Magnesiumspiegel ist bei Schwangeren und Pillenbenutzerinnen erniedrigt (Stanton und Lowenstein 1987). Da Magnesium fast ausschließlich intrazellulär vorliegt, sagen Serumkonzentrationen nichts über einen Mangel aus. Durch Magnesiumsubstitution ab Beginn der Schwangerschaft konnten Frühgeburten verhindert werden (Spaetling 1988).
Bis heute konnte man 12 Spurenelemente (Definition: Elektrolyte, die bis zu 50 mg in 1 kg Körpermasse enthalten sein dürfen) als essentiell nachweisen: **Zink, Selen, Molybdän, Mangan, Chrom, Kobalt, Kupfer, Nickel, Silizium, Vanadium, Jod, Fluor** (Scholz 1985).
Bei einer Untersuchung an 1750 Wiener Studenten konnte nachgewiesen werden, daß 75 % einen Mangel an Zink und/oder Selen hatten. Wurde zusätzlich Molybdän berücksichtigt, so waren es nur 9 %, die normale Werte dieser Spurenelemente aufwiesen (Birkmayer und Beyer 1990).

Zink

Auch das Element Zink ist wegen seiner membranstabilisierenden Eigenschaften bedeutsam. Zink ist als *Katalysator vieler enzymkontrollierter Stoffwechselabläufe* ein bedeutsames Antioxidans (siehe dieses).

Lithium

Ein mögliches weiteres essentielles Spurenelement scheint Lithium zu sein, das auf verschiedene Enzym- und Neurotransmittersysteme einwirkt (Anke 1990). Lithiumarm ernährte Ziegen warfen Junge mit erniedrigtem Geburtsgewicht. Außerdem hatten sie eine verkürzte Lebensdauer und Fortpflanzungsstörungen mit verminderter Konzeptions- und erhöhter Abortrate.

F. Antioxidantien

Neben der gezielten Vermeidung von Umweltgiften (v. a. durch gesunde Ernährung, Kleidung, Körperpflege, gesunde Baustoffe im Wohn-, Arbeits- und Freizeitbereich etc.) können sogenannte Antioxidantien *prophylaktisch* und *therapeutisch* eingesetzt werden.
Um zu verstehen, wie Antioxidantien funktionieren, muß man sich zunächst mit den Grundlagen der Immunologie vertraut machen. Für das zelluläre Immunsystem sind sogenannte »T-Zellen« und »B-Zellen« wichtig.
Erstere regeln die lebenswichtige Antikörperproduktion der Letzteren, sie erkennen und zerstören virusinfizierte Zellen, aktivieren die sogenannte *»Phagozytose«*, (einen Prozeß, bei dem schädliche »Antigene«, das heißt krankmachende Substanzen und Mikroorganismen, buchstäblich aufgefressen werden), kontrollieren die Stärke und Qualität der Immunantwort und regulieren Reparaturmechanismen. Letzteres scheint wohl bei der Bekämpfung bösartiger Erkrankungen von entscheidender Bedeutung zu sein.
Heute weiß man, daß es bei fortschreitender Störung der Abwehr neben einer Abnahme der Entsorgungskapazität für Immunkomplexe, Bakterien, Viren und andere sogenannte Antigene, zu einer Verminderung der Leistungsfähigkeit der sogenannten *»Phagozyten«* (auf deutsch »Freßzellen«) kommt. Diese Freßzellen sind lebensnotwendig, um Brüche in der DNS (Erbsubstanz) und Zell-Entartungen, beispielsweise durch Strahlen oder durch Umweltgifte, zu reparieren. Die sogenannte »Killing-Aktivität« des Immunsystems nimmt ab und es bleibt durch die gestörte zelluläre Immunantwort ein erhöhtes Risiko auch für die Krebsentstehung.
Durch Umweltschadstoffe kommt es nun zu verschiedensten Störungen der Immunregulation. Durch die Erfahrungen mit der therapeutischen Anwendung von Chemotherapeutika weiß man inzwischen einiges über Wirkungsmechanismen in diesem Zusammenhang. Antibiotika wie Tetrazyklin wirken beispielsweise immunschädigend über eine Blokkade der sogenannten »Makrophagenfunktion« und Schädigung der sogenannten »Chemotaxis«.
Die in der allgemein üblichen *Krebstherapie* weit verbreiteten *Zytostatika* wirken alle ausnahmslos *»immunsuppressiv«*, d. h. sie unterdrücken das Immunsystem. So kommt der Patient in eine immunologisch schlechte Abwehrlage.
Untersuchungen zeigen, daß beispielsweise das Immunsystem von Patienten mit nachgewiesener erhöhter Quecksilberbelastung des Körpers auf eine Entgiftungs-Therapie, bestehend aus einer sogenannten

»Mobilisation« und anschließender Ausscheidung des Schwermetalls reagiert.

Selen

Ein ganz wichtiges Antioxidans ist das Selen, welches einen direkten Einfluß auf die Lymphozyten hat. Viele abwehrgeschwächte Menschen, insbesondere *Tumorpatienten*, haben einen absoluten Selenmangel. Gibt man diesen Patienten nun die richtige Menge Selen, werden vorher erhöhte schädliche Suppressorzellen gesenkt und das Immunsystem kommt in eine bessere Funktionslage.
Selen wirkt auf vielerlei Arten *immunstimulierend*: Es zerstört gefährliche sogenannte »Hydroxyl- und Peroxylradikale« und schützt dadurch die Zellmembran. Außerdem hat es sogenannte »antimutagene«, d. h. gefährlichen Erbgutveränderungen entgegenwirkende, Effekte und schützt dadurch vor Chromosomenschäden.
Besonders bedeutsam ist Selen zur *Entgiftung von Schwermetallen*, vor allem von Kadmium, Quecksilber, Blei und Silber. Außerdem als Schutz vor sogenannten Alkylierungsmitteln. Selen stimuliert die Immunabwehr, schützt die Leberzellen und erhöht die Widerstandskraft gegenüber bestimmten Viren und anderen krankmachenden Substanzen.
Die tägliche Selenaufnahme von 40 mg liegt in weiten Teilen Deutschlands *unter dem optimalen Bedarf von 200–300 mg*, da die meisten Böden unzureichend mit Selen versorgt sind (HARTFIELD und SCHULTE 1988). Selen ist essentieller Bestandteil der Glutathionperoxidase. Dieses Enzym schützt vor Peroxiden und Radikalen. Höchste Selenkonzentrationen finden sich im Hypophysenvorderlappen, in Niere und Leber.
Selen steigert die Zellatmung, wirkt synergistisch mit Vitamin E und hat zytotoxische Effekte, die in der Karzinomtherapie nutzbar gemacht werden. Unter Selensupplementierung steigt die Immunantwort auf einen antigenen Stimulus, die *Resistenz gegen* mikrobielle und virale *Infekte* wird *gesteigert*.
Bei *Cadmiumvergiftung* ist Selen noch stärker wirksam als Zink. Aber auch Quecksilber verbindet sich mit Natriumselenit, so daß es entgiftet wird (KÖSTLER 1990, SCHRAUZER 1990). Das in vitro entstehende Quecksilberselenit wird zu nieder- und hochmolekularen Formen abgebaut. Selen passiert die Blut-Hirnschranke, so daß sich in Tierversuchen die zentralen Symptome der Hg-Vergiftung durch Selen vollständig unterbinden lassen (WU et al. 1990). Auch in den Nieren fanden sich bei Meerschweinchen nach Amalgamimplantation der Zähne elektronen-

mikroskopisch Partikel, die Selen und Hg im Verhältnis 1 : 1 enthielten (Wada et al. 1975).

Die Wirkung von Selen ist dosisabhängig und, unkritisch angewandt, **nicht ungefährlich: Bei Überdosierung** kann es zu einer gefährlichen Hemmung lebenswichtiger Immunreaktionen kommen. Daher sollte eine Entgiftungs- oder Immunstimulierungstherapie nur durch einen umweltmedizinisch versierten Arzt durchgeführt werden.

Zink

Zink reagiert mit den gleichen Proteinen wie die Schwermetalle.

Der Tagesbedarf liegt bei 10–15 mg, die Schwangere benötigt sogar 25 mg.

Nur bei hohem Fleisch- und Milchanteil in der Nahrung ist die Versorgung gesichert. Zink wird, nüchtern eingenommen, gut resorbiert, aber zusammen mit der Nahrung nur ungefähr zu 20 %. Starke Kalziumaufnahme behindert die Zinkresorption, ebenso Phytine, die sich im Getreide befinden.

Zink liegt zu 10 % im Plasma und zu 90 % in den Blutzellen (88 % Erys, 2–3 Leukozyten) vor. In den Blutzellen ist Zink als Bestandteil von Metallothioneinen fest gebunden, im Plasma hauptsächlich an Proteine gebunden und nur wenig ionisiert. Zink ist ein Schlüsselelement der DNA- und Proteinsynthese und wichtig für 70 Enzyme (z.B. Carboanhydrase, Alkoholdehydrogenase, alkalische Phospatase usw.). Wenn man im Tierversuch Zink vor oder innerhalb von zwei Stunden nach einer Cadmiumbelastung gibt, wird dadurch die durch Cadmium induzierte herabgesetzte Motilität der Spermien verhindert (Saksena et al. 1983).

Auch gegen Alkohol hat Zink einen protektiven Effekt. Es reagiert mit denselben Phospatgruppen der Phospholipide und Proteine der Zellmembran wie Alkohol (Guit-Bara et al. 1988).

Wenn Zink oral gegeben wird, so führt es zu einer Ausschwemmung von Cadmium und Quecksilber. So konnte Perger (1989) bei Patienten mit verschiedenen Symptomen zeigen, daß eine viermonatige Zinkorotat- (2x50 mg/die) und Vitamin-C-Therapie (2 x 500 mg/die) zu einem signifikanten Anstieg der Zinkkonzentrationen im Serum führte, wobei die Cadmium- und Quecksilberkonzentrationen im Harn rapide abfielen.

Die Bleiausschwemmung gelingt gut mit Ascorbinsäure und Kalzium (je 500 mg/die, PERGER 1987).
Selbstverständlich kann auch Zinkaspartat oder -glukonat benutzt werden und statt des Natriumselenits selenreiche Hefekulturen. Oft gelingt es auch, mit homöopathischen Zubereitungen (z. B. *Mercurius solubilis*) Gifte zu eliminieren.
Weitere wichtige Antioxidantien sind die Spurenelemente **Lithium, Magnesium** und **Mangan**. Sie spielen eine entscheidende Rolle bei der Regulation genetischer Prozesse. Ihre wichtigste Aufgabe besteht unter anderem in der genetischen Informationsübertragung bei der sogenannten Replikation der »DNA- und RNA-Synthese« und bei der »Biosynthese von Proteinen«.

Glutathion

Ein *ideales Antioxidans* ist das sogenannte »Glutathion«, eine aus drei Aminosäuren bestehende Verbindung, mit der man auch insbesondere in der *Tumortherapie* bedeutende Erfolge erzielen kann.

Sonstige Schwefel-Verbindungen

Weitere Antioxidantien, die sich in der Krebstherapie, aber auch in der Therapie von Umweltkrankheiten, bewährt haben, sind die sogenannten *Thiosulfate* und *Thiozyanate* sowie die schwefelhaltigen Aminosäuren *Methionin* und *Cystein*.
Sie können unter anderem bei Schwermetall-belasteten Patienten, insbesondere bei Quecksilberbelasteten durch Amalgamfüllungen, zu einer sehr effektiven Ausscheidung der hochgiftigen Schwermetalle durch sogenannte »Komplexbildung« beitragen.

Vitamine

Vitamine sollten, ebenso wie die lebensnotwendigen Spurenelemente – in Abhängigkeit von der klinischen Symptomatik und den Laborbefunden – substituiert werden. So ist bei Streß der Verbrauch an Vitamin A erhöht. Frauen, die über pämenstruelle Beschwerden klagen, haben häufig einen Vitamin B_6-Mangel. Durch die Einnahme wird der Bedarf an Vitamin B_6 erhöht. Vitamin-E-Mangel ist seit fast ausschließlicher Benutzung *raffinierter Mehle* sehr häufig und äußert sich in Menstruations- und sogenannten klimakterischen Beschwerden.
Da Spurenelemente und Schwermetalle an dieselben Proteine binden, lassen sich Schwermetalle durch Substitution geeigneter Vitamine verdrängen und dadurch eliminieren.

Durch den Einsatz von Vitaminen kann die **Schutzfunktion der Immunzellen verbessert** werden. Dies insbesondere deshalb, weil der menschliche Organismus von Natur aus keine Abwehrmechanismen gegen Giftstoffe der modernen Technik kennt. Radikalfänger sind wesentlicher Bestandteil aller Haupt-Entgiftungsmechanismen im menschlichen Organismus und bieten darüber hinaus einen direkten Schutz der Zellmembranen vor der für den Organismus äußerst gefährlichen sogenannten »Peroxidation«.

4.6.7 Hilfe zur Selbsthilfe bei Sterilität

Frauen

- Bauen Sie den Alltagsstreß ab. Wichtig ist, daß Sie sich entspannen. Gebet, Meditation, Autogenes Training und Yoga könnten Ihnen dabei helfen.
- Halten Sie eine schadstoffarme, gesunde, vitamin- und mineralstoffreiche Kost ein.
- Stellen Sie das Rauchen ein!
- Prüfen Sie genau, welche Medikamente Sie einnehmen. Blutdrucksenkende Präparate, Beruhigungsmittel, Psychopharmaka und vieles mehr können die Fertilität herabsetzen.
- Machen Sie Bewegungsübungen in Luft und Sonne oder nehmen Sie heiße Moorsitzbäder!
- Unterstützend sollten Sie Tees aus Johanniskraut und Kuhschelle trinken.
- Besonders wirksame Rezepturen gegen Sterilität finden Sie bei HILDEGARD VON BINGEN.

Männer

- Männer sollten viele Wochen vor der Zeugung ihrer Kinder nicht rauchen, wenig Alkohol trinken und sich von Chemikalien und Strahlungen fernhalten.
- Männer sollten auf Saunabesuche verzichten. Die Keimzellen sind hitzeempfindlich, und ein Saunabesuch kann vorübergehend auch gesunde, fruchtbare Männer unfruchtbar machen.
- Männer sollten auch zu enge und zu warme Hosen meiden.

4.6.8 Weitere ganzheitliche Therapiemethoden

Gut geeignet sind z.B. **Organpräparate,** die eine regulierende Wirkung auf die Funktion der Hypophyse, der Ovarien und der Hoden haben. Gleichzeitig wird der Hormonhaushalt normalisiert, und eventuelle Unverträglichkeitsreaktionen zwischen Samenzellen und dem Scheidensekret werden verhindert.
Diese Behandlung, die kurmäßig durchgeführt werden muß, hat sogar bei Frauen, bei denen nach klinischen Gesichtspunkten eine Schwangerschaft wegen hormoneller Störungen oder auch Störungen der Gebärmutter bzw. des Scheidensekrets unmöglich war, dennoch einen Erfolg erbracht. Diese Therapie kann bei Unfruchtbarkeit des Mannes ebenso erfolgreich eingesetzt werden wie bei der Frau. Ansteigende Kreislaufbäder mit Placentaextrakt, Tiefenüberwärmung zur Steigerung der Durchblutung im kleinen Becken usw.

5. Gestörte Schwangerschaft

5.1 Übersicht

Für die meisten Frauen ist die Schwangerschaft ein beglückendes Erlebnis, das davon gekrönt wird, einem gesunden Kind das Leben zu schenken. Aber wie alles im Leben hat auch die Schwangerschaft ihre zwei Seiten. Neben dem befriedigenden Gefühl, zu spüren, wie ein neues Leben heranwächst, kann sie, vor allem auch aus umweltmedizinischer Sicht, für die Frau eine Reihe psychischer, seelischer und körperlicher Probleme mit sich bringen.

Die zunehmende Bedrohung durch Umweltschadstoffe, durch viele neuartige chemische Verbindungen, deren Wirkung auf die Frucht, auf Embryo, Foetus, Neugeborenes und Kleinkind viel zu wenig untersucht ist, erzeugt bewußte und unbewußte, berechtigte und unberechtigte Ängste, mit denen die Frau fertig werden muß.

5.2 Mechanismen der Fertilitätsstörung

Wie bereits in den vergangenen Abschnitten gezeigt wurde, können Umweltgifte in alle bedeutenden Stoffwechselprozesse eingreifen, indem sie Seele, Psyche und Körper schädigen. Sie können nicht nur Immun- und Hormonsystem schädigen und zur Entstehung und zum Wachstum bösartiger Tumoren beitragen, sondern auch und insbesondere das Erbgut verändern und zu gestörten Schwangerschaften, pathologischen Geburtsverläufen und behinderten bzw. schwerkranken Kindern führen. Dabei ist, wie schon gezeigt wurde, die Sterilität nur die »erste Station«. Der große Einfluß und die zunehmende Bedeutung von Umweltfaktoren für die Weitergabe menschlichen Lebens kommt in diesen Zahlen deutlich zum Ausdruck; die normale Bevölkerungsentwicklung und damit auch verschiedene gesellschaftliche Strukturen sind zunehmend bedroht.

Schwermetalle, Holzschutzmittel, Pestizide, Dioxine, Furane, diverse *Organochlorverbindungen* und viele noch nicht näher untersuchte Substanzen können Auslöser für die sogenannte Infertilität (= Unfähigkeit, ein Kind bis zur Geburt auszutragen) sein. Früh- und Spätaborte (= Abgänge), gestörte Früh- und Spätschwangerschaft, Fehlbildungen und pathologische (= nicht normal verlaufende) Geburtsverläufe können dadurch verursacht sein.

Auch mißgebildete Kinder und der sogenannte plötzliche Kindstod (englisch »SIDS« = sudden infant death syndrome) können durch Umweltschadstoffe verursacht sein. Darüber hinaus können noch spätere Erkrankungen des Neugeborenen (z. B. Allergien, Pseudokrupp, Asthma bronchiale, Nahrungsmittelallergien etc.) direkte oder indirekte Folgen von Schadstoffbelastungen der Mutter vor und während Schwangerschaft und Stillzeit sein.

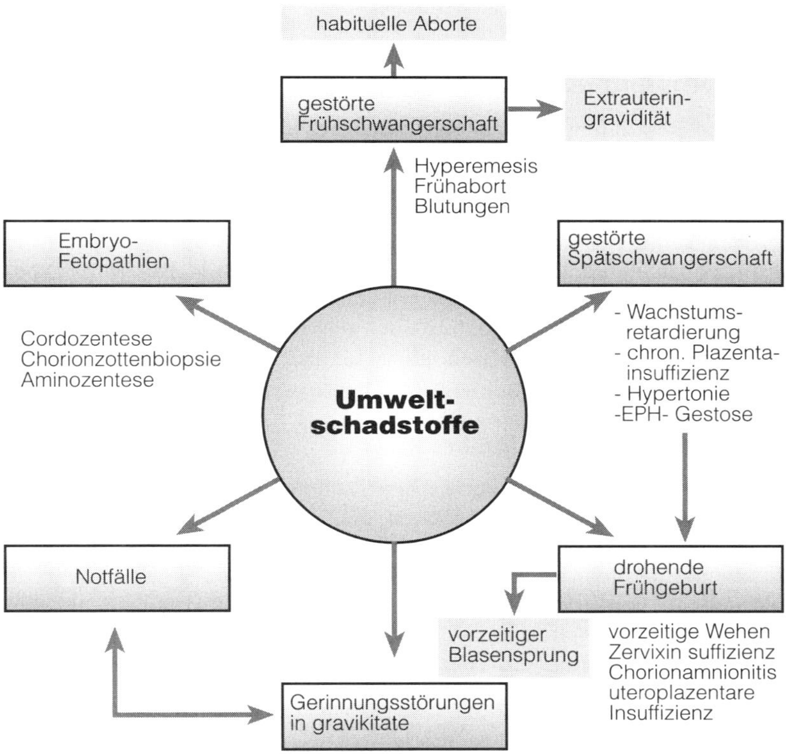

Abb. 19 zu 5.2 Mechanismen der Fertilitätsstörung durch Umweltschadstoffe

5.3 Gestörte Nidation (= Einnistung)

Nach Beier sind Umweltbelastungen und Schadstoffe für die immer öfter auftretenden Störungen in den jüngsten Embryonalstadien verantwortlich (C. Grefe, F. Kalberlah, 1989). Man schätzt, daß viele Schwangerschaften an einer durch Umweltschadstoffe pathologischen Nidation in der Gebärmutter scheitern. Nach neuesten Hochrechnungen muß man annehmen, daß allein in Deutschland heute bereits mehr Embryos und Foeten an Umweltvergiftungen sterben (etwa Hunderttausend pro Jahr) als durch Abtreibung (etwa Fünfundachtzigtausend pro Jahr).

5.4 Umweltbedingte Aborte

Bei der Beurteilung der zunehmenden Fertilitätsstörungen kommt den steigenden Abortraten große Bedeutung zu. Weltweit geht die reproduktionsmedizinische Grundlagenforschung und die klinische Kasuistik heute davon aus, daß Umweltbelastungen und Schadstoffe für einen großen Teil der Störungen in der Frühgravidität und für Schäden früher Embryonalentwicklungsstadien verantwortlich sind (H. M. Beier, 1988). Die Ursachen der zunehmenden Frühaborte sind heute noch nicht ausreichend geklärt. Man geht jedoch davon aus, daß die während des ersten Monats frühabortierten menschlichen Embryonen zu 60–65 % chromosomal pathologisch sind.

Aborte durch Nikotin-Mißbrauch

Eine sichere Ursache, die inzwischen gut untersucht ist, ist das Rauchen. Insbesondere bei rauchenden Paaren, die sich wegen unerfüllten Kinderwunsches einer In-vitro-Fertilisation unterzogen hatten, kam es zu einer deutlich erhöhten Frühabortrate. Wie auf der 47. Jahrestagung der »American Fertility Society« in Orlando erklärt wurde, war in einer Studie mit 500 Paaren die Abortrate nach einer In-vitro-Fertilisation deutlich höher, wenn beide Partner rauchten. Mehr Fehlgeburten waren auch bei Paaren zu verzeichnen, bei denen nur einer, Mann oder Frau, rauchten.

Die Fehlgeburtenrate ist auch bei den normalen Schwangerschaften erhöht, wenn einer der Partner oder sogar beide Raucher sind. Denn durch den inhalierten Tabakrauch können die Keimzellen bereits bei der Befruchtung geschädigt sein.

Weitere mögliche Folgen des Nikotinmißbrauches können sein: Zu geringes Geburtsgewicht der Babys, spontane Fehlgeburten, Erbschä-

den und sogar ein erhöhtes Krebsrisiko des Kindes. Deshalb sollten Frauen und deren Partner vor der Konzeption auf Alkohol und Rauchen verzichten.
Männer mit verminderter Zeugungsfähigkeit sollten sich 90 Tage vor der geplanten Zeugung von Chemikalien und Strahlungen fernhalten und in dieser Zeit entgiftet und ausgeleitet werden. Dann können sich möglicherweise die Spermien regenerieren.
Bei Rauchern kommt es auch ohne Fehlgeburt häufig zu Komplikationen. So werden Babys von Raucherinnen oft zu früh geboren. Sie haben dann nicht nur ein deutliches Untergewicht von 150 bis 200 g gegenüber neugeborenen Kindern von Nichtraucherinnen, sie sind auch wesentlich weniger widerstandsfähig. Das bedeutet aber, daß die Erkrankungsgefahr der Babys von Raucherinnen und die Sterblichkeit dieser Neugeborenen im ersten Lebensjahr wesentlich höher liegen als bei Babys von Nichtraucherinnen.
Studien des Institute of Environmental Health Sciences haben gezeigt, daß Nikotin im Endometriumgewebe in einer 10–20fach höheren Konzentration auftritt als im Blut.
Selbst wenn die Schwangerschaft normal verläuft und die Geburt zum richtigen Zeitpunkt erfolgt, besteht noch immer Gefahr für das neugeborene Baby. Nikotingenuß während der Schwangerschaft führt nämlich nicht selten zu einer Durchblutungsstörung der Gebärmutter und der Placenta. Dadurch wird das Neugeborene im Mutterleib nicht mehr ausreichend mit Nährstoffen versorgt, und es kann zu mangelhaften oder fehlerhaften Entwicklungen des Babys kommen. Deshalb werden bei Babys von rauchenden Müttern auch verstärkt Herz- oder Bronchialschäden beobachtet. Mit Rücksicht auf ihr werdendes Kind sollten Raucherinnen also in der Schwangerschaft auf Zigaretten verzichten.

Doch auch nach der Geburt ist Nikotingenuß noch lange nicht zu empfehlen. Nikotin hat nämlich die unangenehme Eigenschaft, über das Blut der Mutter in deren Muttermilch einzudringen. Wird das Baby aber gestillt, gelangt das giftige Nikotin mit der Muttermilch auch in den kindlichen Organismus und kann dort zu schweren Schäden bis hin zu tödlichen Vergiftungen führen. Wenn Sie also Ihr Baby selbst stillen können und wollen, sollten Sie in dieser Zeit auf den »blauen Dunst« verzichten.

Raucherentwöhnung

In jedem Fall sollten Raucher mit Kinderwunsch schon möglichst früh mit dem Rauchen aufhören. Dazu eignet sich in den meisten Fällen ein Kombinationsverfahren, bestehend aus dem abruptem Rauchverzicht, der sogenannten Schlußpunktmethode, einer Verhaltenstherapie und gegebenenfalls der vorrübergehenden medikamtenösen Nikotinsubstitution mit einem **Nikotinpflaster**.

> In der Praxis des Autors hat sich die Raucherentwöhnung mittels Akupunktur sehr bewährt. Hier wurden bisher Erfolge von bis zu 60 % erzielt. Damit liegt diese Erfolgsquote deutlich über der mit vorübergehender medikamentöser Nikotinsubstitution mit einem Nikotinpflaster.

5.5 Umweltbedingte Embryopathien

Erkrankungen der Embryonalzeit, die mit oder ohne Fehlbildungen einhergehen, werden als Embryopathien bezeichnet. Ursächlich kommen v. a. in Frage:

- Virusinfektionen
- Arzneimittel
- Stoffwechselbedingte Erkrankungen, z. B. Diabetes mellitus
- Umweltschadstoffe.

5.5.1 Alkohol und Nikotin

Von den Schadstoffen am besten untersucht sind Alkohol und Nikotin. Die Alkoholembryopathie führt zu intrauterinem und postnatalem Minderwuchs, Mikrozephalie, Untergewicht, geistiger Retardierung, typischer kraniofazialer Dysmorphie, Muskelhypotonie, Hyperexzitabilität. Die Nikotinembryopathie führt zu einer Minderung des Geburtsgewichtes und zu erhöhter perinataler Sterblichkeit.

5.5.2 Umweltbedingte Embryo-Schädigung

Nicht nur in der Frühschwangerschaft, sondern in allen Schwangerschaftsphasen, wird der Embryo bzw. Fetus durch Schadstoffe geschädigt. Für Schädigungen des Embryos im Frühst- und Frühstadium müssen folgende Ursachen verantwortlich gemacht werden:

- Pathologische, veränderte hormonelle Regelprogramme des mütterlichen Organismus: Die Steuerung der Implantation wird gestört oder sogar blockiert
- Metabolische Störungen des mütterlichen oder des embryonalen Systems
- Embryotoxische Ursachen.

5.5.3 Potenzierung der Schäden

In einem Grundlagenforschungsprojekt wird zur Zeit untersucht, welche Auswirkungen Umweltschadstoffe und giftige Genußmittel auf die jüngsten Embryonalstadien haben.
Bisher zeigte sich, daß die meisten Schadstoffe auf den jungen Embryo nicht nur singulär, sondern additiv wirken; bei der Verbindung *Koffein und Zytostatika* kommt es z. B. zu einer Potenzierung der Schäden (überadditive Embryotoxizität). Sehr gefährlich sind auch die Stoffe, die die Kompensations- und Repairmechanismen schädigen, über die die jungen Embryonen bereits verfügen (B. FISCHER, 1987).

5.5.4 Anästhetika und Zytostatika

Viele Schadstoffe werden nicht ausgeschieden, sondern akkumulieren im menschlichen Organismus.
Bei jungen Anästhesistinnen wurden erhöhte Abortraten festgestellt; viele Anästhetika akkumulieren im menschlichen Organismus. Bei Krankenschwestern, die mit Zytostatika arbeiteten, kann es allein durch das *Einatmen kleinster Mengen* zu einer höheren Fehlgeburtenrate kommen.

5.5.5 Pestizide

In einer indischen Studie wurden bei Patientinnen mit einem Abort oder einer Frühgeburt signifikant höhere Pestizidbelastungen des Blutes, der Placenta und des fetalen Gewebes im Vergleich zu Patientinnen mit normaler Schwangerschaftsdauer festgestellt (SAXENA, 1981).

5.5.6 Dioxine

Sowohl Dioxine als auch die mit ihnen in ihrem Wirkungsbild weitgehend übereinstimmenden PCBs sind placentagängig. Damit ist es gestationstoxikologisch bedeutsam, daß bereits im Mutterleib eine Vorschädigung möglich ist, wobei nicht notwendig eine Schädigung verbunden sein muß. Allerdings konnten in Tierexperimenten wiederholt embryotoxische Effekte, besonders an Rhesusaffen, ausgelöst werden. Die Schädigungen zeigten sich in einigen Fällen durch eine leichte Erhöhung der Fehlbildungsrate (BOWMAN et al. 1987). Auch Veränderungen in der Immunabwehr konnten beobachtet werden (HONG et al. 1987). Bei Rhesusaffen und auch beim Menschen wird das gegenüber anderen Spezies erhöhte Risiko teilweise auf die längere Halbwertszeit im Körper zurückgeführt (G. MATTHIASCHK und R. ROLL, 1983).

5.5.7 Polychlorierte Biphenyle (PCB)

Während der Schwangerschaft steigen die PCB-Plasmawerte graduell an. Ab dem 4. Stilltag erfolgt eine Erhöhung der Konzentration im Milchfett gegenüber der im Plasma. Nach ca. 5 Monaten erreicht der Plasmaspiegel der stillenden Mutter den Bereich einer Kontrollgruppe aus dem Bevölkerungsdurchschnitt.

5.5.8 Substanzen der MAK-Liste

Von großer Bedeutung für die Prävention von Aborten, die durch Umweltschadstoffe verursacht werden, ist die MAK-Liste der Stoffe, die eine Leibesfruchtschädigung verursachen.
Seit einigen Jahren sind in der MAK-Liste die Arbeitsstoffe und Industriechemikalien hinsichtlich des Risikos für die Leibesfruchtschädigung klassifiziert worden. Die Einteilung reicht von *»sicher nachgewiesen«* (Gruppe A) über *»nicht zu befürchten«* (Gruppe C) bis hin zu *»muß geprüft werden«* (Gruppe E).
Die Einstufung möglichst vieler Arbeits- und Umweltschadstoffe in eine dieser Gruppen sollte angestrebt werden.

5.5.9 Teratogene Schäden

Während sich früher die Geburtshilfe fast ausschließlich an geburtsmechanischen Kriterien orientierte, hat sie sich nach H. HEPP (1990) zu einem interdisziplinären Verbund entwickelt.
Das Anspruchsdenken der Eltern, vor allem auf ein gesundes Kind, hat in den letzten Jahren stark zugenommen. In diesem Zusammenhang kommt teratogenen Schäden und Frühgeburtsbestrebungen, die durch schädliche Umwelteinflüsse verursacht werden, große Bedeutung zu.

5.5.10 Mißbildungsätiologie

In der Mißbildungsätiologie werden endogene und exogene Kausalfaktoren unterschieden. Zu den endogenen Faktoren zählen die Veränderungen im Gen- und Chromosomenbereich. Exogene Faktoren sind

Umwelteinflüsse, die über die schützenden Hüllen von Uterus, Placenta und Amnionflüssigkeit hinweg, direkt auf den Embryo einwirken können (SCHALLER, 1975). Nach WIEDEMANN und LANGMANN sind nur 10 % aller Mißbildungen auf ausschließlich endogene, weitere 10 % auf ausschließlich exogene Faktoren zurückzuführen. Die überwiegende Zahl menschlicher Mißbildungen (80 %) hängt von endogenen und exogenen Faktoren gemeinsam ab.

5.5.11 Medikamente und Umwelt-Teratogene

Neben den epidemisch auftretenden Teratogenen, bedingt durch Medikamente, z. B. Contergan, müssen auch die ständig einwirkenden Teratogene aus der Umwelt berücksichtigt werden. Viele Umweltschadstoffe, die beim Erwachsenen kanzerogene Eigenschaften aufweisen, wirken in der Embryonalentwicklung teratogen.
Thalidomid führt zu Phokomelie, Anormalitäten der Ohren, Zähne, Augen und innerer Organe. Tetrazykline führen zu Zahnschmelzdefekten. Valproinsäure führt zu Spina bifida, Gesichtsanomalien, Entwicklungsstörung. Diäthylöstradiol kann zu transplazentarer Enstehung des Zervixkarzinoms führen.
Vorsicht wird auch beim Umgang mit Arzneimitteln angeraten, insbesondere wenn es sich um chemische Präparate handelt. Der Contergan-Schock ist zwar fast schon wieder in Vergessenheit geraten, doch viele chemische Präparate sind heute noch mindestens genauso gefährlich, wie es das Contergan seinerzeit war.

5.5.12 Erbgutverändernde Stoffe

Im Anhang I der Gefahrstoffverordnung von 1986 wurde ein Leitfaden für die Einstufung und Kennzeichnung von gefährlichen Stoffen und Zubereitungen erstellt. Für erbgutverändernde Stoffe wurden 3 Kategorien vorgesehen (BASLER, 1987):
- Stoffe, die beim Menschen bekanntermaßen erbgutverändernd wirken
- Stoffe, die aufgrund von geeigneten Tierversuchen als erbgutverändernd angesehen werden sollten
- Stoffe mit Verdacht auf Erbgutveränderungen (Mutagenitätsversuche).

In den Lehrbüchern der Geburtshilfe wurden fetale Fehlbildungen bisher meist nur dann diskutiert, wenn sie ein Geburtshindernis darstellten. Die früher gültige Lehrmeinung, daß Mißbildungen ausschließlich von der Entwicklungsphase, nicht jedoch von der Art der Noxe abhängen, wurde in der Thalidomid-Embryopathie 1959–1962 widerlegt. Heute geht man davon aus, daß die Erscheinungsform einer Mißbildung in gleicher

Weise von der Entwicklungsphase als auch von der exogenen Noxe abhängig ist (Phasen- und Noxenspezifität).

5.5.13 Blei-Embryopathie

Blei kann zur sogenannten Blei-Embryopathie führen. Pränatale Strahlenbelastung kann zu Abgang, Totgeburt, Fehlbildungen, erhöhter Frühgeburtlichkeit, Mikrozephalie, Minderwuchs, cerebralen Entwicklungsstörungen, Immunschwäche, Kanzerogenese, erhöhter perinataler Mortalität, Epilepsie, Verhaltensstörungen, Chromosomenaberrationen und neuropsychologischen Auffälligkeiten führen.

5.5.14 PCB-Embryopathie

Polychlorierte Biphenyle können die sogenannte PCB-Embryopathie verursachen. Kennzeichen sind: Minderwuchs, Untergewicht, Abnormitäten der Gingiva, Haut, Nägel, Zähne und Lunge und generalisierte Störungen des ektodermalen Gewebes.

5.5.15 Quecksilber-Embryopathie (Minamata Krankheit)

In Japan trat in der Minamata-Bucht in den Jahren 1957 bis 1961 eine chronische Vergiftung mit alkylierten Quecksilberverbindungen auf, die sich bei den Schwangeren vorwiegend als progrediente Degeneration des ZNS manifestierte. Sie wurde dann als Minamata-Krankheit beschrieben.
Bei den Schwangeren kam es zu Ataxie und Tremor, Dysarthrie und Ertaubung. Bei den Neugeborenen, die im Embryonalstadium geschädigt worden waren, traten Taubstummheit, progrediente Einschränkung des Gesichtsfeldes, Asomnie, Hypersalivation und Anfälle von generalisierten Myoklonien auf.
Heute weiß man, daß die sogenannte Quecksilberembryopathie zu Mikrozephalie, Spastik (CP) und mentalen Defiziten führen kann.

5.6 Umweltbedingte Fetopathien

Es muß davon ausgegangen werden, daß analog zu den umweltbedingten Embryopathien, auch eine Reihe fetaler Fehlbildungen durch Umweltschadstoffe entstehen können.
Die Häufigkeit fetaler Fehlbildungen liegt bei 3,5 %, wobei nach Schätzungen von Toxikologen mindestens die Hälfte durch Umweltschadstoffe verursacht wird. Danach sind die umweltbedingten Fetopa-

thien in Ländern niedriger Säuglingssterblichkeit die häufigste perinatale Todesursache.
Solche **Fehlbildungen** können sein:

Anenzephalie
In der brasilianischen Region Minas Gerais gelangten Agrochemikalien von den Kartoffelfeldern in den Rio Cambui und dann ins Trinkwasser. In der gleichen Gegend wurden zehnmal mehr Kinder mit Anencephalie geboren als an anderen Orten. LUTZENBERGER glaubt hier an einen unmittelbaren Zusammenhang (C. GREFE und F. KALBERLAH, 1989).
Ein Anenzephalus ist eine Hemmungsmißbildung mit angeborener Spaltbildung der Wirbelsäule, die in etwa 0,3 % der Fälle vorkommt. Es gibt die geschlossene **(Spina bifida occulta)** oder die offene Form **(Spina bifida aperta)**. Die sogenannte **Spina bifida totalis** (Rhachischisis) ist der stärkste Grad mit Offenliegen des Rückenmarkes.

Hydrozephalus
Hier handelt es sich um eine pathologische Erweiterung des Subarachnoidalraumes (Hydrozephalus externus) bzw. des Ventrikelsystems (Hydrozephalus internist). Die Häufigkeit liegt bei ca. 0,13 %.

Mikrozephalie
Hier handelt es sich um eine pathologische Verkleinerung von Umfang und Inhalt des Hirnschädels, die häufig mit weiteren Schädeldeformitäten verbunden ist. Die Häufigkeit beträgt ca. 0,01 %.

Großes Steißteratom
Hier handelt es sich um eine embryonale Mischgeschwulst am Bekkenende des Kindes. Die Häufigkeit liegt bei 0,03 %.

Omphalozele
Hier handelt es sich um einen Nabelschnurbruch mit Ausstülpung der Bauchorgane, der häufig mit weiteren Mißbildungen kombiniert sein kann.

Nikotin

Zahlreiche Studien konnten nachweisen, daß die Geburtsgewichte bei Kindern rauchender Mütter im Durchschnitt um 150 bis 250 g reduziert sind und die Reduktion u. a. auch ganz wesentlich von der Zahl gerauchter Zigaretten abzuhängen scheint (MAU, 1976; BUTLER u. Mitarb., 1972, YERUSHALMY, 1971; NAEYE, 1978). Außerdem fanden KLINK et al. eine Koinzidenz von Rauchen und Frühgeburtlichkeit sowie erhöhter perinataler Mortalität. Dabei ist der Wirkungsmechanismus teilweise noch lückenhaft, zum anderen auch kontrovers. NAEYE (1981) konnte

ausschließen, daß weder Unterernährung der Mütter noch genetische Faktoren noch die verminderte utero-plazentare Durchblutung als ins Gewicht fallende Faktoren für die fetale Wachstumsretardierung bei Raucherinnen in Frage kommen.
Diese unterschiedlichen Ergebnisse sind auch nicht verwunderlich, wenn man bedenkt, daß Zigarettenrauch mehr als 500 Bestandteile (Larson und Mitarb., 1961) von mehr oder weniger schädigendem Einfluß auf den Feten enthält.

Schwermetalle

Kupfer
Bekannt sind Zusammenhänge zwischen einer Brunnenwasser-Kupferintoxikation mit Erkrankungen bei nicht oder kurz gestillten Säuglingen. Insbesondere bei eigenen Brunnenwasserversorgungen besteht diese Gefahr, vor allem dann, wenn saures Wasser mit einem pH < 6,5 beteiligt ist. Dies kann zu frühkindlicher Leberzirrhose, Hepatopathie (mit vorgewölbtem Bauch, Müdigkeit, Apathie, Blässe, Gedeihstörungen, Sklerenikterus und generalisiertem Ikterus) führen. Typisch sind dann *erhöhte Leberwerte*, eine erhöhte Kupferausscheidung im Urin (meist erst im Spätstadium), oft einhergehend mit Kupfer-induzierten Magen-Darm-Erkrankungen, mit gastrointestinalen Anfangssymptomen wie Übelkeit, Bauchschmerzen, Durchfall und Erbrechen.

Cadmium
In den letzten Jahren richtete sich das Interesse vor allem auf die Schwermetalle Cadmium und Blei, da in Tierversuchen mit hohen Dosen Cadmium Mutagenität, Teratogenität und in niedrigen Dosen fetale Wachstumsretardierungen induziert werden konnten (Ferm, 1968; Ferm 1971; Chernoff, 1973). Die Exposition beim Menschen verläuft hauptsächlich in chronisch niedriger Form durch Rauchen und in geringerem Ausmaße durch die Nahrungsaufnahme (Fox, 1976), wobei 10 Zigaretten pro Tag 0,70 µg inkorporiertem Cadmium entsprechen (Schäfer und Forth, 1982).
Anhand von Fruchtwasseruntersuchungen rauchender und nichtrauchender Schwangerer wurde von Klink ein möglicher Zusammenhang zwischen Cadmium und Hypertonus aufgedeckt. Es besteht eine enge Korrelation zwischen der Höhe des täglichen Zigarettenkonsums und dem Cadmiumgehalt im Fruchtwasser. Klinks Untersuchungen zeigen deutlich, daß die Cd-Konzentration bei rauchenden Schwangeren signifikant erhöht ist und die Konzentration im Fruchtwasser mit dem Zigarettenkonsum ansteigt.

Die Erhöhung der Cadmiumkonzentration in der Plazenta spricht für einen Cadmiumtransfer auf den Feten. Die Untersuchung der Verteilung hat ergeben, daß Cadmium vornehmlich in Leber und Niere an ein Protein (Metallothionin) gebunden wird (SCHÄFER und FORTH, 1982). Diesem Protein wird eine gewisse Schutzfunktion zugesprochen, das neben Cadmium auch Zink, Quecksilber sowie Silber, Zinn und Kupfer zu binden vermag.
Die Möglichkeit des alleinigen paraplazentaren Transportes von Cadmium in das Fruchtwasser kann bei diesem signifikanten Anstieg bei Raucherinnen nahezu ausgeschlossen werden. Vergleicht man den paraplazentaren und diaplazentaren 24-Stunden-Transfer unter quantitativen Gesichtspunkten, so stellt man fest, daß der paraplazentare Austausch nur einen Bruchteil des gesamten Austausches darstellt (HÜTER, 1981). Somit dürfte auch die häufig diskutierte Frage, ob Cadmium seinen toxischen Effekt auf den Feten direkt oder indirekt ausübt, dahingehend beantwortet werden, daß sich zumindest die verminderte Zellteilungsrate und die reduzierte Zellgröße (Protein/DNA-Ratio) auch beim Feten direkt auswirken (AHOKAS und Mitarb., 1980).

Es besteht die Möglichkeit, durch Dosen von Zink den toxischen Effekt des Cadmiums durch kompetitive Interaktion der beiden Metalle am Metallothionin zu mildern bzw. aufzuheben.

Insgesamt muß bei der Bewertung der vorliegenden Ergebnisse davon ausgegangen werden, daß die vom Tierversuch bekannten toxischen Wirkungen von Cadmium und Blei auch auf den Menschen übertragbar sind und somit einen Teilaspekt der intrauterinen Wachstumsretardierung darstellen können. Das materne und fetale Risiko einer erhöhten Schwermetallbelastung, insbesondere durch Cadmium, bedarf somit weiterer Abklärung.

5.7 Gestörte Frühgravidität

5.7.1 E U G (Extrauterine Gravidität)

Eine sehr häufige und sehr gefürchtete – nicht selten auch durch Umweltschadstoffe mitverursachte – Erkrankung ist die sogenannte Extrauteringravidität, kurz EUG, die in 99 Prozent dem deutschen Begriff *»Eileiterschwangerschaft«* entspricht.
Bei der EUG kommt es zu einer Nidation der befruchteten Eizelle außerhalb der Gebärmutterhöhle. Die Häufigkeit ist etwa eine EUG auf hundert Geburten, 99% davon sind im Eileiter lokalisiert.

Nach einer kurzen sekundären Amenorrhoe von ca. vier bis sechs Wochen stellen sich subjektive Schwangerschaftszeichen mit Übelkeit, Brustspannen und Pollakisurie ein. Häufig kommt es dann zu Schmierblutungen, manchmal bis periodenstark.
Etwa neunzig Prozent der EUG's enden als *Tubarabort*, das heißt die Frucht stirbt von selbst im Eileiter ab. Es kann dann zu zunehmenden, wehen- bis krampfartigen, einseitigen oder seitenbetonten Unterbauchschmerzen kommen. Bei einer Tubarruptur (der Eileiter platzt in ca. zehn Prozent der Verläufe) kommt es zu einem akut einsetzenden seitenbetonten Zerreißungsschmerz.
In den letzten Jahren scheinen die Extrauteringraviditäten zuzunehmen, wobei diese ansteigende Tendenz durch die Zunahme von zahlreichen Umweltschadstoffen erklärbar wird, welche meist über Vaginal- und Zervikalmilieuveränderungen für aufsteigende chronische Infektionen und dadurch für eine Schädigung des Eileiters verantwortlich sind. Die Zunahme der EUG's hängt sicherlich auch mit dem Anstieg der sexuell übertragbaren Krankheiten zusammen, die ebenfalls eine Milieuveränderung bewirken.
Man weiß, daß es sogenannte prädisponierende Faktoren für eine Eileiterschwangerschaft gibt. Aus umweltmedizinischer Sicht werden alle diese Faktoren letztlich durch Umweltschadstoffe verursacht oder zumindest mitverursacht:
In dreißig Prozent der EUG's sind schon frühere Aborte und EUG's vorausgegangen. In etwa einem Viertel ist eine Adnexitis vorausgegangen (die meist durch Umweltschadstoffe mitverursacht oder zumindest begünstigt wurde). In etwa einem Fünftel ist eine Sterilitätsbehandlung vorausgegangen (wobei die Sterilität meist umweltschadstoffbedingt war).

> Man weiß auch, daß Spiralen-Trägerinnen ein acht- bis zehnfach erhöhtes Risiko für eine EUG haben, wobei das Kupfer der Spirale als subtoxisch wirkendes Schwermetall wirken könnte.

Diagnostisch sollte man nach der Routinediagnostik (*Spiegeleinstellung, Palpation, Labor:* HCG im Serum, Blutbild, Gerinnung, Elektrolyte, Urinsediment, Sonographie vaginal) und der Akuttherapie in jedem Fall eine ganzheitliche Diagnostik unter umweltmedizinischen Kriterien durchführen.
Therapeutisch sollte man bei Beschwerdefreiheit sowie bei sonographisch festgestellter asymptomatischer EUG (»Zufallsbefund«) in jedem Fall gleich mit einer *Schadstoffausleitung* und -entgiftung beginnen.

Falls eine laparoskopische EUG-Ausräumung notwendig wird, kann man gleichzeitig neben der Standardtherapie (Salpingotomie, exprimieren der EUG, spülen von Tube und Douglas, evtl. Naht der Tube, HCG-Kontrolle etc.) auch eine gezielte Punktion und anschließende Schadstoffbestimmung aus dem EUG-Material durchführen.
Im Anschluß an die Akutphase sollte man die umweltmedizinische Therapie zur Entgiftung und Ausleitung beginnen bzw. fortsetzen.

5.7.2 Umweltbedingte habituelle Aborte

5.7.2.1 Ursachen und Symptome

Unter sogenannten »habituellen Aborten« versteht man drei oder mehr aufeinanderfolgende Fehlgeburten. Die Ursache ist häufig mütterlicherseits, wobei Umweltschadstoffe eine große Rolle spielen. In etwa vierzig Prozent der Fälle ist die Ursache kindlicherseits (ca. 40 % Molen), wobei auch hier Umweltschadstoffe als eigentliche Ursache diskutiert werden.
Folgende **Ursachen** kommen für habituelle Aborte in Frage:

- Genitale Abortursachen: Ovarialinsuffizienz (Corpus-luteum-Insuffizienz), genitale Fehlbildungen (Uterus duplex, Kavumseptum), intrauterine Synechien (= Verklebungen, Verwachsungen), Zervixinsuffizienz, Uterus myomatosus, Kolpitis, Zervizitis (Mykoplasmainfektion, bakterielle Vaginose, Chlamydieninfektion).
- Extragenitale endokrine Störungen (Stoffwechsel): Diabetes mellitus (?), Dysthyreose.
- Spermaanomalien: Poly- und Oligospermien, Teratospermien, Asthenospermien.
- Chromosomale Aberration.
- Infektionen: Genitale Infektion (s. o.), extragenitale Infektionen (toxische Schädigung, Chorioamnionitis, Plazentitis), fieberbedingte Hypermotilität des Uterus.
- Immunologische Abortursachen: Fehlen blockierender Antikörper mit Fruchtabstoßung, Antispermienantikörper.
- Schadstoffe! Pb, Mg, Cu, Al.

Diagnose-Hinweise

Zur Abklärung habitueller Aborte können folgende diagnostische Schritte nötig sein:

- Messung der Basaltemperatur
- Zervixabstrich (insbesondere Ureaplasmen, Chlamydien, Mykoplasmen)
- Serum-AK (Listeriose, Toxoplasmose, Chlamydien, Cytomegalievirus, Lues, Röteln, irreguläre Blutgruppen-AK)

- Blutgruppe beider Partner,
- Follikelphasendiagnostik (einschließlich Gonadotropine, Androgene, Prolaktin;
- TSH basal zu Zyklusbeginn),
- Lutealphasendiagnostik zum Ausschluß einer ovariellen Dysfunktion einschließlich Endometriumbiopsie.

Es empfiehlt sich auch die Abklärung einer Uterusmalformation (z. B. durch Hysteroskopie, Hysterosalpingographie, Chromolaparoskopie). Bei ca. zehn Prozent der Frauen mit Gebärmutterfehlbildungen bestehen gleichzeitig Nierenmalformationen (i.v.-Pyelogramm), Abklärung einer Chromosomenanomalie der Eltern (Genetisches Institut), häufig balancierte Translokationen.

Bei einer Amniozentese, die wegen vorausgegangener Aborte in der Frühschwangerschaft als diagnostische Maßnahme durchgeführt wird, sollte man neben der Chromosomenanalyse (mit Karyogramm und der Blutgruppe des Feten) auch hinsichtlich des eventuellen Vorhandenseins von Umweltschadstoffen, insbesondere von embryo- und/oder fetotoxischen Substanzen Untersuchungen anstellen.

Embryo-/fetotoxische Substanzen

Embryo-/fetotoxische Substanzen können sein:

- Alkohol
- ACE-Hemmer
- Barbiturate
- Carbamazepin
- Cumarin-Derivate
- Diethylstilbestrol
- Etretinat
- Folsäureantagonisten
- Ionisierende Strahlen
- Isotretinoin
- Jodmangel
- Jodüberschuß (deutlich über Substitutionsdosis)
- Kokain
- Lithium
- Penicillamin
- Phenytoin
- Radiosotope
- Thalidomid
- Trimethadion
- Valproinsäure
- Vitamin A (>25 000 IE/Tag).

Oft ist auch die *Abklärung einer Zervixinsuffizienz* notwendig, soweit möglich. Neben der Bestimmung zytotoxischer Antikörper (crossmatch-Reaktion) sollten auch eine MLC (Mixed Lymphozyte Culture), ein EAI-Test (Erythrozyten-AK-Rosetten-Inhibitions-Test), evtl. ein *Glucosebelastungstest, Kaugummitest, DMPS-Test*, und *Paraffin-Test* durchgeführt werden.

5.7.2.2 Therapie habitueller Aborte

Die Therapie der habituellen Aborte muß sich nach den Ursachen richten. Falls eine vorbestehende mütterliche Erkrankung vorliegt,

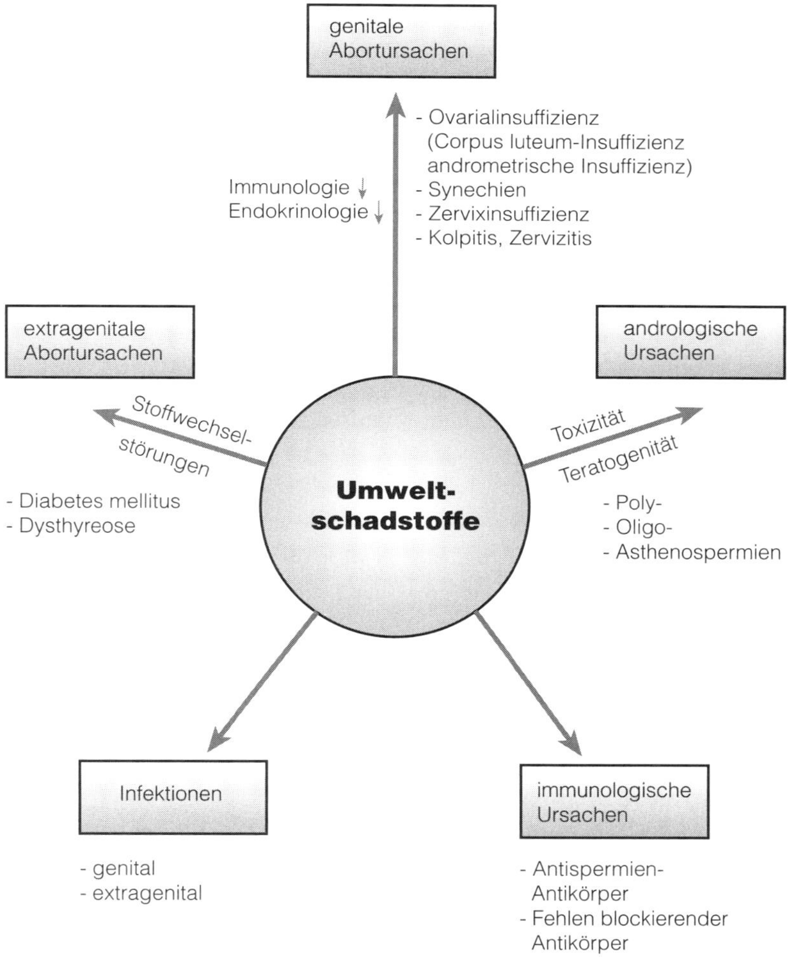

Abb. 20 zu 5.7.2 Umweltbedingte habituelle Aborte

z. B. Hypo- oder Hyperthyreose oder eine Diabetes mellitus, so müssen diese Erkrankungen zunächst abgeklärt und eingestellt werden. Oft handelt es sich dabei auch um Stoffwechselkrankheiten, die durch Umweltschadstoffe ausgelöst oder verschlimmert wurden. In diesem Falle ist neben der Standardtherapie eine ganzheitliche Umweltschadstoffausleitung und -entgiftung dringend erforderlich.
Bei umweltschadstoffbedingter Hyperprolaktinämie sollten neben der Ausleitung und Entgiftung Dopaminantagonisten oder Prolaktinhemmer gegeben werden, bei Hyperandrogenämie beispielsweise **Dexamethason** (z. B. 0,5 mg abends bei 75 kg KG).
Bei umweltschadstoffbedingtem Lutealphasendefekt kann man neben einer Stimulationsbehandlung, z. B. mit **Clomifen + HCG**, versuchen, die Umweltschadstoffe entsprechend ganzheitlich auszuleiten und eventuell zusätzlich mit **hormonell wirksamen Heilpflanzen** zu therapieren.
Bei Uterusmalformation als Folge von umweltschadstoffbedingten Entzündungen, empfiehlt sich die entsprechende operative Korrektur: **Septumresektion**, eventuell eine **Metroplastik**. Neben einer frühzeitigen Hospitalisierung und einer eventuellen Applikation von Progesteronsuppositorien (100 mg/Tag als Vaginalsupp.) sollte auch unbedingt an die **Schadstoffausleitung** und -entgiftung gedacht werden.
Falls Umweltschadstoffe eine erhöhte HLA-Kompatibilität verursacht haben, kann man neben einer Immunisierung mit Lymphozytenplasma des Mannes eine Schadstoffausleitungs- und -entgiftungstherapie versuchen.
Bei habituellen Aborten wegen mechanisch-infektiologischer Probleme kann man gegebenenfalls eine prophylaktische Cerclage ab der 14.-16. SSW versuchen. Gleichzeitig sollte man mit einer gezielten Schadstoffausleitung und -entgiftung behandeln, da die meisten Infektionen auch umweltschadstoff-(mit-)verursacht sind.

5.8 Umweltbedingte Frühgeburten

5.8.1 Ursachen und Risikofaktoren

Definitionsgemäß ist für die Frühgeburt die verkürzte Schwangerschaftsdauer entscheidend: Eine Frühgeburt ist eine Geburt vor der vollendeten 37. Schwangerschaftswoche post menstruationem. Früher benutzte man die Definition durch das Geburtsgewicht kleiner 2500 g. Die Häufigkeit der Frühgeburt beträgt im deutschsprachigen Raum 6–8 %. Etwa 1 % haben ein Geburtsgewicht unter 1500 g, davon etwa ein Drittel zwischen 500 und 999 g.

In den letzten Jahren haben Frühgeburten in der 26.–28. Schwangerschaftswoche um mehr als 40 % zugenommen. Die Gründe dafür sind noch nicht bekannt; ein großer Einfluß schädlicher Umwelteinwirkungen gilt inzwischen als sehr wahrscheinlich.
Die Frühgeborenen befinden sich durchschnittlich 12–14 Wochen auf der neonatologischen Intensivstation. Auch Frühgeborene mit

Geburtsgewichten unter 1 000 g überleben zu etwa 80 %, allerdings nur dann, wenn keine Verlegung in eine andere Klinik erfolgen muß. Im Verlegungsfall verdoppelt sich das Todesrisiko.

Der pathophysiologische Ablauf der beginnenden Frühgeburt ist ebenso wie der Beginn der termingerechten Geburt unklar. Man weiß allerdings, daß schlechte sozio-ökonomische Verhältnisse eine große Rolle spielen. Es gibt eine Reihe von Untersuchungen über den Einfluß schadstoffbelasteter Wohnungen und Arbeitsplätze, beispielsweise in Industriegebieten, an verkehrsreichen Straßen oder in Ballungszentren, wo es dann meist durch ein gestörtes Milieu zu chronisch rezidivierenden aufsteigenden Infektionen kommt, die wiederum dann über bestimmte Substanzgruppen (wie Oxytozin, Östrogene und Progesteron), vor allem aber über Prostaglandine, zur Auslösung der Frühgeburt (wie auch der Geburt) führen können.
Als **Risikogruppen** für eine drohende Frühgeburt gelten vor allem Patientinnen mit vorausgegangenen Geburten mit weniger als 2500 g oder mit vorausgegangenen Totgeburten. Ebenso Patientinnen mit niedrigem Körpergewicht (weniger als 55 kg vor der Gravidität), mit praexistenten Erkrankungen (wie zum Beispiel Diabetes mellitus, Hypo- oder Hyperthyreose oder renale Erkrankungen). Darüber hinaus Patientinnen mit Uterusanomalien oder Uterus myomatosus. Ein weiteres Risiko stellen uterine Blutungen in der Schwangerschaft dar.
Sonstige Risiken können sein: Mehrlingsschwangerschaft, Polyhydramnion, EPH-Gestose bzw. HELLP-Syndrom. Hauptursachen sind Infektionen in der Schwangerschaft (Lues, Toxoplasmose, Röteln, Hepatitis etc.); vorzeitige Wehentätigkeit, Zervixinsuffizienz und vorzeitiger Blasensprung.

Umweltbedingte Risikofaktoren
Alle Faktoren, die nach Prof. H. SCHNEIDER, Bern, zum Risiko einer Frühgeburt beitragen können, werden durch Umweltschadstoffe zumindest (mit-)verursacht: Vorzeitiger Blasensprung (ca. 32 %), vorzeitige Wehen (ca. 19 %), Hypertensive Schwangerschaftserkrankung (ca. 16 %), Fehlbildungen (ca. 10 %) und Blutungen (ca. 6 %). Sowohl der

vorzeitige Blasensprung als auch vorzeitige Wehen werden meist durch vorausgehende aufsteigende Infektionen ausgelöst.

Weitere Risikofaktoren
Häufigste Ursachen der Frühgeburt sind die Zervixinsuffizienz und/oder vorzeitige Wehen, wobei diese wiederum sehr oft durch Umweltschadstoffe verursacht sein können.
Man weiß, daß es bestimmte Risikofaktoren für Zervixinsuffizienz und vorzeitige Wehen gibt. Dazu gehören sozio-ökonomische Faktoren (niedrige soziale Schicht, mütterliches Alter unter 18 bzw. über 35 Jahren, alleinstehende Frauen). Auch Frauen, die schon Früh- oder Totgeburten hatten, oder die bereits mehr als 2 Totgeburten hatten, können betroffen sein. Dasselbe gilt für sogenannte schwangerschaftsbedingte Faktoren: Bei Mehrlingsschwangerschaften und Placenta praevia ist das Risko auch erhöht. Inzwischen weiß man, daß beispielsweise auch ein pathologischer Placentasitz (z. B. Placenta praevia) oft die Folge einer Infektion in der Gebärmutter (Endo-Myometritis) sein kann, welche wiederum durch Umweltschadstoffe begünstigt sein kann.

5.8.2 Frühgeburten durch Umweltschadstoffe

5.8.2.1 Ursachen und Symptome

Schon lange ist bekannt, daß vor allem Raucherinnen, Chemie-Arbeiterinnen, Krankenschwestern, Anästhesistinnen, Gärtnerinnen und Friseusinnen häufiger Frühgeburten durch Zervixinsuffizienz oder vorzeitige Wehen haben. Hier spielen sicherlich Schadstoffe eine entscheidende Rolle.
Umweltschadstoffe tragen unter anderem durch Verschiebung des pH-Wertes (= Säuregrades) der Scheide zu einer Milieu-Veränderung bei der Schwangeren bei, die dann über verminderte Selbstreinigungs-Fähigkeit und gestörte Abwehrfunktion zur Vermehrung pathogener (= krankmachender) Keime und zu chronischem Ausfluß führen können. Dies kann für die Schwangere und deren Kind fatal sein, zumal dadurch Tür und Tor für aufsteigende Entzündungen mit allen Folgen geöffnet sein kann. Bakterien besiedeln nicht nur die Scheide, sondern wandern, vor allem falls der Muttermund schon leicht geöffnet ist, durch den Muttermund zu den Eihäuten und können dort zu einer Infektion führen. Auch vorzeitige Wehen und eine weitere gefährliche Eröffnung des Muttermundes sind durch diese Mechanismen denkbar.
Gerade in der Schwangerschaft ist ein gesundes Scheidenmilieu die Grundvoraussetzung für den natürlichen Selbstreinigungs- und Abwehrmechanismus der Scheide. Ist das Scheidenmilieu gestört, kommt es zu

übelriechendem Ausfluß, zu Juckreiz, Brennen und massiven Schmerzen.

Umwelt-Schadstoffe, die heute leider »immer und überall« vorhanden sind, können gerade bei der Schwangeren das natürliche Scheidenmilieu massiv stören und das Kind gefährden.

Tagtäglich nimmt die Schwangere Schadstoffe auf: Über die Nahrungskette, über Kosmetika und Kleidung, am Wohn- und Arbeitsplatz, im Freizeitbereich. In der Inneneinrichtung, beispielsweise in Möbeln, Bodenbelägen, Teppichen, Vorhängen, Tapeten können Umweltschadstoffe stecken, die dann indirekt zur Frühgeburt beitragen können. Denn viele Umweltschadstoffe wirken nicht nur über die Haut im Bereich von Kopf, Stamm und Extremitäten, sondern auch und gerade im Genitalbereich. Vulva und Vagina sind oft besonders empfindlich.

Eigene Untersuchungen

Bei eigenen Untersuchungen (SCHULTE-UEBBING, ZAHN et al., 1990–1994) konnten wir bei Frauen mit habituellen Aborten und mit Frühgeburten, die häufig in der Schwangerschaft, bevor es zu Frühgeburtsbestrebungen kam, an chronisch rezidivierendem Fluor (= immer wiederkehrendem Ausfluß) und chronisch rezidivierenden Vulvitiden (= Entzündungen im Bereich der Schamlippen) und Kolpitiden (= Entzündungen im Bereich der Scheide) litten, teilweise sehr hohe, gelegentlich sogar extrem hohe Konzentrationen an chlorierten Kohlenwasserstoffen in Form von DDT, HCH (Lindan) und PCB messen. Werte von 30 bis über 120 Mikrogramm Lindan pro Liter Zervikalsekret waren keine Seltenheit.

Diabetogene Umwelt-Schadstoffe

Inzwischen weiß man, daß die oben genannten Umweltschadstoffe auch diabetogen wirken können. Dadurch gibt es mütterliche und kindliche Risiken:

Aus **mütterlicher Sicht** ist das Mortalitätsrisiko 0,5 %, zugleich kann es zu einem rascheren Voranschreiten diabetischer Früh- und Spätkomplikationen kommen (z. B. Retinopathie), einhergehend mit einer Verschlechterung der diabetischen Stoffwechsellage, mit häufigeren Harnwegsinfekten, und einer gesteigerten Disposition zur Gestose bzw. Pfropfgestose.

Die kindlichen Risiken sind unter anderem eine erhöhte Perinatale Mortalität von ca. 3 %, die Gefahr einer diabetischen Embryopathie 4–10 % (2–3 % häufiger als bei Nichtdiabetikern), einer diabetischen Fetopathie (in 40 Prozent meist mit Makrosomie und Retardierung funktioneller Reifungsprozesse), die Gefahr eines Polyhydramnions (ca. 10 %) als Folge fetaler Polyurie (Risiko des intrauterinen Fruchttodes bei 85 % der Feten), einer Plazentainsuffizienz (ca. 30 %) sowie das Risiko geburtsmechanischer Probleme infolge der Makrosomie. Außerdem muß man mit postpartalen Stoffwechselproblemen durch häufige Hypoglykämien rechnen sowie mit einem Atemnotsyndrom durch mangelnde Lungenreifung.

5.8.2.2 Diagnostik

Neben der Routinediagnostik sollte man auch umweltmedizinische Kriterien miterfassen. Anamnese, **Urin**: Zuckerausscheidung (24 h-Sammelurin), Ketonkörper, Eiweiß; **Fetometrie**, zunächst wiederholt Nüchtern-Blutzuckerkontrollen, wenn nicht eindeutig, dann **oraler Glucosetoleranztest** (oGTT), **HbA1 vierwöchentlich** (gute Stoffwechselkontrolle: HbA1 < 7,5 %, befriedigende Einstellung: HbA1 < 10 %, unzureichende Einstellung: HbA1 > 10 %; die HbA1-Werte liegen um ca. 1 % niedriger), **ophthalmologische Kontrollen** mindestens bei Diagnosestellung und am Ende der Schwangerschaft, **internistische Diagnostik** (bei Verdacht auf Nephropathie, Angiopathie), **EKG, RR-Kontrollen; Kreatinin, Harnstoff, Harnsäure;** evtl. Kreatininclearance zweiwöchentlich; **alpha-Fetoproteinbestimmung** (AFP) in der 16. SSW, Insulin im Fruchtwasser.

5.8.2.3 Therapie

Neben der Routine-Therapie sollte man auch ganzheitlich umweltmedizinisch therapieren.
Diabetesdiät (35 kcal/kg Sollgewicht, 25 % der Kalorien als Eiweiß, $\geqslant$ 40 % als Kohlenhydrate), **Insulintherapie** mit Humaninsulin oder hochgereinigtem Schweineinsulin (**niemals orale Antibiotika**, führt zu teratogenen Schäden!), **BZ-Selbstkontrollen** (optimale Einstellung: BZ-Werte zw. 60–100 mg%, gelegentliche postprandiale Werte bis 140 mg% sind akzeptabel), **CTG-Kontrolle,** ab 28. SSW wöchentlich; **Fetometrie** ab 30. SSW 10tägig, **E3-Kontrollen** ab der 32. SSW, ggf. **Streßtest** bei path. CTG oder in Terminnähe. Entgiftung und Ausleitung (siehe entsprechende Abschnitte).

5.8.2.4 Prophylaxe der drohenden Frühgeburt

Die beste Prophylaxe ist eine gesunde Ernährung und Lebensweise sowie eine gezielte Vermeidung von Umweltschadstoffen vor und während der Schwangerschaft, vor allem im Schlaf-, Wohn- und Arbeitsbereich, aber auch im Freizeitbereich.

Falls eine Frühgeburt droht, hilft nur Schonung, Kohabitationsverbot; evtl. Hospitalisation mit eingeschränkter oder sogar strenger Bettruhe. Gegebenenfalls *Tokolyse*, falls möglich und nötig *Cerclage*; gegebenenfalls *pränatale Lungenreifeförderung*. Gut ist auch eine *Infektionsprophylaxe beim vorzeitigen Blasensprung*. Darüber hinaus ist aus umweltmedizinischer Sicht dringend eine schonende, nicht den Foetus belastende, *Ausleitung* und *Entgiftung* sowie eine *Immunstimulierung* anzuraten.

5.9 Vorzeitiger Blasensprung

In etwa 17 % aller Schwangerschaften kommt es zum vorzeitigen Blasensprung mit Fruchtwasserabgang vor Beginn der Eröffnungswehen. In ca. 30 % der Fälle liegt das Geburtsgewicht dann unter 2500 g oder es besteht eine Schwangerschaft vor der 37. SSW.
Die Ursachen des vorzeitigen Blasensprunges sind noch nicht eindeutig geklärt. Sehr häufig sind vorzeitige Wehentätigkeit und vorzeitige Zervixreifung. Meist liegen dann aufsteigende Infektionen, vor allem des unteren Eipols, vor. Auch iatrogen kann es zu solchen Infektionen kommen, z. B. durch Amniozentese, Cerclage oder Amnioskopie. Sehr häufig sind ursächlich Umweltschadstoffe beteiligt, die über eine Störung des Vulva- und Vaginalmilieus zu aufsteigenden Infektionen führen.
Eigene Untersuchungen (Schulte-Uebbing, Zahn et al., 1990–1994) ergaben, daß die meisten Frauen mit vorzeitigem Blasensprung *vorher* an chronisch rezidivierendem Fluor (= immer wiederkehrendem Ausfluß), an chronisch rezidivierenden Vulvitiden (= Entzündungen im Bereich der Schamlippen) und Kolpitiden (= Entzündungen im Bereich der Scheide) gelitten hatten. Die meisten hatten hohe, gelegentlich sogar extrem hohe Konzentrationen an chlorierten Kohlenwasserstoffen in Form von DDT, HCH (Lindan) und PCB im Zervikalsekret.

5.10 Umweltbedingte Intrauterine Wachstumsretardierung

5.10.1 Ursachen, Wirkungen, Risiken

Nicht selten gibt es bei Müttern, die mit Schwermetallen, Holzschutzmitteln, Lösungsmitteln und Pestiziden belastet sind, sogenannte umweltbedingte Intrauterine Wachstumsretardierungen. Dem Frauenarzt fällt bei der Schwangerenvorsorge die mangelnde Größenzunahme des

Uterus auf: Der Fundusstand entspricht nicht der rechnerischen Woche, der Bauchumfang ist kleiner als dem Schwangerschaftsalter entsprechend. Auch kann eine mangelhafte Gewichtszunahme der Mutter auffallen.
Beim sogenannten »SGA-Syndrom« (»small for gestational age«) besteht ein Abweichen des Foetalgewichtes um 2 Standardabweichungen oder mehr vom Mediangewicht. Hiervon ist eine *Mangelgeburt* (»light for date«) abzugrenzen, bei der die Kinder unter der 10. Gewichtsperzentile bei der Geburt liegen. Dazu zählen auch Früh- und Mangelgeburten.

> Die wichtigste Ursache der umweltbedingten Intrauterinen Wachstumsretardierung ist die chronische Plazentainsuffizienz durch Schwermetalle, meist durch Quecksilber (Amalgam).

Auch vorbestehende mütterliche Erkrankungen, die durch Umweltschadstoffe ausgelöst und/oder verstärkt wurden, können zur umweltbedingten intrauterinen Wachstumsretardierung führen. Ein bekanntes und geburtshilflich sehr gefürchtetes Beispiel hierfür ist die *EPH-Gestose* und das sogenannte *»HELLP-Syndrom«*.
Auch die essentielle Schwangerschaftshypertonie, die schwere Schwangerschaftsanämie, der Diabetes mellitus in graviditate und e graviditate können in Zusammenhang mit den entsprechenden Umweltschadstoffen zur umweltbedingten intrauterinen Wachstumsretardierung führen.
Besonders häufige Ursachen sind dabei neben Nikotin- (**mehr als 20 Zigaretten/Tag**) und Alkoholabusus, Drogenabusus folgende Umweltschadstoffe: Schwermetalle *Blei, Kupfer, Aluminium, Quecksilber und Kadmium. Holzschutzmittel, Pestizide, Lösungsmittel.*
Die Wirkungen der Umweltschadstoffe können durch folgende Faktoren noch verstärkt werden:

- Hohe Multiparität
- Mehrlingsschwangerschaften
- Fehlbildungen
- Chromosomenaberrationen
- Stoffwechselerkrankungen
- durch Umweltschadstoffe begünstigte bakterielle oder virale Infektionen (Röteln, Zytomegalie, Zoster).

Das gefürchtete **Hauptrisiko** der umweltbedingten intrauterinen Wachstumsretardierungen ist die **intrauterine Hypoxie sub partu** (typische Komplikation). Bei langandauernder Plazentainsuffizienz durch Umweltschadstoffe kann es auch gehäuft zum Intrauterinen Fruchttod

kommen. Nicht selten ist das Neugeborene massiv durch Hypoglykämie und Hypothermie gefährdet.
Da die chronische Plazentainsuffizienz sehr häufig eine (Teil-)Folge einer Dekompensation der Mutter wegen Umweltschadstoffen ist, neigt sie ohne Entgiftungs- und Ausleitungsbehandlung zum Rezidiv.

5.10.2 Diagnose

Zunächst stellt man mittels **Fetometrie** die typische Kopf/Thorax-Diskrepanz fest, die für eine Mangelentwicklung gegen Ende der Schwangerschaft spricht. Auch kann eine *Abnahme der Fruchtwassermenge* (bei symmetrischer Wachstumsretardierung Beginn der Mangelentwicklung um die Schwangerschaftsmitte, DD: Termindiskrepanz) feststellbar sein.
Neben der **Östriolbestimmung** und der **Doppler-Sonografie** sollte man sofort mit einer gezielten Umweltanamnese, einer entsprechenden Schadstoffanalytik und sofortiger -ausleitung und -entgiftung beginnen.

5.10.3 Therapie

Die beste Therapie ist die **Vermeidung** disponierender Faktoren (z.B. Nikotin, Alkohol) und Verordnung von **Bettruhe** zur besseren Durchblutung der Gebärmutter.
Durch eine **Sauerstofftherapie** bei Intrauteriner Wachstumsretardierung kann zwar weder das Wachstum von Körpergröße noch des Kopfumfanges aufgeholt werden, aber es überleben signifikant mehr die extrem untergewichtigen Kinder. Als objektives Maß für die Wirkung der Sauerstofftherapie haben italienische Forscher der Universität Modena einen deutlich ansteigenden fetalen PO_2- und einen sinkenden PCO_2-Wert im Nabelschnurblut festgestellt. Auch der pH-Wert und die Sauerstoffsättigung im fetalen Blut nahmen deutlich zu. Diese Ergebnisse zeigen nach Meinung der Autoren den Nutzen einer mütterlichen Hyperoxygenierung bei der Behandlung der fetalen Wachstumsretardierung.
Im akuten Stadium können **Tokolytika** zur Uterusrelaxation sowie eine Intensivüberwachung des Feten (Östriolverlauf, CTG, Amnioskopie, Streßtest) nötig sein. Bei Zeichen einer respiratorischen Insuffizienz des Fetus kann auch eine sofortige Beendigung der Schwangerschaft angezeigt sein. Hier sollte man eine großzügige Indikationsstellung zur **Sectio caesarea** berücksichtigen.

Sehr häufig kann es als direkte oder indirekte Folge von Umweltschadstoff-Belastungen zu geburtshilflichen Notfällen kommen. Die folgende Abbildung gibt eine Übersicht über umweltschadstoffbedingte geburtshilfliche Notfälle:

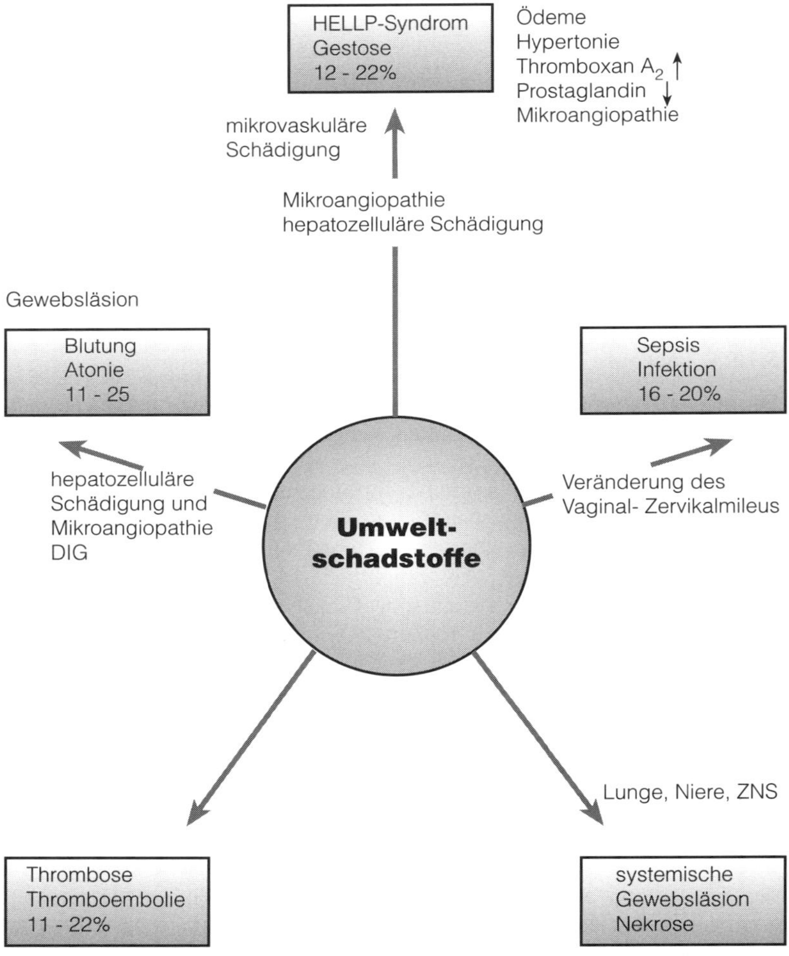

Abb. 21 zu 5.11 Umweltschadstoffbedingte geburtshilfliche Notfälle

5.11.1 Intrapartale Hypoxie

Auch die Hypoxie während der Geburt kann eine indirekte Folge von Umweltschadstoffen sein.

Die wichtigsten Ursachen	
Gruppe	*Erscheinungsformen/Maßnahmen*
Mütterliche Ursachen	• Hypotension, Schock • Seitenlagerung, • Volumengabe (RR-Kontrollen); • Hyperventilation • Atemanleitung, Analgesie.
Uteroplazentare (umbilikale) Ursachen	• Nabelschnurkompression • Lagewechsel, Tokolyse, evtl. Hochschieben des VT; • uterine Hyperaktivität • Tokolyse; • evtl. Seitenlagerung, Ursache abklären! • Plazentare (nutritive) Insuffizienz mit intrapartaler Dekompensation • Tokolyse, evtl. O_2-Inhalation – rechtzeitige operative Entbindung.
Seltene Ursachen	• Vorzeitige Lösung; Uterusruptur • sofortige operative Entbindung (Sectio caesarea); starke Blutung bei Placenta praevia. (MARTIUS, 1992)

5.11.2 HELLP-Syndrom durch Umweltschadstoffe

In der geburtshilflichen Literatur häufen sich in den letzten Jahren die Publikationen über das sogenannte HELLP-Syndrom. Hierbei handelt es sich um eine hochakute Erkrankung gegen Ende der Schwangerschaft, die das Leben von Mutter und Kind gefährden kann. Die meisten Experten gehen davon aus, daß es eine *Sonderform der EPH-Gestose* ist, die mit Hämolyse (H), erhöhten Leberenzymen (EL) und niedrigen Plättchenzahlen (LP) einhergeht.
Die Häufigkeit wird in der Literatur unterschiedlich angegeben. Derzeit kommt etwa ein Krankheitsfall auf 150 bis 300 Geburten. Die Tendenz ist steigend.
Leitsymptome des HELLP-Syndroms können Schmerzen im rechten Oberbauch bzw. im Epigastrium sein, die teilweise begleitet werden von Übelkeit und/oder Erbrechen, ggf. in Verbindung mit starken Kopfschmerzen und Sehstörungen als Hinweis auf eine drohende Eklampsie.

Während Diagnostik und Therapie, klinische Symptomatik, Verlauf und Prognose inzwischen gut bekannt sind, rätseln derzeit alle Experten über die Ursachen. KUHN (»Seminar des Frauenarztes« 8/93) sprach unlängst von einer Mikroangiopathie, deren Triggerquelle die Gravidität sei und das Triggerorgan die Leber. Die eigentlichen Trigger des HELLP-Syndroms seien bislang unbekannt.
Eine eigene Vierjahresstudie (1989 bis 1993) über mögliche Ursachen des HELLP-Syndroms ergab, daß Schwermetalle und Organochlorverbindungen sicherlich ursächlich beteiligt sind. Die Ergebnisse wurden vom Autor beim 3. Kongreß für Geburtsmedizin im Oktober 1993 in Berlin vorgestellt.
Wir (SCHULTE-UEBBING, ZAHN et al. 1989 bis 1993) hatten untersucht, ob die von KUHN postulierten Trigger nicht Schadstoffe wie Schwermetalle und Holzschutzmittel sein könnten.
Bei allen Patientinnen, die von 8/89–2/93 in unserer Klinik wegen HELLP-Syndroms – mit allen klassischen Parametern – per sectionem entbunden wurden, bestimmten wir neben den üblichen HELLP-Labor-Parametern (Routine- und Leberlabor, Gerinnung etc.) die Belastung mit den Organochlorverbindungen PCP, HCH, HCB, DDT PCB und mit den Schwermetallen Blei, Quecksilber, Kadmium, Aluminium und Kupfer. Bei allen Patientinnen führten wir den **Kaugummitest** und den **DMPS-Mobilisationstest** nach DAUNDERER durch.
Jede HELLP-Patientin wurde mit dem sogenannten **»U M W E L T-Test«** auf ihre individuelle Prädisposition und Exposition gegenüber Umweltschadstoffen, insbesondere in Wohn-, Arbeits- und Freizeitbereich sowie über die Nahrung, durchgetestet:
Alle Patientinnen hatten Amalgamfüllungen. Der Kaugummitest war bei allen hochpathologisch (d. h. pathologische Quecksilberwerte im Speichel). Bei HELLP-Patientinnen wurde im DMPS-Test – im Vergleich zur Kontrollgruppe – signifikant mehr Blei, Quecksilber, Kupfer und Aluminium im Urin freigesetzt. Alle Frauen waren berufstätig und hatten Holzschutzmittel-Kontakte, alle bis auf eine Ausnahme waren regelmäßig Pestiziden ausgesetzt, mehr als die Hälfte hatten Lösungsmittel-Kontakte. Vierzig Prozent der Patientinnen hatten erhöhte PCP-Werte, ebenfalls vierzig Prozent hatten erhöhte DDT-Werte, knapp sechzig Prozent hatten erhöhte PCB-Werte.
Schon lange ist aus der Literatur bekannt, daß Schwermetalle und Organochlorverbindungen zu einer – beim HELLP-Syndrom beobachteten – Zelldystrophie der Leber mit gesteigerter Leber-Enzym-Aktivität führen können.
Das HELLP-Syndrom ist somit eine Mikroangiopathie mit primärer Lebermanifestation und sekundärem Multiorganversagen. Triggerquelle

ist die Gravidität, Triggerorgan die Leber, mögliche Trigger können Umweltschadstoffe wie Blei, Quecksilber, Kupfer, Aluminium, aber auch PCP, DDT, HCP und PCB sein.

Konsequenzen vor und während einer Schwangerschaft:
- Schadstoffarme Ernährung
- Baubiologisch einwandfreier Wohn- und Arbeitsplatz.

Konsequenzen nach HELLP-Syndrom:
- Schadstoffarme Ernährung
- Baubiologisch einwandfreier Wohn- und Arbeitsplatz.
- Schadstoff-Analytik
- Möglichst Vermeiden von hormoneller Antikonzeption
- Möglichst danach zwei Jahre lang keine Schwangerschaft
- Leberentgiftung: Fasten mit Entgiftungs- und Ausleitungstherapie (u. a. mit DMPS, Glutathion, Na-Thiosulfat).

5.12 Sonstige umweltbedingte Schwangerschaftsbeschwerden

5.12.1 Allgemeine Schwangerschaftsbeschwerden

Schwangerschaftsbeschwerden entstehen in der Regel durch eine Fehlreaktion des Körpers auf die natürlichen Veränderungen des weiblichen Hormonhaushaltes. Mitunter zeigen sich in der Schwangerschaft aber auch Krankheiten an, die schon vorher bestanden haben und nur nicht bemerkt worden sind.
Umweltbedingte Schwangerschaftsbeschwerden können sein:
Häufiges Erbrechen zu jeder Tages- und Nachtzeit, Steigen des Blutdrucks, Kopfschmerzen, Gewebsschwellungen an den Fußknöcheln, Eiweiß im Urin, Verdauungsstörungen, Kreislaufstörungen, Schwindel usw.

5.12.2 Hilfe zur Selbsthilfe

Natürlich sollten Sie während der Schwangerschaft immer in ärztlicher Behandlung sein. Ein erfahrener Frauenarzt wird Ihnen jederzeit sagen können, ob die zur Zeit bei Ihnen bestehenden Beschwerden normal sind oder ob sich dahinter ernsthaftere Krankheiten verbergen. Gegen die häufigsten Beschwerden hier einige Tips:

- Jede werdende Mutter sollte auf chemische Kopfschmerz-, Beruhigungs-, Schlafmittel und dergleichen verzichten.
- Lesen Sie den Packungsbeilage dieser Präparate gründlich durch. Wann immer Sie den Hinweis finden, daß von einer Einnahme während der Schwangerschaft abgeraten wird, dann sollten Sie ihn auch unbedingt befolgen!
- Sie sollten ab dem dritten Schwangerschaftsmonat weniger Kochsalz zu sich nehmen.
- Erbrechen können Sie dadurch beherrschen, daß Sie morgens vor dem Aufstehen etwas trockenes Dinkelbrot essen.
- Nehmen Sie statt der üblichen drei großen Mahlzeiten lieber fünf kleinere zu sich.
- Wenn Sie nicht schlafen können, müssen Sie tagsüber öfters mal eine Tasse Baldriantee trinken.
- Vor dem Schlafengehen können Sie auch ein körperwarmes Bad mit Lavendel- und Melissenölzusatz nehmen.
- Gegen geschwollene Beine sollten Sie auch während der Schwangerschaft Fußbäder machen. Beginnen Sie mit einer Wassertemperatur von 32 Grad Celsius und steigern Sie durch Zugießen von heißem Wasser innerhalb von 30 Minuten auf 39 Grad Celsius.
- Gegen Kreislaufstörungen und Ohnmachtsanfälle sollten Sie Stirn und Puls mit Knoblauchtinktur oder japanischem Heilpflanzenöl einreiben.

5.12.3 Ganzheitliche Therapiemethoden

Gegen die oben genannten häufig vorkommenden allgemeinen Schwangerschaftsbeschwerden ist außerdem die **Homöopathie** sehr wirkungsvoll. Homöopathische Präparate lassen sich meist auch während der Schwangerschaft unbedenklich einnehmen, da sie keinen Schaden für das ungeborene Kind bewirken können.
Auch die **Akupunktur** ist bei vielen Schwangerschaftsbeschwerden sehr hilfreich. Dennoch sollten Sie sich die Nadeln nur von einem erfahrenen Akupunkteur setzen lassen, da es auch Akupunkturpunkte gibt, deren Reizung während der Schwangerschaft zu unerwünschten Nebenwirkungen führen kann.
Generell sollten Sie während der Schwangerschaft **mit allen Therapien vorsichtig** sein, wenn Sie etwas einnehmen müssen oder gespritzt bekommen. Halten Sie sich hier am besten an die schon oben erwähnten Hausrezepte, so haben Sie die größte Sicherheit, daß Ihrem ungeborenen Baby kein Schaden zugefügt wird.

5.12.4 Umweltbedingte Schwangerschaftsstreifen

Schwangerschaftsstreifen sind ein Schreckgespenst für jede Frau, die ein Kind erwartet: Deutlich sichtbare Streifen auf der Haut, die wie eingefallen aussehen und blaurötlich schimmern. Nach der Schwangerschaft blassen die Streifen ab und bleiben als flache, helle Narben zurück.

Schwangerschaftsstreifen entstehen vom sechsten Schwangerschaftsmonat an durch eine zu schnelle Dehnung der Haut. Für diese zu schnelle Dehnung kann unter anderem ein durch Umweltschadstoffe gestörtes Hautmilieu verantwortlich sein. Wenn der pH-Wert nicht mehr stimmt, wird unter Umständen durch zu schnelles Wachsen des unter der Haut liegenden Gewebes eine Überdehnung bewirkt, was dann zum Reißen der sonst sehr elastischen Hautfasern führen kann. Bei Umweltschadstoffen, die die natürliche Abwehr der Haut und des Unterhautbindegewebes stören, kann die Elastizität dieser Fasern stärker als gewöhnlich abnehmen. Dieser Effekt wird unter Umständen durch umweltschadstoffbedingte Hormonstörungen im Bereich der Nebennieren verstärkt, welche in dieser Zeit besonders anfällig gegenüber Umwelteinflüssen zu sein scheinen. Dadurch kann eine Degeneration der Haut bewirkt und die Elastizität vermindert werden.

5.12.5 Hilfe zur Selbsthilfe

- Vorsorge ist von größter Wichtigkeit: Vorhandene Schwangerschaftsstreifen lassen sich kaum noch beseitigen.
- Beginnen Sie spätestens im fünften Schwangerschaftsmonat damit, ein- bis zweimal täglich eine Salbe, die unter anderem Vitamin A, Vitamin E, essentielle Fettsäuren und durchblutungsfördernde Substanzen enthält, in die kritischen Zonen einzureiben. Dadurch wird die Haut besser ernährt und die Widerstandskraft erhöht.
- Legen Sie in Zinnkraut gekochte Mullkompressen auf!
- Machen Sie zweimal täglich Bauchstreichungen. Legen Sie sich dazu auf den Rücken und beginnen Sie nun mit den flach aufliegenden Händen mit gleichmäßigem Druck von der Schamhaargrenze hoch zum Rippenbogen zu streichen.
- Behandeln Sie so die ganze Bauchpartie. An Oberschenkeln, Hüften und Gesäß ist von oben nach unten zu massieren.
- Die Massage sollte jeweils etwa zehn Minuten dauern.

Ganzheitliche Therapiemethoden

Zur Festigung der Haut und des Bindegewebes haben sich vor allen Dingen die **Ultrarot-A-Tiefenbestrahlung, die Ultraschalltherapie,** die **Homöopathie** und die **Meridianmassage** als sehr wirkungsvoll erwiesen.

5.13 Allgemeine Therapie-Hinweise bei gestörter Schwangerschaft

5.13.1 Empfehlungen vor einer geplanten Schwangerschaft

»Genußgifte« meiden:

- Rauchen aufhören, wenn möglich Passivrauchen vermeiden
- Alkohol jeglicher Art meiden
- Kaffee und Tee: Umstellung auf coffeinfrei

Ernährung umstellen:

- vollwertige Kost aus kontrolliertem biologischem Anbau
- nichts Bestrahltes (z. B. Holland-Tomaten etc.)
- keine (oder möglichst wenig) Fertigkost
- keine »Problemfische« (= schadstoffbelastet, z. B. Flußfische, Raubfische, Nord- oder Ostseefische).

»Herde« im Körper sanieren:

- Amalgam und/oder Palladium fachgerecht entfernen lassen
- Tote Zähne sanieren
- Silikon oder sonstige Fremdkörper entfernen!

Gesund wohnen:

- Schlaf- und Wohnzimmer baubiologisch renovieren
- Wohngifte vermeiden
- Elektrostreß vermeiden!

Gesund arbeiten und Freizeit gestalten:

- Arbeitszimmer baubiologisch renovieren
- Gift am Arbeitsplatz vermeiden
- Elektrostreß am Arbeitsplatz vermeiden

- Kein Hobby mit Schadstoffen (z. B. Farben, Beizmittel etc.) Entschlackung, Entgiftung, Positives Denken
- täglich Ölziehen, Gymnastik, Meditation (positive Gedanken)
- wöchentlich 1–2 mal Sport, Sauna, Kneipp-Therapie
- monatlich 1–2 Fasttage einlegen!

5.13.2 Hilfe zur Selbsthilfe

- Wenn Sie sich wirklich ein Kind wünschen, dann sollten Sie darauf achten, daß Sie und Ihr Partner an Ihren empfängnisbereiten Tagen möglichst wenig oder besser gar keinen Alkohol trinken. Es ist heute eine bekannte Tatsache, daß Alkoholgenuß bei der Zeugung ganz furchtbare Folgen für das Kind haben kann.
- Für die Frau gilt diese Regel selbstverständlich auch nach der Empfängnis.
- Während der Schwangerschaft sollte Alkohol tabu sein, denn dadurch kann das werdende Leben geschädigt werden.
- Was für Alkohol gilt, gilt selbstverständlich analog für Nikotin. (Wer während der Schwangerschaft weiterraucht, gefährdet nicht nur die eigene Gesundheit, sondern auch die des Ungeborenen).

5.13.3 Gesunde Ernährung

In der Schwangerschaft ist natürlich auch eine gesunde Ernährung sehr wichtig. Immer noch glauben viele werdende Mütter, daß sie in der Schwangerschaft »für zwei essen müssen«. Aber das ist Unsinn. Es ist keinesfalls nötig, daß die werdende Mutter größere Mengen essen muß als zuvor. Viel wichtiger ist es, daß sie das Richtige zu sich nimmt. Falsch ist es deshalb auch, während der Schwangerschaft zu entwässernden Diäten zu greifen, um die Flüssigkeitsansammlungen im Gewebe zu verringern.

Jede Diät kann während der Schwangerschaft Mutter und Kind wichtige Nährstoffe vorenthalten und damit eine Gefahr für beide Körper darstellen.

Viel vernünftiger ist es, die Ernährung ausgewogen zu gestalten. Verzichten Sie also während der Schwangerschaft auf zuviel Süßigkeiten und essen Sie statt dessen lieber Vollwert- und Milchprodukte. Mutter und Kind bekommen damit genügend Vitamine, Aufbau- und Vitalstoffe. Gerade in Milchprodukten ist das in der Schwangerschaft so wichtige Kalzium in großem Maße enthalten. Es sorgt für einen gesunden Knochenaufbau des Babys und ist auch gut für die Mutter, weil jede Schwangerschaft dem Körper der Mutter Kalzium entzieht und so Knochen und Zähne gefährdet werden können. Eine vitalstoffreiche Vollwerternährung sorgt aber auch noch dafür, daß die Verdauung der werdenden Mutter während der Schwangerschaft normal funktioniert; faserreiche Vollwertkost regt nämlich die Darmtätigkeit an. Wenn Sie zusätzlich noch Gymnastik betreiben, werden Sie auch während der Schwangerschaft auf Abführmittel verzichten können.

6. Umweltmedizinische Aspekte im Wochenbett

6.1 Schadstoffbelastung der Muttermilch

Die Muttermilch ist durch die weltweite intensive Verwendung von chemischen Produkten mit einem hohen Schadstoffpotential belastet und induziert die in ihr gespeicherten Gifte in den jungen Körper in einer Entwicklungsphase, die mit der intrauterinen Entwicklung als die empfindlichste des Lebens gelten muß.

Höchstmengen

Unter Vorsorgeaspekten sind für die wichtigsten Gifte und Schadstoffe Höchstmengen festgelegt worden.
Sie betreffen Belastungen der Nahrungsmittel, des Wassers, der Luft und der Bedarfsgegenstände, ausgelöst durch Emissionen technischer Anlagen und Verfahren und durch Verwendung von Pflanzenschutzmitteln in der Landwirtschaft.

Muttermilchanalysen

Von den örtlichen Untersuchungsämtern für das Gesundheitswesen werden Rückstandsuntersuchungen der Frauenmilch erstellt, die die Gehalte an Organochlorpestiziden und Polychlorierten Biphenylen ausweisen und sie den zulässigen Höchstmengen für Konsummilch gegenüberstellen.

Dioxine und Furane

Die giftigste Umweltschadstoffgruppe, die der *Dioxine* und *Furane,* deren Gehalte in der Muttermilch vom BGA als besorgniserregend beurteilt werden, ist in der *amtlichen Analyse nicht enthalten,* vermutlich weil die Arbeiten zu aufwendig und die Kosten zu hoch sind.
Die **Grenzwerte** der Muttermilch für das sogenannte TCDD (Tetrachlor-Dibenzodioxin) hinsichtlich der täglichen Aufnahme variieren außerordentlich stark:

Umweltbundesamt	10 pg/kg/die
Bundesgesundheitsamt	1 pg/kg/die
Hess. Landesamt	0,1 pg/kg/die
USA-Umweltbehörde	0,006 pg/kg/die

Somit läßt sich durch Hochrechnung die folgende jährliche Dioxinaufnahme, bezogen auf die sogenannten toxischen Äquivalente (= TE) berechnen:
12 Mon. Muttermilch → 351820 pg
12 Mon. Kuhmilch → 17600 pg
Damit ergibt sich gegenüber der Kuhmilch eine zwanzigfache Anreicherung!
Erschreckend ist, daß mit dem Stillen Dioxinmengen aufgenommen werden können, die im Tierversuch bei Affen die Fruchtbarkeit und Immunabwehr schädigen können.

Forderung nach Stillverzicht

Die Gesetze und Verordnungen konnten jedoch nicht verhindern, daß die Belastung des menschlichen Körpers und speziell der Muttermilch immer stärker zugenommen hat.
So wird von einigen Autoren bereits empfohlen, auf das Stillen von Säuglingen teilweise oder ganz zu verzichten.
Dadurch kommt es zu einer großen Verunsicherung in der Bevölkerung. Teilweise lassen beunruhigte Frauen auf eigene Kosten umfangreiche Muttermilchuntersuchungen durchführen.

Dioxin-Aufnahme

Ein kritischer Wert für den Gehalt an Dioxinen und Furanen im Körper des Menschen wird in der Literatur nicht angegeben, wohl aber für die tägliche Aufnahmemenge.
Die duldbare tägliche Aufnahmemenge beträgt z. Z. **maximal 1 pg Dioxin-Äquivalente/kg KG/d** unter Vorsorgeaspekten für Erwachsene. Dieser Wert kann nicht unmittelbar auf die Gehalte im Körper übertragen werden, da ein Teil der aufgenommenen Menge metabolisiert wird und über den Stoffwechselprozeß später eliminiert und ein anderer Teil ohne Reaktion im Körper ausgeschieden wird.

Biologische Halbwertzeit

Da sich aber bei einer biologischen Halbwertzeit (HWZ) im Menschen von 6–15 Jahren und täglicher Aufnahme die Konzentrationen im Körper mit zunehmendem Alter erhöhen, sind bei einer Überschreitung der täglich zulässigen Aufnahmemenge auch die festgestellten Gehalte im Körper als kritisch anzusehen.
Wir müssen im Grunde genommen alle chlorierten Kohlenwasserstoffe in ihrem Effekt addieren. Es ist eigentlich gar nicht erlaubt, eine

Substanz herauszunehmen und sich auf ihre Konzentration zu beziehen, sondern wir müssen die Summe dieser chlorierten Kohlenwasserstoffe betrachten. Schon daraus geht hervor, daß wir bei der Festlegung von Werten für Einzelstoffe vor sehr großen Problemen stehen werden (E. Appel und A. G. Hildebrandt, 1985).

Effekte im Organismus

Viele Schadstoffe in der Muttermilch sind nach Schulte-Hermann als wahrscheinliche *Leber-Tumor-Promotoren* identifiziert worden.
Gemeinsam ist diesen Stoffen die Fähigkeit, zumindest bei Applikation hoher Dosen, Wachstum in der Leber auszulösen. Die praeneoplastischen Veränderungen können u. U. auch kanzerogen wirken. An Phenobarbital und α-HCH konnte gezeigt werden, daß diese Substanzen als Promotoren karzinogene Eigenschaften haben (Schulte-Hermann, 1985).
Die Toxizität der Dioxine ist, abhängig von Dosierung und möglicherweise additiven und potenzierten Wechselwirkungen, hoch (BGA-Symposium Dioxine und Furane, Karlsruhe, 1/1990).
Die Toxizität hat sich nach Birnbaum et al. bei Versuchen an Ratten durch Auslösung von leichter Anämie bei subchronischer Verabreichung einer Niedrigdosis erwiesen.
Durch starke Enzyminduktion in der Leber kann das OCDD mit der Toxizität des 2,3,7,8-TCDD verglichen werden. Es wird in großen Mengen in der Leber gespeichert.
In einer auf der Rezeptortheorie beruhenden Untersuchung konnte gezeigt werden, daß die kanzerogene Wirkung der Dioxine möglicherweise auf der Bildung von Dioxin-Rezeptor-Komplexen beruht, durch die sich Einwirkungen auf die Erbsubstanz ergeben (Denison et al., 1990).

Dioxinbelastung des Säuglings

Ein Säugling von 5 kg KG und einer Stillmenge von 800 ml/d nimmt 445 pg TCDD-Äquivalente bei einem Fettgehalt der Milch von 3% auf, d. h. 89 pg TCDD-Äquivalente/kg KG/d (Beck, 1990). Er *überschreitet damit* den *Vorsorgegrenzwert um das 90fache.*
Beck kommt zu folgendem Ergebnis:
Unter dem Aspekt der gesundheitlichen Vorsorge ist diese Dioxinaufnahme als bedenklich anzusehen. Maßnahmen zur Verringerung der Dioxinbelastung sind daher dringend erforderlich.

Zeitlich begrenzte Überdosierung

Das BGA weist aber auf die zeitlich begrenzte Überdosierung beim Säugling hin und betont, daß bisher kein Beleg dafür vorliegt, daß Gesundheitsschäden bei Säuglingen durch Dioxine in der Muttermilch eingetreten seien. Es sei daher kein Anlaß gegeben, eine Einschränkung des Stillens zu empfehlen.

Vor- und Nachteile des Stillens

Der Sachstandsbericht »Dioxine und Furane« des UBA vom März 1990 empfiehlt dagegen in Übereinstimmung mit der WHO unter Abwägung von Vor- und Nachteilen des Stillens bei der gegebenen Schadstoffbelastung der Muttermilch das Stillen nur in den ersten Lebensmonaten. Die Feststellungen beruhen auf der Äquivalenzziffernermittlung des BGA. Zu einer erheblich höheren Risikoeinschätzung gelangt man, wenn das 2,3,4,7,8-Pentachlordibenzofuran, statt wie bisher vom BGA mit einem Faktor von 0,1, mit der EPA-Bewertung von 0,5 in die Rechnung eingeht.

Dann wird dieses Isomer zum beherrschenden Faktor bei der Errechnung der Belastung durch Dioxine und Furane in Nahrungsmitteln. Das UBA läßt in neuester Zeit eine Annäherung an die EPA-Bewertung erkennen (BGA, 1990).

Eine noch höhere Einstufung der Toxizität der Dioxine und auch der mit ihnen technisch verunreinigten PCBs könnte sich aus der Erkenntnis ableiten, daß das OCDD stärker giftig wirkt als früher angenommen.

Nach Beck ist der mittlere Gehalt in Humanmilch mit 391 pg/g Fett weitaus am höchsten von allen Isomeren (Beck, 1990).

Knebusch (1990) hat für alternative Ernährung eines Säuglings mit Muttermilch und Kuhmilch, auch bei zeitlichem Wechsel (erst Muttermilch, dann Kuhmilch), die Belastungen mit Dioxinen und Furanen, denen ein Säugling im ersten Lebensjahr ausgesetzt ist, errechnet. Knebusch geht von der EPA-Bewertung des 2,3,4,7,8-PCDFs mit dem Faktor 0,5 aus. Weiterhin legt er die durchschnittlichen Dioxinkonzentrationen von Berliner Kuhmilch zugrunde, die unter den vorliegenden ortsbezogenen Befunden einen Mittelplatz einnehmen.

Gesamtaufnahme: Muttermilch

Bei reiner Muttermilchernährung errechnet sich eine Gesamtaufnahme von 351 820 pg Dioxin-Äquivalenten im ersten Lebensjahr (Knebusch, 1990). Bei den von Knebusch angegebenen Durchschnittsgewichten pro Tag und pro Monat errechnet sich ein mittleres Gewicht des Säuglings von 6,9 kg in dieser Zeit und damit die auf ein kg KG bezogene Aufnahmemenge von 142 pg Dioxin-Äquivalenten/d. Bei reiner Kuhmilchernährung sinkt die Dioxin- und Furanaufnahme auf 7 pg/kg KG/d. Beide Ernährungsarten differieren um den Faktor 20. Soll der Stillkontakt zwischen Mutter und Kind wenigstens in den ersten 14 Tagen ermöglicht werden, so leitet sich dafür aus den Zahlen eine Aufnahmelast von 9 pg/kg KG/d ab, d. h. das 1,3fache gegenüber Kuhmilch. Auf die unterschiedlichen Dioxinbelastungen der Milch verschiedener Standorte wurde hingewiesen. Es konnte bei Kuhmilch eine Schwankung bis zum Faktor 15 gegenüber dem niedrigsten Wert ermittelt werden.

PCB in der Muttermilch

Nach der oralen Aufnahme bzw. pulmonalen Resorption werden die PCBs, entsprechend auch die anderen Stoffe, nach der Fettspaltung mit der Darmlymphe in den Kreislauf geschleust bzw. in den Alveolargefäßen an Plasmalipide gebunden.
Es folgt eine Ablagerung in Depotlipiden bzw. ein Einbau in das Fett bei der aktuellen denovo-Synthese während der Laktation. Dadurch ergibt sich eine Kontamination der Frauenmilch mit den Schadstoffen.
Wie schon erwähnt, erreicht der Plasmaspiegel der stillenden Mutter nach ca. 5 Monaten den Bereich einer Kontrollgruppe aus dem Bevölkerungsdurchschnitt.
Der Plasma-PCB-Gehalt steigt nach der Geburt bei den gestillten Kindern deutlich an, um nach ca. 3 Monaten den Blutgehalt der Mutter an PCB zu übertreffen (Heeschen und Blüthgen, 1983).

Vor- und Nachteile des Stillens – Entscheidungshilfe:

Die Vor- und Nachteile des Stillens sind im wesentlichen unter dem Einfluß der folgenden Faktoren abzuwägen:

1.	Direkte gesundheitliche Schäden durch die Schadstoffbelastung der Muttermilch (bisher am Menschen nicht genau bekannt)
2.	Indirekte Schäden wie Immunsuppression aus den Schadstoffen der Muttermilch, aber auch aus der Wirkung von Ersatzstoffen (Kuhmilch u. a.)
3.	Schutzfaktoren der Muttermilch (Aufnahme von Immunglobulinen durch die noch unentwickelten Darmepithelien des Säuglings) und optimale Ernährung des Säuglings mit Muttermilch.
4.	Psychophysischer Kontakt zwischen Mutter und Kind beim Stillen.

Ein unumgänglicher **Kompromiß** könnte darin bestehen, **nur in den ersten 4 Monaten zu stillen.** Danach verlieren die unter Nr. 3 und 4 genannten Faktoren an Bedeutung, während die Schadstoffaufnahme zwar auch rückläufig, aber immer noch auf hohem Niveau bleiben würde. In jedem Falle sollten Untersuchungen der Muttermilch auf Schadstoffgehalte durchgeführt werden. Ärzte sollten stets darauf hinweisen, daß eine Nahrung, die arm an tierischen Fetten ist, die mütterlichen Fettdepots von Schadstoffen entlastet und damit den Schadstoffeintrag in die Muttermilch deutlich reduziert.
Die bisherigen Ausführungen beziehen sich nur auf einen engen Ausschnitt aus der Gesamtbelastung der Muttermilch mit Schadstoffen. Auf weitere wichtige Belastungen aus der Umwelt wurde bei der Erörterung einzelner Schadstoffe bereits hingewiesen.
Der Synergismus der in ihrer chemischen Struktur und in ihrem Wirkprofil teilweise verwandten, teilweise aber auch sehr unterschiedlichen Stoffe ist weitgehend unerforscht und wird auch, wegen der Komplexität der Wechselwirkungen, bis auf weiteres unbekannt bleiben.

6.2 Stillen: Ja oder nein?

Vieles spricht gegen, aber (zur Zeit noch) mehr für das Stillen. Einerseits ist die Muttermilch mit vielen Umweltschadstoffen angereichert (Schwermetalle, Schädlingsbekämpfungsmittel, sogenannte halogenierte Kohlenwasserstoffe wie z. B. Dioxine, Furane, Lindan, Dieldrin, DDT, Heptachlor, Hexachlorbenzol, polychlorierte Biphenyle).
Andererseits ist Stillen sehr wichtig für die Mutter-Kind-Beziehung (Körperkontakt, Wärme, Geborgenheit, »Urvertrauen«). Stillen erhöht außerdem die Abwehrkraft des Säuglings gegenüber Krankheitserregern und Allergenen (= möglichen Auslösern von Allergien). Die Muttermilch ist in Zusammensetzung und Menge den Bedürfnissen des Säuglings optimal angepaßt. Sie ist keimfrei, gut temperiert, jederzeit verfügbar und schafft optimale Bedingungen für eine ausgewogenen Darmflora des Säuglings. Ihre Eiweiße, Fette, Kohlenhydrate schützen den Säugling vor bakteriellen und viralen Infekten, sie enthält im Vergleich zur Kuhmilch mehr ungesättigte Fettsäuren, v. a. die für die sogenannte zelluläre und humorale Abwehr lebenswichtige Linolsäure.
Heute gibt es keine schadstofffreie Muttermilch mehr. Nach Untersuchungen der Deutschen Forschungsgemeinschaft (DFG) ist sie so verseucht, daß sie nach dem geltenden Lebensmittelrecht sofort aus dem Verkehr gezogen werden müßte.

6.3 Hilfe zur Selbsthilfe

- Für die Zusammensetzung der Muttermilch ganz entscheidend ist eine gesunde schadstoffarme Ernährung.
- Bereits ca. ein Jahr vor einer geplanten Schwangerschaft (und dann natürlich während der Schwangerschaft und Stillzeit) sollte man unbedingt Folgendes meiden: Tierische Fette und Eiweiße (Fleisch und Wurst), Fabrikzucker und -mehle, Fertig- und sog. »Fast food«-Gerichte, sowie vor allem Mikrowellenkost.
- Essen Sie viel Vollwertkost und frisches, unbestrahltes ungespritztes Obst und Gemüse der Saison, wenn möglich vom Biobauern!
- Wir empfehlen Ihnen, 3–4 Monate lang zu stillen. Die Nachteile des Nichtstillens sind (z. Z. noch) größer als die Nachteile des Stillens mit belasteter Muttermilch.
- Wollen Sie länger als 4 Monate stillen, lassen Sie spätestens im 2. Monat (Ergebnis dauert mehrere Wochen) die Muttermilch beim Gesundheitsamt auf folgende Schadstoffe untersuchen: Schwermetalle, Dioxine, HCB, HCH, DDT, PCB.

7. Umweltmedizinische Aspekte in der Neonatologie

Besonders bedenklich sind Schadstoffe, mit denen die Mutter während Schwangerschaft und Stillzeit belastet ist.

7.1 Nitrate

7.1.1 Übersicht

Während für Erwachsene die Nahrung die Hauptquelle darstellt, wird die Nitratbelastung des Ungeborenen, des Säuglings und Kleinkindes hauptsächlich vom Wasserverbrauch und dessen Nitratkonzentration bestimmt.
Teufel und Mitarbeiter (1991) konnten zeigen, daß einem Säugling in einer mit Leitungswasser aus dem Rhein-Neckar-Raum zubereiteten Nahrung im Vergleich zur industriell hergestellten Säuglingsmilch und besonders gegenüber der Muttermilch das meiste Nitrat zugeführt wird. Nach kanadischen Empfehlungen ist die Obergrenze für die Nitrataufnahme bei einem 2 Monate alten Säugling mit 115 mg/Tag anzusetzen. Von diesen hohen und relevanten Nitratbelastungen können immer noch Trinkwassereigenversorger in ländlichen Regionen ohne Wasserverbundsystem und Entwässerungskanalisation betroffen sein.

7.1.2 Nitrattoxizität

Während die Primärtoxizität des Nitrats eher gering ist, ist die Sekundärtoxizität um so bedenklicher: Durch die Umwandlung des Nitrats in Nitrit bei Anwesenheit von Bakterien im Gastrointestinaltrakt bzw. in der Nahrung, kann es bei länger aufbewahrten nitrathaltigen Nahrungsmitteln (z. B. Spinat) zu einer pH-abhängigen Nitrit-Bildung kommen. Die Giftigkeit des Nitrits ist bedingt durch seine Fähigkeit, Hämoglobin zu Methämoglobin zu oxidieren, das dann für den Sauerstofftransport ausfällt. Das im Säuglingsalter dominierende HBF wird durch Nitrit schneller als das HBA des Erwachsenen oxidiert, und auch die Reduktion des Methämoglobins erfolgt beim Neugeborenen etwa um den Faktor 2 langsamer als beim Erwachsenen. Als weiterer, eine Methämoglobinämie begünstigender Faktor ist zu bewerten, daß die Trinkmenge pro kg KG – und damit die Nitratzufuhr – um so höher sein wird, je jünger das Kind ist.

Methämoglobinämie

Eine Analyse von ca. 300 Fällen von Methämoglobinämie aus dem Jahr 1964 läßt dieses altersabhängige Auftreten erkennen, zeigt aber auch, daß 7 % der Erkrankungen bei einem Nitratgehalt des Wassers unter 50 mg/l und 1 % bei weniger als 20 mg/l beobachtet wurden. Da über die Hälfte der betroffenen Säuglinge zuvor an einer Gastroenteritis erkrankt war, weist dies darauf hin, daß die übermäßige Keimbesiedlung des Magen-Darm-Traktes und wahrscheinlich auch die der Nahrung wichtige zusätzliche Faktoren für die Krankheitsentwicklung sind.
Verschiedene präventive Faktoren haben dazu beigetragen, daß die Methämoglobinämie ein *sehr seltenes Ereignis* geworden ist:

- Die Aufklärung der Bevölkerung.
- Wasser aus Einzelbrunnen mit hoher Nitratbelastung wird nur noch sehr selten oder gar nicht mehr zur Zubereitung von Säuglingsnahrung benutzt.
- Die Verminderung des Grenzwertes nach der Trinkwasserverordnung von 90 auf 50 mg Nitrat/l.
- Das für die Zubereitung der Säuglingsnahrung geeignete Mineralwasser muß mit seinem Nitratwert unter 10 mg/l liegen.
- Die frische Zubereitung der Flaschennahrung und damit die Vermeidung der Keimbesiedlung.

> Trotz dieser erfreulichen Realität sollte darauf geachtet werden, daß bei akuten Gastroenteritiden zur Nahrungsmittelzubereitung nur Wasser mit diesem oben genannten Nitratgehalt unter 10 mg/l verwendet wird.

Die Tertiärtoxizität besteht schließlich in der Bildung von Nitrosaminen aus Nitrit und Aminen, die eine potente kanzerogene Wirkung haben. Das Risiko dieser chemischen Reaktion ist allerdings beim jungen Säugling eher gering, da im Magen das hierfür erforderliche saure Milieu fehlt. Auch beim älteren Kind und beim Erwachsenen ist die Gefahr der durch das Wasser ausgelösten Nitrosaminvergiftung gering, gegenüber der höheren Menge an Nitrat in *Salaten, Gemüse* oder *Gemüsesäften,* trägt aber doch zu dieser Belastung bei.

7.2 Blei

Blei-Exposition während der Schwangerschaft und Stillzeit kann zu einer verzögerten neurophysiologischen Entwicklung führen. Zu diesem

Ergebnis kam eine australische Untersuchung bei 494 siebenjährigen Kindern aus Port Pirie, in dessen Bereich sich eine Bleischmelze befindet. Diese Studie umfaßt etwa 90 Prozent aller Einlingsgeburten, die von 1979 bis 1983 in dieser Gemeinde registriert wurden. Bei diesen Kindern hatte man bei der Geburt, im Alter von sechs und 15 Monaten, im Alter von zwei Jahren und dann in jährlichen Abständen die Blei-Konzentrationen im Blut gemessen. Außerdem wurde die mütterliche Blei-Konzentration vor und bei der Geburt bestimmt. Bei etwa jedem dritten Kind lagen die Blei-Konzentrationen einmal oder mehrmals über 25 Mikrogramm pro Deziliter Blut. Schon bei den Zwei- und Vierjährigen gingen steigende Bleikonzentrationen mit deutlichen Verzögerungen der geistigen Entwicklung einher. Wie sich bei den Untersuchungen der sieben Jahre alten Kinder zeigte, dauern diese Schäden an.

Der Intelligenzquotient lag bei den Kindern mit gelegentlichen Blutbleiwerten von 30 Mikrogramm um rund fünf Punkte niedriger als bei den Kindern mit Konzentrationen um 10 Mikrogramm pro Deziliter. Obwohl die Konzentration bei den Siebenjährigen rund 40 % niedriger war als bei den Zweijährigen, konnten Defizite nicht mehr ausgeglichen werden.

Andere wichtige Einflüsse auf die Entwicklung der Kinder wie sozioökonomische Faktoren, Intelligenzquotient der Mutter, Geburtsgewicht und Ernährung der Säuglinge wurden bei der statistischen Analyse berücksichtigt.

Nach Meinung der Autoren führt schon eine relativ geringe Blei-Exposition zu einer anhaltenden Beeinträchtigung der neurophysiologischen Entwicklung in der Kindheit.

7.3 Kupfer

Kupfer ist ein normaler und essentieller Bestandteil der menschlichen Ernährung und an zahlreichen enzymatischen Prozessen des Organismus beteiligt. Die empfohlene tägliche Kupferzufuhr beträgt für Jugendliche und Erwachsene 2–3 mg, für Kinder 1–2 mg und für Säuglinge 0,5–1 mg. Akute Kupferintoxikationen sind vereinzelt durch stark kontaminiertes Trinkwasser aufgetreten. Dabei kommt es beim Säugling etwa ab 10 mg zu gastrointestinalen Störungen. Als Folge einer chronischen Kupferintoxikation kann es bei Säuglingen zur Entwicklung einer frühkindlichen Leberzirrhose kommen. Dieses Krankheitsbild wurde bisher vor allem in Indien infolge des alltäglichen Gebrauchs von

Kupfergeschirr zum Kochen und Aufbewahren der Nahrung beobachtet und ist als *»Indian Childhood Cirrhosis«* in die Literatur eingegangen. Der Begriff **»German Childhood Cirrhosis«** betrifft entsprechende Leberveränderungen sowie Störungen der Immunreaktion nach oraler Kupferexposition durch hochkontaminiertes Trinkwasser bei deutschen Säuglingen, eine Erkrankung, die in der norddeutschen Tiefebene und im Bayerischen Wald beobachtet wurde und seit 1979 zu mindestens 13 Todesfällen geführt hat. Die Kupferkonzentrationen im Wasser betrugen hier bis zu 15,5 mg/l.

Da die untere Grenze der zur Entwicklung einer frühkindlichen Leberzirrhose führenden Kupferkonzentration im Wasser bisher nicht festgelegt werden kann, sollten Säuglinge kein Trinkwasser aus Kupferrohren erhalten, wenn das Wasser nicht wiederholt sorgfältig überprüft wurde. Ferner sollte man bei Säuglingen und Kleinkindern mit nicht erklärbaren Lebererkrankungen oder Immunstörungen an eine Kupferintoxikation denken und entsprechende Wasseruntersuchungen vornehmen lassen.

8. Wechseljahre

8.1 Symptomatik

Vor der Menopause, d. h. vor dem endgültigen Verschwinden der Menstruation, findet mehrere Jahre lang eine große hormonelle Veränderung im Körper statt. Die Eierstöcke geben immer weniger Östrogen und Gestagen ab. Die Abnahme erfolgt schubweise und führt bisweilen zu einem ausgeprägten Ungleichgewicht zwischen den beiden Hormonen. Die Produktion der Östrogene hört nicht völlig auf, sie werden in kleinen Mengen bis fast zum 70. Lebensjahr von den Nebennieren ausgeschüttet. Der Körper muß all diese Veränderungen ausgleichen, manchmal tut er das auf chaotische Weise. Manche dieser unangenehmen Anzeichen – und die gibt es zur Genüge – werden durch das plötzliche Ungleichgewicht der Hormone verursacht, andere betreffen das allgemeine Befinden der Frau: Schwächegefühle, Angst vor dem Älterwerden und dem Alleinsein, ebenso wie Schwierigkeiten mit ihrem Selbstbild, ihrer sozialen Rolle und ihren persönlichen Erwartungen.

Mögliche Folgen der hormonellen Veränderungen:

- Unregelmäßige Menstruation: Der Zyklus ist verkürzt, die Blutung verringert, oder er ist verlängert und die Blutungen sind stärker.
- Hitzewallungen, zunächst nachts, von der Bettwärme hervorgerufen und manchmal mit Krämpfen in den Beinen. Sie treten auch tagsüber auf, nach dem Essen, nach einer Anstrengung.
- Die Hitzewallungen sind vor der Menstruation häufiger und um so stärker, je später die Menstruation ist.
- Blutandrang im Unterbauch; Blähbauch, Verdauungsstörungen, Migräne, Verstopfung, Infektionen der Harnwege, vermehrter Ausfluß, Hämorrhoiden.
- Stimmungsschwankungen, Überempfindlichkeit, Schlaflosigkeit oder Angstzustände, depressive Gefühle, Heißhunger.
- Kreislaufstörungen: Am häufigsten sind Probleme mit den Venen, schwere Beine, Krämpfe in den Beinen, Krampfadern. Seltener: arterieller Bluthochdruck (Hypertonie), Angina pectoris.
- Probleme mit den Knochen, je nach Zustand der Knochen und Knorpel, je nach der Fähigkeit, Kalzium zu binden: Rückgang der Bandscheiben, die Gelenke werden weniger beweglich, der Fußrist verliert an Spannung.
- Spannungsgefühl in den Brüsten, mit druckempfindlichen Gebilden.
- Brüchige Nägel, trockene Haut, Anfälligkeit der Schleimhäute (z. B. von Vagina und Vulva).

8.2 Umweltbedingte vorzeitige Wechselbeschwerden

In letzter Zeit haben immer mehr Frauen relativ früh Wechseljahrsbeschwerden. Teilweise bereits mit 40 Jahren fangen die entsprechenden Beschwerden an. Dies liegt sehr häufig an den zunehmenden Umweltschadstoffen.

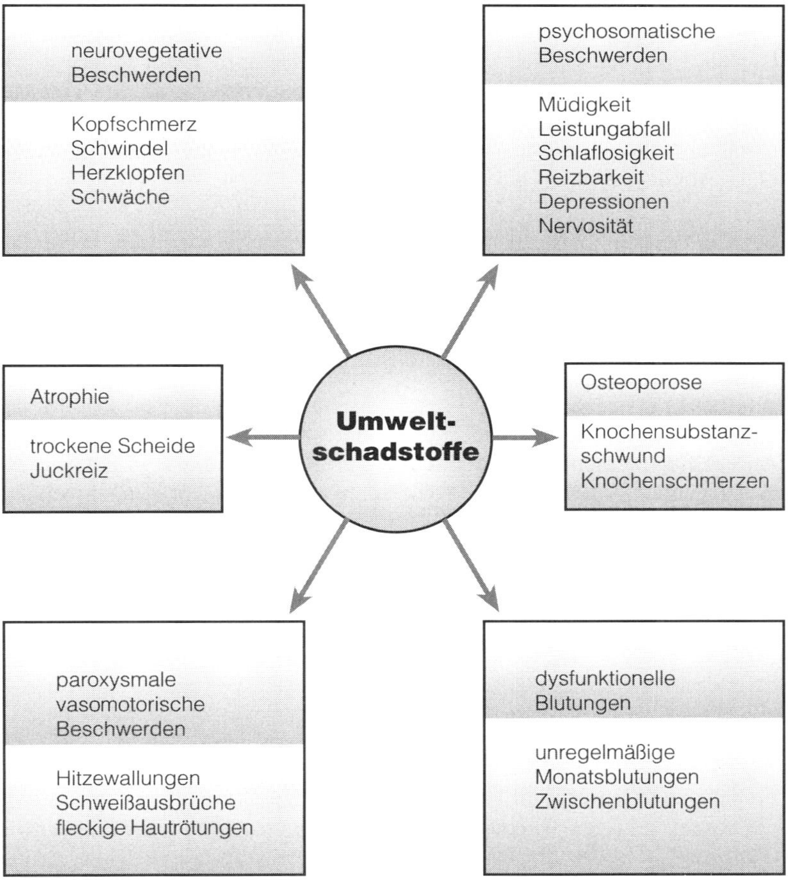

Abb. 22 zu 8.2: Vorzeitiger Wechsel durch Umweltschadstoffe. Mechanismen, die zu Wechselbeschwerden führen können

Die Abbildung zeigt Mechanismen, wie Umweltschadstoffe zu Wechselbeschwerden führen können.

Immer mehr Schwermetalle, Pestizide und Organochlorverbindungen sammeln sich in den Eierstöcken, in Hypophyse und Hypothalamus, aber auch in der Nebennierenrinde, und sorgen dort für hormonelle Unruhe: Die Östrogenproduktion kann gestört sein, die Androgenproduktion kann vermehrt sein. Dadurch kann es zum vorzeitigen Wechsel mit allen Beschwerden kommen.
Eigene Untersuchungen zeigen (SCHULTE-UEBBING, ZAHN et al. 1989–1994), daß in den Eierstöcken von Frauen, die vorzeitig in den Wechsel kamen, teilweise beträchtliche Schadstoffbelastungen nachweisbar waren. Dabei handelte es sich um Agrargifte wie DDT und HCH, um das DDT-Abbauprodukt DDE und vor allem auch um Polychlorierte Biphenyle (PCBs).
Bedenklich könnte in diesem Zusammenhang auch der hohe Anteil von Insektiziden in Lebensmitteln und vor allem auch in Arzneipflanzen sein. Da im Schnitt jede Frau im Alter zwischen dreißig und fünfzig Jahren pro Woche drei bis vier verschiedene Medikamente einnimmt, können diese Insektizidkonzentrationen durchaus ins Gewicht fallen.
Bundesweite Lebensmitteluntersuchungen im Auftrag des Bundesgesundheitsamtes ergaben 1990 unter anderem, daß in über 50 Prozent der untersuchten EG-Erdbeeren zwischen zwei und sieben verschiedene Agrargifte überschritten oder diese gar nicht für diese Früchte zugelassen waren. Auch beispielsweise spanischer Reis wurde nachweislich mit dem in der Europäischen Gemeinschaft verbotenen hochgiftigen Pestizid Lindan (HCH) behandelt.
Es ist daher nicht verwunderlich, daß sich immer mehr Schadstoffe in den weiblichen Genitalien anreichern und dann unter Umständen auch zu verfrühten Wechselbeschwerden führen können.

8.3 Holzschutzmittel

Forscher der Universität Bonn wiesen nach, daß vor allem bei Frauen, die vorzeitig in den Wechsel kamen, eine herausragend hohe Konzentration von PCB, HCH, DDT und dessen Abbauprodukt DDE in der Eierstocksflüssigkeit vorhanden war.
Pentachlorphenol wird seit Jahren nicht nur mit Fehlgeburten, Fehlbildungen bei Kindern und Erbgutveränderungen in Zusammenhang gebracht. Auch über die Auswirkungen dieses Schadstoffes auf das weibliche Hormonsystem gibt es eine Reihe von Untersuchungen. Man

muß davon ausgehen, daß es auch zu einem vorzeitigen Klimakterium beitragen kann.
Eigene Untersuchungen an Patientinnen, die wegen akuter Holzschutzmittelvergiftungen die umweltmedizinische Beratungsstelle aufgesucht hatten, ergaben, daß die meisten Frauen mit erhöhten PCP- und HCH-(Lindan)-Konzentrationen im Blut nach dem Holzschutzmittelkontakt eine Amenorrhoe oder einen gestörten Zyklus bekommen hatten. Darüber hinaus hatten die meisten, teilweise sogar schon mit dreißig Jahren die typischen Wechselbeschwerden.
Bei einigen Patientinnen brachte eine Wohnungssanierung nach einigen Monaten Besserung. Die Blutwerte normalisierten sich teilweise wieder, die Wechselbeschwerden wurden weniger.

8.4 Schwermetalle

Ob Schwermetalle wie Blei, Cadmium und Quecksilber vorzeitige Wechseljahre auslösen können, ist bisher kaum untersucht worden.
Erste eigene Erfahrungen mit dem Chelatbildner Dimercaptopropionsulfonsäure (DMPS), der im Körper deponierte Schwermetalle mobilisiert, sprechen für Zusammenhänge zwischen Schwermetallbelastungen und Zyklusgeschehen, speziell auch dafür, daß Schwermetalle vorzeitige Wechselbeschwerden auslösen können.
Schwermetalle, die im wesentlichen aus der Nahrung und der Umwelt stammen, werden bei Störungen der Ausscheidung (Leber, Niere, Darm) in verschiedenen Organdepots abgelagert (z. B. Zentralnervensystem, Knochen, Pankreas, Nieren, Leber). Dort hemmen sie Enzymaktivitäten und können Organschäden hervorrufen. In Abhängigkeit von der Zeit, der Menge und der Art der toxischen Substanzen können unterschiedliche Symptome und Summationseffekte auftreten, die durch Zink- oder Selenmangel noch gesteigert werden.

Amalgam

Erste eigene Untersuchungen ergaben, daß höchstwahrscheinlich auch durch Amalgamfüllungen ein vorzeitiger Wechsel ausgelöst werden kann. Amalgam kann nicht nur das Immunsystem schwächen, sondern auch das Hormonsystem empfindlich stören. Durch seine Kumulation im Skelettsystem kann es auch möglicherweise zur Osteoporose beitragen.
Viele Frauen neigen im Wechsel zu *Depressionen.* Diese können möglicherweise durch Amalgam verstärkt werden. Es ist schon lange bekannt, daß gerade die Quecksilbervergiftete *ängstlich* und *menschen-*

scheu werden kann. Darüber hinaus zeigt die Amalgam-Patientin häufig folgende **Symptome:**

- Erhöhte Infektanfälligkeit
- Allergien
- Bauchschmerzen
- Energielosigkeit
- Wetterfühligkeit
- Schwindel
- Sehstörungen
- Hörstörungen
- Tremor
- Muskelschmerzen.

8.5 Büro- und Haushaltsgifte

Bei Frauen, die tagtäglich mit Chemikalien zu tun haben, können diese Schadstoffe zum *vorzeitigen Wechsel* mit sämtlichen Wechselbeschwerden führen. Meistens kommt es zunächst zu einer unregelmäßigen Periode, bis dann die Regel ganz ausbleibt.

Viele Büro- und Haushaltsgifte, vor allem Farben, Kleber, Kunststoffe und Kunststoffbestandteile, aber auch Kosmetika und Nahrungsmittelgifte stören nicht nur das gesamte Hormonsystem, sondern schwächen auch die seelische und psychische Balance und vor allem das Immunsystem.

Besonders gut bekannt sind inzwischen vorzeitige Wechselbeschwerden und Amenorrhoe durch weit verbreitete Klebstoff-Spezialmischungen aus Benzin, Toluol, Xylol, Methylchlorid, Essigester, Ketonen, Aceton und Alkoholen.

In fast jeder Wohnung und in den meisten Büros sind *Teppichböden* mit entsprechenden Klebern verlegt. *Plastische Kunststoffe,* angereichert mit kanzerogenen Weichmachern und Schwermetallen wie Blei, Kadmium, Zink, Titan, müssen diesbezüglich als direkte und indirekte Störfaktoren endokriner und immunologischer Regelkreise angesehen werden.

Neben den vorzeitigen Wechselbeschwerden, einhergehend entweder mit Amenorrhoe oder einem unregelmäßigen Zyklus, haben schadstoffbelastete Frauen sehr häufig *Kontaktallergien* an der Haut, insbesondere an den Händen, im Gesicht und am Dekolleté. Überall, wo sie mit giftigen Stoffen in Berührung kommen, kommt es zu Juckreiz, Hautausschlag, -brennen und -rötung.

Viele Frauen mit vorzeitigen Wechselbeschwerden, auch häufig mit Amenorrhoe, haben **klassische Symptome** einer chronischen Lösungsmittelvergiftung, ohne die Zusammenhänge zu kennen: *Benommenheit, Kopfschmerz, Schwindel, narkotische Erscheinungen,* alles Hinweise auf Störeinflüsse des zentralen Nervensystems (und damit verbunden des endokrinen Systems) durch Umweltschadstoffe.

Tagtäglich arbeiten Frauen in Industrie- und Handwerksbetrieben mit endokrin wirksamen Schadstoffen: Methyl- oder Ethylacetat-Ester, Methyl-Ethyl-Ketone reizen zunächst die Schleimhäute von Augen, Mund, Rachen, Magen, machen im Laufe der Monate und Jahre müde, aggressiv und gereizt. Dadurch wird das seelische und psychische Gleichgewicht gestört und es kommt zu endokrinen Störungen.
Viele Umweltgifte, die das Hormonsystem stören, sind darüber hinaus auch **krebserregend** und **narkotisierend:** *Benzol, Xylol* und *Toluol* verursachen Krämpfe und psychische Störungen, *Benzol, Toluol* und *Methylenchlorid* sind **krebsverdächtig**, Trichlorethan und Trichlorethylen schädigen Gehirn, Leber, Nieren.

8.6 Therapie der Wechselbeschwerden

8.6.1 Allgemeine Grundsätze

Die Therapie richtet sich sehr stark nach den eigentlichen Ursachen, nach dem jeweiligen Beschwerdebild und insbesondere auch nach dem genauen Hormonstatus.
Symptomatisch kann man beispielsweise **neurovegetative Beruhigungs-** (wie z. B. Barbitursäurepräparate) oder **Schlafmittel** geben. Zur Behandlung allgemeiner Beschwerden kann man **Östrogene** geben, wobei die geringste wirksame Dosis gesucht werden sollte. Gelegentlich werden auch männliche Hormone wie das **Methyltestosteron** gegeben.
Wenn die Menopause bereits eingetreten ist, kann man zusätzlich Östrogene und Gestagene geben. Dabei ist eine Untersuchung der Brüste und des kleinen Beckens auf einen möglichen Tumor unerläßlich. Oft ist auch eine lokale Behandlung von Vulva und/ oder Vagina angezeigt. Es gibt Östradiol zum Einführen oder als Creme oder als Zäpfchen.
Will man die eigentlichen Ursachen des vorzeitigen Wechsels feststellen und ganzheitlich behandeln, so muß man eine exakte endokrinologische und toxikologische Diagnostik durchführen.

Nach einer exakten Umwelt-Anamnese muß man die entsprechenden in Frage kommenden Schadstoffe, wie beispielsweise Schwermetalle, Holzschutzmittel oder Pestizide, in den entsprechenden Körpersekreten, wie z. B. Blut, Urin, Speichel, Zervikalsekret, Ovarialflüssigkeit etc. bestimmen und dann gegebenenfalls gezielt ausleiten und entgiften.

8.6.2 Phytotherapie

8.6.2.1 Östrogenartige Heilpflanzen

Darüber hinaus bietet die Naturheilkunde östrogenartige Heilpflanzen, die bei Frauen mit vorzeitigen Wechselbeschwerden das natürliche Hormongleichgewicht wiederherstellen helfen, indem sie sogenannte falsche östrogenartig wirkende Umweltschadstoffe von den Östrogenrezeptoren verdrängen. Dies geschieht auch nicht selten dadurch, daß sie gleichzeitig die Nebennierenrinde stimulieren können.

Besonders effektiv können **ätherische Öle des Bohnenkrautes, von Petersilie, Thymian, Borneol, Zitronenpelargonie, Hopfen, Muskat, Basilikum, Oregano, Zypresse, Kamille** oder **Minze** sein.
Bewährt hat sich auch im Einzelfall die Anwendung von **Urtinkturen** aus **Ringelblume, Salbei, Kreuzkraut, Schwarze Johannisbeere, Süßholz, Hopfenzapfen, Rankender Efeu, Himbeere, Brombeere, Beifuß** oder **Arnika.**

8.6.2.2 Gestagenartige Heilpflanzen

Gegebenenfalls kann man den vorzeitigen Wechsel auch durch eine Kombination aus östrogen- und gestagenartig wirkenden Heilpflanzen behandeln. Letztere können Gestagene imitieren und sind indiziert, wenn es sich um Umweltschadstoffe handelt, die gestagenartig wirken oder wenn man die Nebenwirkungen der östrogenhaltigen Heilpflanzen vermindern oder beheben will.
Dazu gehören unter anderem der **Frauenmantel, Steinsamen, Geißbart, Rainfarn** und der **Mönchspfeffer.**

8.6.3 Ausscheidungs- und Entgiftungsmittel

Gerade beim umweltbedingten vorzeitigen Wechsel sind endokrin wirksame Pflanzen mit entgiftender und ausscheidungsfördernder Wirkung empfehlenswert.
Zur Wiederherstellung des Gesamtgleichgewichts und zur Entschlakkung der Haupt-Ausscheidungsorgane Niere, Darm, Leber, Lunge und

Haut haben sich die Ausscheidungs- und Entgiftungsmittel der traditionellen Medizin sehr bewährt:
Extrakte des **Schachtelhalmes,** von **Hagebutte, Zitrone, Rosmarin, Artischocke, Boldo, Erdrauch** oder **Condurango** können im Einzelfall gut geeignet sein, um den Zyklus wieder in geregelte Bahnen zu bringen. Sie können auch **mit Honig** und bestimmten **Pollen kombiniert** gegeben werden. Wegen der möglichen *allergenen Wirkung* der Pollen sind diese allerdings unbedingt vorher individuell auszutesten.

> Sehr bewährt hat sich auch die Gabe von Spurenelementen wie Zink, Mangan, Lithium oder Magnesium.

Zur Beseitigung von durch Minderdurchblutung bedingten *Wechselbeschwerden* sind hervorragend geeignet: Tinkturen oder Auszüge von **Hamamelis, Hydrastis, Haselnuß, Rote Weinrebe, Stechmyrte, Immergrün, Eberesche, Steinklee** und **Roßkastanie.**
Alle Wechselbschwerden gehen mit *Hypophysen-* und *Hypothalamus-Störungen* einher. Hier empfiehlt sich zunächst auch eine Beruhigung des Zentralen Nervensystems und des neurovegetativen Systems. Dies kann man nach individueller Austestung gut mit **ätherischen Ölen** der **Orangenblüten**, von **Engelwurz, Estragon** oder **Lavendel** versuchen.

> In der Praxis des Autors sehr bewährt haben sich in dieser Hinsicht **Tinkturen** von **Schotenklee, Salweide, Schwarznessel, Weißdorn, Anemone, Passionsblume, Baldrian, Pfingstrose, Gelsemium** oder **Melisse.**

8.6.4 Weitere ganzheitliche Therapieansätze

8.6.4.1 Aktiv bleiben

Für viele Frauen ist beispielsweise die beste Therapie bei Beschwerden in den Wechseljahren, aktiv zu bleiben, das Gefühl zu haben, zu etwas nutze zu sein, zu lieben und geliebt zu werden. Hierin liegt das ganze Problem des »Wohlbefindens«. Weiterhin Sport zu treiben und sexuell aktiv zu sein spielt dabei sicher eine große Rolle.

8.6.4.2 Ernährung

Große Bedeutung hat bei der Therapie des vorzeitigen Wechsels durch Umweltschadstoffe die Ernährung, zumal nicht auszuschließen ist, daß die unangebrachte Verwendung von Hormonen in der Lebensmittel-

industrie auch eine Rolle spielt. Der regelmäßige Verzehr von hormonbehandeltem Schweine-, Geflügel- und Kalbfleisch kann die eigene Hormonproduktion stören und unter Umständen auch zu einer Ovarialatrophie mit allen Begleiterscheinungen beitragen.
Ein durch schadstoffbelastete Ernährung indirekt bewirkter Überschuß an »falschen Östrogenen« kann neben vorzeitigen Wechselbeschwerden auch zu Störungen des Magen-Darmtraktes, zu Wassereinlagerungen, dicken Beinen und dadurch zu zusätzlichen Belastungen des Herz-Kreislaufsystems führen. Diese unangenehmen Effekte hormonhaltiger Nahrungsmittel können dann zusätzlich durch eine Störung endokrin empfindlicher Gewebe (wie der Schleimhaut des Gebärmutterhalses, der Gebärmutter und der Brüste) verstärkt werden.
Erfahrungsgemäß dauert es einige Monate, um mit Hilfe einer ganzheitlichen, schadstoffarmen Ernährung bei gleichzeitiger Entgiftungs- und Ausleitungstherapie vorzeitige Wechselbeschwerden wieder (zumindest teilweise) rückgängig zu machen.

Neben einer schadstoffarmen Ernährung empfiehlt sich die Zufuhr von entsprechenden Mineralien und Vitaminen. Eine ausgewogene Ernährung bietet dafür die Basis. In Körnern, Gemüse und frischem Obst sowie in kaltgepreßtem Öl, das ungekocht verwendet wird (Sonnenblumen-, Weizenkeimöl) ist sehr viel enthalten.

8.6.4.3 Vitamine

Vitamin A

Ein Wachstumsvitamin für **Haut** und **Schleimhaut** und für die **Wundheilung** (enthalten in *Fisch, Milchprodukten, Kopfsalat, Spinat, Karotten, Aprikosen*).

Vitamin B

Ein Komplex von etwa 20 Vitaminen, die grundlegend sind für das Wachstum, die Nerven, die Augen, die Haut, die Schleimhäute. Vitamin B_1 und B_3 wirken gegen **Kopfschmerzen**, B_2 bei **Juckreiz der Vagina**, B_6 bei Krämpfen in den Beinen und Folsäure beim Aufbau von Östrogen. Die Vitamine finden sich in *Bierhefe, Weizenkeimen,* und ganz allgemein in *Körnern, Mandeln, Fisch, Lachs, Fleisch* und *Leber.*

Vitamin E

Es wird angenommen, daß Vitamin E die Entwicklung der Geschlechtsorgane unterstützt, gleichzeitig ist es wichtig für Herz und Kreislauf. Vitamin E ist vor allem angezeigt bei **Entzündung der Vulva**, Juckreiz und bei Beschwerden an den Geschlechtsorganen im **Klimakterium.**

Vitamin F

Es ist wenig bekannt und dennoch von sehr großer Bedeutung. Unter diesem Namen werden drei ungesättigte Fettsäuren zusammengefaßt, die in allen Zellen anzutreffen sind und beim Aufbau der Fette eine Rolle spielen. Vitamin F ist sehr wichtig für den Zellstoffwechsel, so daß man es als das *antitoxische Vitamin schlechthin* ansehen kann. Mangel an Vitamin F führt zu Hauterkrankungen, Problemen mit dem Kreislauf, der Leber und den Nerven, und es wird angenommen, daß er Krebserkrankungen begünstigt.

8.6.4.4 Mineralien

Kalzium

Kalzium wirkt gegen Osteoporose und wie das Vitamin C gegen **Hitzewallungen** (enthalten in *Milchprodukten, Senf, Löwenzahn, Kresse, Mandeln, Sesam*).

Eisen

Eisen ist ein unerläßliches Aufbaumittel des Hämoglobins im Blut, das für die Versorgung der Gewebe mit Sauerstoff verantwortlich ist. Es wirkt gegen Blutarmut (in *Melassesirup, Petersilie, Spinat, Eiern, Aprikosen, Roten Beeten* und *Körnern*). Eisen kann nur aufgenommen werden, wenn gleichzeitig Kupfer vorhanden ist; dieses findet sich in frischem Obst und grünem Gemüse. Als Spurenelement in der Kombination Mn-Cu-Co (**Mangan-Kupfer-Kobalt).**

Magnesium

Magnesium (Mg) wirkt als Enzym, das notwendig ist für die Aufnahme von Kalzium, ebenso für die **Zellerneuerung**. Es wirkt ausgleichend auf die Psyche und das Nervensystem von Vagus und Sympathicus (auf das die **Hitzewallungen** zurückzuführen sind!), entschlackt die Leber und bekämpft **Alterserscheinungen.** Es ist enthalten in:
Soja, Nüssen, Körnern, Meersalz, Milch, Eiern und Zitronen.

Phosphor

Phosphor hilft u. a. beim Aufbau des Knochengewebes, bei der Produktion von Hormonen, der Aufnahme von Kalzium. Es ist ein wesentliches Energieelement für **Nerven, Intellekt und Sexualität.** Er ist enthalten in: *Getreide, Weizenkeimen, Knoblauch, Sellerie, Karotten, Sesam, Mandeln, Nüssen, Weintrauben und Fisch.*

8.6.4.5 Spezielle Rezepturen

A. Hitzewallungen

- **Salbenkonzentrat** der Knospen von Mistel, Schwarzer Johannisbeere in erster Dezimalverdünnung
- **Urtinktur:** Schwarze Johannisbeere, Hagebutte, Seerose, Salbei, Rankender Efeu, Melisse, Hamamelis
- **Ätherisches Öl:** Basilikum, Thymian

B. Blutandrang im Unterbauch

- Harntreibende und verdauungsregulierende Mittel
- **Urtinktur:** Artischocke, Boldo, Condurango, Kinkelibah, Rosmarin, Gelbwurz, Löwenzahn (taraxacum), Schachtelhalm

C. Kreislaufstörungen

- **Urtinktur:** Haselnuß, Rote Weinrebe, Geißbart, Steinklee, Schwarze Johannisbeere, Hamamelis

D. Nervosität und Schlafstörungen

- Als Aufguß oder Urtinktur: Steinklee, Schotenklee, Passionsblume, Linde, Salweide, Pfingstrose, Melisse, Weißdorn

E. Vagina geschmeidig halten

- In lokaler Anwendung Vitamin E, ätherisches Öl von Salbei und Zypresse.

8.7 Hilfe zur Selbsthilfe

- Fangen Sie schon vor den Wechseljahren an, sich auf die Veränderung Ihres Lebens vorzubereiten!
- Bevorzugen Sie eine gesunde Ernährung mit reizloser Kost, vermeiden Sie Alkohol, halten Sie sich viel an der frischen Luft auf, schlafen Sie ausreichend und versuchen Sie ein glückliches und ausgeglichenes Privatleben zu führen!
- Sie sollten aufs Rauchen verzichten. Raucherinnen kommen früher in die Wechseljahre und spüren sie meistens auch stärker.
- Gegen Hitzewallungen oder Durchblutungsstörungen der Arme und Beine haben sich vor allem Gymnastik, Wechselduschen, Schwimmen und Wechselbäder sehr gut bewährt.
- Setzen Sie zehn Gramm frische Baldrianwurzel abends in einer Tasse kaltem Wasser an und lassen Sie es über Nacht ziehen. Seihen Sie am Morgen ab und trinken Sie den Tee vor dem Frühstück.
- Gegen Hitzewallungen hat sich der Hirtentäscheltee als hilfreich erwiesen. Dazu nehmen Sie ein bis zwei Teelöffel Hirtentäschelkraut auf eine Tasse Wasser. Auch hier wird wieder erst kalt angesetzt, dann zum Kochen gebracht. Anschließend lassen Sie zehn Minuten ziehen und gießen dann ab. Trinken Sie täglich zwei bis vier Tassen.
- Gegen Depressionen nehmen Sie zwei Teelöffel des echten Herzgespanns und übergießen ihn mit zwei Tassen kaltem Wasser. Bringen Sie den Tee zum Kochen, lassen ihn dann zehn Minuten ziehen. Trinken Sie den Tee schluckweise, über den Tag verteilt.
- Gegen Depressionen ist Johanniskraut (Hypericum) sehr wirkungsvoll. Diese Pflanze, der man schon im Altertum nachsagte, daß sie das strahlende Licht der Sonne in sich speichert, wirkt stimmungsaufhellend und bringt Ihnen wieder neuen Lebensmut. Johanniskraut erhalten Sie als Tee, Tropfen und in Tablettenform in der Apotheke.
- Verzichten Sie auf Fleisch, fette Wurst, Weißmehlprodukte, Süßigkeiten und Alkohol!

8.8 Osteoporose

8.8.1 Übersicht

Ein großes, weit verbreitetes Problem des Wechsels ist die durch den zunehmenden Östrogenmangel bedingte Osteoporose. Ganz allgemein hängt ein guter Knochenbau von folgenden Faktoren ab:

- vom ausreichenden Vorhandensein von Mineralien (Kalzium, Phosphor),
- vom Vitamin D (also von seiner Aufnahme durch den Verdauungstrakt, von seiner Aktivierung durch die Nieren und durch die Sonne auf der Haut),
- vom Gleichgewicht im Auf- und Abbau des Knochengewebes, das durch die Hormone der Nebenschilddrüse und das Kalzitonin geregelt wird,
- von den anderen Hormonen, die die Knochen aufbauen: Östrogene, männliche Hormone und Hormone der Schilddrüse. Die Hormone der Nebennierenrinde dagegen bauen die Knochen ab und verhindern ihr Wachstum;
- von einer guten Durchblutung, die auch von der Beweglichkeit der Muskeln und von körperlicher Betätigung abhängt.

8.8.2 Therapeutische Ansätze

- Regelmäßige körperliche Aktivität verhindert Knochenschwund
- Östrogen-Gestagen-Gabe: Zyklisch oder kontinuierlich, z. B. Cyclo-Progynova R, Cyclo-Menorette R, Presomen R 1,25 comp., Kliogest R.
- Die Östrogen-Therapie verhindert den Knochenverlust und vermindert die Frakturhäufigkeit. Sie ist derzeit die einzige gut gesicherte prophylaktische Maßnahme gegen Osteoporose. Erforderliche Minimaldosis: 0,625 mg konjugierte Östrogene oder 2 mg 17ß-Östradiol.
- Da die Östrogen-Monotherapie das Endometriumkarzinom-Risiko steigert, ist zusätzlich eine sequentielle Gestagentherapie erforderlich.
- Kalzium: Für den Knochenstoffwechsel essentiell, begünstigt des Knochenwachstum (kortikal > trabekulär). Eine Effektivität der Verhinderung von Frakturen ist nicht gesichert. Dosis: 800 mg/Tag, bei manifester Osteoporose: 1500 mg/Tag.
- Fluorid: Vermehrt die trabekuläre Knochenmasse, kann aber die kortikale Knochenmasse mindern. Therapie nur bei schwerer

Osteoporose der Wirbelkörper. Keine prophylaktische Gabe. Therapiedauer nicht > 5 Jahre. Nebenwirkungen: Fraglich erhöhte Hüftfrakturrate, gastrointestinale Unverträglichkeit, Knochenschmerzen und Arthralgien.
- Vitamin D: Wird zur Osteoporoseprophylaxe oder -therapie nicht empfohlen, außer bei nachgewiesenem Mangel.
- Kalzitonin: Evtl. bei Patientinnen, bei denen eine Östrogentherapie kontraindiziert ist. Dosis anfangs täglich z. B. 1 Amp. Karil R a 100 I.E. s.c oder i.m., bei nachlassenden Beschwerden jeden 2. Tag. Cave: Ausreichende Kalziumsubstitution. Nachteil: parenterale Applikation, hohe Kosten.

8.8.3 Östrogene und Osteoporose

Während der ersten Monate der Behandlung mit Östrogenen findet sich bei der Frau in der Menopause, die Osteoporose hat, weniger Kalzium im Urin. Die Östrogene bewirken einen verringerten Abbau des Knochengewebes. Die Östrogene führen dazu, daß Kalzium gespeichert wird und halten damit das Fortschreiten der Osteoporose auf, sie können aber die geschädigten Knochen nicht wieder aufbauen. Außerdem läßt die Wirkung der Behandlung nach einiger Zeit nach.

8.8.4 Hilfe zur Selbsthilfe

- Vermeiden Sie Überbelastung der Knochen, verbessern Sie aber Ihre Konstitution und die Stabilität Ihres Skeletts durch Ausdauertraining!
- Machen Sie jeden Morgen Trockenbürsten mit anschließend heiß-kalten Wechselduschen!
- Machen Sie Umschläge mit Beinwellbrei (Symphytumbrei). Dazu verrühren Sie zwei bis vier Eßlöffel der getrockneten und pulverisierten Beinwellwurzel in einer Schüssel und geben eine kleine Menge Wasser hinzu, so daß ein Brei entsteht. Den warmen Brei dann auf eine Binde geben und auf die zu behandelnde Stelle auflegen. Statt des Breis ist auch die Salbe (Symphytumsalbe) zu verwenden. Zusätzlich Beinwell als Tee trinken.
- Erprobt ist auch eine Kräutertinktur gegen Osteoporose. Sie besteht aus 100 g Beinwellwurzel, 50 g Seifenkrautwurzel, 50 g Löwenzahn, 50 g Mistel und 20 g Hirtentäschel. Diese Gemisch wird mit drei Liter 68%igem Alkohol übergossen und 10 Tage bei 20 Grad Wärme stehengelassen. Anschließend müssen Sie die Kräuter aus-

pressen und dann abseihen. Mit der Tinktur mehrmals täglich die Gelenke einreiben. Sie können außerdem noch die ausgepreßten Kräuter als Wickel auf die besonders betroffenen Bereiche auflegen.

- Fördern Sie die Durchblutung der besonders betroffenen Körperpartien durch das Auflegen von heißen Heusäcken, Fango- und Moorpackungen!

8.9 Hilfe zur Selbsthilfe bei sonstigen Wechselbeschwerden

8.9.1 Nervosität

- Vermeiden Sie jede Form der Überbelastung. Gönnen Sie sich öfters Ruhepausen. Schlafen Sie wenigstens sieben Stunden pro Nacht!
- Verzichten Sie auf Alkohol, Nikotin und Koffein!
- Trainieren Sie richtige Entspannung, machen Sie Autogenes Training!
- Teilen Sie sich Ihren Tag richtig ein, so daß Sie von Streß weitestgehend verschont bleiben!
- Machen Sie regelmäßig Gymnastik!
- Sorgen Sie in der Freizeit für einen Ausgleich zum beruflichen Streß! Gehen Sie viel spazieren, treiben Sie Sport!
- Stellen Sie Ihre Ernährung auf eine salz- und reizarme Kost um! Bevorzugen Sie frische Salate und Gemüse sowie eine vitaminreiche Milch-Pflanzen-Kost!
- Vermeiden Sie alle Nahrungsmittel, die Ihren Körper belasten könnten, wie z. B. tierische Fette, Meeresfrüchte, fette Speisen, dicke Soßen usw.!
- Trinken Sie Säfte aus Melisse, Schafgarbe, Johannisbeere, Johanniskraut, Brennessel, Mistel, Knoblauch und Karotte!
- Gönnen Sie sich regelmäßig ein entspannendes Vollbad! Als Badezusatz empfehlen sich Melisse- oder Rosmarinöl sowie Extrakte aus Fichtennadel, Baldrianwurzel, Melisse und Heublumen.
- Trinken Sie Tees von Baldrianwurzel, Lavendel, Weißdornblüten, Hopfendolden, Melisse und Anis!
- Bewährt hat sich auch eine Teemischung aus 20 g Bitterklee, 20 g Lavendelblüten und 60 g Melisse.

8.9.2 Kopfweh

- Vermeiden Sie Verspannungen und übergroße seelische Belastung!
- Härten Sie Kopf und Gesicht ab! Machen Sie regelmäßig einen Gesichtsguß!
- Machen Sie regelmäßig ein Fußbad mit Melissenextrakt! Das löst Verkrampfungen und befreit von nervlichen Spannungen.
- Bei Kopfschmerzen in der Stirn reiben Sie das Schmerzzentrum am besten mit Majoranöl ein.
- Treten die Kopfschmerzen zusammen mit Bauchbeschwerden auf, legen Sie heiße Heu- oder Kartoffelsäcke auf die Lebergegend auf.
- Bei immer wieder auftretendem morgendlichem Kopfschmerz sollten sie schon beim Aufwachen Ihren Kreislauf in Schwung bringen und in Rückenlage im Bett »radfahren«.
- Machen Sie täglich Kopfdampfbäder mit Latschenkiefernöl. Spülen sie außerdem Ihre Nase regelmäßig mit Zinnkrauttee.
- Häufig werden Kopfschmerzen auch durch Nervosität ausgelöst. Tauchen Sie dann Ihre Hände und Arme mehrmals täglich in kaltes Wasser.

8.9.3 Zellulitis

Eine unangenehme, unschöne Hauterkrankung ist die Cellulite oder Zellulitis. Erkenntnisse über diese Krankheit hat man erst in jüngster Zeit gesammelt. Hauptursache ist der durch Umweltschadstoffe gestörte Hormonhaushalt.

Die **»Orangenhaut«** entsteht überall da, wo sich unter der Haut Fettpolster zu erweitern beginnen, also vornehmlich an den Oberschenkeln, am Gesäß und am Bauch. Die Fettablagerungen bilden kleine, winzige Erhebungen, die dann die Haut aussehen lassen wie eine Apfelsinenschale.

- Treiben Sie viel Sport, damit die Haut elastisch bleibt und besser durchblutet wird!
- Massieren Sie die befallenen Stellen jeden Morgen gründlich durch!
- Machen Sie regelmäßig Waschungen, Umschläge und Auflagen mit Stein- oder Honigklee! Das fördert die Lymphzirkulation und den Hautstoffwechsel.
- Ernähren Sie sich vernünftig, am besten mit einer vitalstoffreichen Vollwertkost!

- Vermeiden Sie Kochsalz, das Wasser im Bindegewebe speichert!
- Machen Sie regelmäßig Trockenbürsten der Haut und Wechselduschen (immer von unten in Richtung Herz, damit Lymphe und gestautes Venenblut abfließen können)!
- Gut geeignet sind auch pulsierendes Magnetfeld, Homöopathie und Akupunktur.
- Achten Sie darauf, daß Ihre Haut nicht austrocknet, was durch schädliche Umwelteinflüsse, trockene Heizungsluft oder durch die Luft der Klimaanlage im Büro sehr schnell passieren kann! Wird die Haut erst trocken, welkt sie auch viel schneller und bekommt Falten. Beugen Sie hier ganz einfach mit einer Fett- oder Feuchtigkeitscreme vor.
- Meiden sie zu lange Sonnenbäder oder Bestrahlungen mit dem Solarium! Die UV-Strahlen reizen die Haut und trocknen sie aus, so daß sie ein pergamentartiges Aussehen bekommen kann.
- Im Urlaub sollten Sie zum Schutz der Haut ein natürliches Öl verwenden, zum Beispiel Yoyobaöl, das nicht nur ein hervorragendes Hautpflegemittel, sondern auch noch von Natur aus den Lichtschutzfaktor 4 hat.
- Verzichten Sie auf Nikotin!
- Kleinere Unreinheiten wie Pickel, Risse, trockene Stellen oder Ausschläge können Sie sehr gut mit Honig behandeln. Honig enthält nämlich wichtige Aufbaustoffe wie Vitamin B_2, Kalzium, Eisen, Natrium, Phosphor und Biotin. Durch diese Stoffe können entzündungserregende Bakterien auf der Haut abgetötet werden.
- Tragen Sie Quark auf die Gesichtshaut auf und lassen Sie ihn einwirken, bis er bröckelig wird. Quark entzieht der Haut Giftstoffe, baut Entzündungen ab und versorgt die Haut gleichzeitig mit Milchsäure, die den natürlichen Säureschutzmantel der Haut wieder aufbaut.
- Meiden Sie stark gewürzte und fetthaltige Speisen, bevorzugen Sie Vollwertkost mit frischem Obst, Gemüse und Salate! Sie sollten darauf Wert legen, daß Ihre Nahrungsmittel nicht mit Chemikalien (wie mit Pestiziden, Insektiziden oder künstlichen Düngemitteln) behandelt wurden. Das führt nicht selten zu Hauterkrankungen und begünstigt Faltenbildung.
- Gegen faltige und schlaffe Haut helfen heiße Milchumschläge, die Sie täglich anwenden sollten. Anschließend kalt nachwaschen.
- Abends vor dem Schlafengehen können sie Ihre Haut mit Buttermilch waschen, danach nicht mehr abspülen, sondern die Buttermilch über Nacht einwirken lassen.

- Hautstraffend wirkt die Gurkenmaske. Dazu zerkleinern Sie eine Gurke im Mixer, geben den Schnee von zwei Eiweiß und eine Eßlöffel Honig hinzu, verrühren alles zu einem Brei und tragen es auf die Gesichtshaut auf. Nach etwa einer Stunde waschen Sie das Gesicht warm ab und anschließend kalt nach.
- Denken Sie daran, daß Schönheit von innen kommt. Wenn Ihnen ständig Ärger und Sorgen unter die Haut gehen, dann neigen Sie auch verstärkt zur Faltenbildung und zu einer alternden Haut.
- Sorgen Sie also für ein harmonisches Leben in Beruf und Familie. Meiden Sie übermäßigen Streß und schlafen Sie ausreichend viel.

8.10 Depressionen

8.10.1 Übersicht

Nach statistischen Angaben der Welt-Gesundheits-Organisation (WHO) leiden etwa 120–200 Millionen Menschen auf der Welt an Depressionen. Allein in der Bundesrepublik sind es gegenwärtig drei Millionen. So gibt es **psychogene, somatogene** und **endogene** Depressionen. Die **psychogenen** sind mit Abstand die **häufigsten** und bedeuten, daß seelische Gründe für die Beschwerden vorliegen.
Bei den somatogenen Depressionen sind körperliche Ursachen, z. B. eine Krankheit, die Gründe der Depression. Die endogenen Depressionen kommen am seltensten vor. Hier spricht nach dem neuesten Stand der Wissenschaft einiges dafür, daß eine erbliche Veranlagung vorliegt. Bis heute gibt es noch keine gesicherte Erkenntnis darüber, wie Depressionen entstehen und warum. Man nimmt aber mittlerweile an, daß es sich um ein Ungleichgewicht der Neurotransmitter handelt, also bestimmter Substanzen, die für die Weiterleitung von Informationen zu den einzelnen Gehirnzellen verantwortlich sind. Immer wieder ist auch beobachtet worden, daß ein Mangel an Vitaminen, Mineralien oder Spurenelementen zu Depressionen führt und sogar Allergien auf Nahrungsmittel oder Nahrungsmittelzusätze Depressionen auslösen können.

8.10.2 Depressionen durch Umweltschadstoffe

In jüngster Zeit sind auch Quecksilbervergiftungen als Ursache für Depressionen erkannt worden. Meistens rühren sie von Amalgamplomben in den Zähnen her. Besonders folgenreich sind diese Quecksilbervergiftungen durch Amalgam immer dann, wenn zusätzlich noch Goldkronen oder Goldinlays im Mund vorhanden sind. Dadurch kommt es zwischen den beiden unterschiedlichen Metallen zu einem galvanischen Strom, der aus der Amalgamfüllung das Quecksilber herauslösen kann.

8.10.3 Symptome

Das Beschwerdebild bei Depressionen ist vielschichtig. Kopfschmerzen, Gedächtnisstörungen, Denkhemmungen, Konzentrationsstörungen, Herzjagen, Müdigkeit, Schmerzen in der Brust, Verdauungsbeschwerden, Frieren, Zittern, Beinschwäche, Entzündungen, allgemeine Niedergeschlagenheit, Schwere des Körpers, Unruhe und Angstzustände, Störungen wie Eßzwang oder Appetitlosigkeit, dumpfes Gefühl im Kopf, dauerhafte Verzweiflung, Hoffnungslosigkeit, Gelenkschmerzen und grenzenlose Traurigkeit mit häufigem Weinen.

8.10.4 Hilfe zur Selbsthilfe

- Depressionen nehmen bekanntlich in der dunklen Jahreszeit, im Herbst und Winter, deutlich zu. Diese »Winterdepression« läßt sich gut mit Lichttherapie behandeln. Sorgen Sie in Ihren Räumen überall für helle Lichtverhältnisse.
- Farbige Lampen erhöhen die Wirkung der Lichttherapie.
- Bekannt aus der Naturheilkunde ist die antidepressive Wirkung des Johanniskrautes (Hypericum).
- Hilfreich ist auch die Tinktur aus der Weinraute. Nehmen Sie morgens fünf Tropfen ein.
- Den für Depressionen oftmals verantwortlichen Mangel an Mineralien und Spurenelementen können Sie durch Mineralienpräparate ausgleichen.
- Neben Mineralien spielen Vitamine eine wichtige Rolle bei der Vorbeugung gegen Depressionen.
- Versuchen Sie schon bei den ersten Zeichen eines depressiven Gemütszustandes aus dem seelischen Tief herauszukommen! Verfallen Sie nicht in dumpfes Brüten, sondern gehen Sie unter Menschen, reden Sie mit vertrauenswürdigen Freunden oder Familienangehörigen!
- Machen Sie regelmäßig warme Bäder mit Rosmarin- oder Schlehenzusatz!
- Härten Sie Ihren Körper ab, machen Sie jeden Morgen und jeden Mittag Trockenbürsten mit heißkalten Armgüssen!
- Lenken Sie sich ab, treiben Sie regelmäßig Sport. Gehen Sie schwimmen, machen Sie Gymnastik!

8.11 Verdauungsstörungen

8.11.1 Übersicht

Sehr häufig kommt es in den Wechseljahren zu Verdauungsstörungen. Dies liegt wohl auch daran, daß Verdauungsstörungen oftmals durch Bindegewebsschwächen ausgelöst werden. Der Darm besteht aus Bindegewebe, und wenn die Muskeln des Darmes schwach und nicht ausgelastet sind, werden sie fauler, und der Darm bewegt sich nicht mehr. Schwangerschaften und Geburten fördern noch diese Schwächung des Bindegewebes und sind damit häufig Anstoß zu Verdauungsstörungen.

Der weitaus überwiegende Teil der Patientinnen leidet an der *Obstipation,* also der Stuhlverstopfung. Der Anteil der Frauen, die unter *chronischen Durchfällen* leiden, ist dagegen verschwindend gering. Die Gefährlichkeit von Verdauungsstörungen – gleichgültig, ob es sich um Verstopfung oder Durchfall handelt – wird heute vielfach unterschätzt. So ist es nicht damit getan, bei Verstopfungen Abführmittel und bei Durchfällen Mittel zur Eindickung des Stuhles bzw. zur Verringerung der Darmperistaltik zu geben. Damit werden wieder die Symptome, aber nicht die eigentlichen Ursachen bekämpft. Das aber ist gefährlich, denn einer der häufigsten Gründe für Verdauungsstörungen ist eine *falsche Bakterienbesiedlung* der Darmflora oder sogar ein *Pilzbefall.* Wenn sich aber im Darm Bakterien oder Pilze ausbreiten, die dort nicht hingehören, dann treten die Stoffwechselausscheidungen dieser Kleinstlebewesen durch die Darmschleimhaut auch in die Lymph- und Blutbahn des menschlichen Körpers ein. Auf diesem Wege können sie sich dann im ganzen Organismus verteilen und so die unterschiedlichsten Krankheiten auslösen.

Kopfschmerzen und Migräne gehören ebenso dazu wie Gelenkbeschwerden, allergische Reaktionen, Hautausschläge, Asthma und vieles andere mehr. Deshalb sollte bei allen Formen von Verdauungsstörungen immer eine *Stuhluntersuchung auf Dysbakterie,* also auf die Bakterienzusammensetzung der Schleimhaut, erfolgen. Damit kann festgestellt werden, ob die Bakterienbesiedlung des Darmes der Norm entspricht oder nicht. Finden sich falsche Bakterien oder sogar Pilze im Darm, muß dann unbedingt eine gezielte Therapie eingeleitet werden. Das Heimtückische an einer falschen Bakterienbesiedlung des Darmes ist, daß dadurch nicht immer Beschwerden wie Verstopfung, Durchfall oder auch Blähungen ausgelöst werden müssen. Bemerkbar macht sich dann nur die Folgeerkrankung dieser andauernden Selbstvergiftung.

8.11.2 Stuhlverstopfung (Obstipation)

8.11.2.1 Ursachen

Von einer Stuhlverstopfung spricht man immer dann, wenn die Stuhlentleerung nicht wie üblich ein- bis zweimal täglich, sondern *nur noch alle paar Tage* erfolgt. Schuld sind meistens eine unzweckmäßige, ballaststoffarme Ernährung, Schädigung der Darmflora durch Medikamente (z. B. Antibiotika), sitzende Lebensweise und mangelnde Bewegung. Auch eine falsche Erziehung des Darmes durch zu langes Hinauszögern der Stuhlentleerung, mangelnde Flüssigkeitszufuhr, übermäßiger Gebrauch von Abführmitteln, oder eine Schwangerschaft können zur Stuhlverstopfung führen. Auch psychische Gründe sind zu beachten, denn anfällig sind oftmals gerade die Menschen, die nicht aus sich herausgehen, alles in sich hineinfressen und nicht loslassen können.

8.11.2.2 Symptome

Zu seltener Stuhlgang, Gefühl des Aufgeblähtseins, voller Bauch, andauernde Müdigkeit und Schlappheitsgefühl, fahle, mitunter auch pickelige Haut.

8.11.2.3 Hilfe zur Selbsthilfe

- Vorbeugen ist besser als Heilen. Achten Sie also darauf, ausreichend Ballaststoffe mit der Nahrung aufzunehmen. Bevorzugen Sie Vollkornprodukte, essen Sie viel Salate und Gemüse. Sie sollten sich regelmäßig bewegen und morgens nüchtern ein Glas Wasser trinken.
- Stoffwechselsanregend wirken auch wechselwarme Arm- oder Schenkelgüsse, Bürstenmassagen mit anschließenden warmen oder kalten Wechselduschen, Taulaufen, Brust- und Obergüsse, Bürstenmassage der Bauchgegend und feuchtwarme Wickel auf den Bauch.
- Gewöhnen Sie Ihren Darm an eine regelmäßige Tätigkeit! Gehen Sie immer zur selben Stunde und zur selben Minute auf die Toilette. Lassen Sie sich Zeit. Massieren Sie dabei Ihren Darm von rechts unten nach rechts oben, von rechts oben nach links oben und von links oben nach links unten. Das regt die natürliche Darmbewegung an.
- Verzichten Sie soweit wie möglich auf Abführmittel! Dazu gehören auch Tees mit Faulbaumrinde oder Sennesblätter. Das reizt die

Darmschleimhaut, führt außerdem zur Gewöhnung und verringert die natürliche Eigenbewegung des Darms.
- Ein harmloses Abführmittel ist Paraffinöl, das den Darm nicht reizt und nur als Gleitmittel wirkt.

8.11.2.4 Ganzheitliche Therapieansätze

Zuerst sollte die **Darmflora** in einem Speziallabor **untersucht** werden. Das Beste und Schonendste zur ganzheitlichen Darmsanierung ist die **Hydro-Colon-Therapie.** Bei Verstopfung mit Bauchkrämpfen hat sich die **Ultrarot-A-Tiefenbestrahlung** sehr gut bewährt, da sie durch den Überwärmungseffekt die Darm- und Bauchmuskulatur entspannt, möglicherweise vorhandene Entzündungen auskuriert und aufgrund der durch die Wärmezufuhr verbesserten Durchblutung auch für eine bessere Ernährung des Darmes sorgt. Da die Stuhlverstopfung häufig auch durch psychische Probleme ausgelöst wird, kann die **Kinesiologie** wieder gute Dienste leisten. Mit ihr ist es möglich, die psychischen Ursachen aufzuklären und durch kinesiologische Übungen zu beseitigen. Sehr wirkungsvoll ist auch der Einsatz der **Meridian-Brust- und -Beinmassage,** da damit ebenfalls über die Energiezonen die Stuhlentleerung angeregt wird. Weitere Möglichkeiten bieten die **Akupunktur,** die **Neuraltherapie, homöopathische Mittel** als Injektion und das **pulsierende Magnetfeld.**

8.11.3 Durchfall (Diarrhoe)

8.11.3.1 Ursachen

Die Ursachen für Durchfälle können sehr vielfältig sein. Sie reichen von einer vegetativen Überreiztheit über bakterielle Infektionen durch verdorbene Speisen und Getränke bis hin zu einer Viruserkrankung des Darmes. Auch eine Störung der Magenfunktion, der Bauchspeicheldrüse oder der Leber muß in Erwägung gezogen werden. Häufig verursachen auch Nahrungsmittelallergien Durchfälle und Bauchschmerzen. Auch hier ist selbstverständlich an eine krankhafte Veränderung der Darmbakterien zu denken. Oft löst auch eine **Antibiotikatherapie** Durchfälle aus. Nicht selten rächt sich auch der Körper für vermehrten Alkohol- und Nikotingenuß mit Durchfällen.

8.11.3.2 Symptome

Übelriechender, dünnbreiiger oder gar flüssiger Stuhl mit teilweise schleimig-blutigen Absonderungen. Manchmal krampfartige Leibschmerzen. Häufig Durstgefühl, belegte Zunge und »Wundheitsgefühl« im Bauchraum.

8.11.3.3 Hilfe zur Selbsthilfe

Selbstverständlich ist zuerst durch den Arzt abzuklären, ob eine ernsthafte Darminfektion hinter Ihrem Durchfall steckt. Schlimmstenfalls könnte es sich um Typhus oder Cholera handeln. Gott sei Dank sind derartige Erkrankungen heute sehr selten geworden. Aber auch eine häufiger vorkommende Salmonellenvergiftung kann zu Durchfall führen und gehört ebenfalls in die Hand des Arztes. Wenn Ihr Durchfall durch verdorbene Speisen und Getränke ausgelöst worden ist, sollten Sie ihn nicht ohne weiteres stoppen. Der Körper versucht schließlich nur, die krankheitserregenden Giftstoffe wieder loszuwerden. Fördern Sie also die Stuhlentleerung anfangs noch durch Einnehmen von Rhizinusöl.

- Zur Linderung der Bauchbeschwerden können Sie sich eine Wärmflasche (kein Heizkissen) oder auch einen warmen Heu- bzw. Kartoffelsack auflegen.
- Bei Durchfall sollten Sie mineralienhaltige Arzneimittel einnehmen, damit Sie sicher sein können, daß die durch den erhöhten Wasserverlust verlorengegangenen Mineralien und Spurenelemente wieder ausgeglichen werden.
- Ein altes Hausrezept gegen Durchfall ist die Karottensuppe. Kochen Sie 500 g Karotten in einem Liter Wasser gar, passieren Sie sie durch ein Sieb und essen Sie das Mus löffelweise im Verlauf von 24 Stunden auf.
- Auch schwarzer Tee wirkt stopfend. Trinken Sie mehrmals täglich eine Tasse.
- Essen Sie viel feinpürierte Bananen! Sie wirken nicht nur stopfend, sondern enthalten auch wichtige Mineralien.
- Trinken Sie Tees aus Eichenrinde, Blutwurz, Johanniskraut, Heidelbeerfrüchten, Kamille und Kalmus!

8.11.4 Ganzheitliche Therapieansätze

Schmerzlindernd und entkrampfend wirken **neuraltherapeutische Injektionen** in die Magengrube bzw. in die Schmerzpunkte des Bauchraumes. Auch **Akupunktur, Reizstromtherapie, Ultrarot-A-Tiefenbestrahlung, Kinesiologie** und **Homöopathie** haben sich bestens bewährt.

9. Benigne Tumoren (Gutartige Geschwülste)

Dysplasien und Dystrophien sind tumorale Prozesse bei Frauen, die nicht bösartig sind wie Brust-Zysten, Gebärmutter-Myome, Eierstock-Zysten und Dysplasien des Gebärmutterhalses.

9.1 Benigne Tumoren der Brust

9.1.1 Mamma-Hypertrophie

Millionen von Frauen haben eine sogenannte Hypertrophie. Dabei unterscheidet man zwischen verschiedenen Arten von Hypertrophien. Generell versteht man darunter eine übermäßige Entwicklung der Brust, die das Epithelgewebe, die Drüse selbst, die Milchgänge oder das Fettgewebe betreffen kann. Oft wird die Brust, die normalerweise weich und schmerzlos ist, dann hart, körniger und schmerzempfindlich. Oft schmerzt sie so stark, daß die Frau deshalb den Frauenarzt aufsucht. Sehr häufig sind die Schmerzen vor allem vor der Menstruation ausgeprägt. Längerfristig bilden sich richtige dicke Schichten. Diese harten Zonen lassen sich in beiden Brüsten fühlen, aber nicht unbedingt in symmetrischer Anlage.

9.1.2 Mamma-Zysten

9.1.2.1 Übersicht

Sehr häufig sind auch Brust-Zysten. Aufgrund von neuesten wissenschaftlichen Untersuchungen könnten Umweltschadstoffe eine mögliche (Teil-)Ursache dieser Brustzysten sein.
In eigenen Untersuchungen fand der Autor (Schulte-Uebbing, Zahn et al., 1989–1994) in der Flüssigkeit von Brustzysten sehr hohe Schadstoffbelastungen: Die Agrargifte DDT und HCH konnten ebenso nachgewiesen werden wie große Mengen des DDT-Abbauproduktes DDE, sowie hohe Dosen der polychlorierten Biphenyle (PCBs).
Es scheinen auch Zusammenhänge zwischen den Schadstoffgehalten in den Mamma-Zysten und in der Follikelflüssigkeit von Frauen mit PCO-Syndrom zu bestehen, wobei insbesondere die ländliche Bevölkerung davon betroffen zu sein scheint. Heute ist es eine traurige Tatsache, daß gerade in Gartenbau und Landwirtschaft Unmengen an Insektiziden, Herbiziden und Fungiziden zur Anwendung kommen. Die Pestizide werden nicht nur direkt von der Landbevölkerung über Luft und Wasser,

sondern auch indirekt von der Stadt- und Landbevölkerung über die Nahrungskette aufgenommen.

9.1.2.2 Schadstoffbedingte Mamma-Zysten

Über die Schwermetallgehalte in hypertrophem Mammagewebe, insbesondere in Mamma-Zysten, ist bisher nur wenig bekannt. Man weiß zwar schon lange, daß Schwermetalle, die im wesentlichen aus den Herden im Körper (Amalgam), aus der Nahrung und der Umwelt stammen, bei Störungen der Ausscheidung (Leber, Niere, Darm) in verschiedenen Organdepots abgelagert (z. B. Zentralnervensystem, Knochen, Pankreas, Nieren, Leber) werden, dort die Enzymaktivitäten hemmen und Organschäden hervorrufen können. Auch ist schon lange bekannt, daß in Abhängigkeit von der Zeit, der Menge und der Art der toxischen Substanzen unterschiedliche Symptome und Summationseffekte auftreten können, die nachweislich durch Zink- oder Selenmangel noch stärker sein können. Allerdings existieren bisher noch kaum Zahlen über Schwermetallgehalte in benignem Mamma-Gewebe.
Seit 1990 wird an der Universitätsfrauenklinik Heidelberg, Abteilung Gynäkologische Endokrinologie, in der Hormon- und Sterilitätssprechstunde die Bleiausscheidung im Urin vor und nach Mobilisation mit dem Chelatbildner Dimercaptopropionsulfonsäure (DMPS, siehe Diagnostik) gemessen. In etwa 10 % der Fälle war die Bleiausscheidung deutlich erhöht. In einer Pilotstudie wurde die Schwermetallausscheidung nach DMPS überprüft und bei 165 Patientinnen in Beziehung zu klinischen Variablen gesetzt (u. a. Beruf, Alter, Erkrankungen, Allergien, Medikamente, Rauchen, Alkohol, Amalgam etc.) Es bestand eine signifikante positive Korrelation mit der Körpermasse.
Anhand von Tierversuchen konnte bereits gezeigt werden, daß Schwermetalle zu Zysten im Genitalbereich, aber auch im Brustdrüsengewebe führen können. Bei weiblichen Ratten, die mit Blei in unterschiedlichen Dosen belastet wurden, trat ein persistierender Östrus auf, es entwikkelten sich Ovarialzysten und die Zahl der Corpora lutea ging zurück. Einige Ratten hatten auch eine Mammahypertrophie mit Zystenbildung (Vermande-van Eck u. Meigs 1960, Hildebrand et al. 1973).

9.1.2.3 Mamma-Zysten durch Blei und Cadmium

Endokrine Einflüsse durch Blei konnten Klages et al. 1987 mitteilen: Ratten wurde im Trinkwasser in unterschiedlichen Dosen Blei zugeführt. Nach 30 Tagen waren die Bleikonzentrationen gegenüber einer Kontrollgruppe im Knochen auf das Zweihundertfache angestiegen, im Gehirn auf das mehr als Vierzigfache, in den Hoden und Ovarien um das

Zweifache. Im gesamten Organismus waren Zysten nachweisbar, insbesondere auch in den Ovarien und im Mammagewebe, wobei all diese Veränderungen bei sogenannten »subtoxischen« (= noch nicht giftigen) Konzentrationen beobachtet wurden, ohne daß klinisch Veränderungen an den Ratten zu bemerken waren.
Die Zystenbildung geht sehr oft mit *immunologischen Belastungen* einher. Eine niedrige Langzeitbelastung mit Blei (0,3 ppm im Trinkwasser von Ratten) führte bereits in einem Dosisbereich, der nicht als umweltrelevant gilt, zu deutlichen immunologischen Veränderungen (Huber u. Huber 1987): Verminderung der IgG- und IgM-bildenden Zellen in der Milz, Abnahme von Lyt-1 und Lyt-2-positiven T-Lymphozyten in der Milz. Dagegen war die Aminolävulinsäure, mit der man üblicherweise eine Bleivergiftung feststellt, noch nicht nachweisbar.
Auch das hochtoxische Schwermetall Cadmium wurde mehrfach in Zysten der Eierstöcke und im Brustdrüsengewebe nachgewiesen. Aus Tierversuchen weiß man schon länger, daß Cadmium zu einer gestörten Gonaden- und Mammafunktion führen kann.
In einer Untersuchung von Gerhard et al. an über 500 Frauen mit Kinderwunsch, deren Cadmiumausscheidung vor und nach Belastung mit DMPS gemessen wurde, war nicht selten eine Cadmiumbelastung nachweisbar, wobei die Cadmiumkonzentrationen bei Frauen in technischen und Heilberufen signifikant höher lagen als in den übrigen Berufsgruppen. Vor allem Frauen mit Polycystischen Ovarien hatten sehr oft Mammahypertrophien und Mammazysten. Dabei weiß man, daß für die Entstehung der Polycystischen Ovarien die Polychlorierten Biphenyle (PCB) von besonderer Bedeutung sind. Somit ist anzunehmen, daß dies auch bei der Mammahypertrophie und bei chronisch rezidivierenden Mammazysten zutrifft, zumal auch aufgrund neuester Untersuchungen von Gerhard et al. (1990–1994) und Tinneberg et al. (1991–1994) bekannt ist, daß PCB's eine östrogene Wirkung haben, das heißt ähnlich wirken wie natürliche weibliche Hormone.
Eigene Untersuchungen (Schulte-Uebbing und Zahn, 1990–1994, Doktorarbeiten, die vom Autor betreut wurden) zeigen, daß Polycystische Ovarien häufig PCB-haltig sind. Teilweise sind sie sogar stark PCB-belastet. Nicht selten wurden Werte von 2–3 Mikrogramm/ ml Follikelflüssigkeit (= 2 bis 3 Promille) gefunden.
Dabei muß man sich die Störungs-Mechanismen in etwa so vorstellen: PCB's wirken wie Östrogene. Sie besetzen die Östrogenrezeptoren (wahrscheinlich eine sogenannte »kompetitive Hemmung«) und bringen dann die natürlichen Steuerungsmechanismen durcheinander. Es kommt nicht zu der normalen Rückkoppelung mit Hypophyse und Hypothalamus, sondern zu einer pathologischen LH-Erhöhung und

FSH-Verminderung bei gleichzeitiger vermehrter Umwandlung sogenannter »extraglandulärer Androgene« und »adrenaler Androgene« in Östrogene.
Durch die umweltschadstoffbedingte LH-Erhöhung wird das ovarielle Stroma stimuliert und es kommt zu einer vermehrten Zystenbildung in Eierstöcken und Brustdrüsengewebe. Die Zysten persistieren und wachsen kontinuierlich, bis sie Beschwerden machen und dann palpatorisch und/oder sonographisch diagnostiziert werden.

9.1.2.4 Diagnostik

Stellt ein umweltmedizinisch orientierter Frauenarzt im Ultraschall Mamma-Zysten fest, wird er nicht nur die Endokrinologie abklären, sondern darüber hinaus eine ausführliche Umwelt-Anamnese machen. Ergibt sich bei dieser der Verdacht, daß Umweltschadstoffe eine Rolle spielen könnten, sollte eine genaue Schadstoffanalytik und gegebenenfalls eine gezielte *Ausleitungs-* und *Entgiftungstherapie* begonnen werden.

9.1.2.5 Therapeutische Ansätze

A. Milieu-Sanierung

Zysten, egal welche, wachsen immer bevorzugt in einem gestörten Milieu. Dies gilt vor allem für Eierstockszysten und Brustzysten. Untersuchungen haben ergeben, daß manche Frauen mehr und manche weniger zur Zystenbildung neigen. Es scheint auch eine gewisse erbliche Prädisposition vorhanden zu sein. Nicht selten stellt man im Rahmen einer ganzheitlichen Anamnese fest, daß insbesondere solche Frauen, die mehr aufnehmen, als ihr Körper verdauen und ausscheiden kann, häufiger Zysten bekommen. Diese verstärkte Aufnahme hat nicht nur einen quantitativen, sondern auch einen qualitativen Aspekt. Beispielsweise kann eine übermäßige Ernährung zur Zystenbildung beitragen. Daher ist eine gesunde Ernährung der erste Schritt, um Zysten zu beseitigen.

B. Ernährung umstellen

Generell sollte die Nahrung *so wenig wie möglich behandelt* sein. **Vollwertkost** und **pflanzliches Eiweiß** sind **vorzuziehen (Gemüse, Früchte, Körner).** Zu große Mengen tierischer Eiweiße (Fleisch, Butter, Milch, Eier, Käse), zu stark behandelte Nährstoffe (weißes Mehl, weißer Zucker usw.) und im allgemeinen alles, was zu stark zerkocht, mit Butter und Sahne gedünstet ist, können zu einer Situation führen, bei der es der Frau an Mineralien und Vitaminen mangelt. Es kommt unwillkürlich zu chronischen Verstopfungen, zu einer gestörten Leberfunktion und zu einer erschwerten Ausscheidung über die Nieren. Kopfschmerzen, pickelige Haut, Blähungen, vermehrte Sekretion (Augen, Bronchien, Vagina) sind häufige Begleiterscheinungen.

C. Phytotherapie

Ein sehr guter therapeutischer Ansatz ist die Applikation hormonell und immunologisch wirksamer Heilpflanzen. Wie schon mehrfach erwähnt, wirken Umweltschadstoffe sowohl über hormonelle als auch über immunologische Mechanismen. Dies gilt vor allem auch für die weibliche Brust. Es ist bekannt, daß die Brüste mit den Sexualhormonen verbunden sind (FSH, LH, LTH, Östrogene, Gestagene, Prolaktin); die Brüste können am Ende des Zyklus angeschwollen und schmerzempfindlicher sein, da dann der Hormonspiegel im Blut am höchsten ist. Meist gelangen über Umweltschadstoff-Effekte wegen eines relativen Ungleichgewichtes zwischen Östrogenen und Gestagenen (Hyperöstrogenämie oder Hypergestagenämie) zu viele Hormone in die Brustdrüse. Zusätzlich scheinen die *Umweltschadstoffe* noch als *Stressoren* zu wirken, die über eine erhöhte Nervosität die Durchlässigkeit der Darmschleimhaut für Giftstoffe erhöhen, die die Leber nicht mehr ausscheiden kann und die dann in die Brust gelangen.
Die Behandlung muß darauf abzielen, Verdauung und Ausscheidung zu verbessern, die Durchblutung anzuregen, was den Zellaustausch erhöht und damit auch die »Säuberung«.
Folgende **Heilpflanzen** können eingesetzt werden:

Indikation	Pflanze
Für die Verdauung	Urtinktur Faulbaum, Sennesblätter, Artischocke, Gurkenkraut, Rhabarber, Süßholz, Holunder, Malve, Minze
Für die Leber	Urtinktur von Löwenzahn, Knoblauch, Boldo, Condurango, Curry, Kinkelibah, Linde, Rosmarin
Für die Harnwege	Urtinktur von Schachtelhalm, kleinem Habichtskraut, Birke, ebenfalls Linde
Für die Durchblutung	Urtinktur von rankendem Efeu, rote Weinrebe, Eberesche, Roßkastanie, Heidelbeere, Zypresse, Hamamelis (die Schlüsselpflanze gegen Hämorrhoiden), Hydrastis

Indikation	Pflanze
Hormonregulierung	Mazerat von Himbeere, Schwarze Johannisbeere, Urtinktur von Hundsrose
Beruhigung	Urtinktur von Baldrian, Melisse, Weißdorn, Wiesenkuhschelle, Pfingstrose, Schlüsselblume, Passionsblume.

9.1.3 Mastopathie und Mastodynie

9.1.3.1 Übersicht

Sehr häufig kann es durch Umweltschadstoffe auch zu einer sogenannten Mastopathie kommen. Darunter versteht man eine gutartige Umbaureaktion der Mamma, die vorwiegend peri- und postmenopausal auftritt (Altersgipfel 46–52 Jahre).

Die Mastopathie ist heute die *häufigste gutartige Erkrankung der Mamma* und tritt bei etwa vierzig bis fünfzig Prozent aller Frauen auf.
Nach Prechtel werden 3 Grade der Ausprägung unterteilt:

- **Mastopathie Grad I:** Mastopathia cystica fibrosa ohne Epithelproliferation, ca 70% aller Mastopathien, kein erhöhtes Karzinomrisiko
- **Mastopathie Grad II:** Mastopathia cystica fibrosa mit Epithelproliferationen ohne Atypien, ca. 20% aller Mastopathien. Intraduktale, epitheliale und myoepitheliale Zellproliferationen ohne Dysplasien und Atypien, gering erhöhtes Karzinomrisiko
- **Mastopathie Grad III:** Mastopathia cystica fibrosa mit Epithelproliferationen und Atypien, Frequenz ca. 10%. Epithelproliferationen mit eindeutigen Atypien.

Die **Mastopathie Grad III** gilt bereits als **Krebs-Vorstadium** (Präkanzerose). In etwa sechzig Prozent sind auch Mikroverkalkungen nachweisbar. Statistisch liegt hier eine fünffache Erhöhung des Karzinomrisikos vor. Die Mastopathie Grad III ist häufig multizentrisch und tritt in circa dreißig Prozent bilateral auf.

9.1.3.2 Mastopathie durch Umweltschadstoffe

Eigene Untersuchungen ergaben, daß in mastopathischem Brustdrüsengewebe nicht selten *Polychlorierte Biphenyle, Pentachlorphenol, DDT, DDE* sowie die Schwermetalle *Quecksilber, Aluminium, Blei* und *Kupfer* angereichert nachweisbar waren.

Generell scheint bei der Mastopathie zu gelten, daß vor allem solche Umweltschadstoffe, die östrogene Nebeneffekte besitzen und an den Östrogenrezeptoren stören, einen relativen Östrogenüberschuß bei gleichzeitigem relativem Progesteronmangel bewirken. Dadurch kommt es dann zu sogenannten Fibrosierungen, intraduktalen Epithelproliferationen, Gangektasien und Zystenbildungen.

9.1.3.3 Ganzheitliche Therapieansätze

Bei allen verdächtigen Befunden ist nach Ultraschall- und Mammographie-Kontrolle zunächst eine Probeexzision und histologische Untersuchung indiziert. Bei Mastopathie Grad I oder II kann dann eine **hormonelle symptomatische Therapie** versucht werden.
Bei Knotenbildung kann man nach histologischer Sicherung lokale oder systemische **Gestagene** oder **Östrogen-Gestagen-Kombinationen** geben. Gegebenenfalls können auch **Prolaktinhemmer, Antiöstrogene** oder **LHRH-Analoga** eingesetzt werden.
Der umweltmedizinisch orientierte Frauenarzt wird ein ganzheitliches Therapiekonzept anstreben. Hierzu gehören **physikalische Maßnahmen** *(Alkoholumschläge, Fangopackungen)* und **Heilpflanzen,** die Gestagene imitieren können, unter anderem der *Frauenmantel, Steinsamen, Geißbart, Rainfarn* und der *Mönchspfeffer.* Bekannte bewährte Präparate sind beispielsweise **Mastodynon** oder **Agnolyt.**
Bei zusätzlichen Risikofaktoren (Familienanamnese, Alter der Patientin, Karzinophobie) ist bei Mastopathie Grad III eine subkutane Mastektomie (Erhalt der Mamille, ggf. mit gleichzeitigem Brustaufbau durch subpektorale Prothese) zu empfehlen. Andernfalls ist eine jährliche klinische und mammographische Kontrolle dringend anzuraten.

9.1.3.4 Mastodynie (schmerzende Brust)

Auch die Mastodynie (schmerzende Brust) kann durch Umweltschadstoffe (mit-)verursacht sein. Die Ursachen sind mit jenen der Mastopathie vergleichbar.

9.1.3.5 Therapeutische Ansätze

A. Phytotherapie

Therapeutisch sehr bewährt haben sich in der Praxis des Autors Heilpflanzen, die auf ganzheitliche Weise zu einer Schmerzstillung beitragen können. Die wichtigsten sollen hier kurz aufgeführt werden:

Schafgarbe (Achillea millefolium)

Verwendet werden bei Mastodynie insbesondere die (blühenden!) Spitzen, welchen man besonders kräftigende und krampflösende Eigenschaften zusagt. Schafgarbe ist das ideale Universalmittel bei **schmerz-**

hafter Menstruation, bei umweltschadstoffbedingten (PCB, Quecksilber, Kupfer) **Beschwerden** und **Schmerzen in den Brüsten.**

Engelwurz (Angelica archangelica)

Verwendet werden bei der Engelwurz vor allem die Samen und Wurzeln. Angelica wirkt anregend, verdauungsfördernd und krampflösend. Auch bei **Mastodynie** ist Angelica gut geeignet. Hervorragend bewährt hat sich Angelica bei umweltschadstoffbedingten **Störungen der Menstruation.**

Frauenmantel (Alchemilla vulgaris)

Alchemilla wird vor allem verwendet als ganze Pflanze. Seit Jahrtausenden wird die blutstillende Wirkung gerühmt. Alchemilla erleichtert die Verdauung, wirkt harntreibend und entschlackt die Organe. Vor allem bei Schadstoffbelastungen ist Alchemilla zur Leber-Unterstützung sehr hilfreich.
Seit Jahren setzt der Autor Alchemilla mit sehr gutem Erfolg bei Dysmenorrhoe und bei Mastodynie ein. Frauenmantel hat eine ganz besondere Wirkung auf die weiblichen Organe: Mit einer sowohl beruhigenden als auch stabilisierenden und stimulierenden Wirkung kann es sehr erfolgreich bei schmerzhafter, aber auch bei sehr starker Menstruation eingesetzt werden. Sehr gut kann man damit auch Myome und durch Myome bedingte Krämpfe behandeln.

Schlangenkraut (Cimicifuga racemosa)

Verwendet werden bei Cimicifuga vor allem die Wurzeln. Cimicifuga gleicht Reflexe des Nervensystems aus, wirkt krampflösend auf die Gefäße und harntreibend. Cimicifuga ist **eines der wichtigsten Heilmittel** in der umweltmedizinisch orientierten **Frauenheilkunde** und **Geburtshilfe.** In der Angewandten Umweltmedizin hilft Cimicifuga sicher und erfolgreich bei schadstoffbedingten Neuralgien und bei Anspannungen und Krämpfen aller Art. Auch bei **Mastodynie** kann es oft mit Erfolg eingesetzt werden. Besonders gute Erfahrung hat der Autor mit Cimicifuga bei chronisch therapieresistenten **Schmerzen** in Zusammenhang mit der **Menstruation,** aber auch beim **Prämenstruellen Syndrom** gemacht.

Frauenwurzel (Caulophyllum thalictoirdes)

Der Wurzelsud ist besonders geeignet bei **krampfartigen Schmerzen des Gebärmutterhalses,** die mit der Blutung auftreten können und bei Mastodynie.

B. Ausscheidungs- und Entgiftungsmittel

Gerade bei umweltbedingten Mastopathien und Mastodynien sind **endokrin wirksame Pflanzen** mit entgiftender und ausscheidungsfördernder Wirkung empfehlenswert.
Zur Wiederherstellung des Gesamtgleichgewichts und zur *Entschlakkung* der Haupt-Ausscheidungsorgane Niere, Darm, Leber, Lunge und Haut haben sich die Ausscheidungs- und Entgiftungsmittel der traditionellen Medizin sehr bewährt:
Extrakte des **Schachtelhalmes,** von **Hagebutte, Zitrone, Rosmarin, Artischocke, Boldo, Erdrauch** oder **Condurango** können im Einzelfall gut geeignet sein. Sie können auch mit **Honig** und bestimmten **Pollen** kombiniert gegeben werden. Wegen der möglichen allergenen Wirkung der Pollen sind diese allerdings unbedingt vorher individuell auszutesten.
Sehr bewährt hat sich auch die Gabe von **Spurenelementen** wie **Zink, Mangan, Lithium** oder **Magnesium.**
Zur *Beseitigung von Minderdurchblutungen,* die bei Mastopathien und Mastodynien öfters beobachtet werden können, sind geeignet: **Tinkturen** oder **Auszüge** von **Hamamelis, Hydrastis, Haselnuß, Rote Weinrebe, Stechmyrte, Immergrün, Eberesche, Steinklee** und **Roßkastanie.**
Bei Mastopathien und Mastodynien, die mit Hypophysen- und Hypothalamus-Störungen einhergehen, empfiehlt sich eine *phytotherapeutische Beruhigung* des *Zentralen Nervensystems* und des *neurovegetativen Systems.* Dies kann man nach individueller Austestung gut mit **ätherischen Ölen** der **Orangenblüten,** von **Engelwurz, Estragon** oder **Lavendel** versuchen.

In der Praxis des Autors sehr bewährt haben sich in dieser Hinsicht Tinkturen von **Schotenklee, Salweide, Schwarznessel, Weißdorn, Anemone, Passionsblume, Baldrian, Pfingstrose, Gelsemium** oder **Melisse.**

9.2 Uterus myomatosus (Myome in der Gebärmutter)

9.2.1 Übersicht

Myome sind meist gutartige Geschwülste des Muskelgewebes. Man findet sie ganz besonders häufig in der glatten Muskulatur der Gebärmutterwand. Bei etwa zwanzig Prozent aller Unterleibserkrankungen der

Frauen sind Myome mitbeteiligt, wobei die Inzidenz der Myome zuzunehmen scheint. Die Größe der Myome kann die Maße eine Kindskopfes erreichen. Etwa jede dritte operative Gebärmutterentfernung erfolgt wegen eines Uterus myomatosus.

9.2.2 Symptomatik

Frauen mit schadstoffbedingtem Uterus myomatosus haben sehr oft *verlängerte* und *verstärkte Monatsblutungen.* Darüber hinaus kommt es oft zu einem *Völlegefühl* oder *»Verdrängungsgefühl«* im Leib, einhergehend mit einem *Druckgefühl auf Blase* und *Mastdarm,* mit häufigem *Harn-* und *Stuhldrang,* nicht selten mit *chronischer Verstopfung,* manchmal auch mit Fieber. Sehr oft kommt es zu *starken Schmerzen.*

9.2.3 Ursachen

9.2.3.1 Allgemeine Ursachen

Das Wachstum der Myome scheint nach neueren wissenschaftlichen Erkenntnissen mit der Tätigkeit der Eierstöcke in Zusammenhang zu stehen. Endet die Tätigkeit der Eierstöcke, wachsen auch die Myome nicht mehr weiter und können sogar etwas schrumpfen.

9.2.3.2 Umweltschadstoffe

Man muß heute davon ausgehen, daß viele endokrin wirkende Umweltschadstoffe die Entstehung von Myomen auslösen und/ oder fördern. Bei Frauen mit Myomen ist relativ oft die Wechselbeziehung zwischen der Umwelt und dem inneren Körpermilieu gestört. Dies hat dann meist zur Folge, daß die natürliche Balance zwischen Immunsystem, Endokrinem System und Zentralem Nervensystem gestört ist.

Oft wird bei Frauen mit Myomen eine Veränderung der T-Lymphozyten in Funktion und Anzahl gefunden. Aufgrund der engen Wechselwirkung zwischen den T-Lymphozyten und dem humoralen Zweig des Immunsystems (B-Lymphozyten) wurden neben der häufigen Fehlfunktion der zellgebundenen Abwehr auch gelegentlich Abnormitäten bei den Antikörpern und im Komplement-System festgestellt, die vor allem bei Allergikern gehäuft vorkommen.

Schon lange ist bekannt, daß die T-Lymphozyten u. a. durch Nahrungsmittelgifte, Chemikalien und psychosozialen Streß in ihrer Funktion beeinträchtigt werden können.

9.2.3.3 Schadstoffe als Stressoren

Auch sogenannte Stressoren können möglicherweise bei der Entstehung von Myomen eine Rolle spielen. Solche Stressoren können beispielsweise sein:

- Beruflicher Streß
- Spannungen in der Partnerschaft
- übermäßiger Kinderwunsch
- Alkoholkonsum
- Rauchen, Koffeingenuß etc.

9.2.3.4 Schadstoffe als Immunsuppressiva

Schon lange weiß man aus der modernen Psycho-Immunologie, daß vor allem psychischer Druck, Konflikte zwischen Beruf und Privatleben, Doppelbelastung und seelische Belastungen einen Druck auf die Patientin erzeugen können. Diese Streßwirkung kann sich noch potenzieren, wenn zu den seelisch-psychischen Stressoren noch Umweltschadstoffe hinzukommen.

Eigene Untersuchungen (Schulte-Uebbing und Zahn, 1990–1994) bestätigten mehrfach die Angaben in der Literatur, daß Patientinnen mit sehr großen Myomen meist beträchtlich mit Umweltschadstoffen belastet sind.

In der Praxis des Autors zeigt es sich oft, daß Patientinnen mit Myomen, bei denen nachweislich auch gleichzeitig eine Chemikalien- und/oder Nahrungsmittel-Überempfindlichkeit vorliegt, *ungewöhnlich niedrige IgA-Werte* aufweisen. Eine mögliche Erklärung dafür könnte sein, daß das Immunglobulin A eine Schutzfunktion vor verstärkten Reaktionen von Immunsystem und Endokrinium gegenüber Umweltschadstoffen hat. Fehlt dieses Vitamin A, so kann es zu einer Sensibilisierung und subtoxischen Schädigung des Reproduktionsmechanismus kommen.

Nur selten ist ein einziger Umweltschadstoff dominant. In den meisten Fällen kommt es zu einem gleichzeitigen Zusammenwirken mehrerer Faktoren, welche sich in ihrer Wirkung nicht nur addieren, sondern potenzieren (=vervielfachen).

9.2.3.5 Schwermetalle

Der Einfluß von Blei, Cadmium und Quecksilber auf die Endokrinologie des Menschen ist bisher kaum berücksichtigt worden. Erste Erfahrungen mit dem Chelatbildner Dimercaptopropionsulfonsäure (DMPS), der im Körper deponierte Schwermetalle mobilisiert, sprechen für Zusammen-

hänge zwischen Schwermetallbelastungen und der Entstehung von Myomen.
Nach eigenen Untersuchungen (Schulte-Uebbing und Zahn 1990–1994) sind viele Frauen mit Uterus myomatosus zum Teil erheblich quecksilberbelastet. Das Schwermetall stammt hauptsächlich von Amalgamfüllungen im Mund, aber auch zum Teil aus der Nahrung (Meeresfisch, Innereien: Leber, Nieren etc.), aus dem beruflichen Bereich (Thermometer: Krankenschwestern und Ärztinnen, Laborchemikalien: MTA, CTA, Quecksilberbatterien: Industriearbeiterinnen, Schädlingsbekämpfungsmittel: Gärtnerinnen, Haarsprays: Friseusen) und aus dem Freizeitbereich (quecksilberhaltige Farben, Lacke, Sprays etc.).
Untersuchungen haben ergeben, daß auch Frauen, die neben oder in Industriezonen oder in der Nähe von Verbrennungsanlagen arbeiten oder wohnen, über Verbrennungsprozesse (u. a. von Kohle, Heizöl und Müll) kontinuierlich mit Quecksilber belastet werden. Tagtäglich werden so quecksilberhaltige Abgase eingeatmet, und es kann zu kontinuierlichen Schädigungen des Nerven-, Immun- und Hormonsystems kommen: Zittern, Nervosität, Verhaltensstörungen, Migräne, Depressionen etc. sind neben den Zyklusstörungen häufige Begleiterscheinungen.
Ein besonderes Problem sind insbesondere *Saatbeizmittel, Herbizide* und *Fungizide,* die in der Landwirtschaft, in Gärtnereien und vor allem in vielen Hobbygärten über Boden, Luft und Wasser in den Körper gelangen: *Gärtnerinnen, Bäuerinnen, landwirtschaftliche Arbeiterinnen* und Angestellte sind nicht selten belastet. Vom belasteten Boden gelangt das Quecksilber auch über Flüsse und Seen in die Wassertiere. Bei einem Fischverzehr von 1 kg/Woche wird die Quecksilberaufnahme auf 0,5 mg/Woche geschätzt (DFG-Bericht). Nach einer WHO-Empfehlung sollte eine wöchentliche Höchstmenge von 0,12 mg nicht überschritten werden.
Besonders betroffen sind *Zahnärztinnen* und deren *Helferinnen.* Hier wurden im Gehirn zehnfach höhere Quecksilberkonzentrationen festgestellt als bei Patienten, die Amalgamfüllungen hatten. Eigene Untersuchungen ergaben, daß Patientinnen mit Amalgamfüllungen überdurchschnittlich häufig Myome haben können. Diese Untersuchungen werden durch Gerhard und Mitarbeiter bestätigt.
Der Toxikologe Daunderer berichtet von vielen Patientinnen, die zwischen 1 und 22 Füllungen im Mittel seit 8 Jahren hatten und neben deutlichen Beschwerden, die im Durchschnitt nach etwa 6 Jahren einsetzten, häufig zunehmende hormonelle Probleme sowie einen gestörten Zyklus angaben. Auch Myome traten gehäuft auf.
Diese Patientinnen zeigten darüber hinaus auch nicht selten folgende Symptome: *Erhöhte Infektanfälligkeit, Allergien, Bauchschmerzen,*

Energielosigkeit, Wetterfühligkeit, Schwindel, Sehstörungen, Hörstörungen, Tremor und *Muskelschmerzen.*

9.2.4 Ganzheitliche Therapieansätze

Normalerweise muß ein Myom *nicht unbedingt operiert* werden. Es gibt gute ganzheitliche Therapiemöglichkeiten, um eine Operation zu vermeiden. Selbst ein großer Uterus myomatosus kann dadurch unter Umständen kleiner werden, so daß häufig die Beschwerden nachlassen oder verschwinden.
Da der Mechanismus der Entstehung von Uterusmyomen durch Umweltschadstoffe ähnlich ist, wie jener von Mamma-Zysten, kann und muß hier mit einer ähnlichen **Zielsetzung** vorgegangen werden:

- Ganzheitliche Ernährung
- Bremsen der Follikelhormon-Überproduktion
- Ausscheidung von Leber und Niere begünstigen
- Allgemeine und lokale Durchblutung verbessern
- Nervosität bekämpfen (wenn nötig)
- Ggf. Entschlackungsmittel
- Ggf. Durchblutungs-Mischung.

Um die Follikelhormon-Überproduktion zu bremsen, empfiehlt sich eine Urtinktur-Mischung aus **Schwarzer Johannisbeere, Steinsamen, Frauenmantel, Mönchspfeffer, Schafgarbe, wildem Stiefmütterchen** und **Mammutbaum.**
Im Fall von stärkeren Blutungen empfiehlt sich eine Urtinktur-Mischung aus **Beinwell, Berberitze, Ratanhia, Hamamelis** und **Besenginster.**
Zusätzlich kann man **Magnesium** geben. Bewährt haben sich auch **Tonerde,** äußerlich angewendet, sowie gegebenenfalls Phytotherapeutika zur Beruhigung.

9.2.5 Hilfe zur Selbsthilfe

- Wenn eine Operation nicht unbedingt notwendig ist, sollten Sie sie hinauszögern, besonders wenn Sie im gebärfähigen Alter sind und noch Kinder haben möchten. Vielfach können durch naturheilkundliche Behandlungsmethoden Operationen vermieden und das Wachsen der Myome gebremst werden. Mitunter bilden sich die Myome sogar zurück.

- Nehmen Sie homöopathische Aufbereitungen von **Thuja** (Lebensbaum) und **Aurum** (Gold) ein.
- Machen Sie **jodhaltige Bäder!**
- Als **Mineraltabletten** helfen Kalziumsulfat oder Kalziumjodat bei der Rückbildung der Myome.
- Zu starke Monatsblutungen können Sie mit **Tees** aus **Hirtentäschelkraut** lindern.
- Machen Sie **ableitende Bäder,** zum Beispiel ansteigende Kreislauffußbäder nach SCHIELE. Diese ziehen das Blut aus dem Leib ab und verringern so die Blutversorgung des Myoms und damit das Wachstum.
- Machen Sie regelmäßig **Bürsten-** und **Luftbäder!**

9.3 Gutartige Eierstocktumoren

9.3.1 Übersicht

Nicht selten bilden sich gutartige Geschwülste an den Eierstöcken. Am häufigsten sind dabei **Zysten.** Darunter versteht man flüssigkeitsgefüllte Hohlräume im Inneren der Eierstöcke. Häufig sind auch sogenannte *dermoide Zysten,* die statt mit Flüssigkeit mit Zähnen, Haaren etc. gefüllt sind.

Die genaue Ursache, warum es zu **Eierstockzysten** kommt, kennt man bis heute noch nicht. Man diskutiert aber, ob möglicherweise künstliche Hormone mit sehr niedriger Dosierung (wie z. B. die Mikropille), die einen sehr geringen hemmenden Effekt auf die Hypophyse hat, die Ausbildung von Eierstockzysten zur Folge haben können. Ob dies unter dem Einfluß des Follikelhormons (FSH) geschieht, d. h. während der ersten Phase des Zyklus, oder unter dem Einfluß des Luteins (LH) in der zweiten Phase, ist unklar.

Es kann sein, daß eine Zyste zyklusabhängig größer und kleiner wird. Man spricht in diesem Fall von einer *funktionellen Zyste.*

Eierstockzysten werden meist zufällig bei der routinemäßigen Kontrolluntersuchung festgestellt. Gelegentlich treten sie auch in Zusammenhang mit verstärktem Ausfluß, Problemen mit der Menstruation oder dem Zyklus (praemenstruelle Anzeichen) auf. Nicht selten sind sie auch mit *Schmerzen im kleinen Becken* verbunden.

9.3.2 Ovarialtumoren durch Umweltschadstoffe

Wie schon im Abschnitt »Gestörter Zyklus« gezeigt wurde, können solche gutartigen Ovarialtumoren sehr oft durch Umweltschadstoffe (mit-)verursacht sein. Millionen von Frauen haben sogenannte »chronisch rezidivierende Ovarialzysten«, auf deutsch: »immer wieder auftretende Zysten an den Eierstöcken«.
Viele lassen sich zunächst endokrinologisch behandeln (mit künstlichen Hormonen), die meisten davon müssen sich jedoch nach mehrfach vergeblich durchgeführten Hormontherapien dann doch operativen Eingriffen unterziehen: Bauchspiegelungen werden durchgeführt und dabei die Zyste(n) entfernt. Falls keine andere Möglichkeit besteht, muß leider der ganze Eierstock entfernt werden. Bei dringendem Kinderwunsch ist dies sehr bitter, zumal häufig nach einem halben Jahr im Ultraschall wieder eine oder mehrere Zysten erkennbar sind, die dann wieder per Bauchspiegelung »behandelt« werden.

9.3.3 Das PCO-Syndrom

Ein Sonderfall solcher häufig auftretender Eierstockzysten, das sogenannte »PCO-Syndrom«, das **»Syndrom der Polycystischen Ovarien«**, wurde bereits im Abschnitt »Gestörter Zyklus« behandelt.
Aufgrund neuester wissenschaftlicher Untersuchungen muß davon ausgegangen werden, daß DDT und HCH, Polychlorierte Biphenyle (PCBs) und Schwermetalle eine große Rolle bei der Entstehung solcher Eierstocktumoren spielen.
Eigene Untersuchungen (Schulte-Uebbing und Zahn, 1990–1994) ergaben einen *hohen Anteil von Insektiziden* in der Follikelflüssigkeit von Frauen mit chronisch rezidivierenden Eierstockzysten. Diese stammen meist aus Gartenbau und Landwirtschaft, wo sie über Luft, Wasser, Boden und Nahrungskette von der Land- und auch Stadtbevölkerung aufgenommen werden.
Forscher der Universität Bonn wiesen nach, daß vor allem bei Frauen, die aus unerklärlichen Gründen unfruchtbar sind, eine herausragend hohe Konzentration von PCB, HCH, DDT und dessen Abbauprodukt DDE in der Follikelflüssigkeit vorhanden ist. Für den Zusammenhang zwischen Lebensraum und Umweltgiftbelastung sprach bei diesen Untersuchungen, daß Frauen aus der Dritten Welt die insgesamt höchsten Agrargift-Konzentrationen in ihren Reproduktionsorganen aufwiesen (Wagner et al. 1989, schlebusch et al. 1989).

9.3.4 Schadstoffe in der Follikelflüssigkeit

Über die Schadstoffgehalte von Follikelflüssigkeit ist bisher nur wenig bekannt. Man weiß zwar schon lange, daß Schwermetalle, die im wesentlichen aus den Herden im Körper (Amalgam), aus der Nahrung und der Umwelt stammen, insbesondere bei Störungen der Ausscheidung (Leber, Niere, Darm) in verschiedenen Organdepots abgelagert (z. B. Zentralnervensystem, Knochen, Pankreas, Nieren, Leber) werden, dort die Enzymaktivitäten hemmen und *Organschäden hervorrufen* können.

Auch ist schon lange bekannt, daß in Abhängigkeit von der Zeit, der Menge und der Art der toxischen Substanzen unterschiedliche Symptome und Summationseffekte auftreten, die nachweislich durch Zink- oder Selenmangel noch stärker sein können.

Seit 1990 wird an der Universitätsfrauenklinik Heidelberg, Abteilung Gynäkologische Endokrinologie, in der Hormon- und Sterilitätssprechstunde die Bleiausscheidung im Urin vor und nach Mobilisation mit dem Chelatbildner Dimercaptopropionsulfonsäure (DMPS, siehe Diagnostik) gemessen. In etwa 10% der Fälle war die Bleiausscheidung deutlich erhöht. In einer Pilotstudie wurde die Schwermetallausscheidung nach DMPS überprüft und bei 165 Patientinnen in Beziehung zu klinischen Variablen gesetzt (u. a. Beruf, Alter, Erkrankungen, Allergien, Medikamente, Rauchen, Alkohol, Amalgam etc.) Es bestand eine signifikante positive Korrelation mit der Körpermasse.

Anhand von zahlreichen Tierversuchen konnte bereits gezeigt werden, daß Schwermetalle zu Ovarialzysten führen können. Bei weiblichen Ratten, die mit Blei in unterschiedlichen Dosen belastet wurden, trat ein persistierender Östrus auf, es entwickelten sich Ovarialzysten und die Zahl der Corpora lutea ging zurück. Es wurden auch Schäden an den Primordialfollikelzellen festgestellt, so daß eine Amenorrhoe eintrat (Vermande-van Eck und Meigs 1960, Hildebrand et al. 1973).

9.3.5 Eierstock-Zysten durch Blei und Cadmium

Endokrine Einflüsse durch Blei konnten Klages et al. 1987 mitteilen: Ratten wurde im Trinkwasser in unterschiedlichen Dosen Blei zugeführt. Nach 30 Tagen waren die Bleikonzentrationen gegenüber einer Kontrollgruppe im Knochen auf das Zweihundertfache angestiegen, im Gehirn auf das mehr als Vierzigfache, in den Hoden und Ovarien um das Zweifache. Bereits bei noch tolerablen Bleidosen waren die LH- und die Prolaktinspiegel im Serum signifikant erniedrigt, so daß ein direkter toxischer Effekt von Blei auf die Hypothalamus-/Hypophysenachse angenommen wurde.

Während sich bei männlichen Ratten die Hypophysen-/Schilddrüsenachse nicht veränderte, fanden sich bei weiblichen Ratten dosisabhängig eine Erhöhung des Schilddrüsengewichts und erhöhte T4- und TSH-Werte mit einer Verarmung der hypophysären TSH-Speicher. Morphometrisch wiesen die Schilddrüsen die Zeichen einer hyperplastischen Struma auf. Neben geschlechtsbedingten Unterschieden der Bleitoxizität wurden auch altersabhängige Unterschiede im Reaktionsmuster der hypothalmisch-hypophysären-Gonaden-Achse beschrieben (SOKOL und SOD-MORIAH 1988).
Alle diese Veränderungen wurden bei sogenannten »subtoxischen« (= noch nicht giftigen) Konzentrationen beobachtet, ohne daß klinisch Veränderungen an den Ratten zu bemerken waren.
Die niedrige Langzeitbelastung mit Blei (0,3 ppm im Trinkwasser von Ratten) führte bereits in einem Dosisbereich, der nicht als umweltrelevant gilt, zu deutlichen immunologischen Veränderungen (HUBER und HUBER 1987): Verminderung der IgG- und IgM-bildenden Zellen in der Milz, Abnahme von Lyt-1 und Lyt-2-positiven T-Lymphozyten in der Milz. Dagegen war die Aminolävulinsäure, mit der man üblicherweise eine Bleivergiftung feststellt, noch nicht nachweisbar.
Auch das hochtoxische Schwermetall Cadmium wurde mehrfach in Eierstockszysten nachgewiesen. Aus Tierversuchen weiß man schon länger, daß Cadmium zu einer *gestörten Gonadenfunktion* führen kann. Cadmium, das an männliche Ratten verfüttert wurde, verminderte das Hoden- und Nebenhodengewicht signifikant, so daß sich eine Oligoasthenozoospermie entwickelte. Die Testosteronkonzentrationen sanken und die männlichen Ratten wurden zeugungsunfähig (SAKSENA et al. 1983).
Durch Cadmiumzufuhr bei gleichzeitger mangelhafter Ernährung wurde nach WHELTON et al. 1988 die Fertilität von weiblichen Mäusen um 45% gesenkt. Entsprechende Cadmiumbelastungen waren in der Eierstocksflüssigkeit nachweisbar. Wurden Mäuse mit cadmiumangereichertem Reis gefüttert, so entwickelten die Weibchen eine Anämie und Osteoporose, die durch die Fortpflanzungszyklen und mit zunehmender Geburtenzahl verschlimmert wurden (WATANABE et al. 1986). Auf Ratten im Präimplantationsstadium wirkte Cadmium zytotoxisch (ABRAHAM et al. 1986).
In einer Untersuchung von GERHARD und Mitarbeitern an über 500 Frauen mit Kinderwunsch, deren Cadmiumausscheidung vor und nach Belastung mit DMPS gemessen wurde, war nicht selten eine Cadmiumbelastung nachweisbar, wobei die Cadmiumkonzentrationen bei Frauen in technischen und Heilberufen signifikant höher lagen als in den übrigen Berufsgruppen.

Aufgrund neuester Untersuchungen von GERHARD et al. (1990–1994) und TINNEBERG et al. (1991–1994) wissen wir, daß PCB's eine östrogene Wirkung haben, das heißt ähnlich wirken wie natürliche weibliche Hormone.

Eigene Untersuchungen (SCHULTE-UEBBING und ZAHN, 1990–1994, Doktorarbeiten, die vom Autor betreut wurden) zeigen, daß Polycystische Ovarien häufig *PCB-haltig* sind. Teilweise sind sie sogar stark PCB-belastet. Nicht selten wurden Werte von 2–3 Mikrogramm/ml Follikelflüssigkeit (= 2 bis 3 Promille) gefunden.

Dabei muß man sich die Störungs-Mechanismen in etwa so vorstellen: PCB's wirken wie Östrogene. Sie besetzen die Östrogenrezeptoren (wahrscheinlich eine sogenannte »kompetitive Hemmung«) und bringen dann die natürlichen Steuerungsmechanismen durcheinander. Es kommt nicht zu der normalen Rückkoppelung mit Hypophyse und Hypothalamus, sondern zu einer pathologischen LH-Erhöhung und FSH-Verminderung bei gleichzeitiger vermehrter Umwandlung sogenannter »extraglandulärer Androgene« und »adrenaler Androgene« in Östrogene.

Durch die umweltschadstoffbedingte LH- Erhöhung wird das ovarielle Stroma stimuliert und es kommt zu einer vermehrten Zystenbildung im Eierstock. Die Zysten persistieren und wachsen kontinuierlich, bis sie Beschwerden machen und dann palpatorisch und/ oder sonographisch diagnostiziert werden.

Durch die gleichzeitige pathologische FSH- Verminderung kommt es zu einer verminderten Follikelproduktion. Gleichzeitig steigt die Produktion von Androgenen: Die Ausbildung von polycystischen Ovarien ist nun vorprogrammiert. Die Frauen fallen auf durch ihren ausgeprägten Hirsutismus (= **Vermännlichung**), kommen in die Praxis wegen ihres **unerfüllten Kinderwunsches**, wegen der unerklärlichen Amenorrhoe (= **Ausbleiben der Regelblutung**) oder wegen **störender unregelmäßiger Blutungen**, die häufig schmerzhaft sind und auch von Zwischen- und Schmierblutungen begleitet werden.

9.3.6 Ganzheitliche Diagnostik

Ein Frauenarzt, der die kausalen Zusammenhänge nicht kennt, wird normalerweise die Endokrinologie abklären, wenn er sonographisch chronisch rezidivierende Zysten feststellt. Nach mehreren erfolglosen Hormontherapien wird er operativ tätig werden. Doch auch mehrere Bauchspiegelungen können die eigentliche Ursache, die Schadstoffe, *nicht beseitigen.* Hierzu ist ein ganz anderes Diagnostik- und Therapieschema notwendig.

9.3.7 Ganzheitliche Therapie

Zunächst muß feststehen, daß es sich wirklich um einen gutartigen Tumor handelt. Differentialdiagnostisch muß bei einer Veränderung am Eierstock auch immer an einen bösartigen Tumor, an einen chronisch entzündlichen Prozeß, ein frühes Stadium einer Extrauteringravidität, eine Endometriose und vieles mehr gedacht werden. In jedem Fall sollte der Frauenarzt aufgesucht werden.

Wenn die Diagnose »gutartiger Ovarialtumor« feststeht, so kann zunächst eine Therapie ohne Operation versucht werden.

Dabei bietet sich, je nach Ursache und Art des Tumors, eine ganzheitliche Behandlung mit Pflanzen an:

- **Urtinktur** Mönchspfeffer, Steinsamen, Frauenmantel, Schafgarbe, Schwarze Johannisbeere;
- **Ätherische Öle:** Zypresse, Ysop, Engelwurz, Oregano, Salbei, Bohnenkraut, Zitronenpelargonie;
- **Beruhigungsmittel:** Urtinktur Schotenklee, Salbei, Schwarze Butte, Weißdorn, Passionsblume, Wiesenkuhschelle, Baldrian, großes Schöllkraut, Pfingstrose, Wiesengeißbart, Escholtzia;
- **Ätherische Öle:** Estragon, Öl der Orangenblüte, Oregano, Basilikum. Engelwurz, Lavendel, Rosmarin, Kamille, Minze.
- **»Schmerzstiller«:** Urtinktur Schlüsselblume, Gemeiner Fischfänger, wilder Jasmin, Grießwurz, Hydrastis, Hamamelis, Beinwell, Berberitze, Himbeere, Reinfarn, Steinklee;
- **Entschlackungsmittel** für Galle und Leber: Urtinktur Rettich, Boldo, Löwenzahn;
- **Für die Harnwege:** Urtinktur Stechmyrte, kleines Habichtskraut, Schachtelhalm, Lespedeza, Goldrute, Pappel.

Darüber hinaus sollte man, falls notwendig, **wichtige Spurenelemente** substituieren. Dazu gehören Magnesium, Lithium, Mangan-Kupfer und Zink.

9.4 Endometriose

9.4.1 Übersicht

Die Endometriose ist eine gynäkologische Erkrankung, für die die Schulmedizin trotz umfangreicher Forschung bisher keine befriedigende Erklärung hat.
Sie besteht darin, daß Gewebe des Endometriums auch außerhalb des Gebärmutterhohlraumes auftritt. Wie innerhalb der Gebärmutter folgt dieses Gewebe dem menstruellen Rhythmus. Die Krankheit befällt Frauen im gebärfähigen Alter und vor allem Frauen mit einer Follikelhormonüberproduktion.
Häufige Symptome der Endometriose sind **starke Schmerzen während der Menstruation,** die in Schenkel und Kreuz ausstrahlen, und die sich weder durch Ruhe noch durch übliche Schmerzmittel bessern lassen. Oft ist die **Menstruation länger und stärker,** gelegentlich sogar blutsturzartig. Der Enddarm kann bluten, wenn der Verdauungstrakt befallen ist. Nicht selten **schmerzt die Harnblase,** vor allem beim Wasserlassen.
Beim Tasten von der Vagina her sind eine schmerzhafte Gebärmutter, vergrößerte und schmerzhafte Eierstöcke, Eileiter und eine schmerzende Verdickung an der Wand zwischen Enddarm und Vagina festzustellen. Mit einer Bauchspiegelung (evtl. Blasenspiegelung, Darmspiegelung) läßt sich die Verdachtsdiagnose bestätigen.

9.4.2 Allgemeine Ursachen

So viel man heute weiß, wird Endometriose durch Eierstockhormone gefördert, aber nicht unbedingt ausgelöst. Übrigens kann die Endometriose durch Intrauterinpessare (Spirale) noch verstärkt werden. Die Gebärmutterschleimhaut kann sich bei einer ausgedehnten Endometriose auf Eierstöcke und Eileiter ausbreiten (80% der Fälle) oder auf oder in der Gebärmutterwand (40% der Fälle). Viele Frauen mit ausgedehnter Endometriose sind unfruchtbar.

9.4.3 Umweltschadstoffe als Ursachen

Eigene Untersuchungen an Patientinnen mit Endometriose (Schulte-Uebbing, Zahn et al., 1989 bis 1994) ergaben, daß viele Frauen mit ausgeprägter Endometriose äußerst umweltschadstoffbelastet waren. Bei etwa fünfzig Patientinnen wurden deren Endometriosezysten intraoperativ punktiert und die Punktate zur Schadstoffanalytik ins Speziallabor geschickt.

Im Laufe mehrerer Doktorarbeiten wurden mögliche Zusammenhänge zwischen Endometriose und Schadstoffen ausgewertet. Es ergaben sich eindeutige Zusammenhänge zwischen erhöhten PCB-, DDT- und HCH-Gehalten und ausgeprägten Endometriosen.
Bei Frauen, die tagtäglich mit Chemikalien zu tun haben, können diese Schadstoffe nicht nur das gesamte Hormonsystem schädigen, sondern auch die seelische und psychische Balance und vor allem das Immunsystem schwächen. Neueste immunologische Untersuchungen zeigen, daß gerade bei der Endometriose das *Immunsystem regional stark gestört ist.*
Von vielen Farben, Klebern und Kunststoffen, Büro- und Haushaltsgiften, Kosmetika und Nahrungsmittelgiften ist inzwischen bekannt, daß sie das Immunsystem schädigen können.
Als äußerst wahrscheinlich darf ein Zusammenhang zwischen der ausgedehnten Endometriose und einer vorherigen langjährigen Exposition gegenüber bestimmten Klebstoff-Spezialmischungen aus Benzin, Toluol, Xylol, Methylchlorid, Essigester, Ketonen, Aceton und Alkoholen gelten. In fast jeder Wohnung und in den meisten Büros sind Teppichböden mit entsprechenden Klebern verlegt. Plastische Kunststoffe, angereichert mit kanzerogenen Weichmachern und Schwermetallen wie Blei, Kadmium, Zink, Titan, müssen diesbezüglich als direkte und indirekte Störfaktoren endokriner und immunologischer Regelkreise angesehen werden.
Epidemiologische Studien zeigen, daß die Endometriose in Mitteleuropa und in den USA zunimmt. Viele Frauen mit Endometriose hatten vorher Kontakte mit entsprechenden Kontaktallergenen. Allergien der Haut, insbesondere an den Händen, im Gesicht und am Dekolleté sind häufig. Frauen mit Endometriose scheinen auch überdurchschnittlich *häufig zu Sonnenallergien* zu neigen, wobei die Zusammenhänge noch nicht geklärt sind.
Viele Frauen mit Endometriose haben auch alle *klassischen Symptome* einer *chronischen Lösungsmittelvergiftung:* Benommenheit, Kopfschmerz, Schwindel, narkotische Erscheinungen, alles Hinweise auf Störeinflüsse des zentralen Nervensystems (und damit verbunden des endokrinen Systems) durch Umweltschadstoffe.
Tagtäglich arbeiten Frauen in Industrie- und Handwerksbetrieben mit endokrin wirksamen Schadstoffen: Methyl- oder Ethylacetat-Ester, Methyl-Ethyl-Ketone reizen zunächst die Schleimhäute von Augen, Mund, Rachen, Magen, machen im Laufe der Monate und Jahre müde, aggressiv und gereizt. Dadurch wird das seelische und psychische Gleichgewicht gestört und es kommt zu endokrinen Störungen, häufig auch zu Endometriose.

Viele Umweltgifte, die das Hormonsystem stören, sind darüber hinaus auch **krebserregend** und **narkotisierend:** Benzol, Xylol und Toluol verursachen Krämpfe und psychische Störungen, Benzol, Toluol und Methylenchlorid sind krebsverdächtig, Trichlorethan und Trichlorethylen schädigen Gehirn, Leber, Nieren.
Weitere Umweltgifte, die das Hormonsystem schädigen und so eine Endometriose verursachen können, sind: **Farbstifte** aus Cellulose oder Kunstharzen, Ton, Talkum und Graphit mit Farbstoffen auf Methylviolettbasis, mit Gleit- oder Bindemitteln, können zu chronischen Hautentzündungen führen. **Fettstifte** aus Farbpulver, Farbwachsen oder -fetten; synthetische Ölfarben mit Verdickungs-, Feuchthalte-, Konservierungsmitteln, Stabilisatoren, schwermetallhaltigen Farbstoffen und Tensiden können bei Hautkontakt oder Inhalation zu allergischen Hautreaktionen, Reizung und Schwellung der Schleimhäute, Husten, Atemnot, Kopfweh, Schwindelanfällen, Nervenreizungen und -schädigungen führen und stören langfristig das gesamte Hormonsystem nachhaltig und irreversibel.

9.4.4 Standardtherapie

Derzeit versucht man normalerweise eine kombinierte Behandlung aus operativer und hormoneller Therapie. Hierbei werden nicht die eigentlichen Ursachen beseitigt, sondern es handelt sich um eine rein symptomatische Behandlung.
Hormonell nimmt man hochdosierte Gestagene, Gonadotropinhemmer oder GnRH-Analoga. Diese sollen den Zweck erfüllen, daß die Produktion der Eierstockhormone gestoppt wird. Darüber hinaus gibt es noch die Möglichkeit, Schmerzmittel einzusetzen.

9.4.5 Umweltmedizinisch orientierte Therapieansätze

9.4.5.1 Allgemeine Grundsätze

Wenn man eine Endometriose heilen will, muß man nach den Ursachen forschen. Eine exakte Umweltanamnese, eine gezielte Untersuchung und dann eine gezielte Schadstoffanalytik und -ausleitung sind unerläßlich. Nur so besteht die Möglichkeit, die Endometriose zu beseitigen und das Endokrinium wieder zu stabilisieren.

Folgende Schwerpunkte gehören dazu:

- Komplette **Umstellung der Ernährung.** Meiden tierischer Eiweiße. Übermäßige Anwendung von Hormonen in der Viehzucht (Kälber, Hühnchen) führt zu deren Anreicherung im Fleisch. Übermäßiger Genuß dieses Fleisches kann zur Follikelhormonüberproduktion beitragen.
- Vitamintherapie.

9.4.5.2 Phytotherapeutische Ansätze

Die Heilkunde mit Pflanzen und Spurenelementen kann wertvolle Unterstützung bieten. Die *Follikelhormonüberproduktion* läßt sich dadurch bremsen:

- Mit individuell ausgetesteten Heilpflanzen, z. B. mit Einzel- oder Misch-Urtinkturen aus **Steinsamen, Frauenmantel, Mönchspfeffer, Schafgarbe** oder **Schwarzer Johannisbeere**
- Mit ätherischen Ölen, z. B. von **Zypresse, Ysop** oder **Engelwurz, Oregano** oder **Zitronenpelargonie**
- Mit **Plazentaextrakten.**

Viele Heilpflanzen können, individuell ausgetestet, dazu beitragen, daß der *Endometrioseschmerz gelindert* wird. Dies kann beispielsweise erreicht werden:

- Mit Einzel- oder Misch-Urtinkturen aus **Schotenklee, Salweide, Schwarzer Bulte, Weißdorn, wilder Jasmin, Schlüsselblume, Beinwell, Himbeere, Steinklee, Hydrastis** und/oder **Hamamelis**
- Mit (unbedingt individuell ausgetesteten) ätherischen Ölen (Einzel-Substanzen oder Mischungen) aus **Estragon, Basilikum, Engelwurz, Lavendel, Rosmarin** und/oder **Kamille**
- Mit einer individuellen Einbeziehung des sozialen Umfeldes
- Mit Stärkung der Abwehr durch die gezielte Gabe individuell ausgetesteter Spurenelemente, wie zum Beispiel Mg **(Magnesium),** Li **(Lithium),** Zn **(Zink),** Cu **(Kupfer)** und/oder Mn **(Mangan)**
- Gegebenenfalls zusätzlich mit Spezial-Urtinkturen aus Schwarzer Johannisbeere, Schachtelhalm, Himbeere, Wilder Brombeere und/oder Wildem Stiefmütterchen.

Gestagen-ähnliche Pflanzen

- **Steinsamen** (Lithospermum officinale): Ganze Pflanzen, Samen harntreibend, hemmt die Funktion der Hypophyse, gestagenähnlich.
- **Mönchspfeffer** (Vitex agnus castus): Blätter krampflösend, ausgleichend auf das System von Vagus und Sympathikus, Beruhigungsmittel, speziell für die Geschlechtsorgane; gestagenähnlich.
- **Salweide** (Salix alba): Kätzchen (männliche Blüten), Blätter, Rinde Beruhigungsmittel für die Geschlechtsorgane, gegen Neuralgie, krampflösend, Beruhigungsmittel für die Nerven, senkt das Fieber, stärkt die Verdauung.

9.4.5.3 Mögliches Schema gegen Endometriose

- **Mn/Cu** (Spurenelemente je nach Krankheitsbereitschaft)
- **Plazentaextrakt** (1 Zäpfchen jeden 2. Tag)
- *Während der ersten Phase des Zyklus:* **Urtinktur Schwarze Johannisbeere, Himbeere, Schachtelhalm, Brombeere** und/oder **Wildes Stiefmütterchen,** individuell ausgetestet, zum Beispiel zu gleichen Teilen, 2 mal 40 Tropfen pro Tag
- *Während der zweiten Phase des Zyklus:* **Urtinktur Steinsamen, Frauenmantel, Schafgarbe, Mönchspfeffer, Hydrastis,** individuell ausgetestet, zum Beispiel zu gleichen Teilen 2 mal 80 Tropfen pro Tag
- *Während der Menstruation:* **Urtinktur Gemeiner Fischfänger, wilder Jasmin, Grießwurz, Hamamelis, Beinwell, Schlüsselblume, Himbeer-Alkohol-Lösung,** individuell ausgetestet, zum Beispiel 3 mal 100 Tropfen.

10. Maligne gynäkologische Erkrankungen (Krebs)

10.1 Übersicht

Wohl kaum eine Erkrankung verbreitet in der neueren Zeit soviel Schrekken wie der Krebs. Etwa 20 bis 30 Prozent aller Menschen sterben heute an den Folgen einer Krebserkrankung. Viele davon könnten gerettet werden, wenn ihr Krebs rechtzeitig erkannt worden wäre.

10.1.1 Umwelt als Krebsursache

10.1.1.1 Allgemeine Umwelteinflüsse

Nach neueren wissenschaftlichen Untersuchungen liegen bei fünfundsiebzig bis achtzig Prozent aller Krebserkrankungen Umweltfaktoren zugrunde. Dazu gehören chemische Substanzen in der Luft, im Wasser, im Boden, in der Nahrung und in Medikamenten.

10.1.1.2 Rauchen

Das mit Abstand größte Risiko aus der Umwelt ist das Zigarettenrauchen, das für zweiundzwanzig bis vierzig Prozent aller krebsbedingten Todesfälle verantwortlich ist.

10.1.1.3 Luftschadstoffe

Zu den weiteren Risikofaktoren gehört die Luftverunreinigung durch den Rauch der Industrieschornsteine, der Müllverbrennungsanlagen, der Kraftwerke, der beheizten Wohnhäuser und der Autoabgase. Auch chemische Substanzen können zu Krebs führen, entweder durch direkten Kontakt bei der Arbeit am Arbeitsplatz oder durch indirekte Aufnahme, zum Beispiel durch die Luft, das Wasser oder durch Nahrungsmittel.

10.1.1.4 Strahlung

Spätestens seit Tschernobyl wissen wir alle, wie gefährlich die radioaktive Strahlung ist. Doch beschränken wir uns dabei nicht nur auf die radioaktiven Strahlen. Auch Röntgenstrahlen und die zur Bräunung der Haut so geschätzten ultravioletten Strahlen, vor allem aber die Mikrowellen können Krebs erzeugen.

10.1.1.5 Nahrung

Wenn wir essen, geht es letztlich darum, der kleinsten Einheit, der Zelle, einer Einheit aus lebender Materie, Nahrung zuzuführen. Für unser Überleben ist es unbedingt notwendig, daß die Membran der Zelle richtig strukturiert und normal durchlässig ist. Beim Darm bringt eine Erhöhung der Durchlässigkeit ein verstärktes Eindringen von Darminhalt ins Innere der Zelle mit sich: Neben der unverzichtbaren Nahrung gelangen Gifte, Bakterien und Viren in die Zelle. Um eine normale Membran aufbauen zu können, muß der Körper über normales Baumaterial, sprich normale Nahrungsstoffe, verfügen.

10.1.2 Krebsfördernde Faktoren

Viele Umweltschadstoffe gelten aufgrund neuerer Untersuchungen als sogenannte »krebsfördernde Faktoren«. Dazu gehören beispielsweise *Farb-* und *Konservierungsstoffe* und andere *Zusätze in Lebensmitteln* wie *Zyklamate* (Süßstoffe) und *Saccharine*. Diese wurden in den USA wegen ihrer krebserregenden Wirkung bereits aus dem Verkehr gezogen, in Europa jedoch nicht. Weitere krebsfördernde Mittel sind *Nitrite, Nitrate, Safrol* und andere. Lebensmittel können auch krebserregend wirken, wenn sie falsch gelagert werden (PCB in der Schutzschicht von Milchvorratssilos), wenn sie raffiniert oder gekocht werden (z. B. Wiederverwendung von Frittieröl).

Psychische Faktoren

Manche Forscher behaupten, daß Krebserkrankungen ein besonderes psychologisches Profil eigen sei, dessen hervorstechende Züge ›Passivität‹, Mangel an Aggressivität und Lebenswillen seien, was zur »Selbstzerstörung in der Zelle« führe. Der amerikanische Radiologe SIMONTON hat unter anderem sogenannte *»psychische Traumen«* systematisiert. Die moderne Psychoimmunologie geht heute davon aus, daß jeder psychische oder physische Schock einen Zustand von Streß und einen Adrenalinstoß hervorrufen kann. Dadurch kommt ein kompliziertes System von Hormonausschüttungen in Gang (Nebennieren, Hypothalamus, Hirnanhang), das auf den Angriff reagiert. Falls man nun in einem solchen Moment zu Anregungsmitteln, wie Zigaretten, Alkohol oder Drogen greift, erschöpft das System vollends.
Aufgrund neuerer Erkenntnisse der Endokrinologischen Onkologie weiß man, daß unter Umständen ein *erhöhter Hormonspiegel* bösartige Prozesse beschleunigen kann, falls der Tumor über Rezeptoren verfügt, die durch solche Hormone stimuliert werden. Ein wichtiges

Beispiel sind Östrogene, die das Wachstum des Corpus-Karzinoms stimulieren können.
Eine bösartige Erkrankung bedroht, stört und zerstört die Einheit von Körper, Seele und Geist. Um diese Einheit wiederzuerlangen, ist es zunächst wichtig, daß man sich bewußt mit der Krankheit auseinandersetzt, um ihr dann ganzheitlich ohne Angst zu begegnen.

10.1.3 Umwelteinflüsse bei der Tumorentstehung

Der Mensch in seiner technisch-zivilisatorischen Umwelt ist heute in verstärktem Maß Krebsnoxen ausgesetzt, die über Wasser, Luft, Boden und Nahrung auf den menschlichen Organismus einwirken.
Bei der Entstehung einer Krebserkrankung handelt es sich um ein komplexes Geschehen mit vielen Ursachen und mehreren Wirkungen, das mit wissenschaftlichen Kontrollversuchen in monokausaler Betrachtung nicht hinreichend erfaßt und dargestellt werden kann.
Bei jeder Krebserkrankung sollten aus **umweltmedizinischer Sicht** insbesondere folgende **Faktoren** untersucht werden:
- Umweltschadstoffe
- Lebensgewohnheiten bspw. Rauchen
- Ernährungsgewohnheiten
- Immun-Status
- Erbliche Belastung
- Biographie (Schicksalsschläge, berufliche Situation)
- Psychische Verhaltensmuster (Aktivität, Depressivität etc.).

Interessant ist, daß bereits 1964 eine Expertengruppe der WHO zu dem Ergebnis kam, daß 75% aller Krebserkrankungen vermeidbar sein müßten, weil sie durch äußere, umweltbedingte Faktoren hervorgerufen werden, die im Gegensatz zu den meisten inneren, körpereigenen Faktoren verändert bzw. vermieden werden können. Die äußeren Faktoren wurden definiert als die gesamte Umwelt des Menschen einschließlich Ernährung und spezifische Verhaltensweisen.

10.1.4 Moderne Untersuchungen

Störungen des Immunsystems durch Umweltschadstoffe sind nicht nur für die Entwicklung von Allergien verantwortlich zu machen, sondern auch eine *mögliche Hauptursache* der Krebsentstehung.
Insbesondere beim hormonabhängigen Krebs, beim Mamma-Karzinom, Ovarial-Karzinom und beim Corpus-Karzinom müssen in diesem Zusammenhang Wechselbeziehungen zwischen Umweltschadstoffen, Hormon- und Immunsystem als bedeutsam angesehen werden.

Zwei Systeme im menschlichen Körper stehen in ständiger Wechselbeziehung zwischen der Umwelt und dem inneren Körpermilieu, das *Endokrinium* und das *Immunsystem*, beide gesteuert durch das übergeordnete Zentrale Nervensystem.
Untersuchungen haben gezeigt, daß Umweltfaktoren *sowohl* in das Endokrinium *als auch* in das Immunsystem eingreifen können, so daß äußerer Streß auf biochemischem Weg Krankheiten hervorruft.
Das Immunsystem eines 15jährigen Menschen weist 8 Billionen immunkompetente Zellen auf und wiegt 1,5 kg (RUNOW, 1986). Während früher vor allem entzündliche Prozesse bei Umweltkrankheiten untersucht wurden, sind die Abnormitäten des Immunsystems, die bei Patienten mit Umweltkrankheiten nachweisbar sind, erst in den letzten Jahren Gegenstand der Forschung geworden; insofern wird dieses Feld auch durch besonders viele widerstreitende wissenschaftliche Meinungen geprägt.
Bei entzündlichen Prozessen, die durch Umweltkrankheiten ausgelöst werden, handelt es sich zwar um Reaktionen des Immunsystems, nicht aber um biochemische Prozesse, die einen immunologischen Charakter aufweisen; denn wie auch immer die entzündlichen Vorgänge entstehen, das Ergebnis ist immer eine Beeinträchtigung der Funktion des betreffenden Gewebes.
Am häufigsten wird bei Umweltkrankheiten eine Veränderung der T-Lymphozyten in Funktion und Anzahl gefunden. Aufgrund der engen Wechselwirkung zwischen den T-Lymphozyten und dem humoralen Zweig des Immunsystems (B-Lymphozyten) wurden neben der häufigen Fehlfunktion der zellgebundenen Abwehr auch gelegentlich Abnormitäten bei den Antikörpern und im Komplement-System festgestellt, die vor allem bei Allergikern gehäuft vorkommen.
Die T-Lymphozyten können u.a. durch Nahrungsmittelgifte, Chemikalien und psychosozialen Streß in ihrer Funktion beeinträchtigt werden. Bei den meisten klinisch-ökologischen Patienten ist die absolute Anzahl der T-Lymphozyten erniedrigt (REA et al., 1978). Wahrscheinlich handelt es sich hierbei meist um Suppressor-T-Zellen; diese Hypothese läßt sich allerdings z. Z. noch nicht wissenschaftlich bestätigen.

10.1.5 Umweltfaktoren als Streßauslöser

Auch Streß kann durch Umweltschadstoffe (mit-)verursacht oder verstärkt werden. Diesen wiederum muß man nach modernsten psychoneuroonkologischen Untersuchungen als einen *wesentlichen Katalysatoren* onkogener Prozesse anerkennen.

Experimentelle Versuche haben gezeigt, daß Streß-Phänomene die Funktion der T-Lymphozyten beeinträchtigen. So wird z. B. die mitogene Aktivität der T-Lymphozyten erheblich reduziert, wenn man die Zellen mit Ozon in einer Konzentration von 0,4 ppm konfrontiert; diese Ozon-Konzentration wird z. B. in der Luft in Los Angeles während eines Smog-Alarms gemessen (PETERSON et al., 1978). Der menschliche Organismus benötigt etwa 2 Wochen, um sich nach einer derartigen Ozon-Reaktion wieder zu erholen.
Hypothetisch muß angenommen werden, daß endogene Mediatorsubstanzen, die durch das Immunsystem aktiviert wurden, Störungen in verschiedenen Zielorganen gleichzeitig hervorrufen können. Es konnte gezeigt werden, daß Mediatorsubstanzen – z. B. Prostaglandine, Kinine, Serotonin, Histamin, Acetylcholin – untereinander zu einer potenzierenden Wirkung oder zu einem Synergismus führen können.
Derartige Effekte von Schadstoffen sind bereits in relativ niedrigen Konzentrationen – ab 10 ng/l – nachweisbar (RUNOW, 1986); so löst z. B. Phenol und Formaldehyd in niedrigen Dosen eine konzentrationsabhängige Histaminausschüttung aus Rattenmastzellen aus.
Aufgrund neuerer Forschungsergebnisse wird angenommen, daß Umwelterkrankungen als Überempfindlichkeitsreaktionen auf Umweltfaktoren aufzufassen sind, die über ein Netzwerk von verschiedenen biochemischen Wegen im Körper wirken; dabei kommt den endogenen Mediatoren eine große Bedeutung zu.
Unter Streß scheidet die Nebenniere Encephalin aus (PLOTNIKOFF, 1981). J. WYBRAN et al. nehmen an, daß T-Lymphozyten Rezeptoren für endogene Opiate – z. B. für Encephalin – aufweisen, weiterhin vermuten andere Wissenschaftler, daß Encephaline auch die Funktion der T-Lymphozyten verändern können.
Entgegen einer weit verbreiteten Ansicht weisen die meisten Patienten mit Umweltkrankheiten normale oder auch erniedrigte IgE-Werte auf; nur bei etwa 10–30% aller Umwelt-Patienten können erhöhte IgE-Werte nachgewiesen werden. Meist handelt es sich dann um allergische Reaktionen vom Typ I (nach COOMBS und GELL).
Bei Patienten mit Chemikalien- oder Nahrungsmittel-Überempfindlichkeiten wird über ungewöhnlich niedrige IgA-Werte berichtet. Die Schutzfunktion des Immunglobulins A in Leber, Darm und Schleimhäuten vor dem Eindringen fremder Stoffe ist dann nicht mehr gegeben, so daß Antigene bzw. Allergene leichter in die Blutbahn eindringen können und so eine verstärkte Reaktion des Immunsystems im Sinne einer Sensibilisierung erfolgen kann.

10.1.6 Immunkomplexkrankheiten als Krebs-Vorstufen

Bei Arbeitern in einer Kunststoffabrik, die Vinylchlorid ausgesetzt waren, wurden Immunkomplex-Krankheiten beobachtet (Ward, 1976). Bei organischen Lösungsmitteln wurde vereinzelt als Immunkomplex-Krankheit eine akute Glomerulonephritis festgestellt.
Ratten wiesen unter experimentell erzeugter Immunkomplex-Krankheit signifikant häufiger Immunkomplex-Depots im Plexus chorioideus mit zugehörigen typischen Verhaltensänderungen auf (Hoffman et al., 1978). Diese Beobachtung erklärt möglicherweise die psychischen Veränderungen, die bei einigen Patienten mit Lupus erythematodes oder anderen Autoimmunkrankheiten sowie auch bei Umweltkrankheiten festgestellt werden.

10.1.7 Krebsrisiko

Das Risiko eines Menschen, an Krebs zu erkranken, hängt vor allem von 2 Faktoren ab, vom *Einfluß krebserzeugender Schädigungen von außen* und *von der Antwort der Körperzellen* auf das kanzerogene Agens. Eine chemische Substanz wird erst in Verbindung mit einer Körperzelle kanzerogen. Aber schon eine Zelle reicht aus, um in einem empfindlichen Wirtsorganismus einen Tumor zu erzeugen.

10.1.8 Mechanismen der Krebsentstehung und -ausbreitung

10.1.8.1 Initiierung und Promotion

Die Entstehung von latenten Tumorzellen wird als Initiierung, die eigentliche Tumorentstehung als Promotion oder Kokanzerogenese bezeichnet. Während die Initiierung irreversibel ist, handelt es sich bei der Promotion um einen reversiblen Prozeß.

10.1.8.2 DNA-Veränderungen bei der Initiierung

Man nimmt an, daß es bei der Initiierung zu einer molekularen Veränderung der DNA kommt. Diese These wird gestützt von der Beobachtung, daß initiierte Zellen bis zu einem Jahr nach der Initiierung noch promoviert werden können. Die initiierungsbedingten Veränderungen der DNA werden offensichtlich von Zellgeneration zu Zellgeneration weitergegeben.
Die Tatsache, daß die Promotion noch reversibel ist, hat eine große medizinische Bedeutung:
Kann die Exposition mit einem Promotor noch gestoppt werden, bevor die initiierten Körperzellen die Fähigkeit gewinnen, sich auch in

Abwesenheit der Promotoren zu teilen, dann könnte die Tumorbildung verhindert werden. Berücksichtigt man, daß die meisten »Krebsgifte« nicht Initiatoren sondern Promotoren sind – z. B. die Dioxine und Furane –, wird deutlich, welch große präventive Aufgabe und Verantwortung auf Umweltmediziner in dieser Frage zukommt.
Das *Konzept der Tumorpromotion* wurde von Rous, Berenblum und Motram in den 40er Jahren entwickelt; es dient zur Erklärung des Phänomens, daß das Bestreichen der Haut mit Crotonöl die Anzahl von Hauttumoren deutlich erhöhte, wenn vorher mit einer Dosis des Karzinogens Benzpyren behandelt wurde. Heute werden ähnliche sequentielle Kombinationseffekte in Leber, Harnblase, Pankreas, Colon und Lunge, aber auch bei gynäkologischen Karzinomen, auf die gleiche Weise erklärt.

10.1.8.3 Kurzzeittests

Die Testung von Umweltfaktoren auf promovierende Wirkung ist im kompletten Dosis-Zeit-Protokoll sehr aufwendig. Häufig führt man deshalb nur Kurzzeittests für die promovierende Wirkung durch. Ein wesentlicher Nachteil von Kurzzeittests ist, daß bei negativen Resultaten nicht auf fehlende Karzinogenität geschlossen werden kann. Ein anderes forschungsspezifisches Problem liegt darin, daß für die Ermittlung der gesetzlichen Toleranzgrenzen für Promotoren lediglich die Toxizitätsuntersuchungen der Einzelsubstanzen herangezogen werden.
Nur vergleichsweise selten kommen Kombinationstests zur Anwendung, obwohl z. B. von Benzpyren bekannt ist, daß sich seine Wirkung durch viele verschiedene Begleitstoffe im Smog der Städte auf das 600fache erhöhen kann.
Die experimentelle Erarbeitung von Erkenntnissen zum Wirkungsmechanismus von Promotoren und die Hypothesenbildung zum Mechanismus ihrer Wirkung steht noch am Beginn ihrer Entwicklung.
Bei der chemischen Kanzerogenese handelt es sich um einen dosis- und zeitabhängigen Prozeß. Die Wirkung eines Kanzerogens im Tierexperiment hängt von vielen Faktoren ab: Tierspezies, Tierstamm, Geschlecht, hormonalem Gleichgewicht, Ernährung, Haltungsbedingungen und anderem.

10.2 Mamma-Karzinom (Brustkrebs)

10.2.1 Häufigkeit und Verbreitung

Jährlich werden bei 15 000 Frauen in der Bundesrepublik Tumore in der Brust festgestellt. Diese Krebszahl wäre vermeidbar gewesen, wenn die Frauen regelmäßig und damit rechtzeitig zur Krebsfrüherkennung gegangen wären. Bei einem früh erkannten Krebs der Brustdrüse beträgt die Heilungschance 98 Prozent, bei einem später erkannten Brustkrebs nur noch 46 Prozent. Ab dem 20. Lebensjahr sollte daher jede Frau mindestens einmal jährlich eine Untersuchung der Brust durch den Arzt machen lassen. Dafür stehen verschiedene Methoden zur Verfügung.
Der Brustkrebs ist in der westlichen Welt der häufigste bösartige Tumor der Frau. Das Mammakarzinom hat eine hohe Inzidenzrate in Nordeuropa und Nordamerika gegenüber einer deutlich geringeren in Südostasien und Japan. In den letzten Jahren wurde aber in Japan ein deutlicher Anstieg der Brustkrebsinzidenz festgestellt.

> Allein in der Bundesrepublik erkranken jährlich ca. 30 000 Patientinnen mit weiterhin steigender Tendenz. 1991 starben in den alten Bundesländern 15043 Patientinnen am Brustkrebs, verglichen mit 5483 Frauen im Jahre 1952.

In fast allen Ländern haben sowohl die Sterblichkeit (Mortalität) als auch die Neuerkrankungsrate (Inzidenz) in den letzten Jahrzehnten stark zugenommen. Starben in der alten Bundesrepublik 1968 noch 31,1 Frauen je 100 000 Einwohner an Brustkrebs, so ist diese Rate 1991 auf 45,3 je 100 000 angewachsen. In den letzten Jahren scheint die Mortalität zu stagnieren, was man den Behandlungserfolgen und den vermehrten Vorsorgeuntersuchungen zugute schreiben kann.
In der Bundesrepublik herrscht ein geografisches Gefälle von Nordrhein-Westfalen und Rheinland-Pfalz (über dem Bundesdurchschnitt) nach Bayern (unter dem Bundesdurchschnitt). Diese Daten beziehen sich aber nur auf die Todesfälle, nicht auf die Neuerkrankungen. Da in Deutschland Krebs-Neuerkrankungsfälle flächendeckend nur in Saarland und Hamburg (erfassen nur 5% der bundesdeutschen Gesamtbevölkerung) registriert werden, lassen sich Aussagen über einen von Klinikern beobachteten Erkrankungsgipfel bei immer jüngeren Patientinnen nicht verifizieren. Gesichert ist, daß die Sterbehäufigkeit bis ins höchste Alter zunimmt, d. h. das Risiko, an Brustkrebs zu erkranken, steigt mit dem Alter an.

Aufgrund der Zunahme der Lebenserwartung ist abzuschätzen, daß jede 8. Frau im Laufe ihres Lebens am Mammakarzinom erkrankt, vor 50 Jahren traf es in den USA nur durchschnittlich jede 16. Frau.

10.2.2 Risikofaktoren

10.2.2.1 Übersicht

Allgemeine Risikofaktoren für Brustkrebs:

- Frühe Menarche
- Kinderlosigkeit
- Späte erste Schwangerschaft
- Späte Menopause
- Fehlende Gestagenwirkung
- Gutartige Brusterkrankungen
- Erbliche Belastung
- Starkes Übergewicht nach der Menopause.

Epidemiologische Studien haben gezeigt, daß ein *hoher Fettanteil in der Ernährung* und *starker Alkoholkonsum* die Entstehung von Mammakarzinomen fördern kann. Ob die Einnahme von Kontrazeptiva das Krebsrisiko erhöht, ist noch nicht erwiesen. Eine höhere Zufuhr von Vitamin A und eine ausreichende Selenversorgung reduzieren dagegen das Risiko.

Kritisch diskutiert wird unter Forschern die Frage, inwieweit die Zunahme der Krebsfälle auf verbesserte medizinische Diagnostik und mehr Erfahrung bei den untersuchenden Ärzten zurückzuführen ist. Hierüber gibt es sehr unterschiedliche Meinungen, wie weiter unten aufgeführt.

Eine internationale Forschergruppe argumentiert, die stete Zunahme an Neuerkrankungen an Brustkrebs über das letzte halbe Jahrhundert könne nur in geringem Maße durch vermehrte und verbesserte Mammografie erklärt werden (Harris, Lippman, Veronesi, Willett; NewEngJMed 1992;327/5:319–28).

Bei der Erforschung der eigentlichen Ursachen des Brustkrebses tappt die Wissenschaft noch sehr im Dunkeln. Man ist sich einig darüber, daß viele Faktoren bei der Entstehung des Brustkrebses beteiligt zu sein scheinen.

10.2.2.2 Genetische Faktoren

Nach Maass 1994 dürften überwiegend vererbte genetische Defekte und »Faktoren des Lebensstiles« zur Entstehung des Mamma-Karzinoms beitragen. Unter letzteren sind Umwelteinflüsse im weitesten Sinne zu

verstehen: Von der natürlichen Umwelt (Boden, Wasser, Luft) über die soziale Umwelt (z. B. Beruf, Familienstand) und persönliche Umwelt (Trink- und Eßgewohnheiten, Rauchen).
Hinsichtlich des genetischen Risikos diskutiert man derzeit als mögliche Ursache einen genetischen Defekt am Chromosom Nr. 17. Dies scheint vor allem bei jungen Patientinnen eine große Rolle zu spielen.
Allerdings sind nur etwa dreißig Prozent der Brustkebs-Patientinnen einer Risikogruppe zuzuordnen.
Aufgrund epidemiologischer Untersuchungen ist seit langem bekannt, daß große Unterschiede in der Erkrankungshäufigkeit zwischen westlichen Industriestaaten und Entwicklungsländern, aber auch Japan bestehen. Frauen in den USA haben ein bis zu siebenfach höheres Risiko, ein Mammakarzinom zu entwickeln, verglichen mit Frauen in Japan. Diese Unterschiede machen sich vor allem nach den Wechseljahren bemerkbar: In Japan sinkt die Erkrankungshäufigkeit nach dem 50. Lebensjahr, während sie im Westen weiter ansteigt.

10.2.2.3 Alkoholkonsum

Daß auch starker Alkoholkonsum das Brustkrebsrisiko leicht erhöht, ist seit längerer Zeit bekannt. Amerikanische Forscher fanden jetzt heraus, daß ein Alkoholkonsum von durchschnittlich 30 g Ethanol pro Tag (etwa 2–3 Drinks) den Spiegel mehrerer Hormone, u. a. des Östrogens, welches unter Umständen das Brustkrebswachstum fördern kann, deutlich erhöht (Reichman et al., 1993). Als Auslösemechanismus für den Krebs kann das aber nicht gewertet werden.

10.2.2.4 Ernährung

Untersuchungen an japanischen Emigranten nach Nordamerika zeigten eine rasche Anpassung der Erkrankungsrate an das Gastland. Genetische Faktoren können dafür nicht verantwortlich sein, eher westlicher Lebens- und Ernährungsstil.

10.2.2.5 Kalorienzufuhr

Interessant sind auch eindeutige Zusammenhänge zwischen *Kalorienzufuhr und Brustkrebsrate*:
Schon in den 60er Jahren fand man heraus, daß in westlichen Ländern eine hohe Kalorien- und Fettzufuhr mit hoher Brustkrebsrate korreliert. Daraufhin schätzte man, daß bei einer Reduktion des Fettverzehrs um die Hälfte auch die Brustkrebsrate um die Hälfte abnehmen könnte (Kohlmeier 1991).

10.2.2.6 Fettmenge

Auch haben einige Kohorten- und Fall-Kontrollstudien Zusammenhänge zwischen hoher Fettaufnahme und einer erhöhten Brustkrebsrate gefunden. (Whittemore 1993, Willett et al.; Jama 1992). Plausibel würde dieser Zusammenhang dann, wenn man zeigen könnte, daß Fett eine biochemische Mittlersubstanz (»mediator«) im Brustkrebs beeinflußt.

10.2.2.7 Sättigungsgrad der Fettsäuren

Umstritten ist auch, ob die gesättigten Fettsäuren durch Kohlenhydrate, mehrfach oder einfach ungesättigten Fettsäuren ersetzt werden sollen. Möglicherweise kommt der Ernährung während der Jugend, wenn das Brustfettgewebe schnell wächst, eine größere Bedeutung zu, als eine fettreiche Ernährung im Erwachsenenalter. Zum Beispiel entwickeln asiatisch-amerikanische Frauen, die im Westen geboren wurden oder die während ihrer Kindheit in die USA ziehen, häufiger Brustkrebs als Frauen, die erst als Erwachsene emigrieren (Shimizu et al., 1991).

10.2.2.8 Vitaminmangel

Über die Rolle von Vitaminen und Antioxidantien bei der Brustkrebsentstehung wurden jüngst zwei große Studien mit unterschiedlichen Ergebnissen veröffentlicht: Eine chinesische Studie an 30 000 Erwachsenen ergab ein allgemein vermindertes Krebsrisiko durch eine Ergänzung der Nahrung mit einem Kombinationspräparat aus β-Karotin, Vitamin E und Selen. Allerdings handelte es sich bei den Teilnehmerinnen um äußerst schlecht ernährte Probandinnen, bei denen Vitaminpräparate möglicherweise stärker wirken als in westlichen Ländern (JNatCancerInst 1993).

In einer prospektiven Studie an 90 000 Frauen in den USA von Hunter et al. fand sich kein protektiver Effekt von hochdosiertem Vitamin C oder E. Niedrigdosiertes Vitamin A schien das Risiko für Brustkrebs sogar zu erhöhen (NEnglJMed 1993).

Fettsucht hat ebenfalls einen sehr schwachen Anstieg des Risikos zur Folge, allerdings nur nach dem Wechsel. Bei jungen Frauen wird einem erhöhten Gewicht ein schützender Effekt zugesprochen, was wohl auf Unregelmäßigkeiten der Periode zurückzuführen ist.

Zusammenfassend läßt sich sagen, daß hinter der Ernährung andere Risikofaktoren des Lebensstiles und der Industrialisierung für den Brustkrebs mitverantwortlich sein könnten.

10.2.2.9 Endokrine Faktoren

In letzter Zeit wird vermehrt über den Hormonhaushalt bei Brustkrebspatientinnen geforscht. So ist z. B. auffällig, daß in China die Frauen erst mit 17 Jahren geschlechtsreif werden, während z. B. in den USA die Frauen schon mit durchschnittlich 12,8 Jahren die erste Regelblutung erfahren.
Kinderlosigkeit und ein spätes Alter bei der Geburt des ersten Kindes (über 30 Jahre) erhöhen das Brustkrebsrisiko, während eine Entfernung der Eierstöcke vor dem 35. Lebensjahr oder ein Einsetzen der Menopause vor dem 45. Lebensjahr das Risiko mindern.

10.2.2.10 Familiäre Belastung

Anerkannt als Risikofaktor ist auch eine familiäre Belastung durch Brustkrebs. Allerdings sind alle diese anerkannten Risikofaktoren nur mit einem geringen Risikoanstieg verbunden. Das größte Risiko haben genetisch vorbelastete Frauen. Sie erkranken etwa 4–6 mal häufiger als nicht belastete.
Wie schwierig und widersprüchlich das Konzept der Risikofaktoren ist, beweist eine Studie des Engländers Kalache, der 1993 herausfand, daß ein relativ hohes Alter (>35 Jahre) bei der letzten Schwangerschaft einen stärker schützenden Effekt vor Brustkrebs hat als das bei der ersten Schwangerschaft.

10.2.2.11 Schwangerschaft

So ist es durchaus vorstellbar, daß Schwangerschaft zwei gegensätzliche Einflüsse auf den Brustkrebs hat: Einen schützenden Effekt für die gesunde Brust durch Induktion der Differenzierung der Stammzellen und somit weniger Angriffsfläche für die Kanzerogenese und einen nachteiligen Effekt durch Beschleunigung des Wachstums noch verborgener Krebszellen (Miller, 1993).

10.2.2.12 Pille

Auch die Benutzung oraler Kontrazeptiva scheint das Brustkrebsrisiko leicht zu erhöhen, ebenso die Anwendung von Östrogen-Zusätzen (Hormonersatz) nach dem Wechsel.
Interessant ist das Ergebnis einer schwedischen Statistiker-Studie: Dort fand man heraus, daß die Überlebensraten von Patientinnen mit prämenopausalem Brustkrebs, die mit dem Gebrauch von oralen Kontrazeptiva vor ihrem 20. Lebensjahr begannen, signifikant niedriger waren

als bei Frauen, die nie die »Pille« benutzten oder erst spät damit begannen (Anticancer Res., 1988).

10.2.2.13 Stillen

Stillen scheint das Risiko für Brustkrebs etwas zu verringern. Eine großangelegte Fall-Kontroll-Studie mit 5878 Brustkrebspatientinnen und 8216 Kontrollpersonen in den USA ergab, daß Frauen vor der Menopause, die gestillt haben, ein geringeres Risiko haben als Frauen, die nicht stillten (Newcomb et al., 1994). Eine andere Studie aus Großbritannien ergab, daß das Risiko mit zunehmender Stillzeit abnahm (Chilvers, U.K.,1993).

10.2.2.14 Intrauterine Faktoren

Auch intrauterine Faktoren werden mit Brustkrebs in Verbindung gebracht: A. Ekbom von der Universität Uppsala fand heraus, daß die Nachkommen von Frauen, die während der Schwangerschaft an Eklampsie bzw. Präeklampsie litten (ein Krankheitsbild mit Krämpfen, Hochdruckkrisen mit z. T. Bewußtseinsverlust, Ödemen und Eiweißkörpern im Urin) seltener an Brustkrebs erkranken als errechnet. Bei dieser Krankheit ist der Spiegel von Östrogen bei der Schwangeren sehr niedrig.

Wenn eine veränderte hormonelle Situation im Uterus für Brustkrebs prädisponiert, müßte man Anomalien in anderen Strukturen, die ebenfalls hormonell beeinflußt werden, erwarten, z. B. im Zentralnervensystem. Mit dieser Vorstellung gelang es schwedischen Forschern, bei Frauen mit Brustkrebs signifikant häufiger als erwartet eine cerebrale Asymmetrie zu finden: Normalerweise ist der linke Okzipitallappen etwas größer und reicht weiter nach hinten. Bei diesen Patientinnen war es umgekehrt (Sandson, 1992). Die Hypothese, daß Brustkrebs bereits im Uterus entsteht, wurde zum erstenmal von Trichopoulos 1990 öffentlich vertreten.

Nach Lauritzen (1989) läßt es sich zur Zeit nicht exakt abschätzen, inwieweit Umweltgifte das Risiko der Brustkrebserkrankung erhöhen; er hält es aber für möglich, daß bald begründete Empfehlungen für Frauen zur Herabsetzung des Brustkrebsrisikos gegeben werden können.

10.2.3 Schädigende Umwelteinflüsse

10.2.3.1 Östrogene in der Umwelt

Interessant ist die Tatsache, daß unsere Umwelt immer stärker von Östrogenen durchsetzt ist: Soja als größte Quelle von sogenannten Phyto-Östrogenen erfreut sich als Fleischersatz zunehmender Beliebtheit. Synthetisches Östrogen (Pille) gelangt via Abwässer ins Grundwasser, der Verbrauch von östrogenhaltigen Molkereiprodukten hat ebenfalls enorm zugenommen.

Aus Plastikbehältnissen entweicht das synthetische Östrogen Bisphenol-A (BPA) und bei vielen Schadstoffen, z. B. PCB's, Organochlorverbindungen (in Pestiziden), Heptachlor, Atrazin, polyzyklischen Kohlenwasserstoffen (PAH) sowie Verbrennungsrückständen wird eine östrogene Wirkung beobachtet.

Dabei ist anzunehmen, daß sehr viele chemische Substanzen östrogen wirken, ohne daß man es bis jetzt weiß: Es gibt sozusagen überraschende Orte östrogener Aktivität (Krishnan, 1993). Beispielhaft sei nur an den häufigen Plastikzusatz Nonylphenol verwiesen, bei dem erst 1991 eine östrogene Wirkung gefunden wurde, oder an die Freisetzung von Bisphenol-A aus Labor-Plastikkolben bei der Reinigung.

Die Ansicht, »die Menschen leben jetzt in einer Umwelt, die man als einen richtigen Östrogen-See bezeichnen könnte«, ist keine Außenseitermeinung (Sharpe et Skakkebaek, 1993; Focus, 1994; Science News, 1993).

Östrogene wirken zwar nicht direkt gentoxisch bzw. mutagen, durch ihre wachstumsfördernde Wirkung auf das Brustgewebe verkürzen sie aber die Periode, die zur Reparatur von alltäglichen Genschäden von jeder Zelle benötigt wird und erhöhen damit die Wahrscheinlichkeit, daß ein Schaden in der Erbsubstanz nicht mehr repariert werden kann und eine erste entartete Krebszelle entsteht.

John A. McLachlan (1993) vom National Institute of Environmental Health Sciences in North Carolina, USA geht sogar soweit, eine chronische Exposition auch gegenüber schwachen Umweltöstrogenen als Risikofaktor für Brustkrebs zu bezeichnen.

Generell ist die von den amerikanischen Forschern Henderson und Pike zum erstenmal veröffentlichte These, wonach viele Menstruationszyklen den Brustkrebs fördern, immer noch gültig. So wird zum Beispiel angenommen, daß junge adipöse Frauen öfter anovulatorische Phasen haben und deshalb eher geschützt sind.

10.2.3.2 Radioaktive Strahlung

Auch radioaktive Strahlung wird zu den Risikofaktoren für Brustkrebs gezählt. Schon 1965 berichtete der Kanadier MACKENZIE über Brustkrebsfälle 15–20 Jahre, in 4 von 40 Fällen sogar über 20 Jahre nachdem die Patientinnen wegen einer Lungentuberkulose mehrfach, z. T. 200 mal in 4 Jahren durchleuchtet wurden (Br.J. Cancer 1965, siehe auch: Radiat.Res. 1991, Cancer Res., 1989)

Seitdem wurde nach SPECHTER, 1994 über erhöhte Brustkrebsraten in folgenden Zusammenhängen berichtet:

- nach Bestrahlung akuter Brustentzündung post partum (J.Nat.Cancer I., 1977; J.Nat.Cancer I., 1986)
- bei Überlebenden der Atombombenabwürfe in Hiroshima und Nagasaki (J.Nat.Cancer Inst, 1977; Radiat. Res., 1987)
- nach niedrig-dosierter Kopfhautbestrahlung von Kindern mit Tinea capitis, einer Pilzerkrankung (Lancet, 1989)
- nach Bestrahlung der Brust für verschiedene, nicht bösartige Erkrankungen (Fibroadenomatose, akute und chronische Brustentzündung und Brusthypertrophie) (Cancer, 1977)
- nach Bestrahlung einer vergrößerten Thymusdrüse in der Kindheit (New Engl. J. Med., 1989).
- nach Strahlenbehandlung bei Morbus Hodgkin (J.Nat.Cancer Inst., 1993).

Die meisten dieser Forschungsarbeiten zeigen ein erhöhtes Risiko für Brustkrebs zumeist für junge Frauen, d. h. zum Zeitpunkt der Bestrahlung unter 40 Jahren.

Interessant ist, daß die Latenzzeit bis zum Auftreten des Krebses häufig 15 Jahre und mehr dauerte, d. h. das Risiko stieg 15 Jahre nach der Behandlung dramatisch an (J.Nat.Cancer Inst., 1977; J. Nat. Cancer Inst., 1993).

Bei jungen Frauen ist das Brustgewebe offensichtlich für die schädlichen Strahlen sehr empfänglich, was sich bei Überlebenden der Atombombenabwürfe ebenso zeigt wie bei klinischen Studien. Allerdings zeigt ein Vergleich von Frauen, die zwischen 1920 und 1950 in Schweden wegen gutartiger Brusterkrankungen (Fibroadenomatose, chronische und akute Brustentzündung) bestrahlt wurden mit Frauen, die nicht bestrahlt wurden, daß auch Frauen, die zum Zeitpunkt der Behandlung älter als 40 Jahre waren, einem statistisch signifikant erhöhten Risiko für Brustkrebs unterliegen (MATTSSON et al., 1993).

Daneben gibt es deutliche Hinweise, daß das Risiko linear mit der applizierten Strahlendosis ansteigt. Da prinzipiell jede Strahlendosis krebsauslösend sein kann, ist diese Beobachtung durchaus nachvollziehbar.

Mammographie

Vor dem Hintergrund dieser Zusammenhänge muß auch die Diskussion um den Nutzen von Mammographie-Untersuchungen gesehen werden.

> Unstrittig ist, daß die Mammographie die Sterblichkeit an Brustkrebs um mindestens 25% gesenkt hat.

Verschiedene amerikanische Gesellschaften, u. a. die »Amerikanische Gesellschaft für Krebs« (Cancer society), und die »Amerikanische Radiologie-Gesellschaft« (American College of Radiology) empfehlen eine jährliche Mammographie-Untersuchung für alle Frauen über 50, und im 1–2 Jahresabstand auch für Frauen zwischen 40 und 50 Jahren. Andere, z. B. die »U.S Preventive Services Task Force«, empfehlen erst ab 50 Jahren Mammographien. Gerade die Vorsorgemammographie bei Frauen unter 50 ist heftig umstritten.

Während Schreer von der Uni-Klinik Hamburg die Empfehlung aus der Deutschen Mammographie-Studie, Frauen ab dem 40. Lebensjahr jährlich mammographisch zu untersuchen, aufrechterhält (»Gynäkologe« 1994), kommt der Wuppertaler Radiologe Schneider zu dem Schluß, daß vor dem 45. Lebensjahr von der Mammographie Abstand genommen werden sollte, da »hierbei das Risiko den Nutzen zu überwiegen scheint« (Schneider, G., 1993).

Tatsächlich ist wissenschaftlich ein Nutzen eines jährlichen Mammographie-Screenings bei Frauen unter 50 Jahren nicht bewiesen, wie eine Analyse der größten 8 klinischen zufallsverteilten Studien ergeben hat (JNatCancerInst 1993;85:1619–21 <editorial>).

Zu überlegen ist auch, daß mehrere negative Ergebnisse Frauen zu der Einstellung verführen könnten, daß sie nie Brustkrebs erleiden und deshalb weiteren Untersuchungen fernbleiben (Harris, JNatCancerInst 1993;85:1795).

Zu einem überraschenden Schluß kommt eine Studie des Pathologen Den Otter: Er vertritt den Standpunkt, daß es günstiger sei, genetisch vorbelastete Frauen, d. h. Risikopatientinnen von der Mammographie auszuschließen, da die Bestrahlung von Patienten mit einem vererbten Krebsgen (z. B. Retinoblastom) extrem karzinogen wirke. Der Prozeß der Krebsentstehung werde um eine Stufe verkürzt. Diese Frauen sollten vielmehr ab dem 20. Lebensjahr jährlich mit Palpation und Sonographie untersucht werden. Diese überschaubare Patientinnen-Gruppe trage das größte Risiko eines strahleninduzierten Brustkrebses (Anticancer Res., 1993). Spechter (1994) kommt zu folgendem Schluß:

> Unter umweltmedizinischen Gesichtspunkten ist eine Indikation zur strahlenbelastenden Mammographie-Untersuchung sehr streng zu stellen. Andererseits muß berücksichtigt werden, daß gerade der Brustkrebs bei jungen Frauen überaus schnell wachsen kann und in den letzten Jahren die Apparate besser und sicherer geworden sind.

10.2.3.3 Rauchen

Zusammenhänge wurden auch zwischen der Brustkrebsmortalität und dem Verkauf von Zigaretten in den USA gefunden. Widersprüchlich sind die Ergebnisse von Studien, die einerseits einen protektiven Effekt (De Waard et al., 1988), andererseits einen krebsauslösenden Effekt fanden (Horton, 1992; Lemon, 1992). Auch das amerikanische Gesundheitsministerium will sich nicht festlegen.

10.2.3.4 Elektromagnetische Felder

In letzter Zeit wird zudem über Elektromagnetische Felder und Brustkrebs berichtet: Elektromagnetische Felder und Nachtlicht hemmen die Melatonin-Ausscheidung aus der Hypophyse. Melatonin wiederum hemmt das Wachstum von Brustkrebszellen in Ratten, außerdem gibt es Beobachtungen in der Arbeitsmedizin an exponiertem Personal (Stevens, 1987; Matanoski, 1991). Melatonin scheint auch dahingehend krebsunterdrückend zu wirken, daß es den Gehalt natürlicher Antioxidantien in Brustkrebszellen erhöht.
»Elektrische Energie ist beinahe das Kennzeichen für die Industrialisierung schlechthin, mit künstlichem Licht in der Nacht und einer Bandbreite elektromagnetischer Wellen im Haushalt, durch Mikrowellen und Radios. Vor 100 Jahren gab es das in unserer Umwelt noch nicht,« so Stevens vom Pacific Northwest Laboratory in Richland, USA (Science News, 1993).

10.2.3.5 Pestizide

Zunehmend werden auch Umweltgifte wie Pestizide für die Entstehung des Mamma-Karzinoms verantwortlich gemacht: Besorgniserregend ist die Tatsache, daß die Gesamtzahl an Krebs-Neuerkrankungen weiter zunimmt. Verglichen mit den Jahrgängen 1873–82 haben Frauen der Jahrgänge 1950–59 in Schweden ein doppelt so hohes Krebsrisiko,

Männer sogar ein dreifach erhöhtes (ADAMI et al., 1993). Die Autoren dieser Veröffentlichung ziehen die Schlußfolgerung, daß »immer mehr Menschen krebsauslösenden Einflüssen ausgesetzt sind.«
Brustkrebspatientinnen zeigen zu einem großen Prozentsatz eine positive, virusspezifische T-Zell-vermittelte Immunantwort diesem Virus gegenüber, was bedeutet, daß sie mit diesem Virus bereits früher konfrontiert wurden (Eur.Cytokine Netw., 1993).
1980 berichtete DUSICH über statistisch hochsignifikante Brustkrebsraten in St. Louis Park, einer Vorstadt von Minneapolis. Dort wurden erhöhte Spiegel von krebserregenden polyzyklischen aromatischen Kohlenwasserstoffen (Pyren, Fluoranthen, Anthracen, Naphthacen u. a.) in mehreren städtischen Brunnenanlagen gefunden, die von einer nahen Fabrik stammten. In Rattenversuchen zeigte sich, daß ein Bestandteil, 3-Methylcholanthren brustkrebsauslösend wirkt (Minn. Medicine 1980).
Bereits 1968 fand RADOMSKI eine Beziehung zwischen erhöhten Pestizidkonzentrationen im Fettgewebe bei Patienten mit portaler Zirrhose, Krebs und Hochdruck. Den ersten Zusammenhang zwischen Pestiziden und Brustkrebs fand WASSERMANN 1976: Er fand eine erhöhte Konzentration von Organochlor-Verbindungen im extrahierten Fett von Brustkrebsgewebe verglichen mit benachbartem normalem Gewebe und eine erhöhte Metabolisierungsrate von DDT zu DDE im Tumorgewebe. Dieser Zusammenhang wurde von weiteren Studien, die auffälligerweise erst in den letzten 4 Jahren veröffentlicht wurden, unterstützt:
MUSSALO-RAUHAAMA von der Universität Helsinki verglich den Schadstoffgehalt im Brustgewebe von 44 Brustkrebspatientinnen mit dem von 33 gesunden Frauen. Nach kritischer statistischer Aufarbeitung zeigte sich, daß β-HCH (Hexachlorocyclohexan) signifikant in der Krebsgruppe erhöht war und das Risiko bei Personen mit mehr als 0,1 mg/kg Fett β-HCH im Brustfett 10,51 betrug.
FALCK von der Universität Michigan fand beim Vergleich Brustfettgewebe von 20 erkrankten zu 20 nicht erkrankten Patientinnen 50–60% höhere Konzentrationen von PCBs und DDE/DDT.
Die letzte Studie hat das meiste Aufsehen erregt: WOLFF von der Universität Mt. Sinai /N.Y. fand im Blut von 58 Patientinnen, bei denen 1–6 Monate nach Blutabnahme ein Mamma-Karzinom diagnostiziert wurde, 35% mehr DDE (statistisch signifikant) und 17 % mehr PCBs. Die Kontrollgruppe bestand aus 171 gesunden Patientinnen. Auch aufgrund dieser Studie hat der amerikanische Kongreß nun eine Untersuchung über hohe Brustkrebsraten auf Long Island in Auftrag gegeben. Die Studie hat zu mehreren Korrespondenzen, abgedruckt im »Journal of the National Cancer Institute« Bethesda USA geführt, u. a. von Vertretern der Pflanzenschutzmittelindustrie (DOW Chemicals).

Auch eigene Untersuchungen (SCHULTE-UEBBING, ZAHN et al., 1989–1994), die im Rahmen einer Doktorarbeit von SPECHTER ausgewertet wurden, zeigen den Einfluß von Umweltschadstoffen auf das Mamma-Karzinom. Zweck der klinischen Untersuchung im Rahmen der routinemäßigen Ursachenabklärung war es, zu überprüfen, ob die Ergebnisse von amerikanischen Studien, bei denen die Schadstoffbelastung im Gewebe oder Blut von Brustkrebspatientinnen signifikant höher war als bei Patientinnen mit gutartigen Brustveränderungen, auch im exponierten Patientengut einer landwirtschaftlich intensivst genutzten Region (Gäuboden) anzutreffen sind.

Die Ergebnisse erhärten den Verdacht, daß neben den bisher anerkannten Risikofaktoren beim Brustkrebs auch Umweltchemikalien und insbesondere Pestizide eine Rolle bei der Entstehung des Brustkrebses spielen.

Im oben erwähnten Zeitraum wurden Brust-Gewebeproben von Patientinnen mit gutartigen und karzinomatösen Brustveränderungen entnommen. Die Patientinnen wurden einer Fallgruppe (Karzinome) und einer Kontrollgruppe (gutartige Brusttumore) zugeteilt. Die bisher im Labor analysierten Proben entstammen vergleichbaren Altersgruppen. Dabei ergab sich ein eindeutiger Trend zu einer höheren HCB-Belastung bei den Karzinompatientinnen, wobei eine weitere statistische Absicherung noch erfolgen muß. Bei der Kontrollgruppe fiel eine Patientin mit einer enormen (über 10fachen) β-HCH-,DDE- und DDT- Belastung auf. Diese war wegen eines Fibroadenoms operiert worden. Die Umweltanamnese ergab eine massive Belastung am Wohn- und Arbeitsplatz.

Inzwischen werden Zusammenhänge zwischen Pestiziden und Mamma-Karzinom-Entstehung auch zunehmend in der deutschsprachigen Literatur beschrieben. Dies zeigt auch die Veröffentlichung von MAASS »Korrelationen zwischen Pestizidrückständen im Blut und Brustkrebsrisiko können angenommen werden.« (Gynäkologe 1994;27:3–6).

Als möglicher Mechanismus der Kanzerogenese wird die östrogene und damit tumorwachstumsfördernde Wirkung von Schadstoffen wie DDT angesehen.

Auch *polyzyklischen aromatischen Kohlenwasserstoffen* wie Benzo(a)pyren und *heterozyklischen aromatischen Aminen* wird eine Rolle bei der Entstehung von Brustkrebs zugesprochen (EL-BAYOUMY, Chem. Research in Toxicology 1992; 5/5: 585–90). Sie entstehen v. a. bei Verbrennungsprozessen und werden v. a. über die Nahrung, durch Zigarettenrauch, in der Stadtluft etc. vom Menschen aufgenommen. Sie sind als kanzerogen, d. h. **krebsauslösend anerkannt**.

10.2.4 Diagnostik

Die einfachste Untersuchung ist das genaue Betrachten und Abtasten der Brust. Am bekanntesten ist die Mammographie, eine spezielle Röntgenuntersuchung der Brust, die erst bei Frauen ab dem 30. Lebensjahr eingesetzt werden soll.

> Aus umweltmedizinischer Sicht sollte bei allen Risikopatientinnen neben einem endokrinologischen Screening auch ein Umwelt-Schadstoff-Screening durchgeführt werden.

Alle endokrinologischen Risikofaktoren, die zum Mamma-Karzinom beitragen, können prinzipiell auch durch Umweltschadstoffe verursacht und/oder verstärkt werden: Schwermetalle, Pestizide und Organochlorverbindungen sammeln sich in den Eierstöcken, in Hypophyse und Hypothalamus, aber auch in der Nebennierenrinde, und sorgen dort für hormonelle Unruhe: Die Produktion falscher Östrogene kann erhöht sein.

Holzschutzmittel

In jedem Fall sollten die Konzentrationen von PCB, HCH, DDT und dessen Abbauprodukt DDE in Blut, Urin, gegebenenfalls auch in der Eierstockflüssigkeit und im Mamma-Punktat bestimmt werden.

Schwermetalle

Es ist nach Möglichkeit ergänzend auf Schwermetalle wie Blei, Cadmium und Quecksilber zu untersuchen: Kaugummi-, DMPS- Test und Allergietests bieten sich an. Dabei muß immer bedacht werden, daß Schwermetalle, die im wesentlichen aus der Nahrung und der Umwelt stammen, bei Störungen der Ausscheidung (Leber, Niere, Darm) in verschiedenen Organdepots abgelagert werden. Die Haupt-Depots sind dabei neben dem Brustdrüsengewebe das ZNS (= Zentralnervensystem), aber auch Knochen, Pankreas, Nieren und Leber.

10.2.5 Ganzheitliche Therapieansätze

Die Behandlung des Mamma-Karzinoms hängt von Alter, Allgemeinzustand der Frau und vor allem vom Stadium und der Histologie des Tumors ab.
In jedem Fall sollte aus umweltmedizinischer Sicht **zusätzlich** zu Operation, Strahlen-, Chemo- und/oder Hormontherapie eine **immun-**

stimulierende Therapie mit gezielter Entgiftung und Ausleitung der Umweltschadstoffe durchgeführt werden (siehe auch Abschnitt »Therapie«).

10.3 Gynäkologische Karzinome

In allen Tumorregisterregionen in Deutschland ist ein Trend zu abnehmender Sterblichkeit bei gynäkologischen Tumoren festzustellen; dies trifft für alle Altersstandardisierungen zu.

10.3.1 Gebärmutterkrebs (Korpus-Karzinom)

10.3.1.1 Übersicht

Das Korpus-Karzinom befällt im allgemeinen ältere Frauen, die keine oder wenige Kinder haben. Die häufigsten Anzeichen sind Störungen der Menstruation und besonders unregelmäßige Blutungen nach der Menopause.

10.3.1.2 Ursachen

Es ist heute bekannt, daß das Wachstum des Korpus-Karzinoms durch Östrogene gefördert werden kann. Es ist nachgewiesen, daß die Benutzung *oraler Kontrazeptiva* und insbesondere die Anwendung von *Östrogen-Zusätzen* (Hormonersatz) ohne Gestagenzugabe nach dem Wechsel das Risiko erhöhen kann, an einem Korpus-Karzinom zu erkranken.

Östrogene in der Umwelt

Da unsere Umwelt immer stärker von Östrogenen durchsetzt ist, muß auch mit einem zunehmenden Korpus-Karzinom-Risiko gerechnet werden. Beispielsweise erfreut sich der Fleischersatz Soja als größte Quelle sogenannter Phyto-Östrogene zunehmender Beliebtheit.

Pille

Synthetisches Östrogen (Pille) gelangt via Abwässer ins Grundwasser, der Verbrauch von östrogenhaltigen Molkereiprodukten hat ebenfalls enorm zugenommen. Aus Plastikbehältnissen entweicht das synthetische Östrogen Bisphenol-A (BPA) und bei vielen Schadstoffen, z. B. PCB's, Organochlorverbindungen (in Pestiziden), Heptachlor, Atrazin, polyzyklischen Kohlenwasserstoffen (PAH) sowie Verbrennungsrückständen wird eine östrogene Wirkung beobachtet.

Dabei ist anzunehmen, daß sehr viele chemische Substanzen östrogen wirken, ohne daß man es bis jetzt weiß: Es gibt sozusagen überraschende Orte östrogener Aktivität (»Surprising Places of Estrogen Activity«, <Editorial>, Endocrinology 1993;132/6:2277–78). Beispielhaft sei nur an den häufigen Plastikzusatz Nonylphenol verwiesen, bei dem erst 1991 eine östrogene Wirkung gefunden wurde, oder an die Freisetzung von Bisphenol-A aus Labor-Plastikkolben bei der Reinigung (KRISHNAN, Endocrinology 1993;132:2279–86).
Östrogene wirken zwar nicht direkt gentoxisch bzw. mutagen, durch ihre wachstumsfördernde Wirkung auf das Brustgewebe verkürzen sie aber die Zeitspanne, die zur Reparatur von alltäglichen Genschäden von jeder Zelle benötigt wird und erhöhen damit die Wahrscheinlichkeit, daß ein Schaden in der Erbsubstanz nicht mehr repariert werden kann und eine erste entartete Krebszelle entsteht.

10.3.1.3 Diagnostik

Viele Umweltschadstoffe mit östrogenen Nebenwirkungen können möglicherweise über eine Stimulation des Endometriums zum Endometrium-Karzinom führen. Somit sollte diagnostisch bei Verdacht auf ein Endometriumkarzinom unbedingt auch neben der Routinediagnostik eine Umweltanamnese mit einer anschließenden gezielten Schadstoffanalytik durchgeführt werden.
Bei jeder Postmenopausenblutung sollte neben der routinemäßigen Diagnostik (endokrinologische Abklärung, Hysteroskopie [Gebärmutterspiegelung], fraktionierte Abrasio [Ausschabung des Uterus]) auch eine Schadstoff-Anamnese, -analytik und gegebenenfalls eine gezielte Ausleitung und Entgiftung durchgeführt werden.

10.3.1.4 Therapieansätze

Die Behandlung des Korpus-Karzinoms hängt vom Alter und Allgemeinzustand der Frau sowie vor allem vom Stadium und der Histologie des Tumors ab.
In jedem Fall sollte aus umweltmedizinischer Sicht **zusätzlich** zu Operation, Strahlen- und/oder Hormontherapie eine **immunstimulierende Therapie** mit gezielter Entgiftung und Ausleitung der Umweltschadstoffe durchgeführt werden.

10.3.2 Gebärmutterhalskrebs (Zervixkarzinom)

10.3.2.1 Übersicht

Dank der systematischen Krebs-Früherkennungsuntersuchung einmal pro Jahr ist das Zervix-Karzinom (der Gebärmutterhals-Krebs) seltener geworden, da dieser Tumor nun früher erkannt werden kann.
Das Zervix-Karzinom befällt eher Frauen mit häufigem Geschlechtsverkehr. Bei der Entstehung werden Viren als mögliche (Teil-)Ursachen diskutiert.

10.3.2.2 Ursachen

Aus umweltmedizinischer Sicht muß davon ausgegangen werden, daß der Gebärmutterhalskrebs durch Umweltschadstoffe (mit-)verursacht wird.
Der Gebärmutterhalskrebs entsteht immer im Stadium der sogenannten »Dysplasie«. Darunter versteht man ein Krebsvorstadium, das wiederum häufig aus chronisch rezidivierenden Entzündungen hervorgehen kann.
Fast immer ist die Dysplasie die Folge jahrelanger chronisch rezidivierender Entzündungen im Bereich von Vulva und Vagina durch Umweltschadstoffe, welche ein dauerhaftes falsches Milieu bewirken. Dazu kommt eine gewisse Abwehrschwäche über längere Zeit.
Während einer gesunden, abwehrstarken Frau leichtere Kolpitiden (= Entzündungen der Scheide) nichts anhaben können, führt der jahrelange Einfluß von Umweltschadstoffen, gegebenenfalls verstärkt durch schlechte, einseitige Ernährung und vor allem auch durch abwehrschwächende Medikamente (insbesondere Antibiotika, Antimykotika, Kortison-Präparate etc.) zu einem Milieu, das optimal für HPV-Viren ist.
Der angegriffene Organismus wird mit den immer wiederkehrenden Entzündungen im Bereich der Vulva und Vagina nicht mehr fertig. Es kommt schließlich zur Dysplasie.
Frauen haben sehr häufig jahrelangen *chronischen Fluor vaginalis*, bevor sich schließlich eine Dysplasie ausbildet. Dies liegt nicht nur an der für Dysplasie-Patientinnen typischen vita sexualis (häufig wechselnde Partner, häufiger Verkehr, spezielle Sexualpraktiken), sondern oft auch an Umwelt-Schadstoffen im Wohn-, Arbeits- und Freizeitbereich sowie in Nahrung, Kosmetika, Kleidung.

10.3.2.3 Das Milieu ist entscheidend

Moderne Untersuchungen haben gezeigt, daß Dysplasiepatientinnen schon Jahre, bevor die Dysplasie aufgetreten ist, nicht mehr über das natürliche, normale Scheidenmilieu verfügen.

Während sich die Scheide beschwerdefreier, gesunder Frauen aus dem Schleim des Gebärmutterhalses, aus abgestoßenen Zellen der Scheidenschleimhaut und aus dem sogenannten »Transsudat« zusammensetzt, und über eine wäßrige Lösung, die reich ist an Elektrolyten wie Natrium, Kalium und Kalzium, an Fettsäuren, Eiweißen, die in einem ausgewogenen Verhältnis zueinander stehen, stimmt dieses Verhältnis bei Patientinnen mit Dysplasie nicht. Auch die normalerweise in der Scheide vorhandenen, für die Abwehr sehr bedeutsamen Immunglobuline und immunkompetenten Zellen sind schon lange, bevor es zur Dysplasie kommt, vermindert oder sogar verschwunden.
Diese Zellen sind aber für die hohe Schutzfunktion der Scheide vor aufsteigenden Infektionen und für die natürliche Abwehr gegenüber pathogenen (= krankheitsverursachenden) Mikroorganismen wie Bakterien, Pilzen und vor allem den möglicherweise Dysplasie-verursachenden HPV-Viren verantwortlich.

10.3.2.4 Einflußfaktoren

Eine erhöhte Promiskuität (häufiger Partnerwechsel) bringt bei häufigem Koitus mit Ejakulation unter Umständen immunologische Probleme mit sich. Sehr oft bilden sich im Zervikalsekret Antikörper gegen die Spermaantigene. Dies kann häufig zu einer Milieuveränderung führen, die für pathogene Keime günstig ist und daher chronische Infektionen zur Folge haben kann.
Gleichzeitig werden über weitere negative Einflußfaktoren weniger Immunglobuline und immunkompetente Zellen produziert, welche dringend notwendig wären, um die beginnende Dysplasie zu verhindern. Solche **negativen Einflußfaktoren** können vielfältig sein. Häufig sind:

- Andere Erkrankungen
- Unausgewogene Ernährung
- Schlafmangel
- Blutarmut
- Einnahme von Medikamenten (z. B. Antibiotika)
- Einnahme gewisser Hormone wie Cortison oder die Pille
- Gesundheitsschädliche »Hygiene«, wie die Verwendung von Vaginalsprays oder zu häufiges Schaumbaden
- Streß.

10.3.2.5 Umweltschadstoffe als Dysplasieauslöser

Umweltschadstoffe tragen unter anderem durch Verschiebung des pH-Wertes (= Säuregrades) der Scheide zu einer Milieu-Veränderung bei,

die dann über verminderte Selbstreinigungs-Fähigkeit und gestörte Abwehrfunktion zur Vermehrung pathogener (= krankmachender) Keime zu chronischem Ausfluß führen kann.
Dadurch ist Tür und Tor für aufsteigende Entzündungen mit allen Folgen geöffnet: Die Keime, auch HPV-Viren, besiedeln nicht nur die Scheide, sondern besiedeln auch den Muttermund und führen dort zu paraneoplastischen Veränderungen.
Bei eigenen Untersuchungen (Schulte-Uebbing, Zahn et al., 1990–1994) konnten wir bei Frauen mit Dysplasien, die fast ausnahmslos jahrelang vor Auftreten der Dysplasie an chronisch rezidivierendem Fluor (= immer wiederkehrendem Ausfluß) und chronisch rezidivierenden Vulvitiden (= Entzündungen im Bereich der Schamlippen) und Kolpitiden (= Entzündungen im Bereich der Scheide) litten, im Vaginal- und vor allem im Zervikalsekret (= im Schleim des Gebärmutterhalses) sehr oft relativ hohe, gelegentlich sogar extrem hohe Konzentrationen an chlorierten Kohlenwasserstoffen in Form von DDT, HCH (Lindan) und PCB messen.
Werte von 30 bis über 120 Mikrogramm Lindan pro Liter Zervikalsekret waren keine Seltenheit. Es ist sehr wahrscheinlich, daß diese Umweltschadstoffe direkt und indirekt zum Entstehen der Dysplasie beigetragen haben. Bei unseren Untersuchungen konnten wir im Zervikalsekret bis zu zwanzigmal höhere Organochlor-Werte messen als im Blut der entsprechenden Patientinnen. Dies war insofern interessant, als es sich beim Zervikalsekret nicht unbedingt um eine lipophile Substanz handelt, bei welcher dies eher zu erwarten gewesen wäre.
Sicherlich spielen auch Schwermetalle wie Blei, Cadmium und Quecksilber bei der Entstehung von Dysplasien eine wichtige Rolle. Erste eigene Messungen von Schwermetallbelastungen des Zervikalsekretes bei Patientinnen, die wegen einer Dysplasie konisiert wurden, sprechen für Zusammenhänge zwischen Schwermetallbelastungen und hormonellen und/oder immunologischen Fehlsteuerungen mit der direkten und indirekten Folge einer Dysplasie und eines Zervix-Karzinoms.
Bei fünf Dysplasie-Patientinnen waren im Zervikalsekret extrem hohe Quecksilber-, Silber-, Kupfer- und Zinnwerte nachweisbar. Diese hatten alle vorher jahrelang an chronischem therapieresistentem Fluor vaginalis gelitten. Eine genauere Umweltanamnese und -untersuchung zeigte einen direkten Zusammenhang mit Anzahl und Beschaffenheit von Amalgamfüllungen im Mund.
Erfahrungen, die wir bei Dysplasiepatientinnen diagnostisch und therapeutisch mit dem Chelatbildner Dimercaptopropionsulfonsäure (DMPS) sammeln konnten, belegen dies eindeutig. Patientinnen mit pathologischen Schwermetallwerten im Kaugummi- und DMPS-Test hatten

überdurchschnittlich häufig auch entsprechend erhöhte Schwermetallwerte im Zervikalsekret.

10.3.2.6 Umweltmedizinische Dysplasie-Diagnostik

Ein umweltmedizinisch orientierter Frauenarzt kann nach genauerem Befragen und gezielten Untersuchungen unter Umständen die eigentlichen Ursachen der Dysplasie feststellen, um dann eine wirksame Behandlung einzuleiten. Dazu sind allerdings oft sehr viel Zeit und Erfahrung notwendig. In jedem Fall ist es erforderlich, die Schadstoffe beziehungsweise deren Metaboliten (= Stoffwechselprodukte) meßtechnisch zu erfassen.
Dazu kann es notwendig sein, nicht nur bei der Patientin Blut, Urin oder andere Körpersekrete zu untersuchen, sondern zusätzlich im Wohn-, Arbeits- oder Freizeitbereich Schadstoffmessungen durchführen zu lassen.
Beim chronischen Ausfluß führt der umweltmedizinisch orientierte Frauenarzt zunächst üblicherweise Standard-Untersuchungen wie **»Nativpräparat«**, **»Amintest«** und **mikrobiologische Abstrichtests** durch. Darüber hinaus kommen dann eine umweltmedizinische Analyse des Vaginal- und Zervikalsekretes einschließlich entsprechender immunologischer Tests in Betracht.

10.3.2.7 Bürobedingte Dysplasie?

Viele Patientinnen entwickeln nach jahrelanger Bürotätigkeit eine Dysplasie und ein Zervix-Karzinom. Der Dysplasie geht immer ein häufig wiederkehrender, mitunter sehr starker Ausfluß über viele Jahre voraus. Schadstoffmessungen im Büro der Dysplasie-Patientinnen ergeben dann sehr oft eine massive Schadstoffbelastung. Das ist dann keine Seltenheit. In vielen modernen Wohn- und Arbeitsgebäuden kann es zu gefährlichen Ausdünstungen der Baumaterialien und Inneneinrichtungen kommen. Schon bei Raumtemperatur ist die Luft angereichert mit leichtflüchtigen Schadstoffen: Aus den *Wänden* (Isoliermaterialien, Flammschutzmittel), *Wandmaterialien* (Tapeten, Farben, Kunststoffbeschichtungen), *Böden* (Biozide in Teppichböden, Lösungsmittel von Klebern, Restmonomere aus Kunststoffbelägen), *Bildschirmgeräten* (Restmonomere, Flammschutzmittel) etc. treten giftige, hautreizende Substanzen aus: So kommt es nicht selten zu chronischen Reizungen der Augen- und Nasenschleimhäute und natürlich auch und insbesondere des äußeren und inneren Genitales.
Viele Frauen mit chronischen Entzündungen am Muttermund sind umweltschadstoff-geschädigt. Häufig ist auch eine Belastung durch

Ozon eine (Teil-)Ursache. Es wird heute in den meisten Büros aus Fotokopierern und Laserdruckern freigesetzt und entsteht, wenn die Trommel im Kopierer oder Drucker mit bis zu zehntausend Volt aufgeladen wird. Millionen Frauen arbeiten tagtäglich neben einem Laserdrucker und/oder einem Fotokopierer. Aber nur wenige wissen, daß schon eine Ozonkonzentration von weniger als 0,02 Milligramm pro Kubikmeter Luft zu chronischen Reizungen der Schleimhäute führen kann. Doch nicht nur die Schleimhäute von Augen, Hals und Nase werden gereizt: Auch und insbesondere die Haut im Bereich des äußeren Genitale, von Schamlippen und Scheide, ist besonders empfindlich gegenüber solchen Umweltreizen. Und ein langjähriger Reiz kann zur Dysplasie führen.

10.3.2.8 Dysplasie-fördernde Innenraum-Gifte

Durch Innenraum-Gifte kann die fatale Wirkung des Ozons am äußeren Genitale noch wesentlich verstärkt werden: *Formaldehyd, Isozyanate, Lösungsmittel* aus Teppichklebern und vieles mehr können die Wirkung vervielfachen. Eine besondere Bedeutung haben in diesem Zusammenhang auch die vielen *Reinigungs-* und *Desinfektionsmittel*, die in Haushalt und am Arbeitsplatz immer und überall angewendet werden. Sie verursachen häufig Schleimhautreizungen und sind sehr oft eine wichtige (Teil-)Ursache von chronischem Ausfluß und Milieuveränderungen, die dann den HPV-Viren und der Dysplasie Tür und Tor öffnen. Besonders problematisch sind die heute weitverbreiteten synthetischen Strumpfhosen und die synthetische Unterwäsche. Diese sind nicht nur häufig schadstoffbelastet, sondern schaffen darüber hinaus durch Blokkade der natürlichen Hautatmung ein künstliches feuchtes Treibhausklima, das allen pathogenen (= krankmachenden) Keimen sehr gut bekommt. Auch zu enge Hosen, die zu einer mechanischen Reizung des äußeren Genitales führen können, begünstigen ein Milieu, das der Dysplasie förderlich sein könnte.
Gefährlich sind, auch und gerade aus umweltmedizinischer Sicht, zu häufige Scheidenspülungen, da diese nicht selten zu einem Transport von Umweltschadstoffen aus dem äußeren Scheidenbereich bis zum Muttermund führen können. Nicht mehr verwendet werden sollten vor allem alkalische Seifen und Intimsprays. Diese vermindern den Säuregehalt der Scheide und zerstören dadurch den natürlichen Abwehrmechanismus, insbesondere dadurch, daß sich der pH-Wert der Scheide, (der anzeigt, ob das Scheidenmilieu sauer oder alkalisch ist) vom natürlich vorhandenen sauren Milieu ins krankmachende alkalische Milieu verschiebt. Auch können solche Intimsprays, langjährig benutzt, das Milieu

des Muttermundes so stark schädigen, daß möglicherweise eher eine Dysplasie entstehen kann.

10.3.2.9 Therapie der Dysplasie

Eine Dysplasie läßt sich im Frühstadium ganzheitlich behandeln. Schadstoffquellen müssen gefunden und beseitigt werden. Wichtig ist darüber hinaus eine **komplette Ernährungsumstellung** mit besonderer Beachtung der Vitamine (C, A, Komplex B, E und F) und Spurenelemente.

> In der Praxis des Autors sehr gut bewährt hat sich eine ambulante lokale Vitamin-A- und Antioxidantien-Applikation sowie eine lokale Oxygenierung (drei mal pro Woche, vier bis sechs Wochen lang).

Vitamin A ist ein ganz **wichtiger Gegenspieler der Streßhormone**. Diese sind ganz wesentlich an der Schwächung unserer Abwehrkraft beteiligt. Nicht zuletzt schützt Vitamin A unsere Schleimhäute, von deren gesunder Funktion unser Leben abhängt. Zusätzlich hemmt Vitamin A auch die negative Auswirkung der sogenannten Aflatoxine und Benzpyrene, zwei der gefährlichsten Krebsschadstoffe überhaupt.
Im Anfangsstadium kann auch die Verabreichung von **Mistel-Injektionen** sehr effektiv sein.
Eine ausgedehntere Dysplasie und ein Zervix-Karzinom im frühesten Stadium werden chirurgisch mittels **Konisation** behandelt (= Entfernung des vorderen Teils des Gebärmutterhalses in Form eines Kegels).

10.3.2.10 Therapie des Zervix-Karzinoms

Die Behandlung des Zervix-Karzinoms hängt von Alter, Allgemeinzustand der Frau und vor allem vom Stadium und der Histologie des Tumors ab. In jedem Fall sollte aus umweltmedizinischer Sicht zusätzlich zu Operation und/oder Strahlentherapie eine immunstimulierende Therapie mit gezielter Entgiftung und Ausleitung der Umweltschadstoffe durchgeführt werden.
Ein neues und sehr erfolgversprechendes Verfahren zur Behandlung von Zervix-Karzinomen und vor allem auch von Lokalrezidiven ist die **Galvanotherapie**, welche man auch mit der **lokalen Hyperthermie** bei gleichzeitiger **Immunstimulationstherapie** kombinieren kann.

10.4 Therapie bösartiger Erkrankungen

10.4.1 Allgemeine Therapie-Ansätze

Eine bösartige Erkrankung bedroht, stört und zerstört die Einheit von Körper, Seele und Geist. Um diese Einheit wiederzuerlangen, ist es zunächst wichtig, daß man sich bewußt mit der Krankheit auseinandersetzt, um ihr dann ganzheitlich ohne Angst zu begegnen. Auch der bösartige Tumor kann besiegt werden. Es gibt genügend Beispiele dafür, daß auch sogenannte »unheilbar Kranke« wieder gesund geworden sind.

Zunächst einige **Grundsätze**:

- Meiden Sie alle Risikofaktoren, die zu Krebs führen können!
- Gehen Sie regelmäßig zur Krebsfrüherkennungsuntersuchung, verlassen Sie sich jedoch nicht nur auf die klinischen Untersuchungen!
- Vergessen Sie bei der Krebsfrüherkennung auch nicht, immer wieder einmal eine spezielle Blutuntersuchung machen zu lassen!

10.4.2 Hilfe zur Selbsthilfe

- Sich ganz bewußt ohne Angst mit der Erkrankung auseinandersetzen. Nichts erzwingen wollen. Nichts verdrängen. Kontakt aufnehmen zu Selbsthilfegruppen in der Nähe.
- Positiv Denken. Bewußt leben. Nicht die Zeit mit Äußerlichkeiten verschwenden. Sie für gute, sinnvolle Taten nutzen. Sich engagieren. Gute, konstruktive Bücher und Filme bevorzugen. Sich Zeit nehmen für gute Freunde. Kreativ sein. Gute Musik hören. Malen, musizieren.
- Gebet und Meditation sind die besten Wege zur inneren Ausgeglichenheit. Gott ist der Arzt, der immer Zeit für Sie hat. Er kann die Gnade verleihen, wieder gesund zu werden.
- Vollwertige Ernährung. Normalgewicht anstreben. Leichte, gut bekömmliche Kost: **Viel Dinkel** essen (enthält viele Thiozyanate zur Abwehr von Umwelt- und Krebsgiften, ist reich an Kohlenhydraten, Eisen, Phosphor, Vitamin B_6, **Olein- und Linolsäure). Viel Salat, Gemüse, Obst. Wenig Fleisch, keine fette Wurst.** Weißmehlprodukte, Fabrikzucker, Alkohol, Nikotin meiden.
- **Kneipp-Therapie:** Viel Bewegung, Gymnastik, Wechselduschen, Schwimmen, Wechselbäder, Trockenbürsten, Sauna etc.
- Schaffen Sie sich eine **gesunde** Wohn-, Arbeits- und Freizeit-**Umwelt**. Überprüfen Sie, ob Ihr Schlafplatz gesund ist. Er sollte radiästhetisch und baubiologisch einwandfrei sein. Lassen Sie sich umweltmedizinisch beraten.
- **Rat und Hilfe** (Individuelle Einzelgespräche).

- **Immunstimulierung, Entgiftung und Ausleitung.** Lassen Sie sich beraten über die Möglichkeiten einer ganzheitlichen Krebstherapie. In jedem Fall sollten Sie Ihr Immunsystem stärken: Wenn möglich schon vor, während (z. B. Spülung mit Mistelpräparaten) und nach der Operation, Bestrahlung oder Chemotherapie. Die Ganzheitsmedizin verfügt über einen reichen Erfahrungsschatz, aus dem wir individuell schöpfen: z. B. Eigenblut-, Sauerstofftherapie, Gabe von Mistel-, Vitamin- und Enzympräparaten, Antioxidantien. Ambulante oder stationäre Entgiftung und Ausleitung von Schadstoffen über Darm, Haut, Lunge, Nieren.

10.4.3 Gesunde Ernährung

Gesunde ganzheitliche Ernährung

»Der Mensch ist, was er ißt«. Die Nahrung muß so weit wie irgend möglich naturbelassen sein, d. h. konservierte Nahrungsmittel, insbesondere chemisch haltbar gemachte **Mikrowellenkost, Tiefkühlkost, Fertiggerichte, Fertigsuppen** und ähnliches sind **verboten**. Was der Patient auf dem Teller hat, soll ihm in seinen einzelnen Bestandteilen als Naturprodukt erkennbar sein.

Schweinefleisch sollte nach Möglichkeit **nicht** konsumiert werden, **ebenso wenig Zucker, Milch, Nikotin. Kaffee** und **Alkohol** bedürfen drastischer **Einschränkungen. Gemieden werden** sollte **entkoffeinierter Kaffee**. Er kann krebserregende Restprodukte aus dem Entkoffeinierungsprozeß enthalten, der ein rein chemisch gesteuerter Vorgang ist.

Gesunde, vitalstoffreiche **Vollwertkost** gibt eine gesunde und normale Bakterienbesiedlung im Darm, die wiederum zur Vorbeugung gegen Krebs sehr wichtig ist. Übermäßiger Fleisch- und Kohlehydratgenuß führt zu Fäulnis und Gärungsprozessen und begünstigt das Entstehen von Darmkrebs. **Viel Frischkost, Sauermilch, Sahnejoghurt, Bioghurt, Sauerkraut** und **Leinsamenprodukte**.

Lebensmittel müssen schadstoffarm sein: Nur aus kontrolliert biologischem Anbau oder ungespritzt aus dem Garten. Keine Konserven und Fertigprodukte.

Vier Speisen sollten täglich gegessen werden:

- Vollkornbrot bzw. **Vollkornprodukte**
- Drei Eßlöffel **unerhitztes Getreide** (in Form eines Frischkornbreis)
- **Frischkost** (bestehend aus Gemüse, Frischkostsalaten und Obst)
- **Naturbelassene Fette** (Butter, Sahne und sog. kaltgepreßte Öle).

Folgende Nahrungsmittel sind zu meiden:

- **Fabrikzuckerarten** (weißer und brauner Zucker, Traubenzucker, Fruchtzucker, Milchzucker, Malzzucker, Ahornsirup, Rübensirup, Birnendicksaft, Apfeldicksaft, Melasse, Sucant, Ursüße u. a. m.)
- **Auszugsmehl und Produkte daraus**
- **Raffinierte Fette** wie Margarine und gewöhnliche Öle
- **Keine schäumende Zahnpasta** (Tenside). Besser ist eine Pflanzenzahncreme
- **Getreidekaffee statt Bohnenkaffee.**

10.4.4 Weitere wichtige Maßnahmen

- Sorgen Sie für eine **Kräftigung der körpereigenen Abwehr,** z. B. mit Thymusgesamtextrakt!
- **Enzyme:** Zur Vorbeugung gegen eine Krebserkrankung sollten Sie proteolytische Enzyme einnehmen (z. B. **Wobemugos**). Diese Enzyme haben die Eigenschaft, krankhaft veränderte Körperzellen aufzulösen. Das gilt auch für Krebszellen.
- **Vitamin A:** Nehmen Sie regelmäßig Vitamin A in höherer Dosierung zu sich, z. B. durch reichlich Mohrrüben oder Mohrrübensaft oder durch konzentrierte Fertigpräparate (z. B. **A-Mulsin forte**).
- **Vitamin C:** Sorgen Sie für die Zufuhr von reichlich Vitamin C in Form von Nahrungsmitteln (z. B. Hagebutte, Paprika, Kiwi, Zitrusfrüchte) oder hochkonzentriert als Ascorbinsäure (in Apotheken erhältlich). Vitamin C ist ein hochwirksames Vitamin zur Steigerung der körpereigenen Abwehrkräfte und sorgt außerdem dafür, daß krebserregende Nitrate unschädlich gemacht und neutralisiert werden können.
- **Kneipp-Therapie:** Sorgen Sie für eine regelmäßige Entgiftung über die Haut. Neben Sport an der frischen Luft kommt dafür auch die Sauna in Frage. Tun Sie alles, was die natürliche Atmung Ihres Körpers verbessert. Machen Sie regelmäßig Trockenbürsten und heiß-kalte Wechselduschen oder Armgüsse nach Pfarrer Kneipp. Das stärkt Herz und Kreislauf sowie die Widerstandsfähigkeit. Treiben Sie viel Sport an der frischen Luft. Das stärkt nicht nur Ihre Herzleistung, sondern baut auch schädliche Streßhormone ab.
- **Kunst-Therapie:** Klassische Musik wirkt ausgleichend auf die Psyche, beruhigt das Nervensystem und beugt Streß vor.
- **Rechtsdrehende Milchsäure:** Nehmen Sie regelmäßig sogenannte Rechtsmilchsäure zu sich, die sowohl in Kapsel- wie auch in Tropfenform in der Apotheke erhältlich ist. Außerdem kommt sie

in Sauerkraut, Sahnejoghurt oder Bioghurt vor. Das aktiviert die Atmung der Krebszellen.

- **Rote Bete:** Essen Sie viel rote Bete! Das im roten Farbstoff dieses Gemüses enthaltene Anthozyan kann die Zellatmung verbessern. Ähnliche Farbstoffwirkungen erreicht man zudem mit Holunder (der noch das wichtige Vitamin C enthält), **Kirsche, Preiselbeere, Brombeere, Rittersporn** oder **Stiefmütterchen**. In der Apotheke erhalten Sie auch **Rote-Bete-Konzentrat** in Form von Tabletten oder **»Anthozym«**, das in flüssiger Form neben Rote-Bete-Konzentrat auch noch rechtsdrehende Milchsäure enthält und dadurch die Zellatmung besonders begünstigt.

10.4.5 Phytotherapie

Calendula (Ringelblume) enthält krebshemmende Substanzen. **Arnika** besitzt eine Reihe von Wirkstoffen, die eine Regenerierung des gestörten Zellstoffwechsels der Krebszelle bewirken können (z. B. Cholin, Apfelsäure, Bernsteinsäure und Fumarsäure). Auch der **Extrakt** des **Lebensbaumes** hat sich bei den verschiedensten Geschwulstformen bewährt. Er eignet sich bei der innerlichen und äußerlichen Anwendung auch ganz besonders bei Warzen und Polypen, die häufig eine Vorstufe zum Krebs darstellen. Der **Kermesbeere** sagt man eine spezielle Wirkung bei Brustkrebs nach. Gegen Knochenkrebs und Knochenkrebsmetastasen wird **Beinwell** empfohlen.

10.4.6 Entgiftung

Sorgen Sie für eine ausreichende Entgiftung Ihrer Organe! Zur Entgiftung der Leber haben sich **Heublumenpackungen**, aber auch zahlreiche Pflanzenpräparate wie **Mariendistel, Schöllkraut, Bärlapp, Alraune, Löwenzahn, Brennessel, Kamille** und **Artischocke** bewährt, die Sie natürlich auch als Tees trinken können. In Apotheken erhalten Sie Fertigpräparate mit diesen Arzneipflanzen.
Trinken Sie **Tees** aus **Goldrute, Wacholder, Spargel, Schafgarbe, Stiefmütterchen** und **Holunder**, *zweieinhalb bis drei Liter täglich*. So ist die Ausschwemmung von Giftstoffen gewährleistet. **Rote-Bete-, Karotten-, Zitronen-, Apfelsinen-, Ananassaft**, aber auch ein gutes **natriumarmes, stilles Mineralwasser** sind geeignet.

10.4.7 Antioxidantien-Therapie

Antioxidantien sind sehr wichtig für die Krebstherapie. Vor allem bei Patientinnen, die Chemotherapie bekommen müssen, sind Antioxidantien lebensnotwendig. Da die in der schulmedizinischen Krebstherapie weit verbreiteten Zytostatika alle ausnahmslos »immunsuppressiv« wirken und das Immunsystem unterdrücken, muß der Patient durch die entsprechende *Begleittherapie* aus der immunologisch schlechten Abwehrlage in einen abwehrstarken Zustand gebracht werden.
Neben einer gezielten *Vermeidung von Umweltgiften* (v. a. durch gesunde Ernährung, Kleidung, Körperpflege, gesunde Baustoffe im Wohn-, Arbeits- und Freizeitbereich etc.) sind *Antioxidantien ein fester Bestandteil* jeder ganzheitlichen Krebstherapie.
Um zu verstehen, wie Antioxidantien funktionieren, muß man sich zunächst mit den Grundlagen der Immunologie vertraut machen. Für das zelluläre Immunsystem sind sogenannte »T-Zellen« und »B-Zellen« wichtig. Erstere regeln die lebenswichtige Antikörperproduktion der Letzteren, sie erkennen und zerstören virusinfizierte Zellen, aktivieren die sogenannte »Phagozytose«, (einen Prozeß, bei dem schädliche »Antigene«, das heißt krankmachende Substanzen und Mikroorganismen, buchstäblich aufgefressen werden), kontrollieren die Stärke und Qualität der Immunantwort und regulieren Reparaturmechanismen. Letzteres scheint wohl bei der Bekämpfung bösartiger Erkrankungen von entscheidender Bedeutung zu sein.
Heute weiß man, daß es bei fortschreitender Störung der Abwehr neben einer Abnahme der Entsorgungskapazität für Immunkomplexe, Bakterien, Viren und andere sogenannte Antigene, zu einer *Verminderung der Leistungsfähigkeit* der sogenannten *»Phagozyten«* (auf deutsch »Freßzellen«) kommt. Diese Freßzellen sind lebensnotwendig, um Brüche in der DNS (Erbsubstanz) und Zell-Entartungen, beispielsweise durch Strahlen oder durch Umweltgifte, zu reparieren. Die sogenannte »Killing-Aktivität« des Immunsystems nimmt ab und es bleibt durch die gestörte zelluläre Immunantwort ein erhöhtes Risiko auch für die Krebsentstehung.
Durch Umweltschadstoffe kommt es nun zu verschiedensten *Störungen der Immunregulation*. Durch die Erfahrungen mit der therapeutischen Anwendung von Chemotherapeutika weiß man inzwischen einiges über Wirkungsmechanismen in diesem Zusammenhang. Antibiotika wie Tetrazyklin wirken beispielsweise immunschädigend über eine Blokkade der sogenannten »Makrophagenfunktion« und Schädigung der sogenannten »Chemotaxis«.

Umweltschadstoffe machen toxische Effekte, die durch Antioxidantien abgemildert oder sogar beseitigt werden. Beispielsweise stören Tabakrauch (Cadmium), Auspuffgase (Blei, krebserregende Rußpartikel und Benzole), Katalysatoren (Platin), palladium- oder platinhaltige Zahnfüllungen, sogenannte halogenierte Kohlenwasserstoffe, wie beispielsweise Dioxine, Furane, PCP oder PCB, Insektenbekämpfungsmittel wie Lindan oder DDT, Pestizide, Fungizide oder Düngemittel die Immunregulation.

Liegt eine Störung der Immunregulation vor, ausgelöst durch den blokkierenden Einfluß von Umweltgiften, entgleisen die lebensnotwendigen Mechanismen der zellulären Abwehr: Es entstehen zuviele Lymphokine, Histamine und Prostaglandine. Es bilden sich sogenannte »pathogene«, d. h. krankheitsauslösende »Immunkomplexe«, die über eine sogenannte »Komplementaktivierung« körpereigene Strukturen zerstören. Es folgen schwere Immundefekte. Die Entstehung oder sogenannte »Chronifizierung«, d. h. ein dauerhaftes Bestehen, einer Krankheit und die Entartung von Zellen bis zur Ausbildung einer bösartigen Geschwulst, werden dadurch möglich.

Durch den Einsatz von *»Antioxidantien«* kann die Schutzfunktion der Immunzellen verbessert werden. Dies insbesondere deshalb, weil der menschliche Organismus von Natur aus keine Abwehrmechanismen gegen Giftstoffe der modernen Technik kennt. Antioxidantien sind wesentlicher Bestandteil aller Haupt-Entgiftungsmechanismen im menschlichen Organismus und bieten darüber hinaus einen direkten Schutz der Zellmembranen vor der für den Organismus äußerst gefährlichen sogenannten »Peroxidation«.

Ein ganz **wichtiges Antioxidans** ist beispielsweise das **Selen**, welches einen direkten Einfluß auf die »Lymphozyten« hat. Viele abwehrgeschwächte Menschen, insbesondere Tumorpatienten, haben einen absoluten Selenmangel. Gibt man diesen Patienten nun die richtige Menge Selen, werden vorher erhöhte schädliche Suppressorzellen gesenkt und das Immunsystem kommt in eine bessere Funktionslage.

Selen wirkt auf vielerlei Arten immunstimulierend: Es zerstört gefährliche »Hydroxyl- und Peroxylradikale« und schützt dadurch die Zellmembran. Außerdem hat es eine »antimutagene«, d. h. gefährlichen Erbgutveränderungen entgegenwirkende Effekte und schützt dadurch vor Chromosomenschäden.

Besonders bedeutsam ist Selen zur Entgiftung von Schwermetallen, vor allem von Kadmium, Quecksilber, Blei und Silber. Außerdem als Schutz vor sogenannten Alkylierungsmitteln. Selen stimuliert die Immunabwehr, schützt die Leberzellen und erhöht die Widerstandskraft gegenüber bestimmten Viren und anderen krankmachenden Substanzen.

Die Wirkung von Selen ist dosisabhängig und, unkritisch angewandt, nicht ungefährlich: Bei Überdosierung kann es zu einer gefährlichen Hemmung lebenswichtiger Immunreaktionen kommen. Daher sollte eine Entgiftungs- oder Immunstimulierungstherapie nur durch einen umweltmedizinisch versierten Arzt durchgeführt werden.

Ein ganz wichtiges Antioxidans ist das sogenannte **Glutathion**, eine aus drei Aminosäuren bestehende Verbindung. Jeder Tumorpatient sollte – unter der Führung eines umweltmedizinisch erfahrenen Arztes – Glutathion bekommen.
Weitere Antioxidantien, die sich in der Krebstherapie, aber auch in der Therapie von Umweltkrankheiten bewährt haben, sind die **Thiosulfate** und **Thiozyanate** sowie die schwefelhaltigen Aminosäuren **Methionin** und **Cystein**. Sie können unter anderem bei schwermetallbelasteten Patienten, insbesondere bei Quecksilberbelasteten durch Amalgamfüllungen, zu einer sehr effektiven Ausscheidung der hochgiftigen Schwermetalle durch sogenannte »Komplexbildung« beitragen.
Auch das Element **Zink** ist wegen seiner membranstabilisierenden Eigenschaften bedeutsam. Zink ist als Katalysator vieler enzymkontrollierter Stoffwechselabläufe ein *bedeutsamer Radikalfänger.*
Weitere wichtige Spurenelemente sind **Lithium, Magnesium** und **Mangan**. Sie spielen eine entscheidende Rolle bei der Regulation genetischer Prozesse. Ihre wichtigste Aufgabe besteht unter anderem in der genetischen Informationsübertragung, bei der sogenannten Replikation der »DNA- und RNA-Synthese« und bei der »Biosynthese von Proteinen«.
Selbstverständlich gibt es noch eine Gruppe von Radikalfängern, die jeder kennt: **Die Vitamine.**

10.4.8 Sonstige ganzheitliche Therapieansätze

- Sauerstoff-Mehrschritt-Therapie und HOT-Sauerstoffbehandlung als **»große Blutwäsche«**. Damit wird Ihr Blut nicht nur mit mehr Sauerstoff angereichert, so daß sich die Atmung der Zellen verbessert, sondern es werden auch Ihre Abwehrkräfte stimuliert.
- Injektionskur mit **Thymusgesamtextrakt**.
- **Überwärmungstherapien** und **Tiefenbestrahlung** mit Ultrarot-A-Licht, womit Krebszellen zum Absterben gebracht werden können.
- **Kombinationskur** aus Sauerstoff-Mehrschritt-Therapie, Thymusgesamtextrakt und Überwärmungstherapie mit Ultrarot-A-Strahlen (»Krebs-Mehrschritt-Therapie«).

- Injektionskuren mit **gärungshemmenden Medikamenten,** die Sie als Tabletten auch zu Hause einnehmen können.
- Injektionen mit **Mistelextrakten** (Iscador, Helixor, Plenosol usw.)
- **Neuraltherapie** zur Beseitigung krebsbegünstigender Störfelder
- **Akupunktur**
- Injektionen mit **homöopathischen Präparaten** zur Steigerung der körpereigenen Abwehrkräfte und Aktivierung der Entgiftung
- **Sauerstoff-Eigenblutinjektionen**
- **Gesprächstherapie.**

10.4.9 Weitere Aspekte der Ganzheitlichen Krebstherapie

10.4.9.1 Sanierung physikalischer Belastungen

Nach Angaben vieler Baubiologen sollten sogenannte *geopathische Belastungen* ausgeschaltet werden, die als Begleitfaktoren bei der Entstehung von Krebs wirken können. Selbstverständlich muß nicht jede geopathische Störstelle zur Entwicklung von Krebs führen.

Elektromagnetische Belastugen

Der Krebsentwicklung kann eine nachhaltige Störung in der Steuerung von Lebensprozessen durch elektromagnetische Vorgänge zugrunde liegen. Daher erfordert die Wiederherstellung der körpereigenen Regulationsfähigkeit ein ungestörtes elektromagnetisches Funktionieren des Organismus; **problematisch** sind u. a. *Mikrowellenherd, Bettplatz, Drehstühle, Computer, Fernsehgeräte, Elektroinstallationen, Katalysatorfahrzeug, Antennen, Radar, Funkstrahlen* (Richtfunk).

Sanierung chemischer Belastungen

Chronische Vergiftungen entstehen oft durch Chemikalien, z. B. im Haushalt (Reinigungsmittel u. ä.), in der Wohnung (baubiologische Probleme), am Körper (Desinfektionsmittel, Parfums, Haarfärbemittel, Haarsprays), in der Kleidung (Kunstfasern, chemische Reinigung, Imprägnierungen) und Ernährung (Kunstdüngeranteile, Spritzmittel, Belastungen aus Futtermitteln). Viele chemische Komponenten unserer täglichen Umwelt sind krebserregend oder krebsfördernd und müssen ausgeschaltet werden.

Sanierung des Trinkwassers

Lebendiges, d. h. biologisch-physikalisch aktives Wasser unterscheidet sich in seinen Wirkungen auf den lebenden Organismus stark vom

»normalen« Trinkwasser, in dem solche Vorgänge nicht ablaufen. Zur Befreiung des Organismus von angesammelten Giftstoffen und Stoffwechselschlacken benötigen wir solches Wasser in besonderem Maße.

Störfeldsanierung

Die häufigsten »Störfelder« sind *Zähne, Darm, Narben, Nasennebenhöhlen, Mandeln, Blinddarm.* Manchmal müssen Störfelder operativ entfernt werden, häufig genügt Neuraltherapie oder Akupunktur. Aufgrund der Somatotopien und Reflexzonen gibt es Beziehungen zwischen der Lokalisation der Krebserkrankungen und dem Ort eines Störfeldes im Körper.

10.4.9.2 Therapie von Psyche und Seele

Ziel ist eine seelische und geistige Reifung. Jedem Krebsgeschehen liegt ein nicht gelöster innerpsychischer Konflikt zugrunde, der ein destruktives cerebrales Muster bewirkt. Psychotherapie soll dazu beitragen, neue Haltungen und Einstellungen zu entwickeln und wieder auftretende Störungen frühzeitig zu erkennen und zu überwinden.

Methoden:

Gebet, Gespräche, Meditation, Homöopathie, Biophysikalische Therapie, Farb-, Ton-, Edelstein-, Aroma-, Therapie und andere Formen der Körpertherapie.

10.4.9.3 Biophysikalische Therapie

Mit gezielter Veränderung des quantenphysikalischen Schwingungsmusters des Körpers (Bioresonanztherapie), dem Einsatz der Schwingungen von Farben, Tönen, Edelsteinen, Metallen **(Multiresonanztherapie)** sowie mit dem Einsatz organ- und krankheitsspezifischer Frequenzbereiche und Impulsformen gelingt es, die gestörte Regulationsfähigkeit des Organismus zu reaktivieren, Stoffwechselblockaden aufzulösen und negative Krankheitsinformationen zu löschen.

10.4.9.4 Homöopathische Therapie

Homöopathische **Konstitutionsmittel** unterstützen die Bereitschaft und Fähigkeit des Patienten zu Therapie und Wandlung. In der Regel **Hochpotenzmittel**; je stärker verfeinert und substanzloser die dem Körper gegebene Information, desto treffsicherer die Wirkung. Homöopathika finden sogar in tieferen Potenzen, zum Teil auch als sogenannte

Komplexmittel, Verwendung zur Entgiftungsbehandlung, Immunstimulierung und Stoffwechselaktivierung.

10.4.9.5 Nosoden-Therapie

Energetische Altlasten, insbesondere viraler Natur, können und müssen mit Nosoden getilgt werden, die über mehrere Wochen in definierten Abständen verabreicht werden.

10.4.9.6 Immunmodulation

Immunstimulierung erzeugt eine unspezifische Aktivierung der Immunleistungen. Das Ziel der Immunmodulation ist es, die gestörten immunologischen Reglerkreise neu aufeinander abzustimmen. Beim Krebsgeschehen handelt es sich immer um eine Blockade von psycho-neuro-endokrino-immunologischen Regulationskreisen. Aufgabe immunmodulativer Therapie ist es, hier gezielte therapeutische Reize zu setzen und an Meßdaten und/oder Körperreaktionen abzulesen, welche Regulationsmechanismen in Gang gekommen sind.

10.4.9.7 Organpeptide

Bewährt hat sich der Einsatz von organspezifischen niedermolekularen Eiweißfraktionen, z. B. aus Thymus, Leber, Milz, Plazenta, Nabelschnur, Zwischenhirn, Hypophyse und vielen anderen Organen. Diese Therapie darf nicht mit Frischzellengaben verwechselt werden; Frischzellen enthalten zwar auch Organpeptide, jedoch noch vieles andere mehr. Die Misteltherapie setzt an der Erhöhung der immunkompetenten T-Lymphozyten (T für Thymus) an; da es sich jedoch um eine **»medikamentöse Schwingungstherapie«** handelt, bewirkt die **Mistel** sicher sehr viel mehr als die laborchemisch nachweisbaren Effekte. Versuche, die Wirkstoffe der Mistel zu extrahieren, sind im Hinblick auf den Therapieerfolg fehlgeschlagen. Eigenblutbehandlung und Eigentumorgewebe-Impfung sind neue vielversprechende Möglichkeiten der Immunmodulation; dabei werden aus dem Blut des Kranken bzw. aus seinem Tumor-Gewebe immunologisch kompetente Eiweiße gewonnen, die in extremen Verdünnungen verabreicht werden, um die Produktion von spezifischen Tumor-Anti-Körpern beim Patienten anzuregen. In der herkömmlichen **Eigenblut-Behandlung** praktiziert die Naturheilkunde dieses Prinzip seit Jahrhunderten.

III.

Schnellkurs in Diagnostik und Therapie umweltbedingter Frauenkrankheiten

1. Diagnostik umweltbedingter Frauenkrankheiten

1.1 Grundlagen

Der Autor empfiehlt den Kollegen das nachfolgende **diagnostische Spektrum** seiner Frauenarztpraxis:

• Allgemeine Sprechstunde und Beratung Schwangeren-Vorsorge, Sonographie, Dopplersonographie
• Spezial-Sprechstunden Zyklus-/Hormon-Sprechstunde Sprechstunde »Wechseljahre« Kinderwunsch-Sprechstunde Schmerz-Sprechstunde Fluor-/Candida-Sprechstunde Endometriose-Sprechstunde Mamma-Sprechstunde Dysplasie-Sprechstunde Onkologie-Sprechstunde
• Onkologische Diagnostik • Ambulante und stationäre operative Gynäkologie • Diagnostik mittels Klassischer Homöopathie • Diagnostik mittels Traditioneller chinesischer Akupunktur • Diagnostik nach Hildegard von Bingen • EAV-Diagnostik (Elektroakupunktur nach Voll)
• Labor-Diagnostik Umweltmedizinisches Schwangeren-Screening Umweltmedizinisches Abstrichprogramm Umweltmedizinisches Darm-Screening Umweltmedizinisches Allergie-Screening
• Umweltmedizinisches Hormon-Screening Sterilitäts-Screening Amenorrhoe-Screening PMS-Screening Endometriose-Screening Klimakterium-Screening Postmenopausen-Screening

- Umweltmedizinische Spezialuntersuchungen
  Screening Immunsystem I
  Screening Immunsystem II
  Umweltschadstoffe Screening I
  Umweltschadstoffe Screening II
  Schwermetalle
  Holzschutzmittel
  Lösungsmittel
  Pestizide
  Formaldehyd-Test
  Amalgam-Screening: Kaugummi-, DMPS-Test
  Amalgam- Allergietest
  Haaranalyse
  Raucher-Profil etc.

Tabelle zu 1.1: Diagnostisches Spektrum für eine Frauenarztpraxis

Gerade bei der Diagnostik umweltbedingter Erkrankungen sind Kenntnisse von umweltmedizinischen Zusammenhängen, von allgemeinen und speziellen toxikologischen Mechanismen unerläßlich.

1.1.1 Problematik beim Nachweis von Umweltgiften

Leider spiegeln Schadstoffwerte in Blut und Urin meist nur eine momentane Situation wider. Oft kann es im akuten Stadium trotz eines meßbaren Absinkens der Giftwerte im Giftmilieu zunächst zu einer Erhöhung der Blutwerte kommen und anschließend mit einem Anstieg von Organkomplikationen zu einem Absinken der Blutwerte (Batman). Die Kenntnis des Giftes, der Einwirkzeit und der Wirksymptome inklusive Vorschäden und Begleiterkrankungen bestimmen die Schwere einer Vergiftung. Das rechtzeitige Ausschalten der äußeren Wirkkonzentration bewirkt eine deutliche Reduktion der Vergiftungssymptome einer Umweltvergiftung.

1.1.2 Bewertungsfehler

Leider werden oft schwerwiegende Fehler bei der Bewertung umweltmedizinischer Zusammenhänge gemacht. Solche **Fehler, die häufig vorkommen**, sind:

- Verwechslung zwischen akut und chronisch
- Vergessen oder Nichtberücksichtigen der Latenzzeit
- Vergessen oder Nichtberücksichtigen der Vor- und Begleitschäden

- Vergessen oder Nichtberücksichtigen der Interaktionen ähnlich wirkender Langzeitgifte
- Vergessen oder Nichtberücksichtigen der extremen Empfindlichkeit von Kindern und alten Menschen
- Vergessen oder Nichtberücksichtigen der unterschiedlichen genetischen Abbaumechanismen
- Verwechslung mit anderen Organschäden durch Nichtbeachten der Anamnese
- Giftauskunft durch den Täter statt durch Unbeteiligte
- Psychotherapie statt Kausaltherapie.

1.1.3 Problematik sogenannter Grenzwerte

Wenn Grenzwerte richtig festgesetzt sind, dürfen *körperfremde Giftstoffe weder* im Organismus von Arbeitenden *noch* von Kindern und Rentnern nachweisbar sein. Während bei einer akuten Vergiftung zunächst die Aufnahme- und Ausscheidungsorgane geschädigt werden, werden bei einer chronischen Vergiftung zunächst die Speicherorgane geschädigt. Nach einer Schädigung des Immunsystems können Gifte über eine Schädigung des Nervensystems zum Tod führen. In Organen gespeicherte Gifte können auch noch weiter wirken.

1.1.4 Vergiftungs-Sicherheitsgrade

Man unterscheidet in der Toxikologie sogenannte Vergiftungs-Sicherheitsgrade:

0 –	sicher keine Vergiftung
1 –	Hinweis auf ein Gift
2 –	Hinweise auf ein Gift und Aufnahme oder Wirkung
3 –	Konkreter Hinweis auf ein Gift, Aufnahme und Wirkung
4 –	Beweis eines Giftes und drei Hinweise
5 –	Zwei Beweise und drei Hinweise
6 –	Vergiftung einfach gesichert (drei Beweise)
7 –	Vergiftung nachgewiesen und Aufnahme oder typischer Verlauf
8 –	Vergiftung, Aufnahme und typischer Verlauf nachgewiesen
9 –	Vergiftung doppelt unabhängig gesichert
10 –	Vergiftung methodisch gesichert, Ausschluß anderer Noxen.

Der exakte kausale Nachweis einer Vergiftung ist meist sehr schwierig. Beweisend für eine chronische Vergiftung ist nur ein direkter Nachweis einer dauerhaften Aufnahme von Schadstoffen, von denen bekannt ist,

daß sie ab einer gewissen Dosis zu entsprechenden Vergiftungen führen können. Erschwerend für den Nachweis ist meist eine Latenzzeit bis zum Eintritt einer Organfunktionsverschlechterung.
Da viele Umweltschadstoffe sehr lange persistieren, können dadurch verursachte Umweltvergiftungen bei der Obduktion nachweisbar sein. Beispielsweise fand man im Gehirn von toten Zahnärzten mehr als tausendfach höhere Quecksilberkonzentrationen als im Blut. Dies dürfte eine direkte Folge der jahrelangen Amalgamexposition sein. Streß oder Infekte bewirken eine Entleerung der Giftspeicher mit entsprechenden Vergiftungssymptomen.
Selbst wenn die Wirkkonzentration von außen auf Null abgesunken ist, können irreversible Schäden auftreten. Eine chronische Vergiftung kann man ideal an der Leiche feststellen. Zu Lebzeiten kann dies bedeutend schwieriger sein. Hier bringen (im günstigsten Fall) sogenannte Mobilisationstests Aufschluß über die tatsächlich vorhandenen Organentspeicherungen.
Während man unter **Belastung** nur eine Giftaufnahme in einen gesunden Organismus ohne Vergiftungssymptome versteht, ist eine Vergiftung auch durch eine **Organschädigung** gekennzeichnet. Die Giftaufnahme von Speichergiften ist stets der Vergiftungsbeginn. Interaktionen können dabei zu allen Immun- und Nervengiften wie Insektiziden, Lösungsmittel und Schwermetallen bestehen. Zink-Spurenelementmangel kann eine Vergiftung fördern. Streß und Nahrungsmittel (Kaffee) können Gifte aus den Speichern freisetzen und zu Verschlechterungsphasen führen.

Kinder haben wegen ihrer Lebensgewohnheiten, wie Spielen auf dem Teppich, wegen ihres größeren Luftumsatzes (Grundumsatz) und fehlender Leberentgiftung wesentlich höhere Giftkonzentrationen als Erwachsene.

Frauen können beispielsweise wegen ihrer meist längeren Verweilzeit in der Wohnung unter Umständen einer höheren Giftkonzentration von Wohngiften ausgesetzt sein als Männer. Sehr Schlanke haben möglicherweise wegen ihrer geringeren Fettverteilungsmöglichkeit höhere Giftwerte im Blut als Dicke, wobei die tatsächlichen Gesamtgiftkonzentrationen bei Dicken häufig höher liegen können.
Es gibt bei keiner ernsten Vergiftung ein Krankheitszeichen, das es nur bei einer Vergiftung gäbe: Der Arsenvergiftete stirbt meist an den Folgen massiven Durchfalls, der Knollenblätterpilz-Vergiftete verblu-

tet, der Alkoholvergiftete erstickt, der Kettenraucher stirbt meist an seiner Auszehrung im Lungenkrebs.
Somit wird eine chronische Vergiftung meist erst nach Ablauf der Latenzzeit feststellbar. Nach Ablauf der Latenzzeit ist, beispielsweise beim Ausbruch einer malignen Erkrankung, selbst bei sofortiger Expositionsvermeidung gegenüber den entsprechenden Schadstoffen oft keine Heilung, sondern nur noch ein Hinauszögern der vorprogrammierten Verschlechterung möglich. Je eher und intensiver diese Expositionsvermeidung erfolgt, desto deutlicher ist der Gesundungseffekt.

1.2 Diagnostik psychischer Faktoren

1.2.1 Übersicht

Umweltkranke Patienten sind häufig über die bestehenden Schadstoffbelastungen hinaus *zusätzlich mit psychosozialem Streß* konfrontiert, z. B. Arbeitsplatzwechsel, Prüfungen oder ungelöste familiäre oder partnerschaftliche Konflikte, die z. T. auch unbewußter Natur sein können. Diese vermögen den Ausbruch bzw. die Aufrechterhaltung einer umweltbedingten Erkrankung zu bewirken.
Hier gilt es, mit dem Patienten gemeinsam die *psychischen Stressoren* zu eruieren und Wege zu deren Vermeidung zu erarbeiten. Zudem kann eine lang andauernde allergische Erkrankung zu Veränderungen von Lebensgewohnheiten, wie z. B. frühzeitiger Invalidität, Ernährungsumstellung, Kontaktverlusten, führen, was beim Betroffenen verschiedene Ängste (z. B. Versagens- und Leistungsängste) hervorruft.

1.2.2 Analyse von Umwelt-Ängsten

Die Erkrankung kann eine Einschränkung der Leistungsfähigkeit zur Folge haben, was schließlich in der Frage gipfelt: »Was bin ich überhaupt noch wert?«, woraus sich sogar suizidale Gedanken ergeben können. Auch die Rolle der Erkrankten innerhalb der Familie verschiebt sich möglicherweise in Richtung Pfleger-/Kranken-Konstellation, was zunehmend zum Verlust der Selbständigkeit und Unabhängigkeit führen kann, bzw. eine Ablösung von der Familie erschwert oder verhindert.
Die *Angstsymptomatik* kann zusätzlich durch klassische Konditionierungsprozesse verstärkt werden. Hierdurch kann sich die Anzahl der allergieauslösenden Substanzen ausweiten und der Patient begegnet folglich immer mehr Substanzen ängstlich.

So kann eine Patientin mit einer asthmaauslösenden Rosenallergie Asthma bekommen, wenn sie nur eine Papierrose sieht oder sich eine Rose vorstellt.
Menschen, die in einer bestimmten Situation eine allergische Reaktion bekommen, haben eine erhöhte Bereitschaft, in einer ähnlichen Situation wieder die gleichen oder ähnliche Symptome zu zeigen. Aber auch operante Konditionierungsprozesse können hier eine wesentliche Rolle spielen, z. B. kann die Erfahrung, daß Zuwendung sicher ist, wenn die Symptome auftreten, zur Stabilisierung der Erkrankung führen.
Ein wesentlicher Teil der psychodiagnostischen Arbeit besteht folglich im gezielten Erkennen einer möglicherweise bestehenden Angstsymptomatik. An erster Stelle steht dabei das Erkennen der *angstauslösenden Faktoren.* Da deren Wurzeln häufig weit zurückliegen, ist es notwendig, die Entwicklungsgeschichte des Patienten in der Anamnese genau zu erheben, um so möglicherweise frühere Konflikte, die die heutigen Symptome mitbestimmen können, zu eruieren.

1.3 Prophylaxe umweltbedingter Erkrankungen

Die beste Therapie ist die Prophylaxe. Dazu gehört eine umfassende Information und Aufklärung über umweltmedizinische Zusammenhänge einschließlich einer guten umweltmedizinischen Beratung. Dazu gehört auch selbstverständlich, daß in Klinik und Praxis aktiv Umweltschutz betrieben wird. **Umweltschutz ist Prophylaxe umweltbedingter Erkrankungen.** Seit acht Semestern hält der Autor gemeinsam mit Professor ZAHN an der Ludwig-Maximilians-Universität München die Vorlesung »Umweltmedizin«. Darüber hinaus finden in der Frauenarztpraxis des Autors regelmäßig Seminare und Vorträge unter anderem zu folgenden umweltmedizinischen Themen statt:

- **Gesunde Lebensweise:** Arbeit, Freizeitgestaltung, gesunde Ernährung, Stillen, Kleidung, gesundes Bauen und Wohnen
- **Grundlagen der Umweltmedizin,** aktuelle Daten über Wasch-, Reinigungs-, Desinfektionsmittel, Pestizide, Dioxine, Furane, Schwermetalle, radioaktive Strahlung, Mikrowellen
- **Sexualität und Psyche:** Verantwortungsvolle Partnerschaft, natürliche Empfängnisregelung
- **Immunsystem und Psyche:** Immunstimulierung, positives Denken
- **Weiterführende Informationen:** Adressen, Literatur, Veranstaltungshinweise, Kontakte zu Verbänden, Selbsthilfegruppen.

1.4 Grundlagen der Diagnostik

Im Rahmen dieses Buches können und sollen die einzelnen Verfahren nicht umfassend vorgestellt werden. An dieser Stelle wird auf das Buch »Grundlagen der Umweltmedizin« verwiesen, das der Autor im gleichen Verlag herausbringt.

1.4.1 Der U M W E L T – Test

Ein umweltmedizinisch orientierter Frauenarzt stellt zunächst anhand eines ganzheitlichen umfassenden Gespräches mit der Patientin fest, ob gegebenenfalls eine umweltbedingte Erkrankung vorliegt, beziehungsweise ob die *Prädisposition* (= Veranlagung) zu einer umweltbedingten Krankheit vorliegen könnte.

Anhand des U M W E L T – Tests (siehe Abschnitt »Umwelt als Krankheitsursache«) sowie eines speziellen umweltmedizinischen Fragebogens kann schnell und effektiv abgeschätzt werden, ob Umweltbelastungen vorliegen oder nicht. Der »U M W E L T – Test« trägt den von der Psychoimmunologie gefundenen Zusammenhängen Rechnung und hat sich inzwischen in der Praxis sehr bewährt. Er ist sehr gut geeignet, um schnell und effektiv die Belastung von Patienten gegenüber Umwelteinflüssen abschätzen zu können.

Nach einer umfassenden Umweltanamnese und einem ausführlichen Gespräch mit der Patientin fällt die Auswertung des Tests nicht schwer. Anhand der Gesamtpunktzahl zeigt sich, ob ein Patient stark (0–4 Punkte), mäßig (5–8 Punkte) oder gering (9–12 Punkte) belastet ist. Starke Umweltbelastung ist eine absolute, mäßige Belastung eine relative Behandlungsindikation.

Erst nach der Auswertung des U M W E L T – Tests sollte mit einer gezielten Labordiagnostik und weiterführenden Untersuchungen begonnen werden, um schließlich nach erfolgreicher Diagnosestellung gemeinsam mit der Patientin ein individuelles Therapiekonzept zu entwikkeln und zu realisieren.

In der Frauenarztpraxis des Autors gehört der »U M W E L T – Test« inzwischen zur Routine. Bei jeder Patientin kann dadurch schnell und effektiv die umweltmedizinische Gesamtsituation abgeschätzt werden. Gegebenenfalls wird nun mit gezielten weiterführenden Untersuchungen zur Abklärung der Erkrankung begonnen.

1.4.2 Interdisziplinäre Diagnostik

Eine umweltmedizinisch orientierte Frauenarztpraxis sollte immer eng mit anderen Fachabteilungen, Gesundheitsämtern, Umweltbehörden,

Umweltlaboratorien und -instituten zusammenarbeiten, um das notwendige breite Spektrum an Untersuchungen anbieten zu können.
Falls sich bei der umweltmedizinischen Beratung der begründete Verdacht ergibt, daß ein umweltbedingtes Frauenleiden vorliegt, wird den Patientinnen angeboten, die zur exakten Abklärung notwendigen Untersuchungen und die entsprechende Behandlung ambulant durchführen zu lassen.

1.4.3 Allgemeine Schadstoff-Untersuchungen

Es hat sich in der Praxis des Autors gezeigt, daß eine *Zusammenarbeit mit Baubiologen,* die gegebenenfalls vor Ort Schadstoffmessungen durchführen können, sehr sinnvoll sein kann.
Sinnvoll können, je nach Fragestellung, Untersuchungen von Staub, Wasser, Boden, Luft, Lebensmitteln und diversen verdächtigen Materialien wie Teppichböden, Wandverkleidungen, Tapeten, Lacken, Farben, Kunststoffe etc. sein.

1.4.3.1 Probennahme

Bei der Entnahme der Proben geht man folgendermaßen vor:

- **Staub:** Eine Woche gesonderten Staubsaugerbeutel für den zu prüfenden Raum benutzen. Diesen Raum nicht lüften. Nicht die Stellen saugen, wo die Schadstoffquelle vermutet wird; das würde die Ergebnisse verzerren. Staubsaugerbeutel samt Inhalt einschicken.
- **Wasser:** Vor Entnahme der Probe das Wasser zwei Minuten lang mit vollem Strahl laufen lassen. Danach in ein sauberes Glasgefäß (etwa ein 200 ml großes Medizinalglas) füllen.
- **Boden:** Mit einer Schaufel werden Proben bis in eine Tiefe von maximal 20 cm entnommen. Man zieht an verschiedenen Stellen der verdächtigen Bodenfläche mindestens drei Proben (zusammen ca. 300 g), vermischt sie miteinander und schickt sie in einer Plastiktüte ein.
- **Luft:** PCP, Lindan, Formaldehyd und andere Luftverunreinigungen müssen vor Ort mit Spezialgeräten gemessen werden.
- **Andere Materialien:** Ein etwa 10 x 10 cm großes Stück des verdächtigen Materials wird in Alufolie gewickelt und eingeschickt (außer bei Aluminiumbestimmungen). *Nicht in Zeitungspapier* oder *Plastiktüten,* weil das die Werte verfälschen kann!
- **Lebensmittel:** Feste Proben dicht abschließend mit Alufolie umwickeln; Flüssigkeiten in ein Medizinalglas abfüllen.

Labors, die solche Analysen durchführen, findet man beispielsweise im *Alternativen Branchenbuch,* das jedes Jahr neu aufgelegt wird. Eine

Liste von entsprechenden Labors kann auch über die Praxis des Autors bezogen werden.

1.4.3.2 Spezielle umweltmedizinische Tests

Laboruntersuchungen, die gegebenenfalls durchgeführt werden können, um den **Immunstatus** zu verifizieren:

- Anzahl der T-Zellen
- Immunglobuline
- Gesamtkomplement (einschließlich C3 und C4)
- Immunkomplexe des IgG-Typs
- Mediatoren und Polyamine: Histamin, Spermidin, Serotonin und Prostaglandine.

Die **umfassende umweltmedizinische Diagnostik** stützt sich unter anderem auf folgende Testmethoden:

- Antigenexposition und Challenge Test: Meiden von Nahrungsmitteln und Chemikalien mit anschließendem Eßtest
- Serial Dilution Titration-Test: Screening mit fortlaufend konzentrierter werdenden Lösungen
- PN-Test (Provokations-Neutralisations-Test): Intradermale Injektionen oder sublinguale Tropfen verdünnter Allergene
- Zytotoxische Blutuntersuchungen (in vitro).

1.4.3.3 Spermidin-Messung

Die Spermidin-Messung im Vollblut ist ein zuverlässiger Test, um degenerierende und regenerierende Gewebe (insbesondere des Gastrointestinaltraktes) festzustellen. Spermidin ist das basische Amin, welches im Körper für die Synthese von Nukleoproteiden benötigt wird. Moleküle dieses spermidinhaltigen Amins liegen längs der Kanten der Doppelhelix des Nukleoproteids und neutralisieren die Phosphatgruppen, um ein korrektes Wachstum zu ermöglichen. Wenn Zellen oder Proteine im Körper zunehmen, steigt der Spermidinwert im Blut über den normalen Ruhewert von 0,9 mcg/ml an.

Es gibt **physiologische Ursachen**, die den Spermidinwert **steigen** lassen. Dies sind: *Schwangerschaft, Regenerierung* der *roten Blutkörperchen* und *Reparatur von Muskelzellen* nach starker sportlicher Anstrengung. Bei folgenden pathologischen Zuständen kann ein **hoher Spermidinwert** meßbar sein:

- Umweltschadstoff-Belastungen
- Subtoxische Vergiftung
- Chronische Darmerkrankung (z. B. Colitis ulcerosa)
- Wachsende Tumoren.

Krankheitsbilder, bei denen der **Spermidinwert** im Blut **niedrig** ist, sind einige Arten von *Gedächtnisverlust*, z. B. bei Vergiftung mit Chlorkohlenwasserstoffen (Hexachlorophen), und *Vitaminmangel*, z. B. der Vitamin B_6- Mangel bei Pyrrolurie. Hier handelt es sich um einen idiopathischen Mangel an Zink und Vitamin B_6, der nach aller Erfahrung zu Krebs führen kann, wenn er nicht rechtzeitig behandelt wird.

1.4.3.4 Neopterin-Wert

Ein neuer Immun- und Tumormaker ist Neopterin. Es handelt sich hierbei um eine fluoreszierende biochemische Substanz mit niedrigem Molekulargewicht. Von T-Lymphozyten freigesetztes Gamma-Interferon und andere Lymphokine führen zur Aktivierung von Makrophagen. Derart aktivierte Makrophagen sezernieren Neopterin. Die Bestimmung von Neopterin erfaßt alle jene Erkrankungen, bei deren Abwehr oder Entstehung zelluläre Immunmechanismen eine Rolle spielen: Virusinfekte, intrazelluläre/parasitäre Erkrankungen, Autoimmunerkrankungen, Allergie Typ IV, Zöliakie und maligne Erkrankungen. Je nach Immunstatus wird Neopterin in mehr oder weniger hoher Konzentration über die Niere ausgeschieden. Zum Ausschluß der Harnverdünnung wird Neopterin auf Kreatinin bezogen. In wesentlich geringeren Mengen findet man diesen Pteridin-Abkömmling auch im Serum. Die oberen Toleranzwerte im Harn bewegen sich, abhängig von Geschlecht und Alter, etwa zwischen 100 und 400 Mikromol Neopterin/mol Kreatinin, im Serum liegen sie bei etwa 15–20 ng/ml.

1.4.3.5 Haar-Analysen

Mit Haar-Mineralien-Analysen kann man feststellen, ob ein Zuviel an toxischen Elementen oder erhöhte bzw. erniedrigte Mineralienverhältnisse im Organismus vorliegen. WHO und Lancet bestätigten, daß die Haar-Mineralien-Analyse eine wichtige Methode zur Bestimmung toxischer wie auch lebenswichtiger Mineralien und Spurenelemente sein kann. Haar ist ein Biopsiematerial, dessen Mineralgehalt konstant bleibt. Außerdem bestätigen Gewebeuntersuchungen, daß die Haare den Gehalt an Mineralien und Spurenelementen der Körperorgane widerspiegeln.

1.4.3.6 Blutanalyse auf Insektizide und Herbizide

Immer häufiger werden Schädigungen des Körpers – insbesondere des Immunsystems – durch Insektizide und Herbizide verursacht. Diese gelangen über die Nahrungskette oder direkt durch Einatmen in unseren

Organismus. Dramatisch sind die neurologischen und psychiatrischen Störungen, die daraus resultieren. Ob nun die genannten Gifte als mögliche Krankheitsursache in Betracht kommen, läßt sich näher durch eine Blutanalyse abklären.

1.4.3.7 Injektionstests

Für ein besseres Verständnis werden im folgenden einige Definitionen bezüglich der Testverfahren gegeben.

- Screening Lösung: Die Menge bzw. Konzentration einer Testlösung, mit der eine Testreihe beginnt.
- Alle Testlösungen sollten etwa in einem Zehn-Minuten-Intervall verabreicht werden
- Serial Dilution Titration (SDT): Intradermale Injektionen von Testlösungen mit fortlaufend konzentrierter werdenden Lösungen. Getestet werden natürliche Inhalationsstoffe wie Pollen, Staub, Schimmelpilze.
- Bei der Bewertung ist nur das Wachstum der Quaddeln ausschlaggebend, nicht die Symptome des Patienten.
- Provokations- und Neutralisationstest: Auch hier werden intradermale Quaddeln gesetzt.
- Wenn ein Patient auf ein Nahrungsmittel oder eine chemische Substanz sensitiv reagiert, wächst die gesetzte Quaddel innerhalb eines Zeitraumes von zehn Minuten um mindestens 2 mm. Ferner werden auch die Symptome des Patienten berücksichtigt.
- Sublingualer Test: Provokations- und Neutralisationstest, bei dem eine bestimmte Menge einer Testlösung (z. B. Nahrungsfarbstoffe, Hormone oder sonstige Chemikalien) direkt unter die Zunge getropft wird. Hierbei können nur die Veränderungen der Symptome beurteilt werden.

1.4.3.8 Diätetische Tests

A. Challenge-Tests

Unter Challenge-Tests versteht man das **gezielte Meiden** von Nahrungsmitteln und Chemikalien mit **anschließender Antigenexposition**. Die Patientin meidet das vermutlich allergene Nahrungsmittel vier bis fünf Tage lang. Danach nimmt sie das betreffende Nahrungsmittel (und nur dieses!) in reiner Form zu sich. Treten ein bis zwei Stunden, nachdem das verdächtige Nahrungsmittel gegessen worden ist, heftige Symptome auf, so ist die Patientin dagegen überempfindlich. Die Reaktion kann auch bis zu 24 Stunden später einsetzen.

B. Eliminierungs-Diät

Bei der Diagnose einer Überempfindlichkeitsreaktion kann man für einige Wochen ein bestimmtes Nahrungsmittel oder eine bestimmte Nahrungsfamilie aus dem Ernährungsplan der Patientin eliminieren und beobachten, ob sich die Symptome bessern.

> Bei Patientinnen, die sich die finanziell aufwendigen Injektionstests nicht leisten können oder deren Symptome nicht besonders akut sind, können mit der Eliminierungsdiät gute Erfolge erzielt werden.

1.4.3.9 Intrakutane Testverfahren

Weitere intrakutane Testverfahren, bei denen Reaktionen auf Lösungen verschiedener Antigenextrakte getestet werden können, sind die sogenannte **Serial Dilution Titration** und die sogenannte **Provokations- und Neutralisationsmethode**.

1.4.3.10 Diagnostik von Schwermetall-Belastungen

A. Kaugummitest

Will man bei erhöhter Hg-Ausscheidung prüfen, ob die Amalgamfüllungen der Zähne Ursache für die Belastung sind, so kann man einen Kaugummitest durchführen (Daunderer 1990). Dieser dient zur Erkennung eines toxischen Abriebs durch Amalgamfüllungen. Die Ausführung erfolgt so:

> Man sammelt 5 ml Speichel spontan, kaut 10 Minuten einen zukkerfreien Kaugummi und sammelt während dieser Zeit erneut 5 ml Speichel. Beide Proben werden auf Hg, Cu, SN und Ag untersucht.

Falls der Hg-Wert nach dem Kauen deutlich höher als vorher liegt (z. B. > 40 mg/l) oder bereits vorher hohe Konzentrationen bestehen, sind die Amalgamfüllungen zu entfernen (zum Vergleich: die WHO-Trinkwasserverordnung legte einen Grenzwert von 1 mg/l fest). Durch das Kauen wurden bei unseren Patientinnen bis zu 500 mg/l Quecksilber freigesetzt.

B. DMPS-Mobilisationstest

Der DMPS-Mobilisationstest dient dem **Nachweis von Quecksilber** und anderen **toxischen Schwermetallen** nach entsprechender Mobilisation im Urin. Dabei geht man folgendermaßen vor:

- Zunächst wird die Urinprobe I abgegeben: Urin I: 10–20 ml Spontanurin vor Gabe von DMPS (Dimaval R) zur Untersuchung auf Zink.
- Dann werden 3 mg DMPS (Dimaval R)/kg Körpergewicht langsam i. v. gespritzt oder 10 mg DMPS (Dimaval R)/kg Körpergewicht als Kapsel oral auf nüchternen Magen genommen.
- Die Patientin soll dann ca. 150 ml Tee, Wasser, Limonade u. ä. trinken.
- Etwa 30–45 Minuten nach DMPS i. v. bzw. 2 Stunden nach DMPS oral wird die Urinprobe II abgegeben: Urin II: 10–20 ml Spontanurin zur Untersuchung auf Kupfer und Quecksilber (bei Hochdruck evtl. zusätzlich Blei, bei Osteoporose evtl. zusätzlich Cadmium).

Kontraindikation für den DMPS- Test ist eine eingeschränkte Nierenfunktion (Kreatinin im Serum größer als 2,5 mg/dl).

Nebenwirkungen: Nach i. v.-Injektion von **Dimaval** kann es bei 1% der Patienten zu flüchtigen **Hautreaktionen** kommen. Vegetativ sehr labile Patienten können einen **Kollaps** infolge Blutdruckabfall erleiden.

Beurteilung:

- **Urin I:** Zink unter 140 µg/g Kreatinin spricht für einen chronischen Zinkmangel.
- **Urin II:** Kupfer über 500 µg/g Kreatinin und Quecksilber über 50 µg/g Kreatinin sprechen für eine Quecksilberintoxikation durch Amalgam.
- Bei stark erhöhten Kupferwerten (über 2500 µg/g Kreatinin) und einer Quecksilberausscheidung von unter 50 µg/g Kreatinin ist ein erneuter DMPS-Test nach 4 Wochen zu erwägen, da die Quecksilberdepots wegen der höheren Affinität des DMPS zum Kupfer eventuell nicht ausreichend mobilisiert wurden.
- Hinweise zur Therapie finden sich bei Daunderer (Daunderer M.: Handbuch der Umweltgifte, ecomed, 1991).

C. Aluminium-Test

Um eine Aluminiumvergiftung festzustellen, bestimmt man in der umweltmedizinischen Praxis die Aluminiumausscheidung im 24-Stunden-Urin nach EDTA-Infusion.

1.4.3.11 Multitest – Merieux

Der Test dient zur Bestimmung des **Status der zellvermittelten Immunität** durch Messung der Reaktionen vom verzögerten Typ **gegenüber 7 Antigenen**.

- Die Anwendung des Teststempels erfolgt intracutan am Unterarm
- Die Ablesung findet 48 Stunden später statt
- Drei Gruppen von Patienten können dabei identifiziert werden: Anerge Patientinnen, hypoerge Patientinnen und Patientinnen mit normaler Immunantwort
- Genauere Informationen siehe Prospekt des Institutes Merieux, Paul-Ehrlich-Str. 1, Leimen, Tel. 06224/5940.

Auswertungs-Kriterien des Multitest-Merieux:

Frauen:	
sicher pathologisch	0 mm
Alarmwerte	kleiner 5 mm
Normalwerte	größer 5 mm

Männer:	
sicher pathologisch	0 mm
Alarmwerte	kleiner 10 mm
Normalwerte	größer 10 mm

Zusätzlich empfohlene Parameter sind:

- Leukozyten
- Differential-Blutbild
- Immunglobuline, insbesondere IgA, IgG und IgM
- Lymphozytenpopulation
- Mitogenstimulation.

1.4.3.12 Phenol-Belastungstest

Phenol ist ein bedeutendes Umwelt-Antigen, das in der umweltmedizinischen Praxis relativ einfach getestet werden kann. Dieser Konservierungsstoff wird normalerweise als erster getestet, da sehr viele Antigenlösungen mit sehr geringen Phenolmengen konserviert sind. Ist die Patientin dagegen allergisch, müssen für die weiteren Tests aufwendig zubereitete Antigenlösungen ohne Konservierungsstoffe benutzt werden.

1.4.3.13 Formaldehyd-Belastungstest

Bei Verdacht auf Formaldehyd-Intoxikation empfiehlt sich eine genaue Abklärung des Formaldehyd-Methanol-Stoffwechsels durch den sogenannten Formaldehyd-Belastungstest.
Darüber hinaus sollte man den **Immunstatus** ermitteln mit folgenden Parametern:

- Quantitative Immunglobuline
- Lymphozytensubpopulationen
- Multi-Merieux-Test
- Folsäure
- Vitamin B_{12}
- Vitamin B_6
- Differentialblutbild
- Eiweißelektrophorese
- Leberenzyme, insbesondere GOT, GPT, Gamma GT,
- Alpha-Amylase
- Lipase
- Kreatinin.

Zusätzliche Untersuchungen können und sollen individuell **je nach Leitsymptomen** durchgeführt werden. Solche Leitsymptome können sein:

- **Neurotoxische Störungen** (meist zentral: Neurologe, Augenarzt, HNO; periphär: Neurologe)
- **Pulmologisch:** Lungenfunktionsstörungen
- **Nephrologisch:** Nierenerkrankung
- **Endokrinologisch:** Allgemeine oder spezielle Störungen des hypothalamisch-hypophysären Regelkreises, der Schilddrüsen-, Nebenschilddrüsen-, Nebennieren- oder Gonadenfunktion.

1.4.3.14 Paraffintest

Der Paraffintest ist eine gute Methode zur Diagnostik und insbesondere auch zur **Therapie bei akuten** und **chronischen Vergiftungen mit fettlöslichen Giften**.

Mechanismus:

Chronische Vergiftungen sind im Blut oder Urin nicht direkt nachweisbar. Alle fettlöslichen Gifte, die im menschlichen Nerven- bzw. Fettgewebe gespeichert werden, werden beim Fasten von der Leber abgebaut, über die Galle in den Darm ausgeschieden und aus den tieferen Darmabschnitten wieder resorbiert (enterohepatischer Kreislauf). Paraffinöl und Kohle binden einen Großteil dieser Substanzen und führen zu ihrer Ausscheidung über den Stuhl. Die Bindung an Kohle ist so intensiv, daß bisher eine Abtrennung zu Nachweiszwecken noch nicht möglich war, zu Nachweiszwecken muß daher Paraffinöl eingesetzt werden.

Durchführung des Paraffintests:

Zunächst täglich 3 x 1 Eßlöffel Paraffinöl trinken. Nach Eintritt des Paraffinölstuhls Nulldiät beginnen (drei Tage lang), Paraffinöl weiter nehmen. Vom ersten Stuhl und vom Stuhl des dritten Tages je ca. 5 ml entnehmen und in die Gefäße I und II asservieren.
Beim Versand sollte man unbedingt beide Gefäße kennzeichnen. Mit Überweisungsschein bzw. Untersuchungsauftrag für die vermuteten Gifte an ein erfahrenes Laboratorium senden. Differierende Konzentrationen beweisen die Giftspeicherung.

2. Therapie umweltbedingter Frauenkrankheiten

Im Rahmen dieses Buches können und sollen die einzelnen Verfahren nicht umfassend vorgestellt werden. An dieser Stelle wird auf das Buch »Grundlagen der Umweltmedizin« verwiesen, das ebenfalls vom Autor im gleichen Verlag erschienen ist.

2.1 Übersicht

Ein umweltmedizinisch orientierter Frauenarzt bemüht sich um ein ganzheitliches Therapiekonzept, zu welchem neben einem breiten Spektrum schulmedizinischer Verfahren auch eine Reihe von naturheilkundlichen Verfahren gehören.
Ziel der umweltmedizinisch orientierten Ganzheitstherapie sollte es sein, ein durch Umweltschadstoffe verschobenes Gleichgewicht zwischen Körper, Seele und Geist wiederherzustellen.

2.2 Die sieben goldenen Regeln

Die folgende Tabelle zeigt anhand von »Sieben goldenen Regeln für den umweltmedizinisch tätigen Arzt«, wie man dabei vorgehen kann:

1.	Erstellen einer detektivischen Umweltanamnese Gute Anamnese ist zwei Drittel der Diagnose
2.	Umfassende Durchuntersuchung Intuition, Beobachtung, Perkussion, Auskultation vor Labor und High-Tech
3.	Ganzheitliches individuelles Therapiekonzept; Expositionsvermeidung, harmonische Ernährung, starke Diurese, langsame Gewichtsabnahme (bei Übergewicht), Schlafzimmer ist Gesundheitszone, amalgamfreies saniertes Gebiß
4.	Die Seele der Therapie ist die Therapie der Seele. Einzel-, Gruppentherapie, Psychoanalyse und -therapie
5.	Vorbeugung statt Heilung Expositionsvermeidung: Schadstoffarme Arbeit, Nahrung (naturbelassen, keine Fabrikzucker, -fette, Auszugsmehle), Kleidung, Spielzeug, Reinigungs-, Toilettenartikel, Spielzeug, baubiologisch Bauen, Urlaub, Hobby

6.	Gesunde ganzheitliche Praxis als Vorbild Gesunde Lage (Fußgängerzone, mit öffentlichen Verkehrsmitteln gut erreichbar, abgasfrei), baubiologisch gebaut, elektrosmogfrei gebaut, gesunder Anstrich, gesunde Möbel, aktiver Umweltschutz in der Praxis, ökologische Fort- und Weiterbildungen für Mitarbeiter und Patientinnen, ganzheitliche Öffentlichkeitsarbeit
7.	Hilfe zur Selbsthilfe Intensive Zusammenarbeit mit Selbsthilfegruppen

Tabelle zu 2.2: Sieben goldene Regeln für den umweltmedizinisch tätigen Arzt (Schulte-Uebbing, 1991)

2.3 Die vier Säulen der umweltmedizinischen Therapie

Die umweltmedizinische Ganzheitstherapie steht auf vier Säulen, die nicht nur den Körper stärken und entlasten (Entgiftung, Ausleitung, Abwehrsteigerung), sondern insbesondere auch die Seele (das Gefühl) harmonisieren und den Geist (Verstand, Intellekt, Wissen) mit neuen Impulsen versehen.
Basierend auf dem Grundsatz, daß die Seele der Therapie die Therapie der Seele ist, hat der Autor die Säulen »Seele« und »Geist« sogar vor die zwei Säulen »Körperentgiftung und -abwehr« gesetzt.
Da jeder Mensch ein einzigartiges Geschöpf mit ganz individuellen Beschwerden und einem charakteristischen Beschwerdebild ist, kann und darf es keine festen Therapieschemen geben. Wichtig ist die Einheit von Körper und Seele. Genauso individuell und charakteristisch wird, gemeinsam mit der Patientin, die Therapie festgelegt und durchgeführt.

Oberstes Ziel der Therapie ist die »Hilfe zur Selbsthilfe«. Es wird besonders darauf geachtet, daß die Maßnahmen zu Hause allein, ohne Hilfe durchgeführt werden können. Auch wird der Kontakt zu Selbsthilfegruppen hergestellt oder empfohlen.

2.3.1 Die erste Säule: Harmonisierung der Seele

2.3.1.1 Übersicht

Neueste psychoonkologische Untersuchungen von SIMONTON et al. aus den USA zeigen, daß die Harmonisierung der Seele die wichtigste therapeutische Maßnahme bei der Bekämpfung von Erkrankungen ist.
SIMONTON konnte nachweisen, daß durch eine seelische Stabilisierung auch leichter eine Steigerung der Abwehr und Verbesserung von Ausscheidungs- und Entgiftungsfunktionen zu erreichen ist. Diesen Effekt kann man sich auch in der ganzheitlichen Therapie umweltbedingter Erkrankungen zunutze machen.
Einzel- und Gruppengespräche, Selbsterfahrungs-Seminare, tägliche Meditationsanleitungen, Kunsttherapie (insbesondere Musik- und Gestaltenstherapie), Einzel- und Gruppenanleitung zu positivem Denken, Psychoanalyse und -therapie sowie der regelmäßige Gedankenaustausch in kleineren Gruppen in religiösen, weltanschaulichen und philosophischen Fragen eröffnen oft nicht nur den Patientinnen sondern auch ihren Therapeuten wertvolle seelische Dimensionen.
Die folgende Tabelle zeigt die vier Säulen der umweltmedizinischen Therapie.

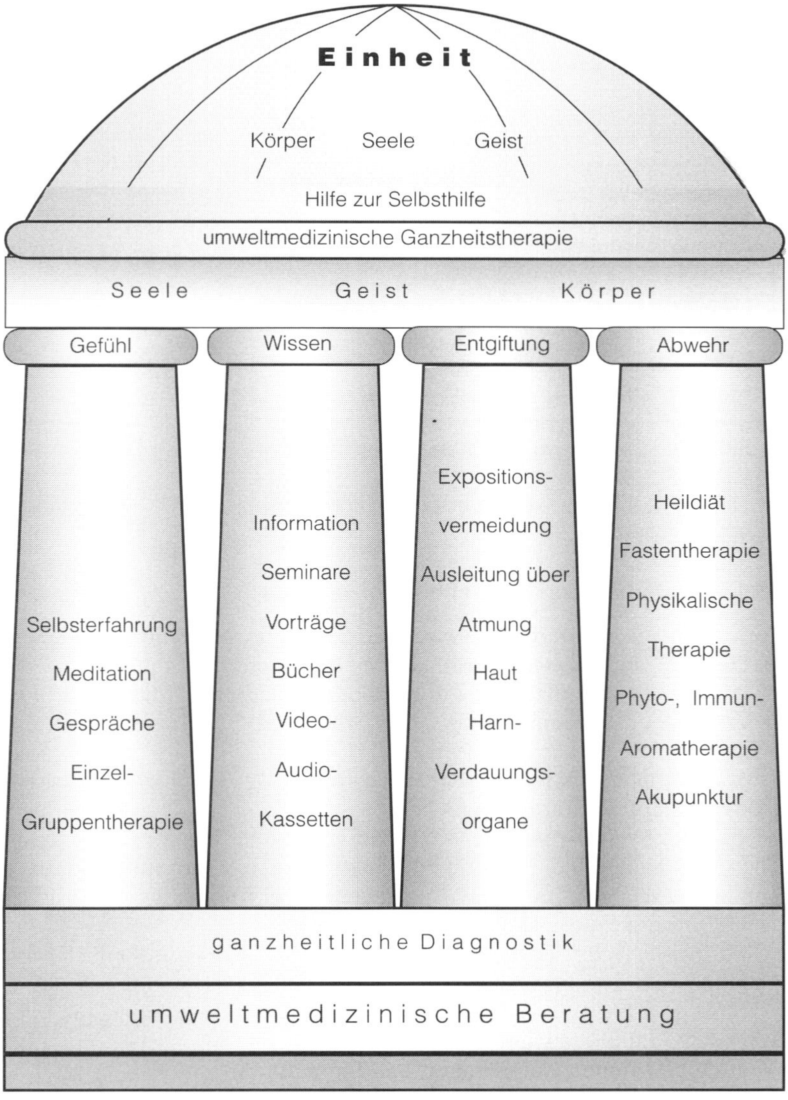

Abb. 23 zu 3: Die vier Säulen der umweltmedizinischen Therapie (Schulte-Uebbing und Zahn, 1991)

Die folgende Tabelle zeigt die wichtigsten Bestandteile der ersten Säule, welche sich auf die seelischen Dimensionen konzentrieren sollte:

• Einzelgespräche: Analyse der individuellen Situation Probleme, Konflikte, Sorgen, Ängste, Ziele
• Gruppengespräche und -seminare: Seminar »Die Kraft des Gebetes« Seminar »Krankheit als Sprache der Seele« Seminar »Krankheit als Weg« Seminar »Warum lebe ich?« Seminar »Positives Denken« Seminar »Einführung in die Meditation« Seminar »Entspannungsübungen« Seminar »Einführung in die Kunsttherapie« Seminar »Aquarellmalen« Seminar »Einführung in die Gestaltenstherapie«

Tabelle zu 2.3.1: Die erste Säule: Therapie der Seele durch Einzel- und Gruppengespräche

2.3.1.2 Stabilisierung seelischer Dimensionen

Die folgenden Schwerpunkte sind nach Ansicht des Autors besonders wichtig, um seelische Dimensionen zu stabilisieren:

- Sich bewußt Zeit nehmen: Zum Nachdenken, Beten, Meditieren. Für Gespräche mit Freunden und guten Bekannten. Für Begegnungen mit Tiefgang.
- Positiv denken: Sich über jeden Tag freuen, an dem man gesund ist. Dem Schöpfer dafür danken.
- Sich die Seele »reinhalten«: Destruktive und negative Gedanken bewußt meiden. Sich die Zeit zu schade werden lassen für destruktive und negative Menschen und Angelegenheiten. Medien und Fernsehen nicht unkritisch konsumieren.
- Sich trotz vieler Enttäuschungen und Rückschläge dennoch den Glauben an das Gute bewahren.
- Ordnung in die eigenen Gedanken bringen, Affekte zähmen, sich die eigenen Gefühle bewußt machen.
- Den Schlaf durch Wachsamkeit am Tag pflegen.
- Maßvoll, aber bewußt leben: Auf höchsten Bequemlichkeitsstandard verzichten, Luxus einschränken, dennoch das Leben genießen.
- Sich freuen an den schönen Dingen des Lebens: An der Natur, an der Harmonie der Schöpfung.

- Den Lebensrhythmus ordnen, ohne sich total zu verplanen. Raum lassen für Spontanität.
- Sich gesund ernähren und für eine geregelte Funktion der Ausscheidungs- und Entgiftungsorgane sorgen.

2.3.2 Die zweite Säule: Neue Impulse für den Geist

2.3.2.1 Übersicht

Ein weiterer wichtiger Schwerpunkt in der umweltmedizinisch orientierten Frauenarztpraxis ist die Beratung und Information der Patientinnen über umweltmedizinische Zusammenhänge. Diese Beratung sollte nach Möglichkeit unter Einbeziehung der Partner erfolgen.
In der Praxis des Autors (wie auch in anderen gleichartigen Praxen) werden in regelmäßigen Abständen Vorträge und Seminare durchgeführt, in denen umweltmedizinisches Basiswissen vermittelt wird. Schwerpunkte sind unter anderem die allgemeine und spezielle Ernährungs- und Lebensberatung, Schadstoffvermeidung, Wissenswertes aus Baubiologie, Arbeits- und Wohnmedizin, Allergologie und vieles mehr.

2.3.2.2 Umweltschutz ist Medizin

Hauptschwerpunkt der ganzheitlichen Frauenarztpraxis ist die Prävention umweltbedingter Erkrankungen. Sie ist der Schlüssel zur Gesundheit. Dazu gehört auch ein Umweltschutz-Konzept der Praxis mit Schadstoff-Vermeidung und Recycling.

2.3.2.3 Die ganzheitliche Frauenarztpraxis – eine Anregung für interessierte Kollegen

Die Praxis des Autors ist komplett nach baubiologischen Kriterien erstellt worden. Sie liegt im Zentrum von München direkt am Domplatz in der Fußgängerzone. Kein Autolärm, keine Abgase. Die Wände sind aus Ziegeln gemauert. Die Elektroleitungen sind nach baubiologischen Kriterien verlegt: Mit abgeschirmten Kabeln, Beleuchtung mit minimalen elektromagnetischen Wechselfelder. Die Innenwände wurden mit Kreidekalk der Insel Rügen gestrichen. Keine Allergene. Der Fußboden ist aus Carrara-Marmor, lösungsmittelfrei verlegt. In der Praxis wird Müll vermieden, es werden Wertstoffe recycelt.

2.3.3 Die dritte Säule: Entgiftung des Körpers

2.3.3.1 Übersicht

In der Praxis des Autors (wie in anderen umweltmedizinisch orientierten Praxen) lernen die Patientinnen, wie sie ihren Körper entgiften können. Das wichtigste neben der Entfernung von Schadstoff-Herden (Amalgamfüllungen) ist eine ganzheitliche vorwiegend vegetarische hypoallergene Diät:

2.3.3.2 Ganzheitliche Ernährung

- Frisches Obst und Gemüse vom biologisch-dynamischen Anbau, unbestrahlt und ungespritzt.
- Vollwertprodukte, schonend zubereitet (keine Mikrowellenkost)
- Meiden minderwertiger Fabrikzucker (Cola, Limonade, Schokolade, Süßigkeiten)
- Meiden minderwertiger Auszugsmehle (Brot, Semmeln, Gebäck aus Fertigbackmischungen)
- Meiden minderwertiger Fette
- Meiden minderwertiger Reis- und Nudelsorten
- Meiden minderwertiger chemischer Küchenzutaten (Gelatine, Fertigsoßen, Ketchup)
- Meiden minderwertiger sogenannter »Fast food«
- Meiden von Nikotin, Koffein, Alkohol und anderen Genußgiften.

2.3.3.3 Wichtige Entgiftungsverfahren

Die wichtigste und effektivste Entgiftung ist die Entgiftung der Seele. Dazu gehört vor allem, daß man sich die Seele »reinhält«: Daß man destruktive und negative Gedanken bewußt meidet und sich die Zeit zu schade werden läßt für destruktive, negative Menschen und Angelegenheiten. Dazu gehört vor allem, daß man nicht die Medien und das Fernsehen unkritisch konsumiert.

Weitere Verfahren zur Entgiftung je nach individuellen Bedürfnissen:

- Überprüfung von Schadstoffbelastungen durch Trinkwasser (evtl. Umkehrosmose)
- Überprüfung von Schadstoffbelastungen in Kleidung, Kosmetika (Duftstoffe, Desodorants)
- Überprüfung von Schadstoffbelastungen in Reinigungs- und Toilettenartikel, in Spielzeug im Kinderzimmer etc.

Komponenten der dritten Säule sind alle wichtigen ganzheitlichen Verfahren, die der Entgiftung und Ausleitung dienen. Sie werden in der Praxis des Autors gemeinsam mit der Patientin individuell zusammengestellt und durchgeführt. Sie sind nachfolgend zusammengefaßt:

- Entfernung von Schadstoff-Herden (z. B. Amalgam, Palladium, tote Zähne, Fremdkörper, z. B. Silikon)
- Entgiftung der Umwelt
- Entgiftung von Kleidung und Kosmetika
- Entgiftung der Wohn-, Arbeits-, Freizeitumgebung
- Ganzheitliche hypoallergene Diät (vorwiegend vegetarisch, unbestrahlt, ungespritzt, Vollwertkost, viel Obst und Gemüse)
- Meiden von »Küchengiften« und »Genußgiften«
- Mehrstufige Symbioselenkung, Entsäuerung, Heilfasten
- Physikalische Entgiftung (Sauna, Kneipp-Verfahren, Hyperthermie etc.)
- Chemische Entgiftung (Komplexbildner, Antioxidantien, Paraffin-Entgiftung, Ölziehen etc.)
- Entgiftung durch Energieregulation (Klass. Akupunktur, EAV Neural-, Farbtherapie, -punktur, Energiezonenmassage, Magnetfeldtherapie
- Mehrstufige Symbioselenkung (Nach genauer Analyse der Darmflora evtl. Substitution physiologischer Symbionten, bei Systemcandidose Zuckerkarenz)
- Kuren mit Rechtsmilchsäure
- Fastenkuren mit gleichzeitiger Entsäuerung: Alfalfa (Luzerne) oder Alkalipulver (Na/K-Bikiarbonat mit Laktose)
- Trinkkuren: Im Wechsel Bärentraubenblätter-, Salbei-, Thymian-, Brennnesseltee; mindestens 2,5 Liter/ Tag.
- Zusätzlich gegebenenfalls demineralisiertes Wasser (1 Glas/Tag) und jeweils im Wechsel 1 Glas Goldrute-, Wacholder-, Spargel-, Schafgarbe-, Stiefmütterchen-, Holundertee.
- Antioxidative Therapie mit Vitamin C (2–3 g/Tag) und Vitamin E, Provitamin A (25–75 mg/Tag), Selen (200–300 Mikrogramm/Tag), Propolis (Bienenkorb-Extrakt), Glutathion.
- Ölziehen (kaltgepreßtes Sonnenblumen- oder Distelöl) nach Karach
- Eventuell DMPS-Mobilisation,
- Eventuell Gabe von Natriumthiosulfat, Glutathion
- Eventuell Paraffin-Entgiftung
- Eventuell partielles Obstfasten
- Eventuell Phytotherapie mit Mariendistel, Schöllkraut, Bärlapp, Alraune, Löwenzahn, Brennessel, Kamille, Artischocke
- Physikalische Therapie: Entgiftung über die Haut, Sauna, Schwitzkuren, Auflage von Heublumenpackungen
- Eventuell Kantharidenpflaster
- Eventuell zusätzlich individuelle homöopathische Entgiftung

Tabelle zu 2.3.3: Die dritte Säule: Entgiftung des Körpers. Die wichtigsten ganzheitlichen Verfahren zur Entgiftung und Ausleitung

2.3.4 Die vierte Säule: Steigerung der Abwehr

Eine starke Abwehr ist kein Zustand, sondern ein Prozeß. Grundvoraussetzung ist eine kontinuierliche Entgiftung (siehe oben) und die Stabilisierung seelischer und geistiger Prozesse. Die folgende Tabelle zeigt wichtige Verfahren, die sich zur allgemeinen und speziellen Abwehrsteigerung bewährt haben:

- Physikalische Therapie: Atemtherapie, Inhalationen, Hydrotherapie nach KNEIPP, heißkalte Wechselduschen, Armgüsse, Trockenbürsten
- Sauerstoff-Perlbäder
- Angereicherte Bäder, zum Beispiel abwechselnd mit Pinimenthol und Baldrian
- Sauna
- Massagen
- Haltungsgymnastik
- Eigenblut-Therapie
- Eigenblut-Therapie mit Immunstimulantien
- Farblicht-Therapie
- Frischzellen-Therapie
- Sauerstoff-Therapie
- Aderlaß-Therapie nach HILDEGARD VON BINGEN
- Schröpfen nach HILDERGARD VON BINGEN
- Ganzheitliche Darmsanierung mit Hydro-Colon-Therapie
- Symbioselenkung
- Fieber-Therapie
- Sauerstoff-Immunstimulation mit Thymusgesamtextrakt und Hyperthermie
- Phyto-Therapie, zum Beispiel mit Rote-Bete-Konzentrat, Holunder, Kirsche, Preiselbeere, Brombeere, Rittersporn, Stiefmütterchen
- Thymusgesamtextrakt-Injektionen
- Mistelextrakte (Iscador, Helixor, Plenosol)
- Proteolytische Enzyme (Wobemugos)
- Vitamin A
- Vitamin C
- Reflexzonenmassage nach FITZGERALD
- Elektrostimulations-Therapie
- Bioresonanz-Therapie (MORA-Therapie)
- Enzym-Therapie
- Milchpeptid-Therapie.

Tabelle zu 2.3.4. Verfahren, die sich zur allgemeinen und speziellen Abwehrsteigerung bewährt haben.

Oberstes Ziel der ganzheitlichen Therapie sollte immer die **»Hilfe zur Selbsthilfe«** sein. Viele Maßnahmen, die in der Praxis des Autors, bei Vorträgen und Seminaren in Zusammenarbeit mit Selbsthilfegruppen erarbeitet wurden, können nach entsprechender Einarbeitung auch von der Patientin allein ohne Hilfe durchgeführt werden. Besonders wichtig ist es dem Autor, daß Kontakte zu Selbsthilfegruppen hergestellt und dann gepflegt werden.

IV.
Anhang

1. Indikationsverzeichnis

2. Literaturhinweise

Abraham, R., A. K. Charles, R. Mankes, R. LeFevre, V. Renak, L. Ashok: In vitro effects of cadmium chloride on preimplantation rat embryos. Ecotoxicol. Environ. Safety 12, 1986, 213–219.

Abel, U., J. Misfeld: Ergebnisse der Epidemiologie des Lungenkrebses, UBA, Berlin, 1986

Abou-Shakra, F. R. N. I. Ward, D. M. Everard: The role of trace elements in male infertility. Fertil. Steril. 52 (1989) 307–310.

Ahokas, R. A., P. V. Jr. Dilts, E. B. La Haye: Cadmium induced fetal growth retardation: Protective effect of excess dietary zinc. Am. J. Obstet. Gynecol. Vol. 136, 2 (1980) 216.

Al-Hakkak, Z. S., H. A. Hamamy, A. M. Murad, A. F. Hussain: Chromosome aberrations in workers at a storage battery plant in Iraq. Mutat. Res. 171 (1986) 53–60.

Amin, S., S. Y. Chen. P. J. Collipp, M. Castro-Magana. V. T. Madalah, S. W. Klein: Selenium in premature infants. Nutr. Metab. 24 (1980) 331–340.

Anderson, R. A.: Chromium metabolism and its role in disease processes in man. Clin. Physiol. Biochem. 4 (1986) 31–41.

Andre, siehe *Krause,* 1991

Anke, M.: Ist Lithium ein essentielles Spurenelement? Mineraloskop 2 (1990) 12–13.

Anticancer Res. 1988; 8: 29–32

Appel, K. E., Hildebrandt, A. G.: Tumorpromotoren, MMV, München, 6/1985.

Armin-Zaki, L., S. Elhassani, M. A. Majeed, T. W. Clarkson, R. A. Doherty, M. Greenwood: Intra-uterine methylmercury poisoning in Iraq. Pediatrics 54 (1974) 587–595.

Bakir, F., D. F. Damluji, L. Amin-Zaki, M. Murtadha, A. Khalidi, N. Y. Al-Rawi, S. Tikriti, H. I. Dhahir, T. W. Clarkson, J. C. Smith, R. A. Doherty: Methylmercury poisoning in Iraq. Science 181 (1973) 230–241.

Basler, A. et al.: Erbgutverändernde Gefahrstoffe, MMV München, 1987

Bastian, W.: Der vergessene Asbestkrebskranke, in: Süddeutsche Zeitung, 7. 3. 1991.

Battaglie, C. et al.: Maternal hyperoxygenation in the treatment of intrauterine growth retardation. Am. J. Obstet. Gynaecol. 167 (1992), 430–435.

Bauer, J. G. und *First, H. A.:* The Toxicity of Mercury in Dental Amalgam. California Dental Association Journal, Bd. 10, 1982.

Beck, H.: Dioxine in Lebensmitteln, in: Bundesgesundheitsblatt, Ausgabe 3, 1990.

Beck, H. et al.: Residues of PCDDs, PCDFs, PCBs and other organochlorine compounds in harbour seals and harbour porpoise, in: Chemosphere, Nr. 20, 1990.

Beck, H.: Schwerflüchtige Organohalogenverbindungen im Menschen, in: VDI-Berichte, Nr. 745, 1989.*Behne, D., H. Hilmert, S. Scheid, H. Gessner, W. Egler:* Evidence for specific selenium target tissues and new biologically important selenorproteins. Biochimica et Biophysica Acta 966 (1988) 12–21.

Behne, D., T. Höfer-Bosse, W. Elger: Selenium and hormones in the male reproducive system. Selenium in Biology and Medicine, Part B

(Combs, G. F., O. A. Levander, J. E. Spallholz, J. E. Oldfield eds.) AVI, New York (1987) 733–739.

Behrbohm, P.: Über allergische Krankheiten durch DDT und HCH, in: Allergie und Asthma, Band 8, Heft 43, 1962.

Behrendt, H.: Allergotoxikologie: Einfluß von Umweltschadstoffen auf allergische Reaktionen, in: Umwelthygiene, Nr. 19, 1987.

Behrendt, H.: 3. Internationales Symposium »New Trends in Allergy« 1990.

Beier, H. M.: Umweltbelastungen als Störungen der Frühgravidität und als Abortursache, in Gynäkologie, Nr. 21, 1988.

Bellinger, D., A. Leviton, C. Waternaux. H. L. Needleman. M. Rabinowitz: Longitudinal analyses of prenatal and postnatal lead exposure and early cognitive development. N. Eng. J. Med. 316 (1987) 1037–1043.

Bencard, F.: Allergologischer Leitfaden, 1990.

BGA-Schriften 2/1990.

BGA-Symposium Dioxine und Furane, Karlsruhe, 1/1990.

BGA, Tumorpromotoren, Symposium, Bundesgesundheitsamt, Berlin, 1985.

Bircher, R.: Geheimarchiv der Ernährungslehre. Bircher-Benner-Verlag, Bad Homburg.

Bird, E., R. J. Contreras: Maternal dietary sodium chloride levels affect the sex ration in rat litters. Physiol. Behav. 36 (1986) 307–310.

Birkmayer, J. G. D., W. Beyer: Essentielle Spurenelemente. Erfahrungsheilkunde 10 (1990) 550–553.

Birkmayer, J. G. D., M. Daunderer, E. Reschenhofer: Quecksilberdepots im Organismus korrelieren mit der Anzahl der Amalgamfüllungen. Dtsch. Zschr. f. Biologische Zahnmedizin 6 (1990) 57–61.

Birnbaum, L. S. et al.: siehe *Krause,* 1991.

Bjorksten et al.: siehe *Krause,* 1991.

Blaurock-Busch, E., W. Spiller: Mineralstoff- und Spurenelemente-Analytik und Therapie bei atopischen Erkrankungen. Erfahrungsheilkunde 10 (1990) 554–557.

Bloxam, D. L., N. R. Willisams, R. J. Waskett, P. M. Pattinson-Green, Y. Morarja, S. G. Stewart: Maternal zinc during oral iron supplementation in pregnancy: a preliminary study. Clin. Sci. 76 (1989) 59–65.

Bonde, J. P.: (1990): Semen quality and sex hormones among mild steel and stainless steel welders: A cross sectional study. Brit. J. Int. Med. 47: 508–514.*Bonde, J. P. E.:* Subfertility in relation to welding. A. case referent study among male welders. Dan. Med. Bull. 37 (1990) 105–108.

Bowman et al.: Chronic dietary intake of 2,3,7,8-TCDD at 5 and 25 ppt in the monkey: TCDD kinetics and dose-effect estimate of reproductive toxicity, 7th Intern. Dioxin Symposium, Las Vegas, 1987.

Braun-Falco, O., Plewig, G., Wolff, H. H.: Dermatologie und Venerologie, Springer, Berlin-Heidelberg-New York-Tokyo, 3. Auflage, 1984.

Bro, S., H. Beredtsen, J. Norgaard, A. Host, P. J. Jorgensen: serum zinc and copper concentrations in maternal and umbilical cord blood. Relation to course and outcome of pregnancy. Scand. J. Clin. Lab. Invest. 48 (1988) 805–811.

Bro, S., H. Berendtsen, J. Norgaard, A. Host, P. J. Jorgensen: Serum selenium concentration and umbilical cord blood. Relation to course and outcome of pregnancy. J. Trace Elem. Electrolytes Health Dis. 2 (1988) 165–169.

Brodsky, K. B., E. N. Cohen, C. Whitcher, B. W. Brown jr., M. L. Wu: Occupational exposure to mercury in dentistry and pregnancy outcome. Jada 111 (1985) 779–780.

Brophy, M. H.: Zinc, preeclampsia, and y-aminobutyric acid. Am. J. Obstet. Gynecol. 163 (1990) 242–243.

Brown, D. G., R. F. Burk: Selenium retention in tissues and sperm of rats fed a torula yeast diet. J. Nutr. 103 (1973) 102.

Brown, L. M. et al.: Pesticide exposures and other agricultural risk factors for leukemia among men in Iowa and Minnesota, in: Cancer-Res., Nr. 50 (20), 15. 10. 1990.

Bruker, M. O.: Lebensbedingte Krankheiten, emu Verlag, Lahnstein.

Bruker, M. O.: Umweltbedingte Krankheiten, emu Verlag, Lahnstein.

Bruker, M. O.: Unsere Nahrung, unser Schicksal, emu Verlag, Lahnstein ISBN 3–89189–003–06.

Buchet, J. P., R. R. Lauwerys: Influence of 2,3 dimercaptopropane-1-sulfonate and dimercaptosuccinic acid on the mobilization of mercury from tissues of rats pretreated with mercury chloride, phenylmercury acetate or mercury vapors. Toxicology 54 (1989) 323–333.

Bundesgesundheitsblatt 3: PCDD- und PCDF-Gehalte in Humanmilch von 74 Proben aus der Bundesrepublik Deutschland, Bundesgesundheitsamt, Berlin, 1990.

Bundesinnenministerium: Die Strahlenexposition von außen in der BRD durch natürliche radioaktive Stoffe im Freien und in Wohnungen unter Berücksichtigung des Einflusses von Baustoffen, Bonn, 1978.

Calatin, A.: Zeitkrankheit Nahrungsmittelallergie, München, 1988.

Calvin, H. I., G. W. Cooper, E. Wallace: Evidence that selenium in rat sperm is associated with a cysteine-rich structural protein of the mitochondrial capsules. Gamete Res. 4 (1981) 139.

Campbell et al.: siehe *Krause,* 1991.*Carlsen, E. et al.:* Evidence for decreasing quality o semen during past 50 years Brit. Med. J. 305 (1992), 609–613.

Carson, R.: Der stumme Frühling, C. H. Beck, München, 1990.

Chaetterjee, M. S., M. Abdel-Rahman, A. Bhandal. P. Klein, J. Bogden: Amniotic fluid cadmium and thiocyanate in pregnant women who smoke. J. Reprod. Med 33 (1988) 417–420.

Cherian, M. G., E. F. Miles, T. W. Clarkson, C. Cox: Estimation of Mercury Burdens in Rats by Chelation with Dimercaptopropane Sulfonate. J. Pharmacol. Exp. Ther. 245 (2) (1988) 479–484.

Chilvers, U. K.: National Case Control Study Group, Br. Med. J., 1993; 307: 17–20.

Cooney, G. H.: Nourobehavioural consequences of prenatal low level exposures to lead, Neurotoxicol. Tertol. 11 (1989) 95–104.

Curle, D. C. M. Ray, T. V. Persaud: Methylmercury toxicity: in vivo evaluation of teratogenesis and cytogenetic changes. Anat. Anz. 153 (1983) 69–82.

Cumbrowski, J. et al.: Die Kadmiumbelastung des Menschen in verschiedenen Gebieten der DDR unter ausgewählten Gesichtspunkten, Jena, 1979.

Cumbrowski, J.: Cadmiumbelastung des Menschen aus kommunalhygienischer Sicht, Zbl. Pharm. 121, Nr. 6, 1982, S. 547–556.

Damstra, T.: Environmental chemicals and nervous system dysfunction, In: Yale J. Biol. Med., Nr. 51, 1978.

Danscher, G., P. Horstedt-Bindslev, J. Rungby: Traces of mercury in organs from primates with amalgam-fillings. Exp. Mol. Pathol. 52 (1990) 291–299.

Daunderer, M.: Amalgam vergiftet den Speichel. Forum d. Prakt. und Allgem. Arztes 29 (1990) 21–23.

Daunderer, M.: Handbuch der Amalgamvergiftungen, ecomed, München, 1992.

Daunderer, M.: Handbuch der Umweltgifte, München, 1990.

Daunderer, M.: Klinische Toxikologie. Band 1–7, Econ-Verlag, 1989.

Daunderer, M.: Quecksilbervergiftungen durch Amalgam. Leitsymptom Kopfschmerzen. Forum d. Prakt. u. Allgemein. Arztes 28, 1989, 3.

Daunderer, M.: Toxikologie, München, 1990.

Denison et al.: Inducible receptor-dependent protein-DNA interactions at a dioxin-responsive transcriptional enhancer, Proc. Natl. Acad. Sci. (USA), 1990.

Deuster, P. A. E. Dolev. L. L. Bernier, U. H. Trostmann: Magnesium and zinc status during the mentrual cycle. Am J. Obstet. Gynecol. 157 (1987) 964–968.

Diedrich, D. Krebs: Einfluß von Pestiziden auf die Funktion von Spermatozoen in vitro. Arch. Gyn. Obstet 245, 1–4 (1990) 1041.

Dixon, R. L. (1984): Assessment of chemicals affecting the male reproductive system. Arch. Toxicol. (Suppl.) 7: 118–127.*Döring:* Unfruchtbar durch Umweltgifte, ro-ro-ro Verlag, München, 1992.

Donat. H., J. Matthies, I. Schwarz: Fertilität bei Exponierten gegenüber Pflanzenschutz- und Schädlingsbekämpfungsmitteln. Andrologia 22 (1990) 401–407.

Doll, R., R. Peto: Mortality in relation to smoking. 20 years observations on male british doctors, British Medical Journal, 4, 1976.

Dulbecco, R.: Biologie der Krebserkrankung, Umschau, 80, 1980.

Eckrich 1990, siehe *Krause,* 1991.

Ensslen, S. CH., H.-H. Riedel, H. Blüthgen, W. Heeschen, M. Grillo und H. Jung (1990): Chlorkohlenwasserstoffe in Follikelflüssigkeit und Sperma, Fertilität 6: 119–122.

Ericson, A., B. Källèn: Pregnancy outcome in women working as dentists, dental assistants or dental technicians. Int. Arch. Occup. Environ. Health. 61 (1989) 329–333.

Ernhart. C. B., M. Morrow-Tlucak, M. R. Marler, A. W. Wolf: Low Level Lead Exposure in the Prenatal and Early Preschool Periods: Early preschood development. Neurotoxicol. Teratol. 9 (1987) 259–270.

Ernhart, C. B., M. Morrow-Tlucak, A. W. Wolf, D. Super, D. Drotar: Low Level Lead Exposure in the Prenatal and Early Preschool Periods: Intelligence Prior to School Entry. Neurotoxicology and Teratology 11 (1989) 161–170.

Falck, F. jr., Ricci, A. jr, Wollf, M. et al.: Pesticides and Polychlorinated Biphenyl Residues in Human Breast

Lipids and their Relation to Breast Cancer, Arch Env Health 1992; 47/ 2: 143–46.

Farier, M., A. Vavier, E. Rovert, M. Guignier, Y. Malinas: Can zinc deficiency in the mother be responsible for the occurrence of spina bifida aperta in the fetus? Gynecol. Obstet. 82 (198) 575–581.

Ferm, V. H., S. J. Carpenter: The relationship of cadmium and zine in experimental mammalian teratogenesis. Lab. Invest. 18 (1968) 429.

Festinger, L.: A theory of cognitive dissonance, Stanford Univ. Press, Stanford USA, 1957.

Fiedler, H. J., H. J. Rösler: Spurenelemente in der Umwelt, F. Enke, Stuttgart, 1988.

Fischer, B.: Umweltbelastungen und Fortpflanzung, Reproduktionsbiologische und embryotoxikologische Aspekte, In: Wissenschaft, Umwelt, Nr. 2, 1987.

Flade, S.: Allergien natürlich behandeln. Seele natürlich behandeln. Neurodermitis natürlich behandeln. Gräfe und Unzer Verlag, München.

Flora, S. J., S. K. Tandon: Influence on calcium disodium edetate on the toxic effect of lead administration in pregnant rats. Indian J. Physiol. Pharmacol. 31 (1987) 267–272.

FOCUS 7/1994: Chemisch kastriert – Umweltöstrogene könnten eine Ursache für männliche Unfruchtbarkeit und Krebs sein, FOCUS 7/1994, 114–115.

Forth, W., Graul, E. H.: Ozon, in: DÄB, Nr. 42, 1990.*Forth, W., Henschler, D., Rummel, W.:* Pharmakologie und Toxikologie, Wissenschaftsverlag, Mannheim-Wien-Zürich, 4. Auflage, 1983.

Friedl, H. P.: Epidemiologie der Krebskrankheit und Umweltsituation, in: Oesterr. Z. Onkologie 4, Nr. 2–3, 1977.

Friedrichsen, H.-P.: Wohn- und Umweltkrankheiten, in: Gesünder Wohnen, Heft 11, 1990.

Frykholm, K. O.: On Mercury From Dental Amalgam, Its Toxic and Allergic Effects and some Comments on Occupational Hygiene, Acta Ondontologica Scandinavica, Bd. 22, S. 1–123, 1957.

Fujita, M., E. Takabatake: Mercury levels in human maternal and neonatal blood, hair and milk. Bull. Environ. Conatam. Toxicol. 18 (1977) 205–209.

Gerhard, I., Runnebaum, B.: Schadstoffe und Fertilitätsstörungen, Teil A: Genußgifte, Teil B: Schwermetalle und Mineralstoffe, Teil C: Lösungsmittel, Pestizide, Geburtshilfe und Frauenheilkunde, 1992.

Gerhard et al.: pers. Mitteilungen, 1991.

Gleichmann, E., H. W. Vohr, J. Mirtschewa, R. Stiller-Winkler, S. Vogeler: Zur Induktion von Autoimmunkrankheiten und anderen stimulativen Immunopathien durch Quecksilber und andere Chemikalien. Umwelthygiene, Jahresbericht 1986/ 1987, Band 19 (Hrsg.: K. Beyen, Gesellschaft zur Förderung der Lufthygiene und Silikoseforschung e.V. Düsseldorf) (1987) 270–319.

GLOBUS 97: Komittee zur Prüfung gesundheitsschädlicher Arbeitsstoffe der DFG, 1990.

Goodwin, D. W., Guze, .B.: Psychiatric Diagnosis, Oxford University Press, New York, 2. Aufl., 1979.

Gortmaker et al.: siehe *Krause,* 1991.

Graul, E. H.: Umwelt und Krebsentstehung, in: Therapiewoche, Nr. 26/ 6, 1976.

Grefe, C., Kalberlah, F.: Sexualökologie, Unfruchtbar, in: Natur, Nr. 6, 1989.

Gross, R. et al.: Lehrbuch der Inneren Medizin, F. K. Schattauer, Stuttgart-New York, 5. Auflage, 1977.

Guit-Bara, Bara M., J. Durlach: Antagonistic effect between zinc and various embryonic toxics on the human amnion permeability. Int. J. Feto-Maternal Medicine 1 (1988) 57–62.

Hahn, L. J., R. Kloiber, M. J. Vimy, Y. Takahashi, F. L. Lorscheider: Dental »silver« tooth fillings: A source of mercury exposure revealed by whole-body image scan and tissue analysis. FASEB J. 3 (1989) 2641–2646.

Hahn, L. J., R. Klober, R. W. Leininger. M. J. Vimy, F. L. Lorscheider: Wholebody imaging of the distribution of mercury releaded from dental fillings into monkey tissues. FASEB J. 4 (1990) 3256–3260.

Hambidge, K. M., N. F. Krebs, L. Sibley. J. English: Acute effects of iron therapy on zinc status during pregnancy. Obstet. Gynecol. 70 (1987) 593–596.*Hall, K.:* Allergy of the nervous system, a review, in: Ann. Allergy, Nr. 36, 1976.

Handbuch der Geo- und Baubiologie, München, 1985.

Hantschke, B.: Chemische und physikalische Prozesse bei der Trocknung von Bauten-Anstrichmitteln und ihre Auswirkung auf die Beschaffenheit der Luft in Wohnräumen, Schriftenreihe des Vereins für Wasser-, Boden- und Lufthygiene. Stuttgart, New York, 1982.

Harbeck R. J. et al.: Cerebrospinal fluid and the choroid plexus during acute immune complex disease, In: Clin. Immunol. Immunopathol., Nr. 13, 1979.

Harding, A. J., I. E. Dreosti, R. S. Tulsi: Zinc deficiency in the 11 day rat embryo: a scanning and transmission elecron microscope study. Life sci. 42 (1988) 889–896.

Harris, Lippman, Veronesi, Willett: New England Journal of Medicine, 1992; 327/5: 319–28.

Hartfield, W., W. Schule: Selenmangel in der Bundesrepubklik (II). Aktuelle Ernährungsmedizin, Heft 3 Jahrgang 13 (1988) 77–82.

Haschke und Steffen: aus: B. Dost, Ein Land erstickt, München, 1990.

Haupt, 1984, in: Dost, B.: Ein Land erstickt, München, 1988.

Haynes, D. C., M. S. Golub, M. E. Gershwin, A. T. Cheung, L. S. Hurley, A. G. Hecrickx: Long-term marginal zinc deprivation in rhesus monkeys. I. Effects on adult female breeders befor conception. Am J. Clin. Nutr. 45 (1987) 1492–1502.

Heberer, G.: Gastrointestinale Tumoren, Tumorzentrum München, 1. Auflage, 1987.

Hecker, E.: Aktuelle Probleme der Krebsentstehung, Zur Krebsforschung 78, 1972.

Heeschen, W., Blüthgen, A.: Das besondere Problem der Frauenmilch, in: BGA-Schriften, 4/83, Polychlorierte Biphenyle.

Heintze, U., S. Edwardsson. T. Dèrand, D. Birked: Methylation of mercury from dental amalgam and mercuric chloride by oral streptococci in vitro. Scand. J. Dent. Res. 9 (1983) 150–152.

Henry, G. A., B. M. Jarnot, M. M. Steinhoff, P. E. Bigazzi: Mercury-induced renal autoimmunity in the MAXX rat. Clin. Immunol. Immunopathol. 49 (1988) 187–203.

Hepp, H.: Persönliche Mitteilungen, 1990.

Higashi, A., A. Tajiri, M. Matsukura, I. Matsuda: A prospective survey of serial maternal serum zinc levels and pregnancy outcome. J. Pediatr. Gastroenterol. Nutr. 7 (1988) 430–433.

Hilbelink, D. R., S. Kaplan: Sirenomelia: analysis in the cadmium- and leadtreated golden hamster. Teratogenesis Carcinog. Mutagen 6 (1986) 431–440.

Hildebrand, D. C., R. Der, W. T. Griffin, M. S. Fahim: Effect of lead acetate on reproduction. Am. J. Obstet. Gynecol. 115 (1973) 1058–1065.

Hinks, L. J., A. Ogilvy-Stuart, K. M. Hambidge, V. Walker: Maternal zinc and selenium status in pregnancies with a neural tube defect or elevated plasma alphafetorprotein. Br. J. Obstet, Gynaecol. 96 (1989) 61–66.

Hoffman, S. A., Shucard, D. W., Harbeck, R. J. et al.: Chronic immune complex disease: behavioral and immunological correlates, in: J. Neuropathol. Exp. Neurol., Nr. 37, 1978.

Hoffmeister, H.: Bevölkerungsbezogene Krebsregister in der Bundesrepublik Deutschland, MMV, München, 1987.

Holzki, G., H. Gall and J. Hermann (1991): Cigarettesmoking and sperm quality. Andrologia 23: 141–144.

Hong et al.: Immune abnormalities associated with chronic TCDD exposure in rhesus, 7th Intern. Dioxin Symposium, Las Vegas, 1987.

Huber, H. Ch., W. Huber: Auswirkungen einer »low level«-Langzeitbelastung mit Umweltschadstoffen auf Immunsystem und Methämoglobinänamie. Z. ges. Hyg. 30 (1984) 713–716.

Huber, H. Ch., W. Huber: Auswirkungen einer low level-Langzeitbelastung mit Blei auf Immunsystem und Aktivität der gamma-Aminolaevulinsäuredehydratase (ALA-D.) Z. gesamte Hyg. 33 (1987) 194–196.

Hüter, J.: Arzneimitteltransfer. In: Die Plazenta des Menschen, hrsg. von Becker, V., Th. Schiebler, H. Kubli, Thieme, Stuttgart, 1981.

Huggins, H. A., S. A. Huggins: It's all in your head. Dideades caused by silver mercury fillings. Hal A Huggins DDS (1985).

Hunter, D. J., Kelsey, K. T.: Pesticide Residues and Breast Cancer: The Harvest of a Silent Spring? (Editorial), J. Natl. Cancer Inst. 1993; 85: 598–99.

IARC, IARC Monographs on the Evaluation of the carcinogeneic Risk of Chemicals to Humans, Volumes 1–31, Lyon, France, 1972–1983.

Inouye, M., Y. Kajiwara, K. K. Hirayama: Dose- and sex dependent alterations in mercury distribution in fetal mice following methylmercury exposure. J. Toxicol. Environ Health 19 (1986) 425–435.

Inouye, M., Y. Kajiwara: Developmental disturbances of the fetal brain in guinea-pigs caused by methylmercus. Arch. Toxicol. 62 (1988) 15–21.

Institut für Medizinische Statistik und Dokumentation, Mainz, 1986.

Ioka, H., I. Moriyama, M. Oku, K. Hino, Y. Itani, Y. Okamura, M. Ichijo: The effect of inorganic mercury on placental amino acid transport using microvillius membrane vesicles. Nippon Sankta Fujinka Gakkai Zasshi 39 (1987) 167–180.

Jockenhövel, F., M. Bals-Pratsch, H. P. Bertram, E. Nieschalg: Seminal lead and copper in infertile men. Andrologica 22 (1990) 503–511.

Johansson, L., P. Sjoblom, M. Wide: Effect of lead on the male mouse as investigated by in vitro fertilization and blastocyst culture. Environ Res. 42 (1987) 140–148.

Johansson, L., C. E. Pellicciari: Lead-induces changes in the stabilization of the mouse sperm chromatin. Toxicology 51 (1988) 11–24.*Joon, L., M. Wide:* Long-term exposure of the male mouse to lead: effects on fertility. Environ Res. 41 (1986) 481–487.

Journal of National Cancer Institutions, 1993; 85/18: 1483–92.

Journal of National Cancer Institutions, 1994; 86/2: 88–89.

Juchheim, J. K.: Haaranalyse. Mineralstoffe und Ernährung. HAUG-Verlag 1992.

Karmaus, in: *Krause, J.:* Umweltmedizinische Aspekte in Klinik und Praxis, Dissertation, Ludwig-Maximilians-Universität München, im Druck, 1991.

Kimmel, Ca., L. D. Grant, C. S. Slovan, B. C. Gladen: Chronic low level lead toxicity in the rat I Maternal toxicity and perinatal effects. Toxicol. appl. Pharmacol. 56 (1980) 28.

Klages, K., H. Sourgens, H. P. Bertram, C. Müller, F. H. Kemper: Lead exposure and endocrine functions: Impact on the hypophyseal-gonadal axis and the pituitarythyroid system. Acta Endocr. Suppl. 283 (1987) 17–18.

Klink, F., J. R. Jungblut, F. Oberheuser, C. P. Siegers: Cadmium- und Bleikonzentrationen im Fruchtwasser von rauchenden und nichtrauchenden Gravida. Geburtsh. u. Frauenheilk. 43 (1983) 695–698.

Knebusch, R.: Dioxin in der Muttermilch, in: Arzt und Umwelt, Ausgabe 3, 1990.

Kohlmeier: 1991, zitiert aus: Spechter, A.

Köstler, W.: Immunologische und spektralanalytische Veränderungen durch Quecksilbermobilisierung aus Amalgamfüllungen. Erfahrungsheilkunde 10 (1990) 572–577.

Koos, B. J., L. D. Longo: Mercury toxicity in the pregnant woman, fetus, and newborn infant. Am. Obstet. Gynecol. 126 (1976) 390–409.

Korpela, H., R. Louvenvia, E. Yrjaenheikki, A. Kauppila: Lead and cadmium concentrations in maternal and umbilical cord blood, amniotic fluid, placenta, and amniotic membranes. Am. J. Obstet, Gynecol. 155 (1986) 1086–1089.

Krause, J.: Umweltmedizinische Aspekte in Klinik und Praxis, Dissertation, Ludwig-Maximilians-Universität München, im Druck, 1991.

Krause, W.: Wirkung von Medikamenten und Umweltgiften auf die menschliche Spermatogenese, in: Dermatosen in Beruf und Umwelt, Nr. 6, 1983.

Krebs, D.: Polychlorinated Biphenyls: the occurrence of the main congeners in follucular and sperm fluids. J. Clin. Chem. Clin. Biochem. 27, 9 (1989) 663.

Kruse-Jarres, D.: Die Bedeutung von Zink für die humorale und zelluläre Immunität. Erfahrungsheilk. 9 (1989) 549–558.

Kuhnert, B. R., P. M. Kuhnert, S. Debanne, T. G. Williams: The relationship between cadmium, zinc, and birth weight in pregnant women who smoke, Am. J. Obstet. Gynecol. 157 (1987) 1247–1251.

Kuhnert, B. R., P. M. Kuhnert, N. Lazebnik, P. Erhard: The effect of maternal smoking on the relationship between maternal and fetal zinc status and infant birth weigth. J. Am. Coll. Nutr. 7 (1988) 309–316.*Kuliskaukas et al.:* siehe *Krause,* 1991.

Kumei, Y., A. Sato: Effects of Sodium Selenite on the Cytotoxicity of Dental Amalam. Toxicol. Applied Pharmacol. (1981) 59.

Kursawa-Strucke, H. J., Schröder, H. P.: Bio kontra Chemie, Stiftung Verbraucher Institut, Berlin 1986.

Kvist, U., L. Bjoerndahl, S. Kjellberg: Sperm nuclear zinc, chromatin stabilitiy, and male fertility. Scanning Microsc. 1 (1987) 1241–1247.

Kynast, G., E. Saling: Effect of oral zinc application during pregnancy. Gynecol. Obstet. Invest. 21 (1986) 117–123.

Kynaston, H. G., D. I. Lewis-Jones, R. V. Lynch, A. D. Desmond: Changes in seminal quality following oral zinc therapy. Andrologia 20 (1988) 21–22.

Lahl, P.: Umweltdezernat der Stadt Bielefeld, Dokumentation des PVC- Hearings am 22. 10. 86. Gefährden PVC-Produkte die Umwelt?, Bielefeld, 1986.

Lancranjan, J., H. J. Popescu, D. Gavanescu, J. Klepsch and M. 9. Lewin, A., O. Gonen, R. Orvieto and J. G. Schenker (1991): Effect of smoking on concentration, motility and zona free hamster test on human semen. Arch Androl. 27: 51–54.

Larson, P. S., H. B. Haag, H. Silvette: Tobacco, Experimental and Clinical Studies, William & Wilkins, Baltimore, 1961.

Lauritzen, C.: Pille und Brustkrebs: offene Fragen, in: Ärztliche Praxis, Nr. 26, 30. 03. 1991.

Leek, J. C., C. L. Keen, J. B. Vogler, M. S. Golub, L. S. Hurley, A. G. Hendrickx, M. E. Gershwin: Long-term marginal zinc deprivation in rhesus monkeys. IV Effects on skeletal growth and mineralization. Am. J. Clin. Nutr. 47 (1988) 889–899.

Levine, R. J. (1990): Differences in the quality of semen in outdoor workers during summer and winter. New Engl. J. Med. 323 (1): 12–16.

Lewin, L.: Gifte und Vergiftungen, Karl F. Haug, Ulm, 5. Auflage, 1962.

Liebgott, B., G. Screbrolow: Fetal toxicity caused by excessive maternal dietary calcium. Can Dent. Assos. 55 (1989) 129–133.

Loegdber, B., M. Berlin, A. Schuetz: Effects of lead exposure on pregnancy outcome and the fetal brain of squirrel monkeys. Scand. J. Work. Environ. Health 13 (1987) 135–145.

Loh, F. G.: Untersuchungen über die Quecksilber-Konzentrationen im Blut. Ausatemluft und Speichel, Inauguraldiss. Erlangen (1984).

Lorenz, H., Neumeier, G.: Polychlorierte Biphenyle (PCB), BGA-Schriften, MMV, München, 1983.

Lotz, K. E.: Willst du gesund wohnen?, Biberach/Riß, 1975.

Lubs, siehe *Krause,* 1991.

Ludewig, R., Lohs, K.: Akute Vergiftungen, Gustav Fischer, Stuttgart-New York, 6. Auflage, 1981.

Lutzenberger, J, zitiert aus Grefe, C., Kalberlah, F.: Sexualökologie, Unfruchtbar, in: Natur, Nr. 6, 1989.

Maass, H.: Mammakarzinom: Epidemiologie, Gynäkologe 1994; 27: 3–6.

Madding, C. I., M. Jacob, V. P. Ramsay, R. Z. Sokol: Serum and semen zinc levels in normozoospermic and obligospermic men. Ann. Nutr. Metab. 30 (1986) 213–218.

Magnussen: siehe *Krause, W.,* 1991.

Mahajan, S. K., R. J. Hamburger, W. Flamenbaum, A. S. Prasad, F. D. Mangir, M.: Die Wirkung von Schwermetallen, insbesondere Cadmium und Quecksilber auf DNA-, RNA- und Ribosomenstoffwechsel bei Hefen und Säugerzellen. Inaugural-Dissertation, Berlin (1987) 1–93.

Martinez et al.: siehe *Krause,* 1991.

Matthiaschk, G., Roll, R.: Toxikologie und gesundheitliche Bewertung der ermittelten Zufuhr von PCB, in: BGA-Schriften, 4/1983, Polychlorierte Biphenyle.

Mau, G.: Smoking and the fetus. Lancet I (1976) 972.

Mc Donald: Effect of zinc supplementation on hyperprolactinaemia in uraemic men. Lancet 5 (1985) 750–751.

Mc Dowell, J., I. Kitchen: Perinatal lead exposure alters the development of delta – but not mu-opioid receptors in rat brain. Br. J. Pharmacol. 94 (1988) 933–937.

Mc Michael, A. J., G. V. Vimpani, E. F. Robertson, P. A. Bagurst, P. D. Clark: The Port Pirie cohort study: maternal blood lead and pregnancy outcome. J. Epidemiol. Community Health 40 (1986) 18–25.

Meerkamp van Embden, I. C.: Krebs und Umwelt, in: Chemie und Fortschritt, Nr. 2, 1980.

Meister, 1984, aus: *Dost, B.:* Ein Land erstickt (s.d.).

Miedaner-Maier, I., I. Gerard, W. Eggert-Kruse, B. Runnebaum: Prävalenz ätiologischer Faktoren bei 70 Paaren mit habituellen Aborten. Arch. Gynecol. Obstet. 245 (Ed. Ludwig, H. D. Krebs). Springer Intern. J. F. Bergmann Verlag, München (1989) 166–167.

Miller: Lancet 1993; 341: 25–26.

Miyamoto, T.: 3. Internationales Symposium »New Trends in Allergy« 1990.

Miyamoto, T.: Allergy and changing environments – industrial/urban pollution. XII. International Congress of Allergology and Clinical Immunology, Montreux, 16. 10. 88–21. 10. 88.

Mohamed, M. K., T. M. Burbacher, N. K. Mottet: Effects of methyl mercury on testicular functions in Macaca fascucularis monkeys. Pharmacol. Toxicol. 60 (1987) 29–36.

Mortensen, J. T.: Riks for reduced sperm quality among metal workers, with special reference to welders. Scand. J. Work. Environ. Health 14 (1988) 27–30.

Münchener Gesellschaft für Geo- und Baubiologie e. V., Handbuch der Geo- und Baubiologie, 2. Auflage, Unterhaching, 1985.

Mulhern, S. A., L. D. Koller: Severe or marginal copper deficiency results in a graded reduction in immune status in mice. J. Nutr. 118 (1988) 1041–1047.

Mussalo-Rauhamaa, H. Häsänen, E. et al.: Occurence of Beta-Hexachlorocyclohexane in Breast Cancer Patients, Cancer 1990; 66:2124–28.

Naeye, R. L.: Effects of maternal cigarette smoking on fetus and placenta. Br. J. Obstet. Gynaecol. 85 (1978) 732.

Naeye, R. L.; Influence of maternal cigarette smoking during pregnancy on fetal and childhood growth. Obstet. Gynecol. 57 (1981) 18.

Naujoks-Heinrich, S., Dölle, W.: Die Epidemiologie der häufigsten Tumoren des Verdauungskanals, in: Der Internist, Springer, Heft 1, Januar 1982.

Needleman, H. L.: The persistent threat of lead: medical and sociological issues. Curr. Probl. Pediatr. 18 (1988) 697–744.

Neidhard, H.: Brandverhalten polychlorierter Biphenyle, in: BGA-Schriften, 4/1983, Polychlorierte Biphenyle N. Engl. J. Med.: 1993; 329: 234–40 N. Engl. J. Med.: 1994; 330: 81–87.

Nemet, K., K. Nadrassy, K Bognar, P. Czappan, A. Stuber, I. Simonovits: Relationship between maternal and infant iron stores: 1. Full term infants. Haematologie (Budap.) 19 (1986) 197–205.

Neumann, H.-G.: Die Rolle der Promotion bei der Einwirkung krebserzeugender Stoffe, in: BGA-Schriften, 6/85, Tumorpromotoren.

Neumeier, G., Pohle, H.: PCB-Ersatzprodukte, in: BGA-Schriften, 4/1983, Polychlorierte Biphenyle.

Ohlsen et al.: siehe *Krause,* 1991.

Organon GmbH: PCB und DDT im Zervikalschleim schädigen Funktion der Spermien. Impulse, Vorträge, Fakten 6,1 (1991) 1.

Perger, F.: Unterschiedliche Entwicklungen der Schwermetallbelastungen (Pb, Cd, Hg) und ihre Therapie, Ärztezeitschr. f. Naturheilverf. 10 (1987) 774–794.

Perger, F.: Kosteneinsparung im Gesundheitswesen bei gleichzeitiger Verbesserung der Therapieerfolge (Frühdiagnose prämorbider Belastungsfaktoren und ihre Eliminierung). In: Nürnberger Begegnungen 1988, Wissenschaftsspluralismus in der Medizin, methodenkritische Ansätze einer Neuorientierung, Edition Informed, Gräfelding (1989).

Peterson, M. L., Rommo, N., House, D. et al.: In vitro responsiveness of lymphocytes to phytohemmagglutinin, in: Arch. Environ. Health, Nr. 33, 1978.

Planas-Bohne, F.: The effect of 2,3-Dimercaptopropane-1-sulfonate and Dimercaptosuccinic acid on the distribution and excretion of mercuric chloride in rats. Toxicology 19 (1981) 275–278.

Plotnikoff, N. P.: The central nervous system control of the immune system, Encephalins: antitumor activities, Annual Meeting of the American College of Neuropsychopharmacology, San Diego, 1981.

Prescott-Clarke, P.: Public Attitudes towards the Acceptability of Risks, Social and Community Planning Research, Suroly-Research-Centre Publication, London, März 1982, S. 592.

Randolf, T. G.: Specific adaptation, Annals of Allergy, 40: 333–45, 1978.

Rea, W. J., Bell, I. R., Suits, C. W. et al.: Food and chemical susceptibility after environmental chemical overexposure: case histories, in: Ann. Allergy, Nr. 40, 1978.

Record, I. R., I. E. Dreosti, R. S. Tulsi, S. J. Manuel: Maternal metabolism and teratogenesis in zinc-deficient rats. Teratology 33 (1986) 311–317.

Saaranen, M., U. Suistomaa, M. Kantola, S. Saarikoski, T. Vanha-

Perttula: Lead, magnesium, selenium and zinc in human seminal fluid: comparison with semen parameters and fertility. Hum, Reprod. 2 (1987) 475–479.

Rehsteiner: siehe *Krause, W.,* 1991.

Reichman et al.: J. Nat. Cancer Inst., 1993; 85, 9: 722–27.

Reiser, R.: PCB-Verseuchung von Klassenzimmern höher als vermutet, in: Süddeutsche Zeitung, 23. 02. 1991.

Renz: siehe *Krause, W.,* 1991.

Reynolds, T.: Congress may order Breast Cancer Study on Long Island, J. Natl. Cancer Inst., 1993; 85/ 7 : 520–22.

Riedel, F.: Pädiatrische Ökologie: Wegbereiter für allergische Atemwegserkrankungen, in: Sozialpädiatrie, Nr. 12, 1990.

Ring, J.: 3. Internationales Symposium »New Trends in Allergy« 1990.

Roediger, B., H. Veen, van der, H. Schlebusch, U. Wagner, M, Knapp, K.: Der Einfluß von Umweltschadstoffen auf die Funktion menschlicher Spermatozoen in vitro, In: Fortschritte der Fertilitätsforschung, Grosse, Nr. 16.

Rössel: 1983, Auftreten des plötzlichen Kindestodes in Berlin 1977–1981, aus: *Dost, B.:* Ein Land erstickt, München, 1988.

Rohr, von I. und W.: Wegweiser natürliche Umweltmedizin. Bauer Verlag 1992.

Rose, W.-D.: Krebsgifte, Mosaik, München, 1987.

Rosskamp, E.: Umwelt und Krebs, in: Schriftenreihe des Vereins für Wasser-, Boden- und Lufthygiene, Nr. 63 und Nr. 65, 1985.

Ruediger, H. W.: Krebsentstehung – Erbfaktoren und Umwelteinflüsse, in: Schnipkoweit, H.: Umweltschäden, Gesundheitsschäden, Sponholtz, Hameln, 1985.

Runow, K.-D.: Klinische Ökologie, Hippokrates, Stuttgart, 1986.

Safe SH: Dietary and Environmental Estrogens and Antiestrogens and Their Possible Role in Human Disease, Environ. Sci. & Pollut. Res. 1994/1; 1: 29–33 (ecomed Verlag Landsberg).

Safety of Dental Amalgam, Journal, American Dental Association, Bd. 106, 1983.

Saaranen, S., M. J. White, J. Mertzlufft, I. Lau: Prevention of cadmium-induces sterility by zinc in the male rat. Contraception 27 (1983) 521–530.*Saxena, M. C. et al.:* Organochlorine Pesticides in specimens from women undergoing spontaneous abortion, premature or full term delivery, In: Journal Annal Tox. Nr. 5, 1981.

Schäfer, S. G., W. Forth: Cadmium – Bewertung eines Schadstoffs. DÄB 79, Heft 43 (1982) 39.

Schaller, A.: Geburtsmedizinische Teratologie, Urban und Schwarzenberg, München, Berlin, Wien, 1975.

Schaller, K. H., M. Breininger, R. Schiele, P. Schierling: Der Quecksilberspiegel für Blut und Urin bei Normalpersonen. Ärztl. Labor 29 (1983) 325–334.

Scheilke, Chr.: Ein Kind wird nicht erst Mensch – es ist schon einer, in: Protokolldienst Nr. 14, Evangelische Akademie Bad Boll, 1989.

Schiele, R., K. H. Schaller, D. Weltle: Mobilisation von Quecksilber-Speicherungen im Organismus mittels DMPS (Dimaval). Arbeitsmedizin, Sozialmedizin, Präventivmedizin 24 (1989) 249–251.

Schiele, R.: Amalgam Pro und Contra. Dokumentation des Instituts der Deutschen Zahnärzte. Deutscher Ärzteverlag, Köln (1988).

Schildberg, F. W., Kiffner, E.: Interdisziplinäre Therapie des Mammakarzinoms, perimed, Erlangen, 1985.

Schill, W.-B. (1989): Medikamentöse Einflüsse auf die männliche Fertilität, Medwelt 40: 1247–1251.

Schill, W.-B. (1989): Zum Problem der Umweltbelastung aus andrologischer Sicht, Fertilität 3: 115–120.

Schirren et al.: siehe *Krause,* 1991

Schlebusch, H., U. Wagner, H. van der Ven, S. Al-Hasami, K. Diedrich and D. Krebs (1989): Polychlorinated biphenyls: The occurrence of the main congeners in follicular and sperm fluids. J. Clin. Chem. Clin. Biochem. 27: 663–66713.

Schlebusch, H., U. Wagner, H. Veen, van der, S. Al-Hasani, K. Diedrich, Schlebusch, H., U. Wagner, K. Ven, van der, H. Veen, van der: Schadstoffbelastung des Zervikalmukus – chlorierte Kohlenwasserstoffe, Phosphorsäureester und Triazin-Herbizide. Abstractband der freien wissenschaftlichen Vorträge und Posterpräsentationen des 48. Kongresses der Deutschen Gesellschaft für Gynäkologie und Geburtshilfe, Hamburg 1990, Abstract Nr. 003934. Ber. Gyn. 127 11–12 (1990) 1097.

Schleyer, R. et al.: Atmosphärische organische Immissionsbelastungen – Konsequenzen für die Grundwasserqualität, in: Tätigkeitsbericht 1989, BGA, MMV, München, 1990.

Schlipköter, H.-W.: Unbekannte Krankheitsbilder durch Schadstoffbelastung, in: DÄB, Nr. 86, Heft 42, 1989.

Schlumberger, D.: Rätselkrankheit Allergie, in: Der Praktische Arzt, Nr. 11, 1987.

Schmincke, E.: PVC, Polyäthylen, Polystyrol ... Spielzeug, das es in sich hat, in: Protokolldienst Nr. 14, Evangelische Akademie Bad Boll, 1989.

Schneider, A.: Schriftenreihe »Gesundes Wohnen«, Institut für Baubiologie und Ökologie, Holzham 25, 8201 Neubeuern, 1980–1991.

Scholz, H.: Mineralstoffe und Spurenelemente. Hippokrates Verlag, Stuttgart (1985).

Schramm, P. (1985): Alkohol und Fertilität – aus andrologischer Sicht, Z. Hautkr. 60 (13): 1026–1039.

Schrauzer, G. N.: Selen in der Frauenheilkunde. Speculum 8. Jahrgang 3 (1990a) 9–14.

Schrauzer, G. N.: Quecksilberdetoxifikation durch Selen: Ein Beitrag zur Lösung des Amalgamproblems. Erfahrungsheilkunde 10 (1990b) 561–564.

Schützenberger, A. A.: Den Lebenswillen stärken – den Krebs besiegen, Kösel, München, 1989.

Schulte-Hermann, R.: Untersuchungen zur Tumorpromotion an mutmaßlichen Tumorvorstadien in der Leber, in: BGA-Schriften, 6/1985, Tumorpromotoren.

Schulte-Uebbing, C. et al: Toxikologische Untersuchungen zum Nikotinabusus, Organisch-Chemisches Institut der Technischen Universität München, Prof. Dr. M. Strell, 1976

Schulte-Uebbing, C.: Steroids as Inhibitors of Human Placental Glutathione-S-Transferase, Vortrag/Placentakongreß Aachen, 1986

Schulte-Uebbing, C.: Inhibition of Human Placental Glutathione-S-Transferase by Steroids, in Zeitschrift: „Placenta", 1/1987

Schulte-Uebbing, C.: Human Placental Glutathione-S-Transferase: Interactions with Steroids, Biol. Chem. Hoppe-Seyler, Vol. 369, pp 23–28, January 1988, gemeinsam mit Dr. L. Dibbelt und Prof. Dr. Dr. E. Kuß, 1. Universitäts-Frauenklinik München

Schulte-Uebbing, C. (gemeinsam mit E. Kuss et al.): Untersuchungen zur Biochemie, Morphologie und Toxikologie der Placenta, 1. Universitätsfrauenklinik, München, 1985–1988

Schulte-Uebbing, C. (gemeinsam mit W. Penning, J. Dietrich, et al.): Referate zur Balneotherapie und Physikalische Therapie umweltbedingter gynäkologischer Erkrankungen, 1988 und 1989

Schulte-Uebbing, C. (gemeinsam mit E. R. Weisenbacher et al.): Infektions-Statistik der Universitäts-Frauenklinik München Großhadern, München 2/89 bis 8/90

Schulte-Uebbing, C. (gemeinsam mit W. Penning, J. Dietrich, et al.): Vorträge zur Balneotherapie umweltbedingter Krankheiten, Kongresse zur Gynäkologischen Balneotherapie, Bad Aachen, Bad Brükkenau, Bad Lüneburg, Bad Waldsee, 1988, 1989

Schulte-Uebbing, C. (gemeinsam mit E. R. Weisenbacher et al.): Arbeitsgruppe „HIV-Infektionen/AIDS in der Gynäkologie und Geburtshilfe“, 1989, 1990

Schulte-Uebbing, C.: Krankenhaus, Pflege und Umwelt, Vortrag, Symposium Pflege und Umwelt, Berufsfachschule für Krankenpflege, Klinikum Augustinum, München, 2/1991

Schulte-Uebbing, C.: Müssen wir alle zum Sondermüll? Zeitschrift Bessere Umwelt, München, 1/1991

Schulte-Uebbing, C. (gemeinsam mit V. Zahn, F. Daschner, H. Pomp, M. Gege, et al.): 2. Bundesweiter Kongreß „Umweltschutz im Krankenhaus“, Berlin, 5/1991

Schulte-Uebbing, C. (gemeinsam mit V. Zahn): Checkliste „Umweltschutz im Krankenhaus“, Verlag UMGEWE, München, Straubing, 1990, 1991

Schulte-Uebbing, C.: Die Verantwortung des Arztes gegenüber unserer Umwelt, Vortrag, München, 10/1991

Schulte-Uebbing, C., V. Zahn: Erfahrungen in der U B F Straubing (Umweltmedizinische Beratungsstelle der Frauenklinik am Klinikum Straubing, Akademisches Lehrkrankenhaus der TU München), mehrere unveröffentlichte Vorträge, unter anderem an der Frauenklinik der Technischen Universität München, 1991 bis 1994

Schulte-Uebbing, C. (gemeinsam mit V. Zahn): Erster Bundesweiter Kongreß „Umweltschutz im Krankenhaus“, Regensburg, 1990

Schulte-Uebbing, C. (gemeinsam mit V. Zahn): „Erstes Symposium Umweltmedizin“, Straubing, 1991

Schulte-Uebbing, C.: Ethische Aspekte der Umweltmedizin, Leitung eines Wochenendseminars, München, 1991

Schulte-Uebbing, C. (gemeinsam mit V. Zahn): Faustregeln zur ökologischen Reformierung der Frauenheilkunde, UMGEWE, München, Straubing, 1990, 1991

Schulte-Uebbing, C. (gemeinsam mit V. Zahn): ganzwöchige Praktika „Umweltschutz im Krankenhaus“, Klinikum Straubing, 10/90, 4/91, 6/91, 9/91, 11/91, 5/92)

Schulte-Uebbing, C. (gemeinsam mit V. Zahn): Lehrbuch der Umweltmedizin, 560 S., UMGEWE, München, 1991

Schulte-Uebbing, C. (gemeinsam mit V. Zahn): Praktika „Umweltschonende Pflege", Klinikum Straubing, 7/91, 9/91, 11/91

Schulte-Uebbing, C. (gemeinsam mit V. Zahn): Praktika „Umweltschutz im Büro", Klinikum Straubing, 7/91,9/91, 11/91

Schulte-Uebbing, C. (gemeinsam mit V. Zahn): Sonderdruck „Umweltschutz im Gesundheitswesen" 2. Bundesweiter Kongreß Umweltschutz im Krankenhaus, Berlin, 30./31. Mai 1991

Schulte-Uebbing, C. (gemeinsam mit V. Zahn): Umwelt-, Abfall-, Wertstoff-Fibeln, München und Straubing 1989, 1990, 1991, 1993, 1994

Schulte-Uebbing, C. (gemeinsam mit V. Zahn): Jungbauer, R.: Umweltfibel für Zahnarztpraxis und Klinik, München und Straubing, 1990, 1991

Schulte-Uebbing, C. (gemeinsam mit V. Zahn): Umweltmedizinische Aspekte in Gynäkologie und Geburtshilfe, Vorlesung Ludwig-Maximilians-Universität München, seit Wintersemester 1990/91

Schulte-Uebbing, C. (gemeinsam mit V. Zahn): Umweltmedizinische Aspekte in der Schwangerschafts- und Geburtsmedizin, in: MedReport, Nr. 19, Nov. 1990

Schulte-Uebbing, C. (gemeinsam mit V. Zahn): Umweltmedizinische Beratungsstelle an der Frauenklinik am Elisabeth-Krankenhaus Straubing, In: Zahn, V., Schulte-Uebbing, C., Sonderdruck „Umweltschutz im Gesundheitswesen", Berlin, 1990

Schulte-Uebbing, C. (gemeinsam mit V. Zahn): Umweltmedizinische Fibel, 130 S., UMGEWE, Straubing, 1993

Schulte-Uebbing, C. (gemeinsam mit V. Zahn): Umweltmedizinische Vortragsreihe, München, Berlin, 1989, 1990, 1991, 1993, 1994

Schulte-Uebbing, C. (gemeinsam mit V. Zahn): Umweltschutz im Gesundheitswesen, Lehrmappe für Personaltraining und Ausbildung in Schulen, UMGEWE, München, Straubing, 1991, 1992

Schulte-Uebbing, C.: Wie schädlich sind Dioxine? Zeitschrift Bessere Umwelt, München, 1/1991

Schulte-Uebbing, C.: Umweltmedizinische Aspekte des Amalgams, Sebastian-Kneipp-Akademie, Bad Wörishofen, 1993

Schulte-Uebbing, C.: Umweltmedizinische Aspekte in Gynäkologie und Geburtshilfe, Sebastian-Kneipp-Akademie, Bad Wörishofen, 1993

Schulte-Uebbing, C.: Die Notwendigkeit der Umweltmedizinischen Grundlagenforschung an unseren Universitäten, Vortrag, Ludwig-Maximilians-Universität, München, 1993

Schulte-Uebbing, C.: Umweltmedizinische Aspekte in der Allgemeinarzt-Praxis, Sebastian-Kneipp-Akademie, Bad Wörishofen, 1993

Schulte-Uebbing, C.: Das Syndrom der Polycystischen Ovarien (PCO-Syndrom) aus umweltmedizinischer Sicht, Vortrag, Ludwig-Maximilians-Universität, München, 1993

Schulte-Uebbing, C.: Sterilität aus umweltmedizinischer Sicht, Vortrag, Ludwig-Maximilians-Universität, München, 1992

Schulte-Uebbing, C.: Umweltmedizinische Aspekte habitueller Aborte, Vortrag, Ludwig-Maximilians-Universität, München, 1992

Schulte-Uebbing, C.: Das HELLP-Syndrom aus umweltmedizinischer Sicht, Vortrag, Deutscher Gynäkologen-Kongreß, Berlin, 1993

Schulte-Uebbing, C.: Bildende Künstler und Umweltschutz – Umweltmedizinische Aspekte der Kunst, Vortrag am Institut für Kunsterziehung der Ludwig-Maximilians-Universität München, 12/94

Schuster, M.: Ökologie und Umweltschutz, bsv, München, 3. Auflage, 1980.

Serbanescu (1975): Reproductive ability of workmen occupationally exposed to lead. Arch. Environ. Health 30: 396–401.

Senatskommission zur Prüfung gesundheitsschädlicher Arbeitsstoffe, Mengen der wichtigsten bisher nachgewiesenen oder stark verdächtigen Kanzerogene im Haupt- und Nebenstromrauch einer Zigarette, Weinheim 1986).

Sharpe, R. M., Skakkebaek, N. E.: Are oestrogens involved in falling sperm counts and disorders of the male reproductive tract? Lancet 1993; 341:1392–95.

Sherman, A. R., J. F. Lockwood: Impaired natural killer cell activity in irondeficient rat pups. J. Nutr. 117 (1987) 567–571.

Shimizu et al.: Br. J. Cancer 1991; 63: 963–66.

Sikorski, R. T. Juszkiewicz, T. Paszkowski, T. Szprengier-Juszkiewicz: Women in dental surgeries: reproductive hazards in occupational exposure to metallic mercury. Int. Arch. Occup. Environ. Health 59 (1987) 551–557.

Sokol, R. Z., C. E. Madding, R. S. Swerdloff: Lead toxicity and the hypothalamic-pituitary-testicular axis. Biol. Reprod. 33 (1985) 722.

Sokol, R. Z., U. Sod-Moriah: Lead exposure and the hypothalamic-pituitary-ovarian axis in pubertal rats. Infertility 11 (1988) 265–271.

Solomon, G. F., Amkraut, A. A.: Psychoneuroendocrinological effects on the immune response, in: Ann. Rev. Microbiol., Nr. 35, 1981.

Solomons, N. W.: Competitive interaction of iron and zinc in the diet: consequences for human nutrition. J. Nutr. 116 (1986) 927–935.

Somogyi, A., Weise, W., Großklaus, D.: Gesundheit und Umwelt 90, MMV, München, 2. Auflage, 1990.

Sorenges, H., K. Klages, H. P. Bertram, C. Muller: Gonadal and thyroid function after experimental lead exposure. Elements in Medicine 4 (1987) 8–15.

Spaetling, L., G. Spaetling: Magnesium supplementation in pregnancy, A double-blind study. Br. J. Obstet. Gynaecol. 95 (1988) 120–125.

Spechter, A.: Dissertation: Mamma-Karzinom durch Umweltschadstoffe?, München, im Druck.

Stachel, B. et al.: Toxische Umweltchemikalien im menschlichen Sperma, Alalysemethode und Fallstudien, in: Andrologia, Nr. 21, 3, 1989.

Stanton, M. F., F. W. Lowenstein: Serum magnesium in women during pregnancy, while taking contraceptives, and after menopause, J. Am. Coll. Nutr. 6 (1987) 313–319.

Stanwell-Smith, R., S. G. Thompson, A. P. Haines, R. J. Ward, G. Cashmore, J. Stedronska, W. F. Hendry: A Comparative study of zinc, copper, cadmiu, and lead levels in fertile an infertile men. Fertil. Steril. 40 (1983) 670–677.

Steffens, J.: Potenz- und Fertilitätsstörungen, In: DÄB, Nr. 17, 1991.

Stickl, H.: Die Umwelt des Kindes und seine Immunität, in: der Kinderarzt, Nr. 12, 1990.

Störtebecker. P.: Mercury poisoning from dental amalgam: a hazzard to human brain. Stockholm: Störtebekker Foundation for Research (1985).

Stofen, D.: Dental Amalgam – A Poison In Our Mouth? Toxicology, Bd. 2, 1974.

Stowe, H. D., R. A. Goyer: The reproductive ability and progeny of F1 leadtoxic rats. Fertil. Steril. 22 (1971) 755–760.

Strubelt, O., R. Schiele, C. J. Estler: Zur Frage der Embryotoxizität von Quecksilber aus Amalgamfüllungen. Zahnärztl. Mitteilungen 6 (1988) 641–646.

Suzuki, T., T. Miyama, H. Katsunuma: Comparison of mercury contents in maternal blood, umbilical cord blood, and placental tissues. Bull. Environ. Baontam. Toxicol. 5 (1971) 502–508.

Svare, C. W., Peterson, L. C. et al.: The Effects Of Dental Amalgams on Mercury Levels in Expired Air, Journal Of Dental Research, Bd. 60, 1981.

Takihara, H., M. J. Cosentiono. A. T. Cockett: Zinc sulfate therapy for infertile male with or without varicocelectomy. Urology 29 (1987) 638–641.

Tikkiwal, M., R. L. Ajmera, N. K. Mathur: Effect of zinc administration on seminal zinc and fertility of oligospermic males. Indian. J. Physiol. Pharmacol. 31 (1987) 30–34.

Tinneberg, H.-R., A. Hagenmaier: PCBs, HCB, HCHs and DDE in human serum follicular fluid, and seminal plasma. Organohalogen Compounds. Vol. 4, Dioxin' 90 – EPRI-Seminar Miscellaneous Contributions, Author Index, Keyword Index, Corrections, List of Participants. Hrsg. von Hutzinger, O., H. Fiedler, Eco-Informa, Press, Bayreuth (1990) 149.

Tjell, J. C., T. H. Christensen, F. Bro-Rasmussen: Cadmium in soil and terrestrial biota, with emphasis on the Danish situation. Ecotoxicol. Environ. Safety 7 (1983) 122–140.

Tretter, F.: Ansätze zu einer ökologischen Medizin, in: DÄB, 1986, Nr. 17.

Tretter, F.: Grundprobleme des Begriffs Umwelt, in: Natur- und Ganzheitsmedizin, Schattauer, Heft 7, 1989.

Tretter, F.: Systemwissenschaft in der Medizin, in: DÄB, 1989, Nr. 43.

Tretter, F.: Umwelt und Gesundheit – Perspektiven einer ökologischen Medizin, in: Lernen von der Umwelt – Lernen für die Umwelt, edition sigma, Berlin, 1988.

Umeyama, T., H. Ishikawa, H. Takeshima, S. Yoshii, K. Koiso: A comparative study of seminal trace elements in fertile and infertile men. Fertil. steril. 46 (1986) 494–499.

Unger, M. et al.: Organochlorine Compounds in Human Breast Fat from Deceased with and without Breast Cancer and in a Biopsy Material from Newly Diagnosed Patients Undergoing Breast Surgery, Env Research 1984; 34: 24–28.

Valentin, H. et al.: Arbeitsmedizin, Band 1, Thieme, Stuttgart, 3. Auflage, 1979.

Valentin, H. et al.: Arbeitsmedizin, Band 2, Thieme, Stuttgart, 3. Auflage, 1985.

Van der Colf, A. P., T. F. Kruger, R. Menkveld, J. V. Seier, J. E. Finchman and Y. Swart (1991): Effect of ethanol on semen characteristics of vervet monkeys. Arch. Androl. 26: 25–29.

Van der Veen, H., H. Schlebusch, B. Roediger, U. Wagner, S. Al-Hasani, K. Diedrich, D. Krebs: Einfluß von Pestiziden auf die Funktion von Spermien in vitro. Abstractband der freien wissenschaftlichen Vorträge und Posterpräsentationen des 47. Kongresse der Deutschen Gesellschaft für Gynäkologie und Geburtshilfe, 6.–10. September 1988 in München, Abstract 002542. Ber. Gyn. 125, 7–8 (1988) 689.

Van der Veen, H., K. van der Veen, U. Wagner, K. Diedrich: Chlorierte Kohlenwasserstoffe im menschlichen Zervikalmukus: Einfluß auf Spermapenetration und Überlebensfähigkeit. Abstractband der freien wissenschaftlichen Vorträge und Posterpräsentationen des 48. Kongresses der Deutschen Gesellschaft für Gynäkologie und Geburtshilfe, Hamburg 1990, Abstract Nr. 003932. Ber. Gyn. 127, 11–12 (1990) 1097.

Varonier: siehe *Krause:* 1991.

Vermande-Van Eck, G. J., J. W. Meigs: Changes in the ovary of the rhesus monkey after chronic lead intoxication. Fertil. Steril. 11 (1960) 223–234.

Vester, F.: Neuland des Denkens, DVA, Stuttgart, 1980.

Villar, J., J. Repke, J. M. Belizan, G. Pareja: Calcium supplementation reduces blood pressure during pregnancy: results of a randomized controlled clinical trial. Obstet. Gynecol. 70 (987) 317–322.

Vimy, M. J., Y. Takahashi, F. L. Lohrscheider: Maternal-Fetal Distribution of Mercury (203 Hg) Released from Dental Fillings. Am. J. Phys. 53 (1990) R939-R945.

Vimy, M. J., F. L. Lorscheider: Serial measurement of intra-oral air mercury: estimation of daily dose from dental amalagam, J. Dent, Res. 64 (1985) 1072–1075.

Voigt, H.-U., S. Borelli und W. D. Heller (1985): Fertilität bei Rauchern und Nichtrauchern., Z. Hautkr. 60 (14): 1127–1146.

Wada, O., N. Ymaguchi, T. Ono, M. Nagahashi, T. Morimura: Inhibitor Effects of Mercury on Kidney Glutathione Peroxidase and ist Prevention by Selenium, Environ, Research 12 (1975) 75.

Wahn: siehe *Krause,* 1991.

Waliszewski, S. M. and G. A. Szymczynski (1990): Fertilität of phthalat esters in human semen. Andrologia 22: 69–73.*Wallace, E., H. I. Calvin, G. W. Cooper:* Progressive defects observed in mouse sperm during the course of three generations of selenium deficieny. Gamet. Res. 1 (1983) 377.

Ward, A. M.: Evidence of an immune complex disorder in vinyl chloride workers, in: Proc. Roy. Soc. Med., Nr. 69, 1976 Warning: Smoking may damage your sperm New Scientist 1843 (1992), 13–14.

Wassermann, O.: Unser Trinkwasser, in: Ärztliche Praxis, Nr. 13, 1991.

Watanabe, M., K. Shiroishi, H. Nishino, T. Shinmura, H. Murase, T. Shojy, Y. Naruse, S. Kagaminmori: An experimental study on the long-term effect of cadmium in mice fes cadmium-polluted rice with special reference to the effect of repeated reproductive cyles. Environ. Re. 40 (1986) 25–46.

Waterhouse et al.: in: *Borneff, J.:* Hygiene, Thieme, Stuttgart, 1986.

Whelton, B. D., M. H. Bhattacharya, B. A. Carnes, E. S. Moretti, D. P. Peterson: Female reproduction and pup survival and growth for mice fed a cadmium-containing purified diet through six condesuctive rounds of gestation and lactation. J. Toxicol. Environ. Health 24 (1988) 321–343.

Whittemore (editorial): J. Nat. Canc. Inst., 1993; 85, 10: 762–63.

Whorton, M. D., R. M. Krauss, S. Marshall and T. H. Milby (1977): Infertility in male pesticide workers. Lancet 1259–1261.

Wichmann, H. E. et al.: Zur Genese des Lungenkarzinoms, Umweltmedizinische Aspekte in der Epidemiologie des Bronchialkarzinoms, in: Rheinisches Ärzteblatt 41, Nr. 14, 1987.

Wichmann, Schlipköter, Füllgraf: Umweltmedizin. ecomed 1992.

Wide, M., R. D'argy: Effect of inoganic lead on the primordial germ cells in the mouse embryo. Teratology 34 (1986) 207–212.

Wiebe, J. P., K. J. Barr, K. D. Bukkingham: Effect of prenatal and neonatal exposure to lead on gonadotropin receptors and steroidogenesis in rat ovaries. J. Toxicol. Environ. Health 24 (1988) 461–476.

Wiedemann, M.: Der Gesundheit auf der Spur. Ariston-Verlag Genf/München (1989).

Wiedemann und Langmann: siehe *Krause,* 1991.

Willett et al.: J. AMA, 1992; 268: 2037–44.

Wolff, M., Toniolo, P. G., Lee, E. W. et al.: Blood Levels of Organochlorine Residues and Risk of Breast Cancer, J. Natl. Cancer Inst. 1993; 85: 648–52.

Wu, A. S. H., J. E. Oldfield, L. R. Shull, P. R. Cheeke: Specific effect of selenium deficiency on rat sperm. Biol. Reprod. 20 (1979) 793.

Wu. X.-Q., X.-C. Ce, H.-F. Zhou, Y.-W. Rao, A.-F. Li, W.-J. Zang: The antagonistic effect of selenium of the toxicity of mercury. Trace Elements in Medicine 7 (1990) 40–44.*Wulf, H. C., N. Kromann, N. Liusgaard, J. C. Hansen, E. Niebuhr, K. Alboge:* Sister chromatid exchange (SCE) in Greenlandic Eskimos. Dose-response relationship between SCE and seal diet, skoking, and blood cadmium and mercury concentrations. Sci, Total Environ. 48 (1986) 81–94.

Yoshida, M., H. Aoyama, H. Satoh, Y. Yamamura: Binding of mercury to metallothionein-like protein in fetal liver of the guinea pig following in utero exposure to mercury vapor. Toxicol. Lett. 37 (1987) 1–6.

Yoshida, K., Y. Kiso, T. Watanabe, K. Kaise, Y. Itagaki, M. Yamamoto, T. Sakurada, K. Yoshinaga: Erythrocyte zinc in hyperthyroidism: Reflect of integrated thyroid homone levels over the previous few months, Metabolism 39 (1990) 182–186.

Zahn, V., Daschner, F., Pomp, H., Gege, M. et al., 2. Bundesweiter Kongreß »Umweltschutz im Krankenhaus«, Berlin, 5/1991.

Zahn, V., Schulte-Uebbing, C.: Checkliste »Umweltschutz im Krankenhaus«, Verlag UMGEWE, München, Straubing, 1990, 1991.

Zahn, V. und Schulte-Uebbing, C.: Die Verantwortung des Arztes gegenüber unserer Umwelt, München und Straubing, 1991.

Zahn, V., Schulte-Uebbing, C.: Erste Erfahrungen in der Umweltmedizinischen Beratungsstelle an der Frauenklinik am Elisabeth-Klinikum Straubing, München, Straubing, 1991.

Zahn, V., Schulte-Uebbing, C.: Erster Bundesweiter Kongreß »Umweltschutz im Krankenhaus«, Regensburg, 1990.

Zahn, V., Schulte-Uebbing, C.: Erstes Symposium »Umweltschutz im Krankenhaus«, Straubing, 1989.

Zahn, V. und Schulte-Uebbing, C.: Ethische Aspekte der Umweltmedizin, München und Straubing, 1991.

Zahn, V., Schulte-Uebbing, C.: Faustregeln zur ökologischen Reformierung der Frauenheilkunde, UMGEWE, Umweltschutz im Gesundheitswesen, München, Straubing, 1990, 1991.

Zahn, V., Schulte-Uebbing, C.: Ganzwöchige Praktika »Umweltschutz im Krankenhaus«, Klinikum Straubing, 10/90, 4/91, 6/91, 9/91, 11/91.

Zahn, V., C. Schulte-Uebbing: Lehrbuch für Umweltmedizin, 560 S., UMGEWE, Straubing, 1991.

Zahn, V., Schulte-Uebbing, C.: Praktika »Umweltschonende Pflege«, Klinikum Straubing, 7/91, 9/91, 11/91.

Zahn, V., Schulte-Uebbing, C.: Praktika »Umweltschutz im Büro«, Klinikum Straubing, 7/91, 9/91, 11/91.

Zahn, V., Schulte-Uebbing, C.: Sonderdruck »Umweltschutz im Gesundheitswesen«, 2. Bundesweiter Kongreß »Umweltschutz im Krankenhaus«, Berlin, 30./31. Mai 1991, Verlag UMGEWE, Umweltschutz im Gesundheitswesen, Berlin, Straubing, 1991.

Zahn, V., Schulte-Uebbing, C.: Umwelt-, Abfall-, Wertstoff- Fibeln, München und Straubing 1989, 1990, 1991, 1993, 1994.

Zahn, V., Jungbauer, R., Schulte-Uebbing, C.: Umweltfibel für Zahnarztpraxis und Klinik, München und Straubing, 1990, 1991.

Zahn, V., Schulte-Uebbing, C.: Umweltmedizinische Aspekte in Gynäkologie und Geburtshilfe, Vorlesung Ludwig-Maximilians-Universität München, Wintersemester 1990/91, Sommersemester 1991, Wintersemester 1991/92.

Zahn, V., Schulte-Uebbing, C.: Umweltmedizinische Aspekte in der Schwangerschafts- und Geburtsmedizin, in: Med-Report, Nr. 19, Nov. 1990.

Zahn, V., Schulte-Uebbing, C.: Umweltmedizinische Beratungsstelle an der Frauenklinik am Elisabeth-Krankenhaus Straubing, In: *Zahn, V., Schulte-Uebbing, C.,* Sonderdruck »Umweltschutz im Gesundheitswesen«, Berlin, 1990.

Zahn, V., C. Schulte-Uebbing: Umweltmedizinische Fibel, 130 S., UMGEWE, Straubing, 1993.

Zahn, V., Schulte-Uebbing, C.: Umweltmedizinische Vortragsreihe, München, Berlin, 1989, 1990, 1991.

Zahn, V., Jungbauer, R., Schulte-Uebbing, C.: Umweltfibel für Zahnarztpraxis und Klinik, München und Straubing, 1990, 1991.

Zahn, V.: Umweltschutz im Gesundheitswesen, Lehrmappe für Personaltraining und Ausbildung in Schulen, Verlag UMGEWE, Umweltschutz im Gesundheitswesen, München, Straubing, 1990, 1991.

Zahn, V., Schulte-Uebbing, C.: Umweltschutz ist Medizin, Vortrag, 2. Praxisnaher Kongreß »Umwelt-

schutz im Krankenhaus«, Berlin, 5/1991.
Zahn, V., Schulte-Uebbing, C.: Vorlesung Umweltmedizin, Ludwig-Maximilians-Universität München, Wintersemester 1990/91, Sommersemester 1991, Wintersemester 1991/92.
Ziff, S.: et al.: Amalgam, die toxische Zeitbombe, Felicitas Hübner-Verlag, Waldeck, 1985.

3. Adressen von Selbsthilfegruppen

Selbsthilfegruppen u. a. Organisationen, die bei Verdacht auf Vergiftung durch chemische Schadstoffe und bei anderen Umweltkrankheiten helfen können

Bitte bei Anfragen Rückporto beilegen.

Diese Liste erhebt keinen Anspruch auf Vollständigkeit.

Ärzteverband Deutscher Allergologen
Im Utforder Feld 27
47445 Moers
Tel. (0 28 41) 4 73 74

Ärztetag für Medizin ohne Nebenwirkungen e. V.
Feinhalsstr. 8
81247 München
Tel. (0 89) 8 14 52 52

Akademie für Kinderheilkunde e. V.
DISU
Kinderärztl. Umweltberatung
Iburger Str. 200
49082 Osnabrück
Tel. (05 41) 5 68 46

Allergie-Verein in Europa (AVE)
Marienstr. 57
99817 Eisenach
Tel. (0 36 91) 21 30 88

Allergiker- und Asthmatikerbund e.V.
Hindenburgstr. 110
41061 Mönchengladbach

Arbeitsgemeinschaft Allergiekrankes Kind e.V.
Hauptstr. 29
35745 Herborn
Tel. (0 42 84) 4 12 37

Arbeitsgruppe f. Medizin und Umwelt
Baldingerstr.
35033 Marburg
Tel. (0 64 21) 26 49 77

Arbeitskreis überaktives Kind
Hinter den Höfen 82
27446 Anderlingen

Auswertungs- und Informationsdienst für Ernährung, Landwirtschaft und Forsten (AID) e.V.
Postfach 20 01 53
53113 Bonn

(Hier erhält man aktuelle Listen über Lebensmittelzusatzstoffe)

Bamberger Quecksilberkreis für Amalgam- und Umweltgeschädigte e. V.
Obergreuth 5
96158 Frensdorf
Tel. (0 95 02) 87 18

Beratungsstelle für Amalgamvergiftete Stuttgart e. V.
Bussenstr. 60
70184 Stuttgart
Tel. (07 11) 46 52 93

Bundesverband der naturheilkundlich tätigen Zahnärzte Deutschland e. V.
Mühlenweg 1
50996 Köln
Tel. (02 21) 9 35 50 55

Bundesverband Neurodermitiskranker in Deutschland e.V.
Sabelstr. 39
56154 Boppard
Tel. (0 67 42) 25 98

Deutsche Arbeitsgemeinschaft Selbsthilfegruppe e. V.
Friedrichstr. 28
35392 Giessen
Tel. (06 41) 7 02 24 78

Deutsche Gesellschaft für Umweltmedizin
Postfach
83334 Inzell

Deutsche Haut- und Allergiehilfe
Fontanestr. 14
53173 Bonn
Tel. (02 26) 35 10 91

Deutsche Migräne- und Kopfschmerzgesellschaft e. V.
Niemennsweg 147
24105 Kiel
Tel. (04 31) 5 97 26 03

Deutsche Phosphatliga
1. Vorsitzende Dr. U. Klemm, Kinderärztin
Rögenweg 39
22359 Hamburg
Tel. (0 40) 6 03 50 03

Deutsche Stiftung für die Psoriasis- und Neurodermitisforschung
Fontanestr. 14
53173 Bonn-Bad Godesberg
Tel. (02 28) 36 28 94

Deutsche Zöliakie-Gesellschaft e.V.
Filderhauptstr. 61
70599 Stuttgart
Tel. (07 11) 45 45 14
(Beratung bei Zöliakie – Unverträglichkeit der glutenhaltigen Getreidearten Weizen, Dinkel, Roggen, Hafer und Gerste)

Deutscher Allergie- und Asthmabund e. V.
Hindenburgstr. 110
41061 Mönchengladbach
Tel. (0 21 61) 18 30 24

Deutscher Neurodermitiker Bund e.V.
Mozartstr. 11
22083 Hamburg
Tel. (0 40) 2 20 57 57

Die Verbraucher Initiative e. V.
Breite Str. 51
53111 Bonn
Tel. (02 28) 7 26 33 93

(Sitz der Selbsthilfegruppe der Formaldehydgeschädigten)

Förderverein Medizinische Ökologie e.V.
Frau Helga Lux
Hauptstr. 14
34308 Balhorn/Emstal

Gesellschaft für Biologische Krebsabwehr e. V.
Hauptstr. 27
69117 Heidelberg
Tel. (0 62 21) 16 15 25

(Erfragen Sie hier die Adressen der verschiedenen Arbeitskreise)

Hamburger Initiative der PER-Geschädigten
Ingrid Rosenbusch
Henriettenweg 5
20259 Hamburg
Tel. (0 40) 40 35 45

Institut für Umweltkrankheiten
Im Kurpark 1
34306 Bad Emstal
Tel. (0 56 24) 60 61

Interessengemeinschaft der Holzschutzmittel-Geschädigten e.V.
Heinz Josef Rous
Unterstaat 14
51766 Engelskirchen
Tel. (0 22 63) 37 86

Interessengemeinschaft der Umweltgeschädigten
Elfie Sumser
Fichtenstr. 23
85744 Unterföhring
Tel. (0 89) 9 50 52 54

Internationale Gesellschaft für Ganzheitliche Zahnmedizin e. V. (GZM)
Franz-Knauff-Str. 2–4
69115 Heidelberg
Tel. (0 62 21) 18 84 92

International Society of Doctors for Environment
Dr. Werner Nussbaum
Vicolo Gesora 7
CH-6929 Gravesano (TI)
Tel. (0 91) 59 33 44

Klinik St. Georg
Prof. Dr. Friedrich Douwes
Rosenheimer Str. 6–8
83043 Bad Aibling
Tel. (0 80 01) 3 98-0

Kneipp Ärztebund e. V.
Postfach 14 38
86817 Bad Wörishofen

Kontaktstelle zur Unterstützung und Anregung von Selbsthilfegruppen
Albrecht-Achilles-Str. 65
10709 Berlin
Tel. (0 30) 8 91 40 19

(Hier erhalten Sie Adressen von regionalen Kontaktstellen, die Adressen von regionalen Selbsthilfegruppen vermitteln.)

Lifecare Association
Segantinistr. 155
CH-8049 Zürich

Mykose- und Candidiasis-Selbsthilfegruppe
Renate Bemmann
Bürgerweide 43 a
20535 Hamburg

Ökologischer Ärztebund e.V.
Bundesgeschäftsstelle
Dr. med. Ulrich C. Vieth
Bahnhofstr. 59
55218 Ingelheim
Tel. (0 61 32) 7 57 07

Patienten-Initiative Amalgamgeschädigter/Essen e. V. (PAIN)
Bandstr. 114
45359 Essen
Tel. (02 01) 60 27 15

Pestizid Aktions-Netzwerk (PAN) e.V.
Gaußstr. 17
22765 Hamburg

Quecksilberkreis München e. V.
Beratungsstelle für Amalgamvergiftung
Rembrandtstr. 21a
81245 München
Tel. (0 89) 8 20 12 26

Sebastian-Kneipp-Akademie
Adolf-Scholz-Allee
86817 Bad Wörishofen

Selbsthilfegruppe Elektrosensible e.V.
Elisabeth Schröder
Oberbrunnerstr. 1
81475 München
Tel. (0 89) 7 55 60 50

Selbsthilfegruppe Formaldehydgeschädigter
Ingeborg Zingraf
Eichendorffstr.104
41464 Neuss
Tel. (0 21 01) 4 18 37

UBF Umweltmedizinische Beratungsstelle der Frauenklinik
Leitung: Prof. Dr. med. Volker Zahn
Frauenarzt, Umweltmedizin
St. Elisabeth-Str. 23
94315 Straubing

4. Über den Autor und seine Praxis

Dr. med. Claus Schulte-Uebbing, Frauenarzt
Umweltmedizin/Naturheilverfahren

Geboren 1956. 1981 Diplom-Geologe, 1982 Diplom-Forstwirt, seit 1982 Umweltgutachter (Gutachten zu Biotopschutz, Zwischen-, Endlager- und Abwasserproblemen, Erstellung von Ökobilanzen, umweltmedizinisch toxikologische Gutachten). Von 1985 bis 1988 biochemisch-experimentelle Arbeiten über die Entgiftungsfunktion der menschlichen Placenta (Arbeitsgruppe Prof. Dr. Dr. E. Kuß, 1. Universitäts-Frauenklinik München). 1988 Medizinisches Staatsexamen. 1988 Promotion an der 1. Universitäts-Frauenklinik München, Direktor Prof. Dr. Dr. J. Zander. 1989 und 1990 Arzt an der Universitäts-Frauenklink im Klinikum München Großhadern, Direktor Prof. Dr. H. Hepp. Von 1991 bis 1994 Arzt an der Frauenklink im Klinikum Straubing, Akademisches Lehrkrankenhaus der Technischen Universität München, von 1991 bis 1994 Aufbau und stellvertretende ärztliche Leitung an der U B F Straubing (Umweltmedizinische Beratungsstelle der Frauenklinik am Elisabeth-Klinikum Straubing) Akademisches Lehrkrankenhaus der Technischen Universität München, Leitung Prof. Dr. V. Zahn. Seit 1991 gemeinsame Umweltmedizin-Vorlesungen. 1991 Lehrbuch der Umweltmedizin (560 Seiten, gemeinsam mit Prof. Zahn). Zahlreiche Veröffentlichungen und Fachbücher sowie ca. 200 Fachvorträge zu umweltmedizinischen Themen. Seit 1993 Leiter der Weiterbildung für Umweltmedizin an der Sebastian-Kneipp-Akademie in Bad Wörishofen. Seit 1994 in eigener Frauenarztpraxis tätig. Schwerpunkte: Umweltmedizin, Naturheilverfahren.

Anschrift für Leseranfragen:
Praxis: Weinstr. 7 (Am Marienplatz), 80333 München
Tel: (0 89) 29 96 55 Fax: 29 96 72